비이성적 과열

비이성적 과열
Irrational Exuberance

로버트 쉴러 지음 | 이강국 옮김

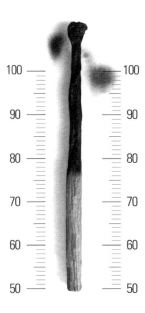

알에이치코리아

　초판 서문에서 나는 이 책을 여러 다양한 연구들과 역사적 증거에 기초한, 밀레니엄 주식시장의 호황에 관한 연구서라고 소개했다. 많은 독자들은 내게 이 책이 훨씬 더 광범위한 주제를 다루고 있는 것 같다고 말했다. 그들의 말이 옳다. 사실상 이 책은 모든 투기적 시장의 행태, 실수에 대한 인간의 취약함, 그리고 자본주의 체제의 불안정성에 관해 다루고 있다.

　1999년 내가 초판을 쓰고 있을 때 호황을 구가하던 주식시장은 무적인 것처럼 보였다. S&P500지수는 1995년 34퍼센트, 1996년 20퍼센트, 1997년 31퍼센트, 1998년 26퍼센트, 1999년 20퍼센트 상승했다. 이와 비슷한 주식가격의 상승이 다른 여러 나라들에서도 나타났다. 당시 많은 사람들에게―또한 이런 견해를 퍼뜨린 전문가들에게―여러 해 동안 연속해서 나타난 이 놀라운 가격 상승은 단순한 우연이 아닌 것으로 보였다. 그것은 새로운 경제적 시대의 전조처럼 여겨졌다. 하지만 나의 책은 이런 믿음과는 매우 다른, 오히려 훨씬 더 부정적인 견해를 제시했다.

2000년 3월 서점에 이 책의 초판이 깔렸을 때, 나는 예일 대학으로부터 안식년을 얻어 출판기념회를 위한 10개국 여행을 막 시작했다. 당시에는 분명히 주식시장이 2000년 3월이 시장의 고정이었다는 것을 아무도 몰랐다. 나는 수많은 사람들과 그들이 저질렀던 실수에 관해 이야기하며, 이 책의 개정판에서 나의 주장을 어떻게 강화시킬지 아이디어를 얻었다.

　내가 여행 중에 목격한 인간의 오판에 관한 몇몇 기억들은 여러 해가 지난 지금도 여전히 놀라울 뿐이다. 한 라디오 토크쇼에 나갔을 때, 어떤 여성은 내게 당신은 분명히 틀렸고 주식시장은 분명히 상승추세이며 전반적으로 *상승해야만 한다*고 말했다. 나는 그녀의 떨리는 목소리를 들으면서 그 감정을 짐작해보려고 애썼다.

　그리고 나의 출판기념 강연에 두 *번이나* 찾아와 언제나 뒷자리에서 안절부절못하며 쳐다보고 있었다. 그는 왜 두 번째 행사에도 찾아왔을까? 그리고 무엇이 그를 그토록 불안하게 만들었을까?

　한번은 주식시장에 관한 비관적인 전망을 기관투자가들에게 발표할 때였다. 당시 주요한 기관의 포트폴리오 매니저는 내 말에 동의하지만 모든 것을 무시할 것이라고 말했다. 그는 내가 제시한 견해가 결국에는 그의 고객이나 동료들에게 진지하게 받아들여질 만큼 신뢰받지 못할 것이라고 굳게 믿었다. 아울러 한 사람의 이상한 의견처럼 보이는 주장—비록 그는 그것에 동의하지만—에만 기초하여 자신의 포트폴리오를 변경할 수는 없다고 말했다.

　하지만 대다수 사람들은 흔쾌하게, 그리고 커다란 관심을 갖고 내 강연을 듣고는 특별하게 받아들이지는 않겠다고 가볍게 말했다. 주식시장에 관해 일종의 집단적 결론이 내려졌고, 그것이 사람들의 생각을 강력하게 사로잡고 있었던 것이다.

그런 상황에서 2000년 이후 주식시장의 호황이 갑자기 끝나버렸다. 미국은 물론이거니와 미국과 똑같이 주가가 급등했던 나라들도 크게 하락했다. 2003년 3월 S&P500지수가 저점에 이르렀을 때, 주가는 인플레이션이 조정된 실질가치로 보면 거의 절반이나 떨어졌다. 이 결과는 투자자의 심리에 변화를 가져다주었다.

주식시장이 고점으로부터 크게 하락하고 기술주는 50% 이상 하락은 2000년 말에 한 여성과 그녀의 남편과 함께 아침을 먹었던 기억이 난다. 가족을 위해 투자를 시작했다는 그녀는 1990년대에는 자신이 천재인 줄 알았다고 했고, 그 말에 남편도 동의했다. 하지만 이제는 자존감이 모두 박살나버렸으며, 시장에 대한 인식은 모두 환상이고 꿈이었다고 토로했다. 그녀의 남편도 같은 생각이었다.

이처럼 몇몇 사람들은 주식시장 하락에 대해 매우 심각한 심리적 반응을 보였지만, 집단적인 열광은 사람들이 그럴 수도 있다고 생각하는 것보다 더 오래 지속되는 것으로 보인다. 전체적으로 볼 때, 이 열광은 아직 끝나지 않았다. 주식시장은 2000년의 극단적인 고평가가 예측하는 만큼 크게 하락하지는 않았다. 그리고 대다수 사람들은 이렇게 격렬한 심리의 변화를 경험하지 않았다.

주식시장은 역사적인 수준까지 하락하지 않았다. 내가 정의한 주식시장의 주가수익비율은 이 글을 쓰고 있는 지금도 여전히 20배 중반으로, 역사적 평균보다 훨씬 더 높은 수준이다. 게다가 주택시장은 주택가격의 중간값이 때때로 주택 구입자의 1인당 소득의 10배가 넘는 상황이다. 사실 비이성적 과열은 여전히 우리 곁에 존재한다.

　광범위한 의미에서 볼 때, 2000년의 초판부터 이 책은 결국 행동으로 시장을 추동하는 사람들의 의식 변화를 이해하기 위한 노력의 산물이었다. 이 책의 내용은 투기 심리, 그 심리를 강화하는 피드백 메커니즘, 수백만 혹은 심지어 수십억의 사람들에게 퍼져나갈 수 있는 무리 짓기 행위, 그리고 그런 행위가 경제와 우리의 삶에 미치는 함의에 관한 것이다. 원래 이 책은 현재의 경제적 사건에 직접적으로 초점을 맞췄지만, 그 내용은 예나 지금이나 사람들의 판단 실수가 어떻게 과신, 세부사항에 대한 주의 결핍, 다른 이들의 판단에 대한 과도한 믿음으로 인해 더 현명한 사람들에게까지도 전염되는지에 관해 다루고 있다. 그런데 이는 다른 사람들이 독립적인 판단을 하지 않고 그저 또 다른 사람들을 쫓아 행동하는 것을 이해하지 못하는 데서 기인하는 것이다. 결국 장님이 장님을 인도하는 형국인 것이다.

　경제적 판단을 위해 사람들이 주로 의존하는, 현명하다고 생각되는 의견은 흔히 알도 팔라체시Aldo Palazzeschi의 1911년 초현실주의 소설 『페렐라의 코드Il Codice di Perela』에 나오는 '연기 인간'과도 같다. 이 소설의 주인공은 연기로만 만들어져서 실제로는 아무것도 아니지만, 집단적인 상상으로 인해 대중적인 페르소나와 권위를 얻는다. 그러나 대중들이 그가 지혜의 원천이 아니라고 판단하고 생각을 바꾸자 그는 완전히 사라지고 만다. 팔라체시의 소설에 나오는 다음과 같은 사건들, 즉 상상의 묶음들인 근거 없는 믿음 체계가 오랜 시간 동안 비이성적 과열을 여러 차례 만들어내고 이것이 결국 세계 경제를 추동하고 있다.

나는 태도의 변화, 비이성적 믿음, 관심의 집중이 야기하는 변동이 우리의 변화하는 경제적 삶에 주요한 요인이라는 주장을 확장하기 위해, 또한 그것이 우리의 경제와 미래에 미치는 영향을 검토하기 위해 개정판에서 이 책을 수정했다. 개정판에서는 더 최근의 사건들을 대상으로 이러한 변동의 사례들을 재조명했다. 특히 1990년대 말 이후 많은 나라들이 경험했던 주택가격의 엄청난 상승에 관한 장(2장)을 추가했고, 이 책 전체에서 부동산 투기를 고려하기 위해 논의를 확장했다. 그 밖에도 이번 개정판은 여러 방향에서 기본적인 주장을 확장하고 발전시켰다. 초판 이래로 나는 이 책의 논점들에 관해 5년 더 생각해왔으며, 내가 친밀하게 받아들이고 있는 행동경제학의 연구 또한 커다란 발전을 이루어냈다.

이 책에서 다루어진 논점들은 심각하며, 오늘날의 현실에 계속 중요하다. 세계 곳곳의 사람들은 여전히 주식시장이나 주택시장이 크게 상승할 것이라고 과신하는데, 이러한 믿음은 불안정을 낳을 수 있다. 이들 시장의 추가적인 가격 상승은 결국 더욱 큰 하락으로 이어질 가능성이 높다. 가격 하락은 개인 파산을 크게 증가시키고, 그것이 또한 금융기관들의 2차적인 연쇄 파산을 초래할 수 있다. 또한 장기적인 영향으로 소비자와 기업의 신뢰 하락, 그리고 아마도 세계적인 불황이 도래할 수도 있다. 이러한 극단적인 결과—1990년 이후 일본의 상황이 크게 확대된—는 필연적이지는 않지만, 널리 인식되는 것보다는 훨씬 더 심각하다.

이러한 가능성을 제기하는 것은 공연한 걱정이 아니다. 우리는 이미 과거의 과신으로 불편한 영향을 겪고 있다는 사실에 유의해야 한다. 2002년이나 2003년에 많은 나라들의 주식시장은 2000년경의 고점에서 거의 절반가량 하락했고, 단지 약간 반등했을 뿐이다. 주식시장의 상승으로 촉진된 기업의 과잉 투자는 21세기 초반 투자 지출의 붕괴와 전 세계적인 불황을 낳았다.

1990년대의 호황 시기는 골드러시와 비슷한 기업 분위기를 만들어냈고, 많은 사람들의 사업 결정을 왜곡했다. 그 결과는 앞으로 수년 동안 나타날 것이다. 이러한 기업 분위기 변화의 부분적인 모습은 윤리적 기준의 타락과 사업상의 성실함, 정직함, 인내, 그리고 신뢰에 대한 믿음의 쇠퇴로 나타났다. 또한 주식시장이 하락한 후에 기업의 이사회, 회계기관, 뮤추얼펀드 등에 영향을 미친 일련의 스캔들이 드러났다.

이 흥청망청한 시기는 결국 국가와 지역정부 모두에서 심각한 예산 문제를 낳았다. 1990년대에는―주식시장이 상승했고, 투자자들이 자본 이득을 얻었으며, 경제는 호황이었던―세금 수입이 증가했고, 많은 정부들은 지출의 증가를 억제하기 어려웠다. 그러다 주식시장이 하락하자, 세금 수입이 감소하고 많은 정부들이 심각한 제정 적자에 빠졌다. OECD 회원국들의 평균적인 정부 재정 적자는 2000년 국내총생산의 0퍼센트에서 2004년 3.6퍼센트로 악화되었다. 재정 적자로 각국 정부는 지출을 억제하기 위해 힘겨운 노력을 했으며, 이는 서로 다른 국민들에게 불균등한 영향을 미쳤다.

1990년대 후반 격렬한 주식시장 호황의 또 다른 결과는 주택가격의 상승이었는데, 이는 1997년이나 1998년에 시작되어 2000년 이후 세계의 많은 나라들에서 심화되었다. 주택가격 상승은 주식시장 호황이 경제에 관해 '새로운 시대' 이론이 만연하도록 만든 1997년경에 시작되었고, 주식시장의 하락에도 많은 도시들에서 매우 강력하게 진행 중이다. 이러한 주택가격 변화가 어떤 결과를 가져다줄지는 아직 불확실하다.

세계 경제에서 투기적 불안정성이 점점 더 중요해지고 있는 것으로 보인다. 우리는 예측 불가능한 시장에 대해 더욱 열심히 주목하고 있다. 이는 기존의 주식시장이 더욱 불안정해지고 있다는 얘기가 아니다. 불안정성은 분출하듯이 발생하므로 뚜렷한 상승 경향을 알아채기 어렵다. 그러나 적어도 이 시장들에 참여하는 사람들의 수는 증가하고 있으며, 투기적 시장의 범위와 거래되는 위험의 종류 또한 늘어나는 추세이다. 매년 더욱 넓은 범위의 위험을 거래하는 전자시장들이 설립되고 있고, 선진국과 신흥국에서 이 시장들에 참여하는 사람들이 늘어나고 있다.

사람들은 자신들의 생계가 시장의 변동으로부터 안전하지 못한 부에 의존하고 있다는 사실에 대해서 점점 더 우려할 것이다. 따라서 장기적으로 시장의 움직임에 더 많이 주목할 것이다. 자산의 가치가 우리의 삶에 매우 중요하다는 인식은 확대되는 중이다. 자신의 재산을 지켜야 한다고 믿는 사람들이 많아지는 가운데, 위기가 닥쳤을 때 재산을 저축하는 사회적인 기관들을 믿을 수 있는지에 대한 의구심도 커지고 있다. 사람들은 미래의 물결로서 무자비한 자본주의를 목격하고 있는 상황이다.

이러한 경제체제를 일컫는 '소유사회ownership society'라는 말이 있는데, 조지 W. 부시George W. Bush 대통령이 이 단어를 즐겨 사용했다. 사람들은 자신들의 미래를 소유해야 하고, 많은 의미에서 재산의 소유자로서 미래를 계획해야 한다. 소유사회는 사실 경제성장을 촉진하는 능력이라는 관점에서 많이 이야기된다. 그러나 본질적으로 그것은 투기를 불러일으키고, 인간의 변덕스런 심리에 침투하여 우리가 언젠가 관리해야만 할 많은 위험들을 만들어낸다.

나는 미래를 알 수 없으며, 시장의 상승과 하락을 정확하게 예측할 수 없다. 그러나 2000년 이후 신뢰의 심각한 약화에도 불구하고, 사람들은 여전히 시장에 대한 과신을 고수할 뿐 아니라, 투자자산의 변동에 주의를 기울이면 언젠가는 부자가 될 거라고 맹신하는 탓에 나쁜 결과의 가능성에 대해서는 아무런 준비도 하지 않고 있다.

이 책의 구성

이 책은 역사적 맥락에서 주식시장과 부동산시장의 상승과 하락을 분석하는 두 개의 서론적인 장들로 시작한다. 개정판에서 새로 추가된 내용인 2장은 초판 1장의 주식시장 분석과 유사하게 부동산시장을 분석한다. 두 장을 통해 우리는 해당 시장들에서 최근 얼마나 큰 변동이 나타났는지 알 수 있으며, 이 시장들의 추세에 관해 전체적인 관점을 얻을 수 있다.

1부는 시장의 버블을 일으킨 구조적인 요인들에 관해 논의한다. 이 부분은 시장의 변동을 촉발하는 요인들에 관한 논의인 3장과 함께 시작된다. 이제 그 목록의 고려 사항이 주식시장뿐 아니라 부동산시장까지 포함하지만, 최근 시장을 추동했던 12개의 촉발 요인들의 목록은 초판에 비해 조금밖에 바뀌지 않았다. 4장은 이러한 촉발 요인들의 영향이 약간의 시차를 두고 작동하는, 일종의 증폭 메커니즘에 의해 강화되므로 시장의 변동과 촉발 요인들 사이의 관계가 결코 분명하지 않다고 주장한다. 어떤 사건들이 투자를 위해 좋은 전조로 해석되면, 시장의 가격이 이미 높은데도 이러한 증폭 메커니즘이 순차적으로 시장의 신뢰를 더욱 강하게 만들 수 있다. 가격 상승이 추가적인 가격상승으로 이어지고, 따라서 촉발 요인들을 강화시켜 투기적 버블을 만들어내게 된다. 반면에 사건들이 투자에 나쁜 전조로 해석되면 증폭 메커니즘은 하락의 방향으로 작동하여 가격의 하락이 추가적인 하락으로 이어진다.

2부는 투기적 버블의 구조를 더욱 강화하는 문화적 요인들을 고찰한다. 5장에서 논의되는 언론 매체가 그중 핵심적인데, 언론은 흔히 사실 여부에 관계없이 투자자에게 반향을 미치는 기사들을 확대생산하기 때문이다. 6장은 때때로 자연발생적으로 등장하는 경향이 있는 '새로운 시대' 이론을 분석한다. 개정판에서는 그 분석이 주식시장과 부동산시장 모두에 적용된다. 이러한 이론들의 인기는 그것들의 진정한 가치에 대한 객관적인 분석이 아니라, 시장 자체의 활동으로부터 기인하는 것으로 보인다. 그리고 7장은 지난 반세기 동안 나타난 전 세계 주요 주식시장의 호황들에 관해 살펴보고, 그중 많은 경우와 관련하여 등장한 여러 새로운 시대 이론들을 서술한다.

3부는 시장의 행태의 이면에 존재하는 심리적 요인들을 살펴본다. 우선 8장은 시장의 진정한 가치가 경제이론과 금융이론에 의해서 제대로 규정되기 힘들고 그것을 대중 입장에서 계산하는 것이 어렵기 때문에, 대중은 시장의 가치에 관해서 몇몇의 대략적인 심리적 앵커 anchor(합리적이지 않은 판단의 근거가 되는, 각인된 첫인상을 뜻하는 행태재무학의 용어-옮긴이)에 의존한다고 주장한다. 그리고 9장은 서로 다른 수많은 사람들이 왜 그들의 의견을 동시에 바꾸는지 이해하도록 도와주는 사회적 심리학과 사회학의 몇몇 중요한 연구 결과들을 소개한다.

4부는 시장의 버블을 정당화하는 학자들과 대중적인 저자들의 시도에 대해 분석한다. 먼저 10장은 효율적 시장이론을 고찰한다. 그리고 11장은 흔히 버블 시기에 제시되는, 비록 그 사실이 의심스럽거나 혹은 한동안 이미 널리 알려져 있는 것인데도, 대중이 이제 막 어떤 중요한 사실을 알게 되었다는 이론에 대해 논의한다.

5부의 12장은 투기적 버블이 개인투자자와 기관, 그리고 정부에 대해 가지는 함의에 관해 살펴본다. 주식시장과 부동산시장 모두 취약한 현재 상황에서 시급하게 필요한 정책 변화를 위한 몇몇 처방들을 제시하고, 개인투자자들이 버블 붕괴의 결과에 덜 노출될 수 있도록 하는 방법들에 관해 논의한다.

한편으로 내가 만든 웹사이트 'irrationalexuberance.com'에서 이 책과 관련된 새로운 정보를 제시하고 데이터와 그래프의 정기적인 업데이트도 제공할 계획이니, 참고하기 바란다.

이 책은 여러 다양한 연구들과 역사적 증거에 기초한, 최근의 엄청난 주식시장 호황에 관한 포괄적인 연구이다. 이 책의 기본적인 내용은 현재의 상황을 출발점으로 하고 있으며, 주식시장의 호황에 대응하여 시행되어야 할 정책에 관한 구체적인 제안들을 담고 있다.

주식시장에 대한 광범위하고 매우 근본적인 견해 차이를 고려해볼 때 이 책의 필요성은 절실하다. 사람들의 의견이 근본적으로 다른 이유는, 보통 그들이 전반적인 상황의 일부분만을 이해하고 있기 때문이다. 따라서 모든 사실을 폭넓게 연구한 다음에야 의미 있는 합의가 이루어질 수 있을 것이다. 그런 의미에서 나는 시장에 관한 보통의 글들보다 더 많은 정보를 제시하려 했으며, 이러한 정보를 종합하여 현재의 시장 상황을 자세히 분석하고자 했다.

새천년의 벽두에 미국의 주식시장은 왜 그렇게 폭등했을까? 갑자기 무엇이 변해서 시장이 그렇게 급등했을까? 이러한 변화가 새로운 천년이 시작되는 시장에서 의미하는 바는 무엇일까? 하락의 가능성이 있음에도 불구하고 주가가 현재 수준으로 높게 유지되거나 더욱 상승하는 것은 정말 근본적인 요인이 작동했기 때문일까? 아니면 어떤 *비이성적 과열*—우리가 상황을 제대로 판단하지 못하게 만드는 투자자들의 달콤한 기대—때문일까?

　이러한 질문들에 답하는 것은 사적인 이해와 공적인 이해 모두를 위해 매우 중요하다. 현재와 미래의 주식시장에 대한 우리의 평가는 투자자뿐 아니라 사회 전체, 심지어 전 세계에 영향을 미칠 경제정책과 사회정책의 결정에도 반영될 수 있다. 혹시 우리가 주식시장의 현재가치와 미래가치를 과대평가하고 있다면, 우리는 신생기업과 그 성장성에 너무 많이 투자하는 반면, 사회적 하부구조와 교육 및 다른 형태의 인적자본에 대해서는 너무 적게 투자하는 것인지도 모른다. 만일 주식시장이 저평가되어 현재의 주가보다 실제가치가 더 높다고 생각한다면, 우리는 연기금, 저축의 유지, 사회보장제도의 정비를 위한 법제화, 다른 형태의 사회보장 제공 등에서 자기만족에 빠질 수도 있다. 또한 우리는 발전하는 금융기술을 사용하여 현재 직면해 있는 진정한 위험—가정, 도시, 그리고 우리의 삶에서—을 극복하는 새로운 해결책을 찾는 기회를 놓치고 있는지도 모른다.

　오늘날 주식시장에 관한 이러한 질문들에 대답하기 위해서 나는 다양한, 누군가는 너무 관계가 멀다고 생각할지도 모를 연구 분야들에서 필요한 정보를 수집했다. 이러한 분야들의 연구는 시장분석가들에게는 제대로 활용될 수 없는 것일지 몰라도 다른 나라의 경우뿐 아니라 역사적으로도 시장을 분석하는 데 핵심적이라는 것이 증명되었다. 관련 영역으로는 경제학을 비롯해서 심리학, 인구학, 사회학, 역사학 등이 포함된다. 금융분석가들의 좀 더 전통적 모델과 더불어서 이것들은 현재의 논점들과 관련하여 설득력 있는 통찰을 제공한다. 많은 증거들이 최근 주목받는 행태재무학behavioral finance에 기초하고 있는데, 이 분야는 시간이 갈수록 점점 진지한 금융이론의 핵심 분야가 되어가고 있는 것으로 보인다.

나는 이 분야의 연구자들이 제시하는 가장 중요한 통찰을 정리할 것이다. 이를 종합해보면 현재의 주식시장은 *투기적 버블*의 고전적인 모습을 보여준다. 이는 실제가치의 일관된 판단이 아니라 주로 투자자의 열광에 의해 일시적으로 높은 가격이 유지되는 상황을 말한다. 이러한 상황에서는 주가가 유지되거나 심지어 크게 상승한다 해도 향후 10년에서 20년 동안의 주식시장 전망은 낙관적이지 못하다는 것이다. 아마도 위험하기까지 할 것이다.

이 책에서 나는 금융시장의 행태에 대해 완전히 새로운 개념을 제시하려는 게 아니다. 물론 그런 성격을 띠긴 하지만, 이 책은 경제 이론이나 계량경제학과 관련된 연구서가 아니다. 오히려 현재 시장의 복잡한 본질을 분석하고자 하며, 그것이 우리의 기대와 모델에 들어맞는지 여부를 고찰하고자 하는 시도로 보아야 마땅하다. 시장 상황에 대한 경제적이고 다양하면서 가장 적절한 증거들에 기초하여, 나는 입법가들과 경제 지도자들이 현재 추종하고 있는 위험한 정책의 경로를 변화시킬 수 있기를 바란다. 아울러 현재 일반적으로 받아들여지고 있는, 시장의 가격 수준이 사용 가능한 경제적 정보의 합계일 뿐이라는 금융이론가들의 주장을 비판하고자 한다. 이를 통해 금융이론을 좀 더 발전시키기를 희망한다.

지난 수십 년 동안, 시장을 분석하는 가장 영향력 있는 도구는 모든 사람들이 완전히 합리적이고 계산적이라는 가정에 기초한 금융이론이었다. 시장가격이 금융정보를 매우 효율적으로 처리한다고 믿는 금융이론가들은 주식 브로커에서 연방준비제도까지 전 세계의 부를 관리하는 사람들에게 막대한 영향을 끼쳤다. 그러나 대다수 금융경제학자들은 자기들이 입증할 수 없는 일에 관해 이야기하기 싫어하기 때문에, 현재의 주가 수준에 대해서는 공식적으로 말하기 꺼려한다(비록 식사나 술자리에선 거리낌 없이 자신의 생각을 드러내기도 하지만). 과학적 무관심이라는 권위 아래서, 그들은 전문가적인 입장을 정당화하기 위해 시장의 합리성에 관한, 단순하지만 우아한 모델에 의지하는 태도를 보인다.

　하지만 정책에 관한 논의의 기초로서 이런 단순한 모델에 너무 많이 의존하는 것은 매우 위험한 일이다. 이 모델들은 과학적 엄밀함을 가지고 대답할 수 있는 문제들만을 다루기 때문이다. 만일 누군가가 너무 정확하게 분석하려고 노력한다면, 그의 분석은 몹시 편협해져서 비현실적이 될 위험이 있다. 바야흐로 내가 제시하고자 하는 증거들은, 오늘날 주식시장의 현실이 결코 실험실 안의 분석이 아님을 보여준다. 모름지기 금융이론의 쓸모를 높이고 싶은 경제학자라면 현실 시장의 복잡한 측면들을 이해해야만 할 것이다. 공적인 논의와 경제정책의 결정에 참여하는 이들도 너무 늦기 전에 복잡한 시장의 요인들을 잘 분류해서 이해해야 할 것이다.

　수천만 명의 사람들이 마치 주가가 현재의 추세대로 계속 상승하리라 믿으면서 주식시장에 뛰어드는 것이 오늘날 투자 문화의 현주

소이다. 솔직히 주식시장이 역사상 어느 때보다도 과열되어 보이는 데도 투자자들은 결코 주가가 높지 않고 오랫동안 하락할 리도 없는 것처럼 행동한다. 도대체 왜 이렇게 행동하는 것일까? 현상적으로 봤을 때, 그들의 논리는 무임승차자 논리와 유사하다. 수백만 명의 연구자와 투자자가 주가를 살피고 현재의 가격을 신뢰하고 있다면, 나는 적정 주가에 대해서 고민할 필요가 없다고 생각한다. 사람들은 주가를 연구하고 주식을 사는 다른 부지런한 투자자들에게 무임승차하려 하는 것이다. 따라서 그저 주식을 살 뿐이다.

더구나 대다수 투자자들은 주가에 관한 연구가 의심스러운 수준이며, 그것이 대중에 전달될 때도 결코 명확하거나 정확하지 않다는 사실을 전혀 모른다. 주식과 관련된 몇몇 연구들은 찻잎을 읽어서 점을 치는 것과 유사할 정도이다. 다우존스 산업평균지수가 3만 6,000, 혹은 4만, 그리고 10만까지 올라갈 것이라는 주장은 전혀 근거가 없다. 소수의 연구자들은 좀 더 현실적인 판단 아래 시장을 분석하고 미래에 대해서도 냉철한 입장을 드러내고 있지만, 이들은 언론의 주목을 받지 못하는 까닭에 대중에게 미치는 영향력도 미미하다.

매체의 속성상 언론은 항상 사소한 기삿거리를 찾아다니고, 주가 수준에 대한 유명인사들의 의견에만 주목한다. 언론 종사자들은 구독률이나 시청률 경쟁에 직면해 있기 때문에 그들이 유포하는 기사들은 피상적이거나 시장 상황에 대해 왜곡된 판단을 부추기는 경향이 있다. 주식이 항상 건재할 거라고 주장하는 일종의 통념은 이러한 언론 기사들에 의해 만들어진 것이다. 대중은 이 통념을—내가 보기에는 전문적이지 않은—받아들이고 있다. 언론과 가까운 월스트리트의 전문가들은, 과대 선전과 짧은 언론 인터뷰에 밥줄을 걸고 있기 때문에 이 통념을 거스르기 힘들다. 그래도 누군가는 이런 문제들을 꼬집는 책을 써내야 하는데, 바로 이 책이 그런 필요에 부응하고 있다.

앞에서 살펴보았듯이, 통념은 주식시장 전체가 가장 좋은 투자처이고, 언제나 그럴뿐더러, 심지어 시장이 사상 최고로 고평가되었을 때에도 그렇다고 주장한다. 그래서 자신의 퇴직연금을 주식에 투자하는 사람들이 늘어나고 있으며, 퇴직연금 전체를 주식에 투자하는 것이 점점 인기를 얻고 있다. 주식이라는 주문을 외우면서 자신들의 소중한 돈을 쏟아붓고 있는 것이다. 또 시장에 주식을 무제한 공급 중인 회사들은 이를 이용하고 있다.

"주식이 필요하신가요? 우리가 당신에게 주식을 팔죠."

대다수 투자자들은 주식시장을 자연현상처럼 받아들이는 모양새다. 그들은 자신들이 집단적으로 주가를 결정한다는 사실을 제대로 이해하지 못한다. 또 그들은 자신들이 다른 사람들과 비슷한 결론을 내린다는 걸 간과한다. 많은 개인투자자들은 기관투자가들이 시장을 지배하고, 이 '현명한 투자자들smart money'이 주가를 이해하는 더욱 세련된 모델, 즉 더 나은 지식을 가지고 있다고 생각한다. 그러나 사실을 말하자면, 대다수 기관투자가들도 시장에 관해서 제대로 알지 못한다. 간단히 말하면, 주가 수준은 어느 정도까지는 자기실현적인 예상에 의해 결정된다. 그것은 규모에 상관없이 많은 투자자들이 공통적으로 지닌 비슷한 직감에 기초하고 있으며, 투자자들에 의해 만들어진 통념을 정당화하는 뉴스 매체가 이를 더욱 강화한다.

1999년 3월 다우존스 산업평균지수가 역사상 처음으로 1만을 돌파했을 때, 메릴린치는 신문에 "전문적이고 장기적 시각을 지닌 우리 같은 사람들마저도 '와우' 하고 놀랐습니다"라는 헤드라인을 단 전면 광고를 실었다. 이 광고의 왼쪽 하단, 1만을 넘은 주가 차트를 보여주는 그래프 옆에는 '인류의 업적'이라는 글귀가 적혀 있었다. 이것이 정말 축하할 만한 업적이라면, 우리는 노동자들이 스스로를 격찬하는 자기평가보고서를 제출할 때마다 축하해야 할 것이다.

현재는 비이성적 과열은 아닐지라도 과도한 기대심리가 존재하는 게 사실이다. 사람들은 주식시장에 대해 긍정적이다. 시장의 문제점과 그 결과로서 이후에 나타날 나쁜 결과에 대한 냉철한 우려가 부족하다. 만일 다우지수가 6,000까지 떨어진다면 그 손해는 미국 전체의 주택가치만큼 클 것이다. 그리고 주식에 투자한 개인, 연기금, 대학기금, 자선조직 등은 심각하고 불균등한 불균등한 손해를 입을 것이 분명하다.

개인적으로 자신의 은행계좌에 얼마가 들어 있는지 알 필요가 있는 것처럼, 우리는 오늘과 내일, 그리고 언제든 주식가격이 경제적 현실을 합리적으로 반영하고 있는지를 알 필요가 있다. 주가에 대한 이러한 평가는 미래에 일용할 양식이나 입을 옷과 직결되며, 오늘 돈을 소비하는 거의 모든 결정에도 영향을 끼친다. 따라서 우리는 시장의 장기적 전망을 형성하는 힘들에 대해 더 잘 이해해야만 한다. 바로 이것이 이 책에서 제시하고자 하는 바이다.

감사의 말

제레미 시걸Jeremy Siegel은 비록 모든 점들에서 동의한 것은 아니지만, 내 생각들을 책에 담을 수 있도록 나를 설득했다. 그는 진정으로 이 책이 나오는 데 도움을 주었다. 우리의 가족들과 정기적으로 휴가를 함께 즐겼으며, 나는 그와 해변을 걷거나 아이들이 낚시하는 걸 지켜보는 동안 그에게서 금융에 대한 독특한 시각을 배웠다. 이 책의 초판이 나온 후 몇 년 동안, 그는 강세장을 주장하고 나는 약세장을 주장하여 서로 대립하는 것처럼 보였다. 그러나 사실 우리는 여러 면에서 똑같은 세계관을 공유해온, 평생의 친구이다.

존 캠벨John Campbell은 나와 함께 금융시장에 관한 여러 학술 논문들을 쓴, 나의 학생이자 오랜 친구이다. 그는 이 책에 필요한 많은 생각들을 정리하는 과정에서 지적으로 나의 반쪽 노릇을 해주었다. 금융시장의 불안정성에 관한 나의 독창적 연구는 그의 협조 덕분에 세련되고 훌륭하게 발전할 수 있었다. 또 그는 이 책을 위해 도움이 되는 많은 제안을 해주었고, 원고에 대해서도 논평을 아끼지 않았다.

프린스턴 대학 출판부의 편집인인 피터 도허티Peter Dougherty는 이 책의 기본적인 구성을 확정하는 데 매우 중요한 도움을 주었다. 그는 뛰어난 동료 이상이었으며, 거의 공동 연구자 수준이었다. 또 다른 편집인인 피터 스트럽Peter Strupp은 이 책이 편집되어 출판되는 과정을 감독하는 데 도움을 주었다.

내 조수 캐럴 코플랜드Carol Copeland는 변치 않는 성실한 도움으로 내가 어려운 시기를 계속 헤쳐나가도록 해주었다. 이 책을 쓰는 과정에서 나는 운 좋게도 뛰어난 학생 연구조교들의 도움을 받았다. 그들은 에릭 베어Eric Bair, 이짓 보라 보즈커트Yigit Bora Bozkurt, 피터 파브리지오Peter Fabrizio, 존 포그너Jon Fougner, 제라르도 가르시아 로페즈Gerardo Garcia Lopez, 마이클 고스고니스Michael Gousgounis, 윌리엄 '드류' 핼러스카William 'Drew' Haluska, 에릭 할마르손Erik Hjalmarsson, 위안펭 호우Yuanfeng Hou, 뮤라드 지브라Murad Jivraj, 앨스턴 E. 램버트 2세Alston E. Lambert II, 앤서니 링Anthony Ling, 루이스 맨실라Louis Mancilla, 스티븐 폴리체크Steven Pawliczek, 그리고 킨드 우브네Kinde Wubneh 등이다.

감사하게도 많은 친구들과 동료들이 이 책의 원고를 읽고 자세한 논평을 해주었다. 스테파노 애서나솔리스Stefano Athanasoulis, 존 지나코플로스John Geanakoplos, 윌리엄 코니스버그William Konigsberg, 스티븐 모리스Stephen Morris, 샤론 오스터Sharon Oster, 제이 리터Jay Ritter, 마틴 슈빅Martin Shubik, 그리고 제임스 토빈James Tobin이 바로 그들이다.

예일 대학의 코울스 경제학 연구재단 소속 동료들인 글레나 에임스Glena Ames, 도널드 브라운Donald Brown, 스테판 크리거Stefan Krieger, 그리고 윌리엄 노르드하우스William Nordhaus는 내게 큰 도움이 되었다. 또한 이 자리를 빌려 본 재단의 설립자인 고故 알프레드 코울스 3세Alfred Cowles III에게 감사를 표하고자 한다. 그는 20세기 초의 투자은행가였고, 수학적인 경제학의 발전을 지원했으며, 이 책에서 쓰인 1926년 이전의 배당과 수익 데이터를 수집한 바 있다.

예일 대학 국제금융센터의 도움—쥬 첸Zhiwu Chen, 로저 이봇슨Roger Ibbotson, 엘리 레비Eli Levy, 수미트라 수디르Shumithra Sudhir, 짐 스나이더Jim Snyder, 이보 웰치Ivo Welch, 그리고 제프리 워글러Jeffrey Wurgler와 소장인 윌리엄 고츠만William Goetzmann—에도 감사를 드린다. 로저는 2000년에 "다우지수 10,000"이라는 제목의 강연을 하고, 미래의 주식시장을 낙관하여 내 생각에 반대한 바 있다.

웰즐리 대학의 칼 E. 케이스Karl E. Case 교수의 도움은 매우 중요했다. 나는 보스턴 지역 주택가격 급등의 원인을 살펴보고자 했던 그의 1986년 논문에 관해 듣고 그를 만났다. 우리는 1988년 주택 구입자들의 태도에 관한 설문조사를 실시했다. 이후로 그는 부동산시장의 심리를 이해하기 위해 나와 함께 작업해왔다. 그와 나는 예일 대학 경영대학원의 지원을 받아 이 설문조사의 자료를 계속 업데이트하고 있다.

나는 리처드 탈러Richard Thaler와 내가 1991년 이후 NBERNational Bureau of Economic Research에서 조직한 행태재무 워크숍들을 지원해준 브레이스 브리지 캐피털, 풀러앤드탈러 애셋 매니지먼트, LSV 애셋 매니지먼트, 그리고 러셀 세이지 재단에도 감사드린다. 그리고 조지 애컬로프George Akerlof와 내가 1994년 이후 조직한 행동거시경제학 워크숍들을 지원해준 러셀 세이지 재단과 보스턴 연방준비은행에도 감사의 뜻을 전한다. '행동경제학'이라는 단어는 인간의 심리학과 사회학을 포함하여 사람들의 행동을 자세히 고려하는 시장에 대한 연구를 의미한다. 이 책은 바야흐로 대학의 경제학과와 금융학과에서 중요한 위치를 차지하기 시작한 행동경제학 분야의 다수 학자들의 연구로부터 엄청난 도움을 받았다.

전미과학재단은 금융시장에 대한 나의 기초 연구에 많은 도움을 주었다. 20년이 넘는 그들의 계속적인 지원 덕분에 나는 재정적인 부담 없이 연구에 집중할 수 있었다. 앤드류 레드리프Andrew Redleaf의 주도 하에 화이트복스 어드바이저는 행동경제학 연구를 지원하는 기금을 예일 대학에 기부했고, 이 기금은 내가 이 책의 개정판을 쓸 수 있도록 지원해주었다.

또한 브래드 바버Brad Barber, 스코트 부어맨Scott Boorman, 데이비드 콜랜더David Collander, 레이 페어Ray Fair, 피터 가버Peter Garber, 제프리 가텐Jeffrey Garten, 크리스천 골리어Christian Gollier, 수닐 고티파티Sunil Gottipati, 트레버 그릿햄Trevor Greetham, 스탠리 해밀턴Stanley Hamilton, 앤 래퍼Anne Laferrere, 조나단 랭Jonathan Laing, 리키 램Rickey Lam, 신단 리Xindan Li, 저스틴 이푸 린Justin Yifu Lin, 베누이트 메르세로Benoit Mercereau, 존 레이John Rey, 콜린 로버트슨Colin Robertson, 추르 소머빌Tsur Somerville, 나심 탈렙Nassim Taleb, 필립 트레이너Philppe Trainar, 마크 와쇼스키Mark Warshawsky와 일본증권연구소의 푸미코 콘야Fumiko Kon-Ya는 미국뿐 아니라 일본의 투자자들의 태도를 연구하기 위한 설문조사와 관련하여 오랫동안 나와 협력했다. 캠퍼메일의 조세핀 리날디Josephine Rinaldi와 월트 스미타나Walt

Smietana의 도움에도 감사드린다. 더불어 나를 위해 기꺼이 설문조사에 응해준 많은 투자자들에게도 감사의 마음을 전한다.

마지막으로, 내가 심리학에 큰 관심을 갖게 되고 그것이 경제학에 중요하다는 것을 일깨워준 임상심리학자인 내 아내 버지니아 쉴러 Virginia Shiller에게 크나큰 감사를 표한다. 그녀는 이 책을 가장 주의 깊게 읽고 진지한 비판을 해주었으며, 나의 생각을 발전시키는 데 커다란 도움을 주었다. 또한 내가 밤낮으로 작업하는 오랜 시간 동안 내 곁을 지켜주었다.

1부 구조적 요인

2부 문화적 요인

1장

역사적 관점에서 본
주식시장의 수준

Irrational
Exuberance

연방준비제도의 의장인 앨런 그린스펀Alan Greenspan이 주식시장 투자자들의 행태를 묘사하기 위해 '*비이성적 과열*irrational exuberance'이라는 단어를 처음 사용했을 때, 전 세계는 그 말에 주목했다.[1] 1996년 12월 5일 워싱턴의 저녁만찬 때 그의 연설에서 나온 이 단어는 텔레비전을 통해 전 세계로 퍼져나갔다. 그가 이 단어를 내뱉자마자 주식시장은 급속히 하락했다. 일본의 니케이지수는 3.2퍼센트 떨어졌고, 홍콩 항셍지수는 2.9퍼센트 하락했으며, 독일의 닥스지수는 4퍼센트 급락했다. 영국의 FT-SE 100 지수는 그날 한때 4퍼센트나 폭락했고, 다음 날 아침 미국의 다우존스 산업평균지수(앞으로는 간략하게 다우지수라고 쓴다)는 거래가 시작될 무렵 2.3퍼센트 하락했다. 차분했던 보통의 연설 중간에 나온 두 단어에 전 세계 시장들이 그렇게 민감한 반응을 보인 것은 분명히 이상해 보였다. 이 사건은 시장의 비합리성에 관한 재미있는 일화가 되었고, 한동안 전 세계적으로 회자되었다.

시간이 흐르고 일화는 잊혀졌지만, *비이성적 과열*이라는 단어는 자꾸자꾸 인용되었다. 그리고 그것은 그린스펀의 가장 유명한 말—주식시장에 관심을 가진 모든 이의 캐치프레이즈—로 자리 잡았다.

그런데 몇 년이 지난 지금도 사람들이 여전히 *비이성적 과열*을 인용하는 이유가 뭘까? 그것은 이 단어가 지각 있는 사람들이 목격한, 1990년대에 발생한 일종의 사회적 현상을 나타냈기 때문이라고 생각한다. 또한 그 현상은 시장이 시장 심리에 영향을 받아 비정상적이고 지속 불가능한 수준까지 폭등했을 때 역사에서 두고두고 나타나는 것으로 보인다.

1990년대에 주식시장이 계속 급등하자 지각 있는 많은 사람들은 뭔가 분명히 비이성적인 것이 세간에 나타났음을 알아차렸다. 그러나 그것의 본질은 알기가 어려웠다. 그것은 1920년대 주식시장의 호황 같은 투기적 과잉을 기록했던, 몇몇 이야기꾼이 묘사한 투자자의 행복이나 광기 같은 것이 아니었다. 아마도 그 이야기꾼들은 이야기를 꾸며댔을 것이다. 비이성적 과열이 그런 광기는 아니다. 한때 인기 있던 단어인 '*투기적 열광*' 또는 '*투기적 파티*'는 1990년대에 우리가 경험했던 사건을 묘사하기에 너무 강한 표현으로 보였다. 반면 *비이성적 과열*은 열광을 통제할 수 없던 인생의 어느 순간에 이루어진, 우리 모두가 기억하는 잘못된 결정 같은 것과 더욱 비슷한 것이다. 비이성적 과열은 시장이 비정상적으로 될 때 시장에서 발생하는 사건에 대한 매우 묘사적인 단어로 보인다.

비이성적 과열은 투기적 버블의 심리적 기초를 이룬다. 나는 투기적 버블을 가격 상승 뉴스가 사람들 사이에 널리 퍼져나가면서 투자자의 열광을 자극하는 상황으로 정의한다. 그것은 가격 상승을 정당화할 수 있는 이야기를 확대생산함으로써 더욱더 많은 투자자들을 끌어들이는 과정을 통해 발생한다. 투자자들은 투자의 실제가치에 의문을 가져도 다른 이의 성공에 대한 부러움과 도박성을 띤 흥분을 느끼며 그것에 끌려든다. 우리는 이 책 전체에서 이렇게 정의되는 버블의 다양한 요소들을 살펴볼 것이다.

1996년 그린스펀의 비이성적 과열에 대한 연설은 현재까지 투기적 급등의 역사에서 최대의 사례라 부를 만한 현상이 주식시장에서 시작되었을 무렵 행해졌다. 다우지수는 1994년 초 3,600 정도였지만 1999년 3월 역사상 최초로 1만을 돌파했다. 그리고 이듬해 1월 14일, 새천년이 시작된 지 2주 만에 1만 1,722.98을 기록하여 고점을 찍었다. 5년 만에 3배가 된 것이다. 다른 주가지수들 역시 몇 달 후 고점을 기록했다. 그 후 몇 년 동안(이 글을 쓰고 있는 현재까지) 주식시장은 그렇게 높게 상승하지 못했다. 그런데 다른 나라의 지수를 포함하여 다우지수의 고점이 새천년의 축하 파티가 끝나는 때와 가까운 시기에 나타났다는 것은 신기한 일이다. 마치 축하 파티 자체가 시장을 급등하도록 만든 부분적인 요인이고, 그 후의 숙취가 시장을 끌어내렸던 것처럼 보인다.

1994년에서 2000년 사이의 주식시장 상승은 분명히 어떤 합리적인 이유로도 정당화할 수가 없다. 기초적인 경제지표들은 전혀 3배가 되지 않았다. 같은 기간 동안 미국의 GDP 증가는 40퍼센트 미만

그림 1-1　주가와 수익(1871 ~ 2005년)

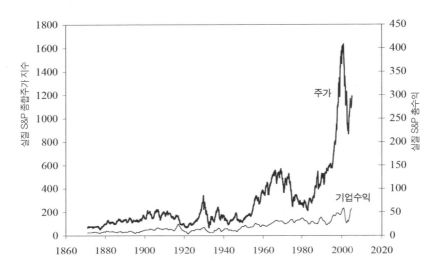

자료: S&P 통계 서비스로부터의 데이터를 이용해 필자가 계산. U.S. Bureau of Labor Statistics, Cowles and associates, Common Stock Indexes, 그리고 Warren and Pearson, Gold and Prices. 또한 후주 3을 참조.

이었고, 기업이윤의 증가도 60퍼센트 미만이었다. 게다가 비교의 시작점인 1994년이 일시적인 불황이었다는 점을 감안하면 주가의 상승은 정당화되기 더욱 어려워 보인다.

〈그림 1-1〉은 월별 실질(소비자물가지수를 사용하여 인플레이션으로 조정된) S&P 지수의 변화를 보여준다. 이 지수는 1957년부터 500개의 주식에 기초하여 계산된 것으로, 단 30개의 주식에 기초한 다우지수보다 더 자세한 주가지수이다.[2] 이 기간의 일부 시기에 전반적인 물가수준이 매우 불안하여(정부가 통화를 많이 발행해 모든 물가가 상승했다) 조정되지 않은 수치는 주식시장의 실질적 가격 상승에 관해 잘못된 인상

그림 1-2   10개국의 주가 변화(1995년 1월~2004년 6월)

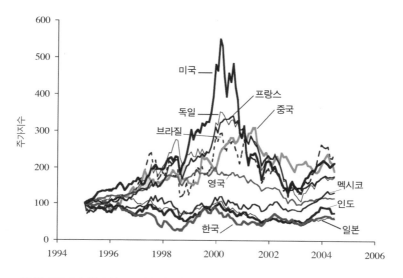

각국의 월별 소비자물가지수로 조정된 월별 실질(인플레이션이 조정된) 종가. 브라질(Bovespa), 중국(SE Shang Composite), 프랑스(CAC), 독일(DAX), 인도(Sensex), 일본(Nikkei), 한국(KOSPI), 멕시코(Mexbol), 영국(FTSE 100), 그리고 미국(NASDAQ Composite), 모두 1995년 1월=100으로 계산.

자료: Bloomberg and International Monetary Fund International Financial Statistics.

을 줄 수 있기 때문에 인플레이션이 조정된 지수로 나타냈다. 이 그림은 1871년에서 2005년 사이의 주가와 함께, 같은 기간 동안 그 지수를 구성하는 기업이 영업 활동을 통해 번 총수익(주식 1주당 기업이윤)을 보여준다.[3]

거의 같은 기간 동안 많은 나라들에서 주가가 크게 상승했고, 2000년 초 많은 나라들에서 주식시장의 고점이 거의 동시에 나타났다. 〈그림 1-2〉는 10개국의 주가의 경로를 보여준다. 〈그림 1-2〉에서 볼 수 있듯이, 1995년에서 2000년 사이에 브라질과 프랑스, 중국, 그리고 독일 주식시장의 실질가치는 거의 3배가 되었고, 영국은 거의 2배가 되었다. 고점 직전 연도인 1999년에는 10개국에서 평균적으로 실질주가가 58퍼센트 상승했다. 모든 국가들의 주가가 1999년에 급등했던 것이다. 사실 영국의 주가 상승이 가장 작았지만, 여전히 놀랍게도 16퍼센트가 상승했다. 1999년 동안에 아시아(홍콩, 인도네시아, 일본, 말레이시아, 싱가포르, 그리고 한국)와 라틴아메리카(칠레와 멕시코)의 주식시장들이 놀랄 만큼 상승했다. 이것은 진정으로 놀라운, 전 세계적인 주식시장의 호황이었다.

S&P지수의 더 오랜 역사를 보여주는 〈그림 1-1〉을 다시 살펴보면, 최근에 시장이 과거와 비교해서 얼마나 다르게 움직였는지 알 수 있다. 주식시장은 1982년 7월 바닥을 친 후 2000년 3월까지 계속 상승해왔던 것이다. 1995년에서 2000년까지 계속 나타난 주가 폭등은 진정으로 예외적이었다. 주가지수가 〈그림 1-1〉에서 보듯이 마치 로켓처럼 비상했고, 그 이후 엔진이 꺼지며 떨어지고 있다. 이 최대의 주식시장 호황은 '밀레니엄 호황'이라고 불릴 만하다.[4]

2000년을 전후한 주식시장의 호황과 붕괴는 분명히 수익의 움직임과 관련이 있다. S&P지수를 구성하는 기업들의 수익은 1990년대에 급속히 증가했고, 2000년 이후 급락했다. 그러나 역사적으로 볼 때, 기업수익의 변동은 일반적으로 주가의 변동에 비해 덜 극적이다. 사실 수익은 100년 이상 지속되었던 느리고 꾸준한 성장경로의 주위에서 진동해왔다.

2000년경과 같은 주가의 변동은 〈그림 1-1〉에서 보이는 전체 주식시장의 역사에서 한 번도 나타난 적이 없다. 물론 1920년대에 주식시장의 폭등이 있었지만 1929년 폭락으로 끝났다. 〈그림 1-1〉은 이 호황이 첨탑 모양으로 나타났음을 보여준다. 만일 당시 주식시장의 낮은 수준을 고려해서 그래프를 교정하면, 1920년대의 사건은 최근의 주식시장 폭등과 어느 정도 유사할 것이다. 하지만 그것이 최근의 상승에 필적할 만한 유일한 역사적 사건이다.

1950년대 후반과 1960년대 초반에도 극적인 주가 상승이 나타났는데, 이후 약 5년 동안 별로 변동이 없다가 그 이후인 1973~1974년에 주식시장이 폭락했다. 그러나 이때의 주가 상승은 1990년대의 폭등보다 덜 극적이었다.

주가와 수익의 상대적 비율

────── 다음 〈그림 1-3〉은 주가수익비율, 즉 실질(인플레이션이 조정된) S&P지수를 실질수익의 10년 이동평균으로 나눈 값을 보여준다. 그래프는 월별 데이터를 나타내며, 기간은 1881년 1월부터 2005년 1월까지다. 주가수익비율은 기업이 수익을 버는 능력에 관한 객관적인 지표에 대해 시장이 얼마나 기업의 가치를 상대적으로 비싸게 평가하고 있는지를 보여주는 지표이다. 나는 1934년 벤저민 그레이엄 Benjamin Graham과 데이비드 도드David Dodd의 연구를 따라, 분모로서 실질수익의 10년 이동평균을 사용했다. 10년 이동평균은 제1차 세계대전 동안의 일시적인 수익 붕괴, 제2차 세계대전 동안의 일시적인 수익 감소, 그리고 경기 변동으로 인해 나타나는 수익 증가와 감소 같은 변동을 제거해준다.[5] 주가수익비율도 2000년 3월 47.2를 기록하

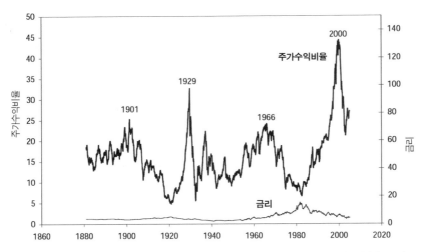

그림 1-3 주가수익비율과 금리(1881~2005년)

자료: 〈그림 1-1〉에서 제시된 자료를 기초로 필자가 계산. 금리는 장기 미국채 금리(명목치), 1881년 1월에서 2005년 1월까지(두 개의 역사적 장기금리 데이터를 필자가 통합).[6]

는 등, 1997년 이후 엄청나게 폭등하고 있음에 다시 한 번 주목하라. 역사적으로 주가수익비율이 이렇게 높은 적은 없었다. 가장 비슷한 시기는 그 비율이 32.6을 기록했던 1929년 9월이었다.

2000년의 기업수익은 그레이엄과 도드의 장기수익 계산과 비교하면 상당히 높았다. 그러나 비정상적으로 높지는 않았다. 2000년에 비정상적으로 높았던 것은 주가의 움직임(〈그림 1-1〉에서 보듯)이지 수익이 아니다. 1990년과 2000년 사이의 놀랄 만한 주가 상승에 대한 부분적인 설명은 기업의 수익보고서에 나타난 비정상적인 이윤 증가와 관계가 있다. 많은 이들은 1997년까지 5년 동안 기업수익의 증대가 비정상적이었다고 지적한다. S&P 기업의 실질수익은 이 기간 동안 2배가 넘게 증가했는데, 이런 급속한 성장은 이전 50년 동안 전례가 없던 일이었다. 그러나 1992년은 수익이 일시적으로 하락한 불황의 말기였다.[7] 이와 유사한 수익의 증가가 불황이나 공황으로부터 회복되는 시기에 나타난 바 있다. 실제로 경제가 1921년의 심각한 불황에서 벗어나 번영의 20년대로 진입함에 따라, 1921년에서 1926년까지 실질수익이 4배가 넘게 상승했다. 1890년대의 공황 이후, 1930년대의 대공황 이후, 그리고 제2차 세계대전 이후 5년 동안에도 실질수익은 2배가 된 바 있다.

주가가 고점을 기록한 2000년의 관찰자들은 이러한 수익의 성장이 계속될 것이라고 추론하여 경제에 어떤 근본적인 변화가 있어 수익의 높은 성장세를 만들어냈다고 믿었을지도 모른다. 새로운 밀레니엄에 관한 당시의 광범위한 담론들은 확실히 그런 믿음을 부채질했을 것이다. 그러나 역사에서 나타난 수익의 순환적 변동을 생각하면, 그러한 수익의 성장이 다시 역전될 것이라 예측하는 것이 더욱 합리적인 일이었다.

2000년과 2001년 사이에 기업이윤이 폭락했는데, 이는 1920～1921년 이후 퍼센트 비율로 볼 때 최대의 하락이었다. 이 폭락은 확실히 당시의 주식시장 하락과 관련이 있다. 그로 인해 새로운 하이테크 경제에는 오류가 없다는 생각에 대한 지지가 확실히 약화되었다. 그러나 수익의 하락을 어떻게 해석할 것인가? 4장에서 살펴보겠지만, 수익의 하락은 많은 차원에서 이해 가능하며, 부분적으로 시장의 하락을 만들어낸 투자자 심리 변화의 간접적인 결과로 생각될 수 있다. 2000년 이후 수익 하락은 부분적으로 단지 주가 하락에 따라 나타난 기술적인 회계 변화의 결과였다. 왜냐하면 회계원칙이 기업들로 하여금 수익으로부터 주식시장의 붕괴 이후 훨씬 줄어든 그들의 주식 보유 가치의 손실분을 공제하도록 했기 때문이다.

높은 주가수익비율을 보여준 다른 시기들

――――― 〈그림 1-3〉에서 보듯 비록 그 수준이 2000년만큼은 아니지만, 주가수익비율이 높은 수치를 기록했던 시기가 세 번 있었다. 첫 번째는 1901년 6월이었는데, 당시의 주가수익비율은 25.2배에 달했다(〈그림 1-3〉을 참조). 이것은 20세기의 시작과 더불어 나타난 까닭에 '20세기 고점'이라고 불러도 무방하다(1900년 1월이 아니라, 1901년 1월에 20세기의 시작이 공표되었다).[8] 이 고점은 1890년의 불황 이후 미국 경제가 회복되어 5년 동안 실질수익이 2배가 된 후에 나타났다.[9] 1901년 주가수익비율의 고점은 그 비율이 1900년 7월에서 1901년 6월까지 11개월 동안 갑자기 43퍼센트 급등한 결과였다. 번영하는 하이테크 미래에 대한 광범위한 담론과 함께 새로운 세기에 대한 낙관적인 전망이 나타났던 것이다.

1901년 이후에는 실질주가의 즉각적인 하락은 없었지만, 다음 10년 동안 주가는 1901년 수준이나 그 이하에서 변동했고 그 이후에는 하락했다. 1920년 6월이 되자, 주가가 1901년 6월의 실질가치보다 67퍼센트나 하락했다. 1901년 이후 5년 동안 주식시장의 연평균 실질수익률(배당을 포함한)은 3.4퍼센트였는데, 이는 실질금리보다 약간 높은 수준이었다. 1901년 6월 이후 10년 동안의 연평균 실질수익률

(배당을 포함한)은 4.4퍼센트였고, 1901년 6월 이후 15년 동안의 수익률은 연간 3.1퍼센트, 20년 동안 수익률은 연간 −0.2퍼센트였다.[10] 이는 주식시장에서 우리가 일반적으로 기대하는 것보다 낮은 수익률이다. 물론 주식을 1920년대까지 보유했다면 수익률이 극적으로 개선되었을 테지만 말이다.

주가수익비율의 역사적인 두 번째 고점 시기는 1929년 9월로서, 이는 1920년대의 최고점이며 역사적으로 두 번째로 높은 시기였다. 1920년대 주식시장의 놀라운 강세장 이후 주가수익비율은 32.6까지 상승했다. 우리가 잘 알고 있듯이, 그 이후 주가는 폭락하여 1932년 6월까지 S&P지수가 80.6퍼센트나 하락했다. 주식시장의 실질가치 감소는 매우 심대했으며, 게다가 오래 지속되어 1958년 12월까지도 실질 S&P지수는 1929년 9월의 수준을 회복하지 못했다. 1929년 9월 이후 5년 동안 주식시장의 연평균 실질수익률은 −13.1퍼센트였고, 10년 동안에는 −1.4퍼센트였으며, 15년 동안에는 −0.5퍼센트, 그리고 20년 동안에는 0.4퍼센트였다.[11]

주가수익비율의 역사적인 세 번째 고점 시기는 1966년 1월이었는데, 〈그림 1-3〉에서 보듯 이때의 비율은 최대치인 24.1까지 상승했다. 우리는 이 고점을 존 F. 케네디 John F. Kennedy 대통령과 그의 후계자였던 린든 존슨 Lyndon Johnson 부통령의 이름을 따서 '케네디 존슨 고점'이라 부를 수 있다. 이 고점은 1960년 5월 이후 전개된 극적인 강세장과 5년 동안의 실질주가 폭등 이후에 나타났다. 주가수익비율을 국지적으로 최대로 만든 이 상승은 기업 실질수익의 36퍼센트 증가와 더불어 나타났다. 시장은 수익 증가가 계속될 것처럼 반응했지만,

현실은 그렇지 않았다. 다음 10년 동안 실질수익이 거의 증가하지 않았던 것이다. 실질주가는 1966년 1월 고점 수준에서 머물렀고, 1968년에는 이를 약간 상회하기도 했지만 그 이후에는 하락했다. 1974년 12월이 되자, 1966년 1월보다 실질주가가 56퍼센트나 떨어졌다. 그리고 1992년 5월까지도 1966년 1월 수준을 회복하지 못했다. 1966년 1월 이후 주식시장의 연평균 실질수익률(배당을 포함한)은 5년 동안 -2.6퍼센트였고, 10년 동안에는 -1.8퍼센트였으며, 15년 동안에는 -0.5퍼센트, 20년 동안에는 1.9퍼센트에 불과했다.

　일시적으로 주가가 상승했던 과거의 사건들에서 우리는 비이성적 과열이 새로운 현상이 아니고 결국 하락으로 끝난다는 증거를 보았다. 10장에서 주가수익비율의 예측력에 관해 다시 논의할 것이다.

금리

──── 〈그림 1-3〉은 장기 정부채권 수익률로 나타낸 금리의 그래프를 함께 보여준다. 금리는 주식시장의 수준과 관계가 있다고 흔히 논의된다. 1990년대의 주식시장이 호황이었을 때 금리는 하락하고 있었다고 광범위하게 지적되었다. 사실 금리는 주식시장이 바닥이었던 1982년 이후부터 하락해왔다. 1990년대에는 금리의 하락이 주식시장의 상승을 설명할 수 있다는 생각이 광범위하게 받아들여졌다.

　1997년 7월,[12] 앨런 그린스펀의 국회 연설과 함께 제출된 통화정책보고서는 1982년 이후 10년 만기 국채수익률과 주가수익비율 사이에 뚜렷한 음의 관계가 있다고 주장했다. 실제로도 금리와 주가수익비율 사이에 관계가 있는 것처럼 보였다. 이를테면 1960년대 중반에서 1980년대 초반 사이에 금리는 상승하고 주가수익비율은 하락했다. 그리고 1980년대 초반과 그린스펀이 연설한 1990년대 후반 사이에는 금리가 하락하고 주가가 상승했다. 주식시장과 10년 국채금리 사이의 밀접한 관계는 '연준 모델'로 불려졌다. 1990년대 후반과 2000년대 초반에는 연준 모델을 주식시장의 수준을 정당화하기 위해 사용하는 것이 유행이었다. 사실 금리가 하락하면 주식과 경쟁하는 자산인 채권의 장기수익률 전망치가 하락하고 주식을 더 매력적으로 만들어, 주가가 수익에 비해서 상승할 것이라 생각하기 쉽다. 1990년대 후반, 우리는 텔레비전의 비즈니스 쇼에서 연준 모델을 언급하는 것을 거의 진저리가 날 정도로 많이 보았다.

그러나 연준 모델을 지지하는 증거는 희박하다.[13] 〈그림 1-3〉에서 나타난 전체 기간 동안에는 금리와 주가수익비율 사이에 강한 상관관계가 존재하지 않았다. 연준 모델에 따르면, 대공황 시기에는 금리가 비정상적으로 낮았으므로 주가가 수익에 비해 높아야 하는데, 실제로는 그렇지 않았다.

또 2000년 시장의 고점 이후 금리는 계속 하락했는데, 연준 모델의 예측과는 반대로 주가수익비율과 금리 모두가 하락했다. 그 이후에 우리는 연준 모델에 관해 훨씬 적게 보고 들었다.

비록 금리가 시장에 어느 정도 영향을 미친다 해도 주식시장의 움직임이 금리에 대해 예측 가능하게 반응하는 것은 아니다. 주식시장은 훨씬 더 복잡하므로 그 움직임을 이해하기 위해서는 훨씬 더 많은 노력을 해야 한다. 10장에서 우리는 금리를 다시 살펴볼 것이다.

비이성적 과열에 대한 우려

———— 2000년에는 내가 만난 대다수 사람들이 주식시장이 높은 수준을 유지하자 당혹스러워했다. 그들은 높은 주가가 합리적인지, 아니면 정말로 비이성적 과열이라 부를 만한 어떤 경향의 결과인지 잘 몰랐다. 또한 높은 주가가 우리의 생각과 우리 삶의 많은 결정들에 영향을 미친, 정당화되기 어려운 낙관론을 반영하는 것은 아닌지 의심했다. 그리고 이전의 시장 심리가 역전될 것인지, 무엇이 갑작스럽게 시장을 하락시킬지도 궁금해했다.

앨런 그린스펀조차 잘 모르는 것 같았다. 그는 내가 그와 연방준비제도 앞에서 시장의 수준이 비이성적이라고 증언한 이틀 후에 '비이성적 과열'이라는 연설을 했다. 그러나 7개월 후 그는 경제와 주식시장에 관해 낙관적인 새로운 시대의 입장을 취했다. 사실 그린스펀은 공개적 성명에서 언제나 조심스러웠고, 어떤 입장도 강력히 주장하지 않았다. 그런데도 사람들은 그의 논평에 대한 해설을 할 때 그런 문제에 관해서라면 그조차도 정답을 알지 못한다는 것을 간과했다.

2000년 주식시장이 고점을 찍고 몇 년 동안 크게 하락했는데도 역사적 기준으로 볼 때는 여전히 매우 높은 편이다. 뉴스 매체는 높은 주가 수준에 대해 이야기하는 것을 피곤해 하고, 주가의 수준에 관한 논의는 시장 전망에 관한 고려에서 보통 제외된다. 그러나 사람들은 마음 깊은 곳에서 주식시장이 여전히 고평가되었다는 것을 알고 있고 그 사실을 불편하게 느낀다.

가장 현명한 이들이 대답하지 않기 때문에 많은 사람들은 이 질문에 대답하기 위해 시장의 지혜에 의존하며, 점쟁이들이 찻잎을 사용하는 것처럼 주식시장을 막연하게 쳐다본다. 하지만 주식시장이 새로운 시대에 관한 어떤 진실을 드러낸다고 가정하기 전에 우리는 시장 변동의 진정한 결정 요인이 무엇인지, 그리고 어떻게 시장의 변동이 경제와 우리의 삶에 영향을 미치는지 진지하게 생각해볼 필요가 있다.

주식시장의 진정한 결정 요인들 중 많은 부분은 이미 우리 마음속에 있다. 그것들은 존 메이너드 케인스John Maynard Keynes가 경제를 추동한다고 생각한 '야성적 충동animal spirits'이다.**14** 동일한 야성적 충동이 부동산시장과 같은 다른 시장들도 추동한다. 이 책의 1부에서 그런 행동의 원인들을 분석하기 전에, 우리는 먼저 투기적 행동의 사례 연구로서 부동산시장에 대해 살펴볼 것이다.

2장

역사적 관점에서 본
부동산시장

Irrational
Exuberance

지난 몇 년 동안 주식시장을 추동했던 '인간의 심리'라는 힘이 다른 시장들에도 영향을 끼칠 가능성이 있다. 부동산시장, 특히 개별 주택 시장도 때때로 투기적 호황을 맞는다. 이는 우리가 살고 있는 지역과 주택가격이 심리적인 것에 크게 영향을 받을뿐더러, 사람들 간의 대화에서도 집값이 매우 인기 있는 주제인 까닭이다.

부동산시장의 호황을 보여주는 최근의 수많은 사례들이 존재한 다. 호주와 캐나다, 2000년 이후 중국, 프랑스, 홍콩, 아일랜드, 이탈 리아, 뉴질랜드, 노르웨이, 러시아, 남아프리카, 스페인, 영국, 그리고 미국의 여러 도시들의 주택가격이 급속히 상승했다.[1] 중국에서는 놀 랄 만한 부동산 건설 호황이 나타났다.[2] 이러한 호황이 전 세계적인 현상은 아니었지만 여러 지역에서 발생했다.

부동산시장의 호황은 주식시장의 호황만큼이나 신비하고 이해하기 어렵다. 그것이 나타나면 언제나 그에 대한 대중적인, 하지만 꼭 정확하지만은 않은 설명이 따라붙는다.

1990년대 후반 이후 많은 지역들에서 나타난 주택가격 상승에 대해서 그럴싸한 설명들이 수없이 제시되었다. 인구의 압력이 토지가 모자랄 정도로 인구가 많아져서 주택가격이 상승했다는 것도 그중 하나이다. 그러나 분명히 말해서 우리에게는 토지가 모자라지 않다. 인구 증가도 갑작스럽고 폭발적인 현상이 아니라 꾸준하고 점진적으로 진행되어 온 것이다.

주택가격 상승을 설명하는 또 다른 주장은 주택 건축에 필요한 요소들, 즉 임금이 올라가고 모래, 콘크리트, 철강 등에 대한 수요가 크게 높아졌기 때문이라는 것이다. 하지만 건축 비용은 장기적인 추세로부터 더 높아지지 않았다.

세계 경제의 둔화에 대응하기 위한 노력의 일환으로 많은 국가들에서 도입된 금리 인하 때문에 부동산 호황이 촉발되었다는 주장도 있다. 저금리가 주택가격 상승의 주요 요인이 되는 것은 사실이다. 다만 문제는 역사적으로 볼 때 중앙은행이 금리를 인하한 적이 *많지만*, 1990년대 후반처럼 일제히 부동산 호황으로 이어지지는 않았다는 점이다.

그렇다면 세계의 많은 지역들에서 부동산 호황이 나타난 진짜 이유는 뭘까? 이 현상을 이해하는 것이 중요하다. 많은 사람들은 해당 지역들의 주택가격 상승이 1980년대 일본의 도시 지역 토지가격의 상승처럼 정점 이후 10년 이상 실질가격이 하락하는 식으로 끔찍하게 끝날 것이라고 걱정했다. 하지만 그런 가격 변동이 어떻게 발생하는지를 이해하는 일은 어려운 문제이다.

우선 나는 최근의 사건을 장기적인 역사적 관점에서 분석하고자 한다. 과연 현재의 상황이 새로운 것일까, 아니면 이와 비슷한 사례들이 과거에도 있었을까? 많은 사람들이 말하듯 강력하고 꾸준한 주택가격의 상승 추세가 존재하는가, 아니면 단지 사람들의 상상 속에서만 가능한 일일까? 역사는 부동산 호황의 발생에 관해 무엇을 말해주는가? 그러나 무엇보다 중요한 것은 현재 그 어느 때보다도 주택가격에 대한 투기가 국가적으로나 국제적으로 확고하게 나타나고 있다는 것이다.

주택가격의 장기적 역사

──── 나는 변함없는 표준적인 주택가격을 추계하기 위해 고안된 다양하고 유용성 있는 데이터를 한데 모으는 한편, 1934년부터 1953년 사이의 빈틈을 메우기 위해 내 지도 아래 연구조교가 완성한 다른 지수를 활용함으로써, 1890년부터의 미국 주택가격지수를 만들었다. 〈그림 2-1〉은 1890년 이후의 주택가격지수를 건축 비용과 미국의 인구, 장기금리와 함께 보여준다.

〈그림 2-1〉에서 표시된 주택가격지수는 불완전한 상태여서 좀 더 개선이 필요하지만 지금으로서는 이렇게 장기간의 지수로서는 최선처럼 보인다. 아직까지는 이처럼 장기적 수준에서 다른 어떤 나라의 주택가격지수가 출판된 적이 없다. 나랑 이야기를 나누었던 어떤 부

그림 2-1   미국의 주택가격과 건축 비용, 인구, 그리고 금리(1890~2004년)

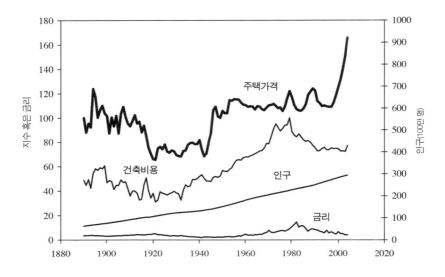

맨 위쪽 선: 미국의 실질 주택가격지수, 1890=100, 다양한 지수들과 주택가격의 원자료를 사용하여 필자가 계산.**3**
위 두 번째 선: 실질 건축비용 지수, 1979=100, 출판된 두 건축비용 지수들로부터 필자가 계산.**4**
아래 두 번째 선: 미국의 인구(100만 명), 미국 인구조사국 자료.
맨 아래쪽 선: 두 자료로부터 필자가 계산한 장기 금리.**5**

동산 전문가도 그것을 알지 못했다.

독자들은 1990년대 후반 이후 주택가격의 최근 모습이 놀랍다는 것을 알아차릴 수 있을 것이다. 그 이후 주택가격은 급속하게 상승했다. 마치 1990년대 중반의 주식시장과 비슷하게 로켓이 이륙하는 것처럼 주택가격이 폭등했던 것이다. 비록 주택가격 로켓은 주식시장의 1995년보다—혹은 보는 관점에 따라서 1982년—몇 년 늦은 1998년에 이륙했지만 말이다. 미국 전체의 실질 주택가격은 1997년에서 2004년 사이에 52퍼센트나 상승했다. 주택가격은 미국의 어떤 지역에서는 더욱 높게 상승하고, 다른 지역에서는 상승률이 낮았지만, 전체적으로 52퍼센트나 상승했다는 것은 놀라운 일이다. 이는 1995년에서 2000년 사이에 3배가 된 주식시장만큼은 아니지만, 주택가격의 장기적인 패턴과 비교해보면 정말 놀랍다. 그런데 최근 몇 년을 살펴보는 것으로는 주택가격의 이러한 패턴을 이해할 수 없다. 최근의 경험이 얼마나 이상한 것인지 이해하기 어려운 까닭이다. 미국 역사에서 이와 비슷하게 주택가격이 폭등한 시기는 단 한 번 있었는데, 그것은 제2차 세계대전 직후의 시기였다.

1997년 이후의 주택가격 상승은 소득의 상승보다 훨씬 더 급속히 진행됐다. 그래서 가장 변동이 심한 주들에서 주택가격의 장기적 안정성에 대해 우려를 제기했다. 1985년에서 2002년 사이 가장 변동성이 심한 미국의 여덟 개 주에서 주택가격의 중간값은 1인당 연간소득의 4.9배에서 7.7배로 상승했다. 따라서 이 주들에서는 모기지(주택담보대출—옮긴이) 상환 과정에서 가정의 예산에 무거운 부담이 새롭게 발생했다.[6]

그러나 그림만 놓고 보면 주택가격의 상승이 끝나지 않았고, 1997년 이후의 가격 상승은 매우 견조하고 꾸준해서 수년 동안 계속될 것이라는 인상을 받을 것이다. 1997년에서 2004년 사이에 해마다 가격이 상승했고, 거의 모든 연도에서 상승률도 높아져서 사람들은 주택가격이 계속 상승할 것으로 예측할 수 있다.

그런데 어떻게 주택가격을 예측할 수 있을까? 투기적 가격은 원래 랜덤워크와 같은 모습을 보이므로 예측하기 매우 어려운 게 아닐까? 그러나 통계적 분석이 확인해주듯 주택가격은 사실 어느 정도 예측이 가능하다.[7] 주식시장에서는 가격의 예측가능성이 '현명한 투자자'에 의해서 활용되지만, 주택시장은 이와 달라서 주택가격의 예측가능성을 가로막는 어떤 힘도 존재하지 않는다. 주택시장은 투자하고 되파는 비용이 너무 크기 때문에 주식시장처럼 현명한 투자자가 적절한 시기에 주택을 사서 이윤을 올릴 기회가 많지 않다. 또한 대다수 사람들에게 주택가격의 추세를 이용하여 주택 구매 시기를 결정하는 것도 쉬운 일이 아니다.

그러나 주택가격의 예측 가능성을 과신해서는 안 된다. 주택가격의 예측 모델에 관한 우리의 통계적 연구는 주택가격 변동의 약 절반이 1년 전에 예측 가능함을 보여준다. 가격 변동의 절반은 무척 커 보이지만, 여전히 예측할 수 없는 부분이 상당하다. 앞의 그림을 살펴보면, 사람들은 1년 후 주택가격이 어떻게 될지 상당히 불확실하다고 말할 것이다. 연필을 들고 최근의 미국 주택가격의 추세를 대략 추정해보면, 상승하는 추세인지, 하락하는 추세인지, 그리고 언제 그 추세가 멈출 것인지, 아니면 반전될 것인지 판단하기 어렵다. 게다가 우리가 5년이나 10년 동안 장기적으로 예상해보면, 가격의 추이를 거의 알 수 없을 것이다. 그런데 자신들의 주택에서 오래 살 거라 기대하는 주택 구입자들에게 가장 중요한 것은 좀 더 장기적 관점의 예측이다.

궁극적으로 우리는 과거의 사건들을 기초로 미래를 예측한다. 그러나 불행히도 미국은 과거에 전국적으로 주택가격이 상승한 적이 없다. 다만 제2차 세계대전 직후에 주택가격이 상승했는데, 이 경우는 최근의 주택가격 상승과는 근본적으로 매우 다르게 보인다. 이는 예측을 위해 과학적인 기초를 필요로 하는 통계학자들에게 딜레마를 제공한다.

〈그림 2-1〉에 나와 있는 건축 비용, 인구, 금리 등에만 기초하여 미국의 주택가격을 설명하는 것은 분명 불가능해 보인다. 해마다 주택가격 변동 패턴은 이 중 어떤 요인과도 일관되게 연관성을 보여주지 않는다. 즉, 어떤 것으로도 1997년 이후 시작된 '로켓의 이륙'과 같은 가격 급등을 설명할 수가 없다. 건축 비용은 1980년 이후 대부분의 시기에 안정적이었거나 하락했을 뿐이다.[8] 또 인구 증가는 매우 꾸준히 진행되었다. 그리고 금리는 하락했지만, 장기금리의 하락은 1980년대 초반 이후 상당히 꾸준하게 나타났다.[9]

〈그림 2-1〉에 제시된 주택가격의 경로와 〈그림 1-1〉에 제시된 주식가격의 경로를 비교해보면, 미국 주식시장의 호황과 주택시장의 호황이 거의 관련이 없다는 것이 명백하다. 다만 예외적으로 1995년경 주식시장이 급등한 지 몇 년 후인 1998년경 주택시장 호황이 시작된 것을 제외하면 말이다. 물론 주택가격이 주식시장에 반응하는 어떤 경향이 존재할 수도 있다. 선진 13개국의 주택가격에 관한 최근 국제결제은행의 연구는 주택시장의 고점이 평균 2년의 시차를 두고 주식시장의 고점 이후 나타난다고 결론지었다.[10]

현재의 주택가격 움직임이 과거와 얼마나 다른가를 이해하기 위해서는 최근의 가격 변동을 오래전의 변동과 비교하는 것이 중요하다. 〈그림 2-1〉은 1890년에서 1940년까지 실질 주택가격이 전반적으로 하락했음을 보여준다. 이 그림은 제1차 세계대전 이전의 주택가격에는 작은 변동들이 많이 있었다는 것을 보여주지만, 우리는 당시 신문에서 주택가격의 급격한 변동을 확실히 보여주는 증거를 찾는 데 실패했다. 그래서 〈그림 2-1〉에 나타난 이전 시기의 가격 변동은 단지 샘플링의 실수일 뿐 실제 주택가격 변동을 반영하는 것이 아니라고 생각한다.

나는 우리가 이해하기 시작한, 그 시기의 몇몇 가격 변동에 관한 이야기들을 6장에서 다시 살펴볼 것이다. 그러나 우선은, 1940년 이전에는 실질가격의 하락이 나타났고 어떤 주요한 부동산 호황도 없었다는 것에 유의해야 할 것이다.

19세기 후반과 20세기 초반에는 고속도로와 운하, 그리고 철도의 건설을 둘러싸고 많은 지역에 버블이 나타났지만, 이것들은 전국의 수치를 보여주는 우리의 그래프에는 나타나지 않는다. 이러한 건설 프로젝트의 주변 지역 땅값이 갑자기 급등하는 것은 분명 이해할 만한 일이다. 사실 일부 지역에서는 1달러에 1에이커의 땅을 살 수 있었던, 토지가 매우 많던 시절에도 부동산 호황은 있었다. 만일 새로운 철도가 건설되는 지역 주변의 땅값이 1에이커에 1달러 하던 것이 2달러로 상승한다면, 토지에 대한 투자는 그 가치가 2배가 되는 것이고, 이러한 가능성은 투자자들을 매우 흥분시킬 수 있었다. 지역적인 부동산 호황은 결코 새로운 것이 아니었다.

제1차 세계대전 이후의 주택가격 급락은 미국 전체 인구의 28퍼센트를 감염시키고 67만 5,000명을 죽인 1918~1919년의 인플루엔자 대유행과 아마도 관련이 있었을 것이다.[11] 이 전염병은 사람들이 집 안에 머물고 새로운 주택을 찾지 못하도록 했다. 그것은 경제에 타격을 입히고, 사람들의 이목과 대화를 주택시장으로부터 떼어놓았을 것이다. 또한 1920~1921년에는 비정상적으로 심각한 불황까지 발생했다.

그런데 번영의 1920년대에 주식시장 급등에 필적하는 주택가격의 상승이 나타나지 않았다는 점은 주목할 만하다. 당시 유명했던 플로리다 토지 버블도 그림의 전국적 수치에 나타날 만큼 대단하지는 않았다. 주택가격은 주식시장을 쫓아가지 않았고, 폭등하지도 않았으며, 1929년 주식시장이 폭락할 때 하락하지도 않았다. 즉, 주택가격은 소비자물가지수가 하락한 만큼 똑같이 하락했다. 모기지 부채가 인플레이션에 연동되지 않았을 때, 주택가격의 하락은 많은 주택 보유자들의 부채가 주택 가치보다 더 커지도록 하여 그들이 모기지 상환에 디폴트를 선언하는 유인을 제공했다. 게다가 대공황 시기에는 높은 실업률로 인해 많은 이들이 단기 모기지를 갱신할 수 없었고, 결국 모기지의 디폴트를 선언하고 주택을 뺏길 수밖에 없었다.

그러나 우리는 1930년대 초반의 주택시장 위기를 오해하면 안 된다. 실질 주택가격은 1929년 전후 주식시장의 전반적인 호황과 불황 사이클보다 놀랄 만큼 안정적이었다.

이제 최근까지 전국의 주택시장에 나타난 가장 중요한 사건인 제2차 세계대전의 종언과 관련이 있는 주택가격의 급등에 대해 살펴보도록 하자. 비록 가격이 정확히 얼마나 상승했는지는 정확히 측정하기가 어렵지만, 당시 적어도 대도시들에서는 실질 주택가격이 대폭 상승했다.[12]

이는 급등하는 투기적 호황은 아니었던 것처럼 보인다. 주택가격이 전후의 새로운 균형에 비해 과도하게 상승하지는 않았고, 급속하게 폭락하지도 않았다. 주택시장에 관한 신문 기사들은 투기적 버블이라는 단어를 사용하지 않았고, 2000년대 초 우리가 신문에서 본 것처럼 남들보다 먼저 무엇이든 사려는 무분별한 주택 구입자들의 이야기를 싣지도 않았다.

전쟁 동안에는 정부의 규제가 새로운 주택 공급을 심각하게 제한했다. 그러다 전쟁이 끝나고 귀향한 병사들은 가족을 이루기를 원했다. 그들은 곧 베이비 붐을 일으키려 하고 있었다. 기존의 주택가격은 전쟁이 끝나기 이전인 1942년 이후 실제로 상승하기 시작했다. 이는 아마도 조만간 나타날 주택 부족을 예측했기 때문일 것이다. 그러나 전쟁 이후에 수요 급등과 더불어 건설도 대규모로 확장됨으로써 이용 가능한 주택 재고가 크게 증가할 것이라는 당시의 상식대로 현실에서 주택 구매의 열풍은 나타나지 않았다.

'군인권리법'이라고도 불리는 1944년의 군인조정법Servicemen's Readjustment Act은 1,700만 명의 주택 구입을 위한 보조금을 즉각적으로 도입했다. 이 정부 보조는 사라지지 않았고, 주택가격이 계속 상승하는 데 도움을 주었다. 하지만 이는 미국인들의 연대라는 맥락에서 그랬던 것이고, 결코 투기적 분위기를 촉발하지는 않았다. 프랭클린 루스벨트 대통령은 군인권리법이 "군대의 남녀 군인에게 미국인들이 그들을 실망시키지 않겠다고 강력하게 통지"하는 것이라고 말했다.[13] 전쟁 직후 높은 가격에 주택을 구입했던 사람들은 주택가격이 더욱 상승할 것이라고 예상한 이들이 아니라, 새로운 주택에서 살기 위해 기다릴 수 없었던 이들이다. 그러나 다른 사람들은 단지 생활을 위한 임시 장소를 찾았고, 예상한 주택가격의 하락을 기다리거나(그것은 결코 일어나지 않았다) 그들이 주택을 살 수 있을 정도로 저축이 늘어나기를 기다렸다.

제1차 세계대전 이후 실질 주택가격이 오랫동안 하락했다는 사실도 투기적 우려를 약화시키는 데 도움을 주었을 것이다. 제2차 세계대전 이후에 사람들은 분명히 그러한 사건을 기억했을 터였다. 1930년대의 대공황이 전쟁의 경기 진작 효과가 끝난 이후에 다시 나타날 수 있다는 당시의 광범위한 걱정은 주택가격이 급등할 것이라는 어떠한 우려도 불식시켰다.

대다수 사람들은 가격이 상승하여 시장에서 주택을 구입하지 못하는 것을 걱정하지 않았으며, 앞으로의 주택가격의 상승을 전혀 예측하지 못했던 것 같다. 그들은 심각한 가격 상승을 방지하기 위해 새로운 건설에 의존했다. 실제로 미국에서 주택 건설은 1944년 14만 2,000호에서 1950년 195만 2,000호로 증가했다. 그런데 이러한 대규모의 공급 증가도 주택가격의 상승을 막지 못했지만, 대중들은 그럴 것이라고 생각했던 것처럼 보인다.

현재의 상황은 이와 다르다. 우리는 점점 더 많이 걱정하고 취약해지고 있는데 주식시장과 주택시장 모두에서 때때로 급작스럽게 발생하는 변동성은 이를 반영하는 것이기도 하다. 1997년 이후의 호황 이전에도 호황에는 이르지 못한 몇몇 가격 상승이—소위 이류의 실패가—나타났다. 그중 하나는 1970년대 후반이었고, 또 하나는 1980년대 후반의 사건이었다. 이것들은 사실 전국적으로 퍼져나가지 못한 지역적인 호황이었다. 1970년대의 호황은 캘리포니아에 주로 국한된 것이었고, 1980년대의 호황은 미국 서해안과 동해안에서 발생

그림 2-2　분기별 미국 여러 도시들의 주택가격(1983~2004년)

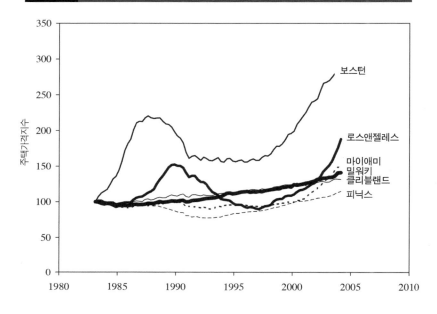

자료: 주택가격지수는 Fiserv CSW, Inc.로부터 인용, 전미노동통계국의 미국 소비자물가지수로 조정되었고, 1983=100으로 척도가 조정됨.

했다.

　1997년 이후에는 미국의 주택가격이 평균적으로 상승했지만, 모든 곳에서 급등한 것은 아니었다. 〈그림 2-2〉는 미국의 여러 도시들의 실질 주택가격의 변화를 보여준다. 보스턴과 로스앤젤레스의 가격은 극적인 변동을 겪었고, 대상 기간의 마지막 시기에는 급등했다. 그러나 이와는 대조적으로 밀워키와 클리블랜드의 가격은 매우 안정적이었고, 안정적 추세에서 거의 이탈하지 않았다. 피닉스의 가격은 보스턴과 로스앤젤레스에서 가격이 상승했던 1980년대에 하락했고, 그 이후 밀워키와 클리블랜드처럼 꾸준하게 상승하기 시작했다. 마이애미의 가격은 1980년대 후반에는 평탄했으며, 1990년대 초반에는 하락했지만 2000년 이후에는 전국적인 호황에 발맞추어 상승하기 시작했다.

미국에는 전국적인 주택시장이 존재하지 않고 지역적인 시장만이 존재한다고 흔히 이야기한다. 이러한 주장은 어느 정도 맞는 말이지만 완전히 사실은 아니며, 점점 더 사실과 달라지고 있다. 미국의 많은 주택시장들은 매우 안정적이고 추세적이지만, 2000년대 중반 이후 충분히 많은 시장들이 급속히 변동하여 전국적인 데이터가 전국적 시장을 형성하기 시작했다.

1998년 시작된 미국의 주택가격 상승은 몇몇 주들과 대도시 지역에 집중되었고, 해당 지역에서는 호황과 심리 상태의 연관에 관한 많은 이야기들이 회자되었다. 2000년 이후에는 공격적이고 절박하기까지 한 자세로 주택 입찰에 나서거나, 시장 첫날에 호가 이상으로 주택을 매각하거나, 시장을 이기기 위해 급하게 주택—이전에는 그들이 쳐다볼 기회도 별로 없었던 주택—을 구매하는 사람들에 대한 이야기들이 넘쳐났다. 사람들은 주택가격이 곧 그들의 구매력을 뛰어넘는 수준으로 상승하여 결코 주택을 살 수 없을지도 모른다고 걱정하기 시작했다. 그리고 급하게 주택을 구입하기 위해 달려들었다. 하지만 주택가격이 변동한 역사가 없는 다른 도시들에서는 그런 이야기들이 적었고, 투자자들도 주택가격의 변동에 그리 민감하게 반응하지 않았다.

부동산 버블이 나타나는 곳은 바로 전 세계의 매력적인 대도시들

그림 2-3   분기별 전 세계 여러 도시들의 주택가격(1983~2004년)

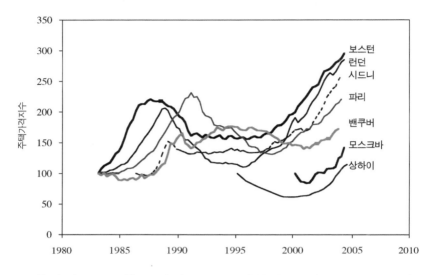

자료: 보스턴(Fiserv CSW), 런던(Halifax), 시드니(1986년 2분기=100), 호주통계국, 모스크바(2000년 1분기=100), 제곱미터당 아파트 가격(러시아 부동산연합), 파리 제곱미터당 아파트 가격, 1991년 이후는 Indice Notaire INSEE, 1991년 이전은 Chambre des Notaires de Paris, data courtesy Philippe Trainar, Fédération Française des Sociétés d"Assurances, 밴쿠버(브리티시컬럼비아 대학 Tsur Somerville 제공한 지수), 상하이(1995년 1분기=100, 중국 부동산지수 시스템). 각각의 주택가격지수는 그 국가의 소비자물가지수에 의해 조정된 값이다. 미국 달러로 주택가격이 표시된 모스크바는 그것을 루블로 전환하여 루블의 소비자물가지수에 의해 조정되었다. 각 지수는 기간의 첫 번째 분기값이 100이 되도록 계산되었다(표시되지 않은 곳은 1983년 1분기를 100으로).

과 그 인접 지역들이다. 전체적으로 해당 도시와 지역은 거대한 호황을 경험할 수 있다. 이런 곳들과 관련해서는 사실 전국적인 시장 이상의 것이 존재한다. 바로 국제적인 시장이 존재하는 것이다. 〈그림 2-3〉은 보스턴, 런던, 모스크바, 파리, 상하이, 시드니, 그리고 밴쿠버의 주택가격을 보여주는데, 이곳들은 모두 매력적인 국제도시들이다. 이 도시들은 놀랍도록 유사한 가격 변동의 경로—1980년대 후반과 1990년대 후반의 정말로 놀라운 가격의 급등과 이 두 시기 사이에 나타난 가격의 정체 혹은 하락—를 보여준다.

또한 주택 투기에 관한 과도한 흥분을 보여주는 대중적인 이야기들에서도 유사하다. 최근 극적인 주택 호황을 겪은 유명 도시들은 이곳들에만 국한되지 않는다. 봄베이, 코펜하겐, 더블린, 항저우, 이스탄불, 라스베이거스, 마드리드, 멜버른, 뉴욕, 로마, 샌디에이고, 톈진, 그리고 워싱턴 D.C. 등 다른 도시들도 마찬가지다. 이러한 열광을 추동한 것이 무엇이었든 간에 인상적인 점은 그것이 광대한 대양을 가로지를 수 있었다는 사실이다.

〈그림 2-3〉에 나온 도시들은 가격 변동에서 유사점을 보여주기 위해 선택되었고, 사실 세계의 몇몇 다른 도시들은 매우 다른 패턴을 보여준다. 예를 들어, 동경의 도시 실질 주거용 토지가격은 그림에 나온 도시들이 1980년대에 호황을 누린 것과 같은 시기인 1985년에서 1990년 사이에 2배가 되었지만, 그 이후 꾸준히 하락하기 시작하여 2000년 이후에도 호황의 기미를 보이지 않았으며, 2004년에는 거의 절반 수준으로 하락했다.[14]

델리 중심부의 1급 주택가격도 〈그림 2-2〉에 나온 도시들의 가격이 하락한 1991년에서 1995년 사이에 실질가치로 2배가 되었다. 또한 그 이후에는 하락하여 2003년에는 절반이나 떨어졌는데, 해당 시기는 〈그림 2-1〉의 도시들에서 가격이 상승했던 때였다.[15]

그럼에도 〈그림 2-3〉에 나온 도시들처럼 많은 도시, 세계에서 가장 매력적인 도시들에서 주택가격의 변동이 그렇게 놀랍도록 유사한 것은 여전히 수수께끼 같은 일이다. 우리는 이 책의 뒷부분에서 이 유사성에 대해 알아볼 것이다.

실질 주택가격의 뚜렷한 장기적 상승 추세의 부재

───── 독자들은 실질 주택가격에 계속적인 상승 추세가 없음을 보여주는 〈그림 2-1〉의 1980년 이후 주택가격 데이터를 보고 놀랄지도 모른다. 2004년 미국 전체의 실질 주택가격이 1890년보다 66퍼센트 더 높은 것은 사실이지만, 이 상승의 전부는 두 개의 짧은 기간 동안에 이루어졌다. 제2차 세계대전 직후(전쟁이 끝나기 직전인 1940년대 초반부터 시작된 상승), 그리고 1998년 그 상승의 첫 번째 신호와 함께 나타난, 1990년대 주식시장 호황에 대한 지연된 반응(혹은 그 호황과 붕괴에 대한 반응)을 반영하는 것으로 보이는 최근의 기간, 이 두 시기를 제외하면 전반적인 실질 주택가격은 전체적으로 평탄하거나 하락했다. 게다가 전체적인 가격 상승(1890년에서 2004년까지 114년 동안 66퍼센트의 가격 상승, 즉 매년 0.4퍼센트의 상승)은 크지 않았다.

그런데 왜 그렇게 많은 사람들은 주택가격이 계속 상승했다는 인상을 가지고 있을까? 아마 사람들은 주택을 상대적으로 자주 구입하지 않기 때문에 오래전 구입 당시의 주택가격을 기억하여 그때(전반적인 소비자물가를 포함하여 가격이 낮았던 때)와 지금의 가격 차이에 놀라는 것 같다. 주식시장에서는 이런 일이 발생하지 않는데, 그것은 미국에서는 주식가격을 전통적으로 1주당 30달러 정도로 유지하기 위해 기업들이 주기적으로 주식 분할을 하기 때문이다. 따라서 사람들은 주식을 대상으로 한 경우에는 주택과 같은 장기적인 비교를 하려고 하지 않는 것이다.

예를 들어, 노년층의 부동산을 거래할 때 사람들은 그들이 1948년에 주택을 고작 1만 6,000달러에 구입했고, 2004년에 같은 주택을 19

만 달러에 매각하는 것을 보고 놀랄지도 모른다. 겉보기에 이 주택에 대한 투자는 엄청나게 성공적인 듯싶다. 그러나 사실 1948년에서 2004년 사이 소비자물가지수가 8배 상승했기 때문에 실질가치의 상승은 48퍼센트에 불과하다. 이는 연간 상승률로 보면 1퍼센트보다 낮은 것이다. 게다가 그 상승의 일부는 주택이나 이웃 지역의 질을 개선시킨, 계속된 투자에 기인한다. 2004년 매각된 주택이 그 중간값인 36만 달러나 된다 해도 주택에 대한 투자의 수익이 크게 높은 것은 아니다. 그 가격은 50년이 넘는 기간 동안 실질가치가 3배 상승했음을 의미하며, 이 경우에 연간 실질가치의 상승률은 2퍼센트보다 조금 낮은 수준이다. 그렇게 장기간의 자산가치 변화에 우리가 주목하는 경우는 주택에 관한 이야기를 들을 때뿐이며, 이 경우 우리는 투자수익률을 과도하게 높게 생각하는 것처럼 보인다. 우리들 대부분은 그런 이야기들을 정확히 평가하는 데 뛰어나지 않다.

주택가격이 매우 낮게 상승했음을 보여주는 데이터를 더 검토하기 위해서, 나는 알고 지내는 몇몇 경제학자들에게 가격의 장기적 움직임에 관해 독립적인 증거를 제시하는 초장기의 주택가격지수가 있으면 가르쳐 달라고 부탁했다. 그리고 몇몇 다른 장기적 주택가격지수를 찾아냈는데, 그것들은 비록 전체 기간 혹은 미국 전체에 관한 것이 아니었지만 장기적 추세에 관해 좀 더 정보를 줄 수 있으리라고 기대했다.

미국 인구조사국U.S. Census은 1940년 이래 10년마다 주택 소유자들의 주택 가치 평가액에 관한 설문조사를 실시했다. 이들이 보고한 주택 중간값의 인플레이션이 조정된 실질가치는 1940년에서 2000년 사이에 연간 2퍼센트씩 상승했는데, 이는 〈그림 2-1〉의 주택가격지수가 보여주는 동일한 기간 동안의 실질성장률 0.7퍼센트보다는 상당히 높았다. 60년 이상 2퍼센트의 성장이 누적되는 경우, 총 가치 평가액은 성장률이 0.7퍼센트의 경우보다 2배가 됨을 의미하기 때문이다.

그러나 미국 인구조사국의 데이터는 〈그림 2-1〉과 마찬가지로 주택의 품질과 규모 증가를 고려하지 않는다. 예를 들어, 미국 인구조사국에 따르면, 1940년 미국 전체 주택의 31퍼센트가 수도 시설이 없었고, 38퍼센트는 욕조나 샤워 시설이 없었다는 것을 잊지 말아야 한다. 그 이후로 생활수준이 엄청나게 높아졌고, 분명히 주택도 그때보다 지금이 훨씬 더 낫다. 1940년 이래 미국은 인구가 2배가 되었고, 1인당 실질소득이 4배가 되면서, 훨씬 더 튼튼한 주택이 많이 건설되었다. 1940년의 더 작고 질이 낮은 주택은 그 기간 동안 허물어졌다. 따라서 우리는 주위에서 목격하는 낡은 주택들로부터 오래전의 주택이 오늘날의 주택에 필적한다는 잘못된 인상을 갖기가 쉽다. 전미 조사국의 보고 결과인 연간 2퍼센트의 가치 상승 중 많은 부분은 분명 변화가 없는 개별 주택의 가치가 아니라 이것을 반영했다.

헤렌그라트는 암스테르담의 오래된 운하 중 하나인데, 이 주변의 주택가격에 관한 1628년부터 1973년 사이의 놀라운 고품질 데이터가 존재한다. 암스테르담 대학의 피트 아이크홀츠Piet Eichholtz 교수에 따르면, 이 지역은 주택가격지수를 만들기 좋은 장소이다. 이곳의 주택들이 수백 년 동안 변하지 않은 채로 잘 유지되었고, 주택가격과 판매 데이터가 꼼꼼하게 기록되고 보관되어온 까닭이다. 이 데이터

는 해당 기간 동안 주택가격에 수많은 상승과 하락이 있었음을 보여
준다. 암스테르담이 1600년대 초반 튤립 가격이 천정부지로 치솟던
튤립 열풍의 중심 도시임을 생각한다면 충분히 예상할 만한 일이다.

혜렌그라트의 주택가격은 튤립 열풍이 불기 직전인 1628~1629
년에서 1632~1633년 사이에 2배가 되었고, 튤립 열풍이 고점을 친
1637년 에는 1628~1629년 수준까지 다시 하락했다. 분명히 이곳의
주택시장은 불안정했다. 그러나 전체의 기간 동안 인플레이션을 조
정하여 지수를 계산하면 주택가격의 전체적 상승은 그리 크지 않음
을 알 수 있다. 1628년에서 1973년까지 혜렌그라트 주택의 연간 실
질가격 상승률은 0.2퍼센트에 불과했다. 실질 주택가격이 약 2배가
되는 데 거의 350년이나 걸렸던 것이다.[16]

나의 동료 칼 케이스Karl Case는 건물이나 토지의 활용 없이 '순수한
토지의 일정한 구획' 혹은 '토지의 일정한 구역'과 같은 단어로 묘사
된 노퍽 카운티의 부동산 매매 등기대장을 찾아서 보스턴 지역의 토
지 가치에 관한 장기적인 역사적 지수를 만들었다. 그리고 이런 방식
으로 주택의 품질 변화가 가격지수에 미치는 영향을 배제할 수 있었
다. 그는 1900년에서 1997년 사이에 1제곱피트의 토지가격의 연간
실질상승률이 3.9퍼센트임을 발견했다. 이것은 그래프에서 나온 가
격지수의 성장률보다 훨씬 높으며 실질 GDP 성장률보다도 높다.[17]

1933년 경제학자 호머 호이트Homer Hoyt는 시카고의 토지가격에 관
한 유명한 연구서인 『시카고의 100년 동안의 토지 가치One Hundred Years
of Land Values in Chicago』를 출판했다. 그는 이 책에서 토지가격의 극적인
상승을 보고했는데, 스테이트 로와 미시간 애비뉴에 접한 건물 전

면부의 피트당 가격이 인플레이션이 조정된 실질치로 1877년에서 1931년 사이에 매년 5.9퍼센트 상승하여 전체 기간 동안 22배 상승했다고 말했다.[18]

그러나 보스턴과 시카고의 이 수치들은 미국 전체의 부동산가격 상승을 보여주는 신뢰할 만한 수치는 아니다. 마이크로소프트가 미국의 보통 스타트업start-up(신생 벤처기업을 뜻하는 용어—옮긴이) 회사가 아닌 것처럼, 보스턴과 시카고는 미국의 보통 부동산 사례와 다르다. 이 도시들의 성공은 사람들이 확실히 예측할 수 없었던 지역적인 놀라운 사건이었다. 호이트 자신도 "19세기 시카고의 토지가격 상승은 고대나 현대의 100만 이상 인구를 가진 어떤 도시에서도 일어난 적이 없는 일이다. …… 그것은 20세기 동안 있었던 파리의 인구 증가를 1세기에 압축한 것이다."라고 써서, 시카고의 가격 상승이 놀라운 일임을 분명히 했다.[19]

게다가 토지가격은 건축물을 포함하는 주택가격을 잘 나타내는 지표가 아니다. 오래전의 토지가격은 주택가격의 아주 작은 부분만을 나타냈고, 토지가격은 성공적인 도시들인 경우에 주택가격의 급등 없이 상대적으로 빠르게 상승할 수 있다.

대략의 관찰로부터 판단해보면, 주택가격이 수십 년 동안 크게 상승하지 않았다고 확신할 수 있다. 사람들은 수십 년 전보다 더 큰 집에서 살고 있고, 더 많은 주택들에서 살고 있다. 그리고 더 많은 사람들이 집에서 혼자 살고 있고, 결혼할 때까지 부모와 사는 대신 독립하여 그들 자신의 주택에서 살고 있다.[20] 만일 주택가격이 급속히 상승했다면 어떻게 이런 일들이 벌어질 수 있겠는가. 이는 미국의 실질 주택가격의 상승률이 1929년에서 2003년 사이 2퍼센트를 기록했던 1인당 개인 소득 성장률보다는 낮았다는 걸 의미한다.

결국 현실에서 주택가격의 변동 추이가 확실하지는 않아도 대부분의 증거들은 주택들의 실질가치의 평균 상승률이 실망스럽다는 방증이다.

실질 주택가격은 왜 크게 상승하지 않았을까?

──── 독자들은 아주 오랜 기간 동안 미국에서 실질 주택가격의 상승을 보여주는 자료가 별로 없다는 사실에 대해 혼란스러울지도 모른다. 대중은 주택가격이 언제나 상승할 것이라는 강한 믿음을 지니고 있다. 그런 믿음이 얼마나 강한지 일본과 한국, 그리고 중국 등에서는 '부동산 불패신화'라는 말도 생겨났다. 인구가 증가하고 사람들이 잘살게 되면, 토지가격은 꾸준히 상승할 수밖에 없지 않을까?

사실 주택가격이 전반적인 소비자물가보다 더 빨리 상승할 것이라 예상할 수 있다는 이론적 주장은 별로 미덥지 않다. 점점 더 기계화되는 건설 산업의 기술 진보는 중요한 서비스 부문의 기술 진보보다 더 빠르게 나타날 수 있다. 이발사와 선생님, 그리고 변호사와 카운슬러 등은 대체로 이전과 같은 방식으로 일을 한다. 그러나 주택 건축은 다르다. 고층 아파트 빌딩을 짓는 새로운 기술뿐 아니라, 새로운 자재와 새로운 건설 장비, 그리고 조립식 건축 등으로 인해 더욱 싸지고 있다. 만일 새로운 주택이 더욱 싸게 지어질 수 있다면 주택가격은 그것을 반영하여 다른 상품의 가격들보다 더 빨리 하락하고 말 것이다.

클리블랜드와 밀워키, 그리고 피닉스와 같은 〈그림 2-2〉에 나온 몇몇 도시들에는 주택 수요보다 토지가 풍부하다. 클리블랜드는 미국에서 경제가 약한 곳 중의 하나이며, 이용 가능한 토지 수요가 적은 편이다. 밀워키는 시카고 대도시 지역의 가장 마지막 중요 도시로, 그곳을 지나치면 광대한 농장 지대가 나온다. 피닉스의 토지 규모는 더욱 놀라운데, 비행기로 피닉스에 도착할 때 우리는 미개발 상태의 광활한 토지를 볼 수 있다. 게다가 사막지대이긴 하지만, 피닉스는 콜로라도 강이 물을 공급하고 있어서 수도요금도 싼 지역이다. 물론 겉보기는 실제와 다를 수 있다. 라스베이거스를 방문할 때도 우리는 라스베이거스를 둘러싼 방대한 토지를 보고 똑같은 인상을 받지만, 이곳의 토지는 미 정부가 소유하고 있고 정부의 토지관리부서는 개발을 위해 넓은 토지를 제공하는 것을 꺼려왔다. 따라서 피닉스와 반대로 라스베이거스에서 주택가격이 상승했던 것은 당연한 일이다.

클리블랜드와 밀워키, 혹은 피닉스에서 개발할 땅을 찾는 건설업자들은 토지 부족에 대해, 그리고 환경론자와 이웃의 단체들에 의해 세워진 장벽들에 대해 때때로 불만을 표시한다. 그러나 그들이 정말로 이야기하는 것은 자신들이 정말 개발하고 싶은 중심지에 토지가 부족하다는 것이다.

해당 도시들은 건축 비용으로부터 결코 멀리 이탈하지 않는 주택가격의 변화를 보여준다. 이는 당연한 일이다. 주택가격이 건축 비용보다 훨씬 높다면 건설업자들이 더 많은 주택을 공급할 유인 요소가 있을 것이다. 그리고 공급의 꾸준한 증가는 가격을 비용 수준으로 하락시킬 때까지 계속 이루어질 것이다.

이 안정적인 도시들의 상황이 미국의 대부분 지역에서 전형적으로 통한다고 보아야 한다. 물론 주택 건설을 위한 토지는 부족하다. 바다를 간척해서 토지를 만드는 몇몇 계획을 제외하고는 토지를 더 만들어낼 방법은 없다. 그러나 미국의 거의 대부분의 토지는 여전히 농업이나 임업, 혹은 다른 집약적이지 않은 산업에 사용되고 있다. 이러한 토지의 개발 가능한 지역의 가격은 매우 낮고, 따라서 그것이 확장될 여지가 매우 크다. 2000년 미국 인구조사국에 따르면, 미국의 전체 토지 중 도시 지역의 토지는 2.6퍼센트에 불과하다.

로스앤젤레스나 보스턴, 혹은 런던이나 시드니에는 개발이 가능한 땅이 별로 없다. 하지만 그런 지역에도 사람들이 합리적인 판단을 한다면, 주택가격이 너무 높아지지 않도록 동일한 안전장치가 작동될 것이다. 모기지 상환액이 가구 소득의 많은 부분을 차지할 정도로 주택가격이 상승하면, 사람들은 비용이 더 낮은 지역으로 이사하려고 할 것이다. 이는 실질 주택가격이 너무 높게 상승하는 것을 방지해주고, 너무 크게 부풀어오른 버블이 터지도록 해준다. 아울러 이 안전장치는 가까운 지역에 개발 가능한 토지가 풍부한 도시들에서 더 효과적으로 작동한다. 하지만 주택가격이 천정부지로 상승하면 사람들과 기업들이 그 지역을 완전히 떠날 만큼 멀리 이사할 것이기 때문에 개발 가능한 토지로부터 멀리 있는 도시들에서도 작동한다.

문제는 매력적인 지역에 사는 사람들은 이미 주택 가치의 중요한 부분인 토지가격이 계속 상승할 것이라고 믿는다는 것이다. 그들은 분명히 그런 지역에 사는 데 이점이 있다고 생각한다. 그리고 유명인사들이 거주하는 지역에 산다는 특권을 즐기고, 또한 그곳에서 사업 기회를 잡아 편익을 얻는다. 그런 곳에 사는 거주자들은 점점 더 많은 사람들이 자기들과 비슷하게 생각해서 자기들이 사는 곳의 부동산가격을 계속 끌어올릴 것이라 쉽게 상상한다. 이것이 부동산과 관련된 비이성적 과열이다.

그러나 현실에서 어떤 도시의 주택가격이 그곳에 살고 있는 사람들의 소득보다 충분히 높아진다면, 그래서 사람들이 괜찮은 주택을 사기가 어려워진다면, 사람들은 이러한 가정에 대해 진지하게 다시 생각할 것이다. 결국 사람들이 단지 매력적인 도시에서 살기 때문에 얻는 특권은 생각하는 것만큼 중요하지 않다. 그리고 비록 각각의 도시들은 특정한 사업과 연관된 평판을 지니고 있지만, 조금만 상상해 보면 같은 사업의 다른 중심지들이 끊임없이 세워지고 있다는 것을 알 수 있다. 이로 인해 결국 새로운 중심지에 자리 잡은 기업들은 사람들로 하여금 이전의 중심지에서 이동하게 할 것이며, 따라서 이전 중심지의 부동산가격의 상승 압력은 약화될 것이다.

더구나 주택가격이 너무 높으면 토지 사용 규제를 완화하라는 정치적 압력이 나타날 것이다. 결국 매력적인 도시 자체에 주택 공급이 증가할 것이다(예를 들어, 고층아파트). 따라서 매력적이고 투기적인 도시에는 주택가격이 상승하고 하락하는 경향이 있지만, 장기적인 추세는 잘 나타나지 않을 것이다. 사람들이 낙관적이면 가격이 상승하지만 가격이 너무 높아지면 가격 하락을 위한 힘들이 작동한다. 〈그림 2-2〉에서 1980년 이후 로스앤젤레스의 주택가격 상승이 밀워키보다 별로 크지 않았다는 것은 놀라운 일이다. 그러나 로스앤젤레스는 사실 이 기간 동안 두 번의 상승과 하락을 겪은 바 있다.

이러한 추세를 고려하면 자가 주택은 주식시장보다 장기적 투자로는 나쁜 선택인 것처럼 보인다. 부동산가격은 때때로 변동성이 크지만, 장기투자자에게는 자본 이득을 거의 주지 않았다. 그러나 우리는 주택에서 사는 데서 얻는 잠재적 배당, 즉 안전한 거처로서의 가치와 주택이 제공하는 다른 서비스들을 기억해야 한다. 집을 임대하는 것보다 소유하는 것이 세금 측면에서 이득이라고 흔히들 이야기한다. 만일 우리가 똑같은 집에서 살고 있는 이웃과 집을 바꾸고 서로에게 집세를 지불한다면(각각의 집세가 서로를 상쇄하도록) 이 거래는 경제적 관점에서 보면 거의 의미가 없을 것이다. 그러나 지불하는 집세는 세금 공제를 받지 못하지만 수취하는 집세는 과세의 대상이기 때문에 이는 세금을 유발할 것이다. 이러한 이유로, 대다수 사람들은 집을 임대하는 대신 구입하라는 조언을 흔히 받는다.

주택을 임대하지 않고 구입하는 또 다른 이유는 임대 계약은 원래 도덕적 해이 문제를 수반하기 때문이다. 주택을 빌린 이들은 주택 소유자보다 그것을 제대로 관리할 유인 요소가 적은 편이다. 높은 집세와 취향에 맞게 주택을 리모델링할 수 있는 주택 소유자의 권리에는 이런 도덕적 해이 문제까지 포함되어 있다.

주식이 지불하는 배당(보통 과세 대상인)과 비교하여 주택이 제공하는 편익의 형태를 띠는 과세되지 않는 잠재적인 배당을 정확하게 측정할 수 있는 방법은 없다. 주택이 제공하는 배당에 의해 상쇄되는 유지 보수의 비용도 마찬가지다. 자신의 주택을 소유하고 거주하는 데서 얻는 정신적 편익과 주택을 관리하는 데 드는 심리적 비용의 달러 가치를 측정하는 것은 불가능하다. 따라서 주택에서 나오는 잠재적인 배당을 정확하게 측정할 수는 없다.

주택 소유자와 매우 다른 환경에 처해 있는 세입자들의 정신적 편익은 주택에 부과되는 집세와 같을 수 없다. 주택 소유자들 역시 언젠가는 정신적 편익에 대한 생각을 바꿀 수도 있다. 게다가 정신적 배당이 주식의 배당처럼 주택에 투자한 금액에 정확하게 비례하는 것도 아니다. 만일 사람들이 필요한 것보다 더 많은 주택을 구입한다면, 그들은 너무 많은 부동산을 관리하는 데서 오는 정신적 배당을 마이너스라고 느낄지도 모른다.

따라서 역사적으로 주택과 주식 중 어떤 것이 더 나은 투자였는지 확실하게 말할 수 있는 방법은 없다. 이에 대한 대답은 개인에 따라 다르고, 결국 기호와 환경에 따라 다를 수밖에 없다. 다만 주택을 보유한 개인들은 이 점에 대해 명확하지 않고, 주택에 대한 투자의 이점에 관해 때때로 의견을 바꿀 수 있다. 다음에서 우리는 그러한 변화의 증거를 살펴볼 것이다.

당시와 지금의 비이성적 과열

─── 나와 연구조교는 수년 동안 주택 투기에 관한 대중의 생각을 포착하고자 했다. 그래서 19세기 후반 이후의 영어로 된 신문과 잡지의 부동산 관련 기사들을 찾아 읽었다. 그 결과, 1990년대 이전까지는 주택가격에 관한 전국적인 버블이라고 생각되는 현상에 관한 기사가 별로 없다는 사실을 발견했다. 우리가 현재 비이성적 과열

이라고 부르는 현상은 거의 인식되지 않았던 것 같다.

20세기에 걸쳐서 주택시장의 상황을 설명하기 위해 호황이라는 단어는 흔히 사용되었지만, 이전 시기에 그것은 건설 산업(새로 건설되는 주택의 수로 측정되는)의 호황을 주로 의미했다. 전국적 주택시장의 상황에 관한 경제학자들은 버블이나 투기를 보통 언급하지 않았다. 대신 건축 비용이 주택가격의 궁극적인 결정 요인임을 강조하는 경향이었다. 기사들은 흔히 가격 변화보다는 주로 판매중인 주택의 부족에 관해 이야기했다.

1990년대 이전에는 놀랍게도 주택가격에 관해 대중의 논의가 거의 없었다. 이에 대한 증거 내지는 부분적인 이유로서, 정기적으로 발표되고 인용되는 미국의 기존 주택가격에 관한 지수가 1968년 이전까지는 없었다는 것에 유의해야 한다. 1968년에야 전미부동산협회National Association of Real Estate Boards가 발표한 기존 주택의 중간값이 주요 신문들에 의해 인용되기 시작했다.[21] 칼 케이스와 내가 '가중반복판매법weighted repeat sales method'을 개발하여 미국 주요 도시들의 주택가격을 추정하고 1980년대 후반 몇몇 논문들에 발표하기 전까지는 고품질의 주택가격지수가 존재하지 않았다. 그 방법은 나중에 패니메이FNMA(연방저당권협회—옮긴이)와 프레디맥FHLMC(연방주택금융저당회사—옮긴이), 연방주택감독국U.S. Office of Housing Enterprise Oversight, 그 밖의 다른 이들에 의해 도입되었다.

가격집세비율(주식시장에서 가격 평가를 할 때 투자자들이 사용하는 주가수익비율과 유사한)도 2000년 이후 「이코노미스트economist」가 여러 나라를 대상으로 그것을 발표하기 시작할 때까지 언론에서 강조되지 않았다.

따라서 비이성적 과열을 자극할 수도 있는 주택가격에 대한 올바른 대중적인 정보는 20세기 말까지 이용이 가능하지 않았다. 그 이전에는 신문에서 때때로 주택가격의 변화를 다루기는 했지만, 그것들은 보통 일화적인 증거나 현재 상황에 대한 부동산 중개업자들의 의견을 인용했을 뿐이다. 이것들조차도 드물게 보도되었는데, 이는 전국적인 주택가격의 움직임에 대해 대중이 별로 관심이 없었다는 걸 방증하는 것이다.[22]

1960년 이전 대중이 주택시장에 갖는 일반적인 관심은 일가족이 거주하는 주택가격 변동에 대한 우려보다는 집주인들이 세입자들에게 받는 집세가 너무 높다는 것에 대한 분노의 형태로 나타났다. 사람들은 덜 자본주의화된 경제 안에 살고 있었고, 그들의 후생이 상당 부분 주택에 달려 있다고 믿지 않았다. 그리고 1990년대 이전에는 대중의 관심이 집세 통제와 여러 사람들이 집단으로 통제할 수 있는 아파트 건물의 지분을 함께 구매하는 주택협동조합 운동에 집중되었다. 정부의 관여나 집단적인 시장 개입을 보여주는 이런 사례들을 통해, 사람들은 아마도 정부기관이 주택가격을 통제 불가능하지 않도록 막는 것이 가능하다고 여겼을 것이다.

집세 통제와 주택협동조합은 여전히 존재하지만, 이것들을 만들어낸 이상적인 이데올로기는 거의 사라졌다. 최근 수십 년 동안 우리는 경제적 문제에 대해 개입이나 통제가 아니라, 점점 더 시장적인 해결책을 찾게 되었다. 이로 인해 사람들은 주택가격의 불안정 가능성에 대해 더욱 우려하게 되었고, 따라서 버블을 만들어내는 일종의 피드백에 더욱 쉽게 빠져들었다.

'주택 버블' 혹은 '주택가격 버블'이라는 단어에 관해 전 세계의 영어 신문을 대상으로 1740년 이후 프로쿼스트Proquest 검색과 1970년대 이후 렉시스 넥시스 검색을 해보면, 1987년 주식시장 붕괴 직후에야(사람들이 버블에 관해 이미 이야기했고, 많은 나라들이 매우 급속한 가격 상승을 경험했던) 이 단어들이 사용되었음을 알 수 있다. 그러나 이후 곧 사라졌는데, 1990년대 후반에 다시 나타나서는 2000년 이후 사용 빈도가 극적으로 증가했다.

이전에는 삶이 단순했다. 사람들은 저축을 하고 적절한 때에 주택을 구매했다. 그리고 주택을 평범한 삶의 일부로서 구매했고, 주택가격이 어떻게 될지에 대해서는 걱정하지 않았다. 그런데 다른 시장뿐 아니라 주택시장에서 투기적 부문의 역할이 점점 커짐에 따라 이제 우리의 삶은 근본적으로 변화되었다. 이전에는 매우 지역적이고, 고속도로며 운하며 철도 건설과 같은 사건들에 국한되었던 주택가격의 변동이 이제는 전국적으로(심지어 국제적으로) 확장되었으며, 그것은 새로운 경제시대에 관한 대중적인 이야기들과 관련을 지닌다. 주택가격을 둘러싼 움직임의 변화는 주택 가치에 관한 대중의 생각 변화, 즉 투기적인 가격 변동에 대해 점점 더 많이 주목하는 현상을 보여주는 신호라 할 수 있다.

앞으로의 경로

──── 밀워키나 피닉스와 비교했을 때 상대적으로 보스턴과 로스앤젤레스의 주택가격 변동성이 높은 이유를 이해하기 위해 우리는

더욱 깊이 있는 분석을 해야 한다.

　이 책의 다음 부분에서 나는 주식시장과 주택시장, 실은 모든 투기적 시장에 적용되는 버블의 이론을 발전시켜 나갈 생각이다. 그것은 이러한 현상에 여러 가지 원인들이 있음을 보여주는 이론이 될 것이다. 버블은 한 가지 설명만으로는 해석이 불가능하다. 그럼에도 내가 제시하는 이론에는 기본적인 이론적 모델이 따르는데, 이는 가격 변동을 이해하기 위한 단순하고 필수적인 피드백 모델이라 할 수 있다.

　이 책의 다음 장들에서는 여러 방향에서 버블에 관한 이론을 조사하고 재검토할 것이다.

3장

촉발 요인: 자본주의의 폭발적 확대, 인터넷과 다른 사건들

Irrational
Exuberance

1982년 이후 2000년경의 고점까지 여러 나라들의 주식시장의 가치가 급속히 상승한 근본적인 이유는 무엇일까? 대규모 조정을 거친 뒤에도 이 시장들의 주가는 왜 여전히 그렇게 높을까? 주식시장의 호황을 따라 전 세계 많은 도시들에 부동산시장의 호황을 일으킨 근본적인 이유는 무엇일까? 이 질문들에 대답하기 위해 시장은 일반적으로 비이성적 과열의 발생에 취약하다고 말하는 것은 충분하지 않다. 우리는 시장 외부의 어떤 촉발 요인들이 시장을 그렇게 극적으로 움직이도록 만들었는지 밝혀내야 한다.

전쟁에서 혁명까지 대부분의 역사적 사건들의 원인은 단순하지 않다. 이러한 사건들이 극단적으로 발생하는 것은, 보통 그 자체로는 충분히 이러한 사건들을 설명하기 어려운 여러 요인들이 함께 작용한 결과이다. 로마는 하루 만에 건설되지 않았고, 또한 하나의 갑작스런 악운으로 멸망한 것이 아니다. 로마의 멸망은 서로 겹쳐진 많은 요인들, 그러니까 크고 작거나 멀고 가까운 요인들 때문이었다. 특히 무엇보다도 촉발 요인들을 규정하고 골라내는 것이 매우 어려운 상황에서, 과학적인 정확성을 추구하는 우리는 이러한 모호함에 만족할 수 없다. 하지만 이것이 역사의 본질이며, 이러한 모호함 때문에 적어도 전반적인 인과관계를 보여주는 새롭고 더 나은 정보를 찾아내려는 노력이 의미를 가진다.

1장에서 우리는 특히 장기금리를 포함하여 특정한 시기에 주식시장의 움직임을 설명해주는 것처럼 보였던 몇몇 요인들을 살펴보았다. 이것들이 주택가격도 설명할 수 있을지도 모른다. 그러나 경제학의 첫 번째 가르침 중 하나는 때때로 투기적인 가격을 설명하는 것처럼 보이는 *수많은* 요인들이 존재하며, 그것들은 너무 많아서 쉽게 분석하기 어렵다는 것이다. 우리는 오직 한 요인만을 골라내어 과도하게 단순화하려는 충동을 피해야 한다. 그리고 장기금리는 정말로 외생적인 요인이 아니다. 금리는 주식시장과 주택시장의 가격을 결정하는 똑같은 수요와 공급 요인들에 의해 결정되는 현상이며, 금리의 움직임은 이 시장들을 추동하는 똑같은 시장 심리에 의해 영향을 받는다. 우리는 시장 심리 자체의 근원을 이해하려고 노력해야 한다.

주요 시장의 움직임의 시점이 촉발 요인들의 시점과 일치하지 않는 경향이 있기 때문에 시장의 변동을 촉진하는 요인들을 이해하는 것은 더욱 어렵다. 촉발 요인들은 흔히 중기적인 동향을 보여서 그것들이 오랫동안 나타난 이후에야 대중의 관심을 끈다. 다음 장에서 살

퍼보듯이 시장의 특정한 사건들은 시장과 서로서로에 대한 사람들의 반응에 의해 직접적으로 결정되고, 이는 시장에 복잡한 내부적 동학을 만들어낸다.

눈사태를 예상하는 이들은 눈사태가 발생할 때 그 패턴들에 갑작스런 변화가 없을 수도 있다는 걸 알지만, 실제로 눈사태가 발생하기 전의 오랫동안 눈이 내리는 패턴과 기온의 패턴을 살펴본다. 물론 눈사태가 왜 그 순간에 정확히 발생했는지 말하기는 불가능할지도 모른다. 주식시장과 다른 투기적 시장도 이와 마찬가지다.

이러한 한계를 인식한 다음, 1982년에서 2000년 사이에 전 세계의 주식시장 상승과 1990년대 후반 이후 수많은 도시의 부동산시장의 상승을 설명해주는 12가지 요인들을 살펴보자. 이 두 시장의 호황은 동시에 발생하지는 않았지만 겹쳐서 나타났고, 많은 촉발 요인들이 둘 모두와 관련이 있었다.

이 요인들은 버블의 *껍데기*를 구성한다. 나는 여기서 주로 *경제적 펀더멘털에 대한 합리적 분석에 의해 정당화되지 않는 영향이 시장에 미쳤던* 요인들에 주목한다. 이 목록은 금융시장에 합리적으로 영향을 미쳤*어야만* 하는 근본적인 요인들(예를 들면, 수익의 성장, 실질금리의 변화 등)의 작은 변화들을 고려하지 않는다. 정상적인 시기나 개별적인 주식에게는 주가 변화에 관한 논의에서 이러한 합리적 요소들이 상대적으로 중요한 영향을 미칠 것이다. 사실 다양한 투자들에 대해 시장이 이러한 요인들에 적절히 반응하는 능력 덕분에 잘 작동하는 금융시장은 전반적으로 경제적 효율성을 가로막는 것이 아니라 오히려 촉진할 수가 있다.[1] 이 요인들의 목록은 특히 비정상적인 최근의 주식시장과 주택시장의 상황에 대한 이해를 돕기 위해 만들어졌으므로 보다 비이성적인 영향들에 대해서 주목할 것이다.

이 요소들을 서술하는 과정에서 나는 전문적 투자자뿐 아니라 일반 대중의 반응을 설명할 것이다. 어떤 이들은 전문적 투자자가 더욱 합리적이어서 비전문적인 투자자들의 비이성적 과열을 상쇄할 수 있다고 믿는다. 따라서 이들은 전문가들과 비전문가들의 행동을 명확히 구분해야 한다고 주장할지도 모른다.[2] 그러나 전문적 투자자들도 우리가 개인투자자들에게서 발견하는 대중적인 투자 문화로부터 자유롭지 않으며, 여기서 설명되는 많은 요소들은 틀림없이 그들의 사고에도 영향을 미친다. 사실 전문가들이 일상적으로 개인투자자들에게 조언을 하기 때문에 전문적 기관투자가와 개인투자자를 명확히 구분하기는 어렵다.

또한 시장의 배후에는 자본주의의 심화, 사업 성공에 대한 중요성, 정보기술 혁명, 베이비 붐으로 인한 인구 구성의 변화, 인플레이션의 감소와 화폐 환상(화폐의 가치가 변하지 않을 것이라고 생각하고 실질가치의 증감을 인식하지 못하는 현상—옮긴이)의 경제학, 그리고 도박의 증가와 전반적인 위험 감수 심리 증대 등의 요소들이 존재한다. 다른 요소들은 시장의 전면에서 작동하고 투자문화의 변화를 이끌어낸다. 이것들은 크게 늘어난 기업에 대한 언론 보도, 주식 애널리스트들의 공격적이고 낙관적인 전망, 401(k) 플랜(미국의 확정기여형 기업연금제도—옮긴이)의 확대, 뮤추얼펀드의 폭발적 증가, 그리고 주식시장의 거래량의 증가 등이다.

시장의 버블을 촉진한 12가지 요인들

자본주의의 폭발적 확대와 소유사회

냉전이 끝난 이후 대다수의 나라들은 서양의 자본주의 경제체제를 모방하고 있는 것처럼 보였다. 공산주의 국가인 중국은 1970년대 후반 이후 점진적으로 자유시장의 힘을 받아들였다. 소련도 자유시장을 점점 더 용인했는데, 이는 1991년 시장 지향적인 소규모 국가들로 해체되면서 최고조에 달했다. 이 국가들의 역사를 볼 때, 그들이 1990년대에 실제로 여러 금융거래소들을 설립했던 것은 놀라운 일이었다. 전 세계의 나라들에서 금융시장 기관들이 서양을 본받아 급속하게 발전했다. 금융의 역사를 연구하는 모든 이가 입증하듯이, 많은 나라들에서 20년 전에는 신뢰할 만한 주식시장 지수들이 없었지만, 이제는 전 세계에 존재한다. 세계 대다수의 나라에서 자유시장의 경제적 경쟁을 우선으로 생각하고 있다.

사적 재산의 가치가 우리의 삶에 더욱 큰 영향을 미치는 것과 동시에 자본주의의 이상은 더욱더 극단적인 이상으로 발전하고 있다. 우리는 전통적인 공산주의와 사회주의의 몰락, 노동조합의 쇠퇴, 그리고 협동조합운동과 다른 공동체적인 사회운동의 해체를 목격했다. 이제 온라인 경매시장, 그리고 급속하게 발전하고 있는 복잡한 국제 금융시장이 이들을 대체하고 있다.

조지 부시 대통령은 우리의 새로운 사회에 '소유사회'라는 이름을 붙였다. 사적 재산은 단지 몇몇 부자 자본가들의 것이 아니라 모두의 것이라는 것이다. 부시는 많은 사람들이 주택을 소유하기를 원했고,

아울러 사회보장의 퇴직 저축계좌를 통해 주식시장에 투자하도록 장려했다. 또 사적 재산을 전통적인 영역을 훨씬 넘어서서 의료 저축계좌와 학교의 바우처에까지 확장시켰다. 아울러 경제학자들 역시 경제적 유인 요소를 제대로 배치하여 책임 있는 시민을 만드는 사적 재산의 장점을 찬양했고, 이러한 사고가 공적인 정책으로 이어졌다.[3]

1980년대 후반과 1990년대 초반에는 기업의 다운사이징(잉여인력의 정리해고)이 일자리의 안정성에 대한 노동자들의 생각을 바꾸었고, 노동자들이 삶을 바라보는 방식에 변화를 가져다주었다. 정리해고의 경험 혹은 적어도 다른 이들의 정리해고를 본 경험은 고용주와 노동자 사이에 서로 헌신한다는 암묵적 계약을 파기하는 것으로 흔히 받아들여졌다. 그런 경험은 노동자들이 스스로의 삶을 통제하고 고용주에 덜 의존하도록, 즉 더 큰 경제적 조직의 일부가 아니라 사실상 스스로 경제적 주체가 되도록 장려했다. 이에 사람들은 투기적 투자를 추구하면서 스스로 두 번째 일자리를—결국 자신이 사장인—만들 수 있다고 생각하게 되었다. 그것은 많은 경우 조직이 아닌 세계와 직접적인 상호작용을 통해 자유롭게 얻어지는 소득을 제공하는 일자리였다.

조직에 대한 의존을 탈피하는 다른 추세들도 뚜렷하게 일어났다. 노동조합은 오랫동안 쇠퇴해왔다. 즉, 미국의 임금노동자 중에서 노조의 조합원 비율은 1983년 20.1퍼센트였는데, 2000년 시장이 고점일 때는 13.5퍼센트로 하락했다. 민간 부문에서 이 비율의 하락은 더욱 깊었는데, 1983년 16.5퍼센트에서 2000년에는 9퍼센트로 하락했다. 주식시장이 크게 하락하고 경제 불황이 깊어져도 하락 추세는 계속되었다. 2003년 노조의 조합원 비율은 12.9퍼센트로 더욱 하락했고, 민간 부문에서는 8.2퍼센트로 하락했다.[4] 이러한 하락의 원인에 대해서는 논쟁의 여지가 있지만, 무엇보다 노동자들의 연대와 충성도가 낮아진 것을 들 수 있다.

1844년 영국에서 회원들에게 음식을 싼 가격에 구매하도록 했던 사적인 클럽 로치데일 공평개척자협회Rochdale Society of Equitable Pioneers가 시작했던 협동조합 운동은 오랫동안 점진적으로 성장해왔다. 그리고 20세기 중반에는 전 세계로 퍼져나갔다. 협동조합 아파트와 협동조합 농장의 설립은 많은 사람들에게 시장의 힘에 대응한 인간성의 승리를 보여주는 상징이 되기도 했다. 그러나 협동조합의 배경이었던 도덕적인 힘은 사라졌고, 설령 살아 있다 해도 그들의 그림자와 같은 기관들에 남겨졌다.

공동체의 지원을 받는다는 생각은 약화되고, 사람들은 점점 더 그들을 부자로 만들거나 혹은 내쳐버릴 수 있는 급속히 변화하는 세계의 노동시장에 던져진 느낌을 받는다. 2004년 칼 케이스와 나는 최근에 주택을 구입한 사람들을 대상으로 조사했다.

"당신은 경제의 변화(중국의 누군가와의 일자리 경쟁, 컴퓨터의 일자리 대체 등) 때문에 당신이 미래에 기대하는 만큼 소득을 벌 수 있는 당신의 (혹은 당신 가구의) 능력이 위험에 빠질 수 있다고 걱정합니까?"

그런데 442명의 응답자 중 거의 절반(48퍼센트)이 걱정하고 있다고 대답했다. 그들 중 몇몇은 주택을 구입한 동기 중 하나가 주택 소유가 안정감을 주었기 때문이라고 말했다.[5]

노동시장의 개방에 따른 경쟁 심화로 상품인 노동의 가치가 불안
정해지자 사람들은 좀 더 안정적인 자산 확보를 위한 투자처로 주식
시장과 주택시장을 찾았다. 그러자 두 시장의 가치가 더욱 상승했다.
우리의 삶에서도 지역공동체 안에서 안정을 찾는 일은 약화되고, 통
신이 점점 더 중요해짐에 따라 유명인에 의해 지배되는 문화가 등장
했다. 유명인의 가치는 그들의 엄청난 시장가치에 관한 이야기들에
의해 더욱 높아지고 있다. 또 유명인이라는 지위는 유명인 개인의 가
치뿐 아니라 유명 기업, 유명 도시, 그리고 리조트들의 가치도 높여
준다. 그런데 이러한 효과는 특히 매력적인 주식과 매력적인 도시 혹
은 유명한 휴양지에 영향을 미치는 것이다.

한편 기업들은 상품이 되어버렸다는 노동자들의 두려움을 가라앉
히기 위해 경영진과 핵심 노동자들에 대한 급여체계에서 고정된 봉
급 부분을 줄이고 투자자로서 기업에 참여하여 보상받는 부분을 더
늘렸다. 1998년 S&P500에 해당하는 대기업들 중 144개 기업의 상장
주식에서 종업원의 스톡옵션 비중이 6.2퍼센트에 이르렀다.[6] 2003
년에는 11퍼센트의 미국 민간기업 노동자들이 자사주 스톡옵션을
보유하게 되었다.[7]

보상을 주식가격에 연결시키는 방식은 불행히도 주가에 대한 병적
인 집착을 만들어냈다. 이런 방식은—만일 주가가 인수했던 가격보
다 높게 상승하면 커다란 부를 약속해주는—경영진으로 하여금 주
가를 상승시키기 위해서라면 모든 것을 하도록 동기를 부여했다. 그
들은 기업이 성공하고 있다는 모습, 밝은 미래를 지닌 회사라는 이미
지를 유지하기 위한 유인을 가지게 된 것이다. 그래서 스스로 그 계

획들의 가치에 대해 의심하면서도 시장이 반응할 것이라 생각할 때마다 새로운 계획을 착수하도록 만들었다.[8]

사람들은 경제가 점점 더 많이 자본주의가 되어감에 따라 안정을 위해 투자에 눈을 돌리게 되었다. 그러자 역설적이게도 현실에서 저축률이 하락했다. 왜냐하면 투자자산에 수요가 몰리자 가격 상승이 이루어졌고, 이는 사람들로 하여금 자산의 가치 상승을 통해 저축하고 있다는 환상을 가져다주었기 때문이다.

미국의 1990년대 후반의 주식시장 상승과 2000년대 초반의 주택 가치의 상승은 사람들이 봉급에서 저축한 금액보다 훨씬 더 많았다. 1996년에서 1999년 사이의 주식시장 가치의 평가액은 미국의 가구 자산을 동일 기간 동안 개인저축보다 평균적으로 12배나 더 증가시켰다. 2001년에서 2003년 사이 미국의 가구가 소유한 주택의 가치는 미국의 가구자산을 개인저축보다 평균적으로 10배나 증가시켰다.[9] 그저 매입한 후 보유하는 데서 나오는 자산가치의 증가를 고려하면 사실 미래를 위한 저축은 거의 의미가 없는 것으로 보였다.

사업의 성공을 존경하는 문화적 변화

1982년 이후의 주식시장의 급등과 함께 물질적 가치가 더욱 중요해졌다. 로퍼−스타치Roper-Starch는 1975년과 1994년에 실시한 여론조사에서 사람들에게 "개인적으로 생각하기에 다음 중 어느 것이 당신이 누리고 싶은 행복한 삶의 요소라고 생각합니까?"라는 질문을 던졌다. 1975년에는 응답자의 38퍼센트가 "많은 돈"이라고 대답했지만, 1994년에는 63퍼센트가 그렇게 대답했다.[10]

이러한 우리의 문화가 성공적인 기업가를 훌륭한 과학자나 예술가, 혁명가들보다 더 존경을 받도록 변화시켰다. 주식에 대한 투자가 빨리 부자가 되는 길이라는 생각은 개종한 물질주의자들에게는 매우 매력적인 것이었다.

자신의 삶을 가족에게 바치는 전업주부들은 덜 존경받았는데, 이는 여성들로 하여금 점점 더 많이 일을 하도록 만들었다. 특히 1970년대부터 모기지 대출기관은 여성의 소득을 부부가 모기지를 대출받는 자격에 포함시켜 모기지 신용을 확대했는데 결국 주택가격 상승으로 이어졌다.

범죄율의 하락은 사람들이 강도를 당하거나 육체적으로 해를 입을 걱정을 줄이고 더 안전하게 느끼도록 만들어 물질적 가치를 더욱 자극했다. 1993년에서 2003년 사이 미국의 1,000명당 재산범죄율은 49퍼센트 하락했고, 1,000명당 폭력범죄율은 55퍼센트 하락했다.[11] 이제 사람들은 좀 더 편안하게 부를 과시할 수 있으며, 따라서 부는 더욱 매력적이 되었다. 화려한 집에 사는 것이 더욱 매력 있는 일이 된 것이다. 비록 테러리즘에 대한 걱정은 커졌지만 테러리스트들은 부자들이나 부자들의 집을 우선적으로 공격하지는 않는다. 미국의 범죄율 하락은 전 세계에 자본주의적 생활방식을 더 나은 모델로 여기도록 만들었다.

물질적 가치는 그 자체로는 주식시장의 수준과는 논리적 연관성이 없다. 물질적이든 물질적이 아니든 사람들이 미래를 위해 저축하고 최고의 저축 수단을 찾는 것은 당연한 일이다. 하지만 이러한 생각은 사람들의 주식에 대한 수요에 영향을 미칠 수 있는데, 오랫동안 주식은 적어도 커다란 부를 신속히 모을 수 있는 가능성을 보여주었다. 게다가 이러한 생각은 분명히 정치에 영향을 미치는데, 이것은 다시 기업 투자의 성공에 영향을 미친다.

1980년 로널드 레이건이 대통령이 되었을 때, 상원에서도 1948년 이래 처음으로 공화당이 다수당이 되었다. 1994년에는 하원에서도 공화당이 다수당이 되었다. 완벽하게 공화당인 정부는 당연히 친기업적이었다. 새 국회의원들은 그들을 뽑아준 대중들의 변화를 인식하고 전임 민주당 의원들보다 더욱 친기업적인 자세를 취했다. 의회는 기업의 이윤과 투자자의 수익에 영향을 미치는 다양한 규제를 할 수 있기 때문에, 이러한 의회의 변화는 주식시장에 대한 사람들의 신뢰를 더욱 강하게 해주었다.

1995년 공화당이 의회를 장악하자마자 자본이득세를 인하하는 법안이 발의되었다. 그 결과 1997년 자본이득세의 최고세율이 28퍼센트에서 20퍼센트로 인하되었다. 이 감세가 실행된 후, 의회는 감세정책을 더욱 추진했다. 만일 클린턴 대통령이 반대하지 않았다면, 1999년 세금법안은 자본이득세를 더욱 인하했을 것이다. 조지 W. 부시 대통령의 당선은 여러 모로 대중이 세금 인하를 승인한 것이었고, 부시는 특히 부자들을 위해 세금을 인하하겠다는 자신의 약속을 지켰다.[12] 2003년 자본이득세와 배당세 모두 최대 15퍼센트로 인하한 것이다. 기존 세법의 미지근한 적용도 지불되는 세금이 줄어들도록 도와주었다. 기업이윤으로부터의 세금이 국민소득에서 차지하는 비중은 2003년 이후 지속적으로 하락했다.

비록 세율이 실제로는 변하지 않았지만, 미래에 자본이득세가 더욱 낮아질 것이라는 기대는 주식시장에 좋은 영향을 미쳤다. 1994년에서 1997년 사이에 투자자들은 자본이득세가 더 낮아질 때까지 자본이득을 실현하지 않고 계속 보유하고 있으라고 조언을 받았다. 이러한 조언은 주식시장을 더욱 떠받쳐주었다. 1997년 자본이득세가 인하되자, 1978년과 1980년의 자본이득세 인하 때에 그랬던 것처럼 주식을 팔지 않고 기다렸던 투자자들이 주식을 팔아서 시장에 악영향을 미칠 것이라고 우려했다. 그러나 1997년에는 이런 일이 일어나지 않았다. 많은 투자자들은 미래에 자본이득세가 더욱 낮아질 것이라고 생각했을 것이고(지금 보면 그것은 옳았다), 그렇다면 1997년 감세 이후 즉시 주식을 팔 이유가 없었던 것이다.

미래의 자본이득세 감세, 자본이득세의 인플레이션에 대한 조정, 부동산 세금인하와 같은 비슷한 감세 등에 대한 이야기들이 대중에 회자되는 분위기가 투자자들이 고평가된 주식을 팔지 않도록 만든 것이다. 만일 자본이득세가 미래에 크게 하락한다면, 세율이 15퍼센트나 되는 때에 누가 주식을 팔겠는가? 자본이득세에 대해 두고 보자는 전문가의 조언을 받은 많은 투자자들은 세율이 역사적으로 가장 낮다고 확신할 때까지 고평가된 주식을 파는 것을 연기했던 것이다. 이렇게 주식을 팔지 않고 계속 보유하는 분위기가 당연히 주가를 떠받쳐 주었다.

새로운 정보기술

정보기술 혁명은 1940년대에 전자컴퓨터가 발명되기 전까지 거슬러 올라가는 오랜 역사를 가지고 있다. 그러나 1982년 주식시장이 바닥을 친 이후, 그리고 특히 1990년대 중반 이후에 사람들에게 전에 없던 커다란 인상을 준 극적인 진보가 나타났다.

1982년 첫 번째 휴대전화가 등장했는데, 이는 정확하게 주식시장의 저점과 2000년까지 지속된 시장의 상승이 시작된 시기와 들어맞았다. 휴대전화의 발전은 세계의 역사에 주요한 분기점이 되었다. 이 사건의 중요성은 즉시 명백해졌다. 그러나 모두가 환영한 것은 아니었다. 1982년 「워싱턴 포스트Washington Post」의 헨리 알렌은 이렇게 썼다.

워싱턴기념비의 꼭대기에서 전화가 울린다. 그것은 아마도 이 도시에 조금이라도 남아 있는 문명의 조종인지도 모른다. 1년 정도 지나면 어디에서든 전화가 울릴지도 모른다. 사우나를 할 때, 골프카트와 열기구를 탔을 때 여우사냥이나 섹스, 혹은 테니스를 할 때, 그리고 당신이 전화 오는 소리에 자유롭다고 믿는 그 무엇을 하는 중에도. 모든 곳에서 전화가 울린다! 기적이다! 무서운![13]

그러나 신기술의 힘은 우리 삶의 질에 관한 어떤 우려도 극복했고, 휴대전화가 오늘날 우리 사회에서 차지하는 역할을 생각하면 사람들로 하여금 그것을 사용할 수밖에 없도록 만들었다.

1980년대 초반 이후 휴대전화의 사용은 폭발적으로 증가했다. 휴대전화로 인해서 사람들은 전 세계에서 서로 더 가깝게 연결되었다. 휴대전화의 사용은 우리 삶의 매우 극적인 변화를 가져왔는데, 그것은 기술의 진보에 대해 깊은 인상을 주었고, 기술과 주식시장에 관한 낙관론을 조장했다.

1990년대 후반 동안, 인터넷과 월드와이드웹World Wide Web이 우리의 삶에 등장하여, 우리가 기술 발전의 속도를 실감할 수 있도록 해주었다. 월드와이드웹은 1993년 11월 뉴스에 처음 등장했고, 모자이크 웹브라우저Mosaic Web browser가 1994년 2월 처음으로 대중들에게 모습을 보였다. 이때가 바로 월드와이드웹이 시작된 시기이며, 〈그림 1-1〉에서 보이듯 주식시장이 2000년까지 그 극적인 급등을 시작했던 1995년과 거의 일치한다. 많은 사람들은 1997년 이후에야 웹의 존재를 알게 되었는데, 이때부터 바로 나스닥(주로 하이테크 주식으로 이루어져 있다)주가지수가 급등하기 시작하여 2000년 초에는 3배가 되었으며, 주가수익비율이 전례 없이 급등하기 시작했다.

인터넷 기술은 오락의 원천이며, 우리 모두가 몰두하게 된다는 점에서 혁명적이다. 이렇게 볼 때, 인터넷은 개인용 컴퓨터나 그 이전의 텔레비전에 필적할 만하다. 사실 인터넷은 텔레비전이나 개인용 컴퓨터가 가정에 보급되었을 때보다도 더욱 강력하게 미래를 변화시킨다는 인상을 준다. 인터넷의 사용은 사람들로 하여금 세계를 정복한다는 느낌을 주는 것이다. 이제 사람들은 세상 어느 곳도 전자적으로 누빌 수 있고, 이전에는 불가능했던 일들을 이룰 수 있다. 또 웹사이트를 만들어서 과거에는 상상도 못했던 방식으로 사람들 스스로 세계 경제의 일부가 될 수도 있다. 텔레비전이 사람들을 단지 오락의 수용자로 만들고, 개인용 컴퓨터가 대다수 사람들에게 타이프라이터와 하이테크 오락기에 불과한 것에 비하면 정말 달랐다.

인터넷의 이 생생하고 즉각적인 특징 덕분에 사람들은 그것이 경제적으로도 아주 중요하다고 생각한다. 실제로 사람들은 선박건조 기술의 개선이나 새로운 재료과학의 발전보다도 인터넷 기술 발전의 영향을 상상하기가 훨씬 더 쉽다. 대다수 사람들은 인터넷 분야 외의 연구에 관해서는 별로 듣지 못하는 것이다.

주식시장의 미친 듯한 급등은 미국 기업의 놀라운 이윤 증가 덕분에 가능했다. 1994년 미국 기업들의 실질수익은 S&P지수의 실질수익으로 계산해서 36퍼센트나 높아졌고, 1995년 8퍼센트, 1996년 10퍼센트 상승했다. 이는 인터넷의 탄생 시기와 대충 일치하지만, 사실 인터넷과는 별 관련이 없었다. 대신 애널리스트들에 따르면, 기업 수익의 성장은 미국 기업들의 비용 절감 노력과 달러 약세, 미국 자본재, 기술제품 수출에 대한 강한 해외 수요 등과 함께 나타난 1990 ~1991년 불황으로부터의 느리고 지속된 경기 회복 덕분이었다. 인터넷이 이윤을 증가시킨 덕분은 아니었다는 것이다. 사실 지금도 그렇지만 당시 새롭게 등장하는 인터넷 회사들은 이윤을 많이 창출하지 못했다. 그러나 인터넷만큼이나 극적인 신기술의 출현과 함께 나타난 이윤의 증가는 일반 대중 사이에 이 두 현상이 어떻게든 관련이 있다고 생각하도록 만들었다. 이 두 가지를 서로 연관시켜 생각하는 경향은 특히 새천년—미래에 대해 매우 낙관적인 시기—의 도래와 함께 더욱 강해졌다.

물론 그 자체로 인터넷은 중요한 기술 진보이며, 컴퓨터나 로봇 기술 등의 발전과 함께 미래에 예측 불가능하고 강력한 영향을 미친다. 하지만 우리는 인터넷과 컴퓨터 혁명이 기존 기업들의 가치에 어떤 영향을 미쳤는지 생각해보아야 한다. 신기술은 언제나 시장에 영향

을 미치지만, 기존 기업들이 그 신기술을 독점하고 있지 않을 경우에
도 정말로 그 기업들의 가치를 상승시킬 것인가?[14] 인터넷의 도래가
1999년까지 인터넷 주식이 별로 포함되어 있지 않던 1990년대의 다
우지수의 가치마저도 상승시켰어야만 하는 것일까?[15]

1990년대 초반 이전에는 존재하지도 않았던 이트레이드닷컴, 아
마존닷컴, 그리고 신생 벤처기업들의 이야기들은 현존하는 기업이
인터넷 혁명으로부터 이득을 얻을 것이라는 주장을 반박한다. 미국
과 해외에서 미래에는 더 많은 새로운 기업들이 생겨나 우리가 오늘
날 투자하는 기업들과 경쟁할 것이다. 쉽게 말해서 신기술이 기존 기
업에 미치는 영향은 양면적이다. 이들의 이윤을 증가시킬 수도 감소
시킬 수도 있는 것이다.

그러나 주식시장 호황에서 중요한 것은, 알아차리기 어려운 인터
넷 혁명이라는 현실이 아니라 이 혁명이 만들어내는 대중의 생각이
다. 대중은 인터넷에 대한 이야기가 직접적이고 그럴 듯해서 바로 영
향을 받으며, 또한 손쉽게 인터넷과 관련된 사례나 주장들을 떠올릴
수 있기 때문에 더욱 그럴 듯하게 느낀다. 더구나 매일 인터넷을 사
용한다면, 이 사례들은 더욱 쉽게 떠오르는 것이다.

주가를 부양하는 통화정책과 그린스펀 풋

1990년대 후반의 호황 시기 동안 앨런 그린스펀과 그의 연방공개
시장위원회Federal Open Market Committee, FOMC는 호황이 끝날 때까지 주식시
장의 상승을 멈추기 위해 아무 일도 하지 않았다. 그들은 그것을 멈
추려는 어떤 노력도 없이 4년이 넘는 동안 극적인 강세장을 지켜보

기만 했다. 주식시장의 상승은 1995년 초에 본격적으로 시작되었다. 주식시장은 그해 2월부터 급등하기 시작했다. 〈그림 1-1〉은 그달 중에 나타난 곡선의 극적인 단절을 보여준다. FOMC가 1999년 8월 24일 이전에 마지막으로 금리를 인상했던 것은 바로 1995년 2월 2일이었다. 1995년 3월 초, 전문가들은 그린스펀과 다른 FOMC 위원들의 언급을 아마도 금리 인상은 끝났다는 뜻으로 해석했다. 이는 당시 가장 중요한 금융 뉴스이기도 했다. 왜냐하면 연준이 불황을 유발하지 않고 상승 기미를 보이는 인플레이션을 완화하겠다는, 즉 연착륙을 추진했다는 것이었다. 1995년부터는 금리 인상의 우려도 인플레이션의 우려도 없었고, 따라서 이때는 주식시장에 낙관적인 시기였다.

그린스펀은 1996년 12월 비이성적 과열에 관해 연설하면서도 이 과열을 멈추기 위해 긴축적 통화정책을 고려할 것이라는 암시를 주지 않았다. 사실 같은 연설에서 그는 "금융 버블의 붕괴가 실물경제, 생산, 일자리, 그리고 물가안정을 해칠 위험이 있는지 우리 중앙은행가들은 우려할 필요가 없다."고 말했다. 이 언급과 그 이후의 그린스펀의 다른 언급들은 연준이 버블을 터뜨리기 위해 아무것도 하지 않을 것이라는 의미로 사람들에게 받아들여졌다.

그래서 많은 사람들은 그린스펀이 언급한 것처럼 주식시장의 하락이 실물경제를 해칠 것이라는 우려 때문에 연준은 시장의 하락을 막기 위해서만 행동할 것이라고 생각했다. 2000년 주식시장의 고점 시기에는 '그린스펀 풋Greenspan put'이라는 말이 인기를 끌었다. 즉, 사람들은 주식시장을 대단히 지지하는 그린스펀이 연준 의장으로 있는 것이 주식시장의 하락으로부터 보호받는 풋옵션을 가지는 것과 같은 것이라고 생각한 것이다. 그린스펀 풋 이야기는 그린스펀이 주식 시장 붕괴를 막기 위해 권력을 휘둘렀던 것으로 미루어볼 때 일리가 있었다. 1987년 주식시장의 폭락 이후, 1998년 러시아 부채 위기와 유명한 헤지펀드 롱텀캐피털매니지먼트의 파산 이후, 그리고 Y2K(밀레니엄 버그—옮긴이) 위기를 막기 위해 조치를 취했던 새천년의 전야에 말이다. 사람들은 그의 행동을 보며 그가 시장을 급락하도록 놔두지는 않을 것이라고 생각했다.

물론 사람들은 불황의 증거가 그리 강하지 않았을 때인 2001년 1월 3일에도 그가 금리를 매우 공격적으로 인하할 것이라고 믿었다. 사실 이 금리 인하는 2001년 3월 불황이 시작되기 두 달 전에 실행되었다. 주식시장은 연준이 매우 공격적으로 금리를 인하할 것이라는 뉴스에 정말로 상승했고, 나스닥지수는 그날 하루 최대 상승폭인 14퍼센트까지 상승했다. 그러나 주식시장이 하락하자 결국 연준은 2003년까지 금리를 1퍼센트까지 인하했다. 실질금리를 0보다 더 낮게 만든 이 공격적인 금리 인하가 아마도 2001년 이후 주택시장 호황에 중요한 요인이 되었을 것이다.

확장적인 통화정책은 자산시장의 호황에 일관된 영향을 미치지는 않았다. 국제경제연구소의 애덤 포센Adam Posen은 2003년 연구에서 1970년 이후 전 세계에 24차례 나타난 주식시장 호황 중에서 6차례만이 확장적 통화정책과 함께 나타났고, 18차례 나타난 부동산가격 상승 중에서도 6차례만이 그랬다고 밝혔다.[16] 그러나 그의 결론이 앨런 그린스펀과 다른 중앙은행가들의 전반적으로 주가를 부양하는 자세가 새천년의 주식시장 호황과 그 직후 나타난 부동산시장의 가격 상승에 기여했다는 나의 결론과 결코 배치되는 것은 아니다.

베이비 붐과 버스트, 그리고 그것들이 시장에 미치는 영향

제2차 세계대전 이후 미국에서는 출생률이 크게 높아졌다. 평화시의 번영은 대공황과 전쟁 때문에 아이를 갖는 것을 미뤘던 사람들이 아이를 낳도록 자극했다. 영국과 프랑스, 그리고 일본 등에서도 전후에 출생률이 상승했지만 미국만큼 오랫동안 나타나거나 강하지는 않았다. 이는 적어도 부분적으로 이 국가들이 전후에 엄청난 혼란에 빠졌기 때문이다. 어쨌든 1966년경에는 미국과 세계 인구의 인구 성장률이 극적으로 저하하여, 이 추세가 오늘날까지 이어지고 있다. 역사적으로 볼 때, 이 출생률의 저하는 비정상적인 일은 아니라 해도 이상한 일이다. 왜냐하면 기근이나 전쟁 때문이 아니라 순수한 출산율의 하락으로 나타났기 때문이다.[17]

도시화가 진전되고 교육과 경제적 삶의 수준이 상승함과 함께, 출산 통제 기술의 발전(1959년 피임약이 발명되었고, 1960년대 중반경에는 미국과 다른 나라들에서 널리 사용되었다)과 피임과 낙태를 법적으로 허용하는 사회 변화가 인구성장률을 낮추는 데 중요한 역할을 했다. 이제 베이비 붐과 그 이후의 베이비 버스트Baby Bust가 세계의 많은 나라에서 사회 보장의 위기를 초래하고 있다. 베이비 붐 시기에 태어난 이들이 나이가 들고 은퇴하자, 이들 노인들을 부양하기 위해 일하는 젊은이들이 세계적으로 모자라게 된 것이다.[18]

미국은 1946~1966년에 최고의 출생률로 베이비 붐이 일었고, 그 결과 2000년 주식시장의 고점 시기에는(그리고 앞으로도 어느 정도의 기간 동안) 35세에서 55세까지의 인구가 비정상적으로 많았다. 그래서 이 많은 중년층의 사람들이 오늘날 주식시장의 호황에 도움이 되었다는 이론들이 나오고 있다. 그중 하나는 오늘날의 높은 주가수익비율이 이들 인구가 은퇴 후를 위해 경쟁적으로 주식을 사고 있어서 수익에 비해 주가를 더 상승시킨 탓이라고 설명한다. 또 하나는 현재의 상품과 서비스에 대한 지출이 경제에 전반적으로 긍정적인 효과를 미쳐서 주가를 상승시키고 있다는 것이다. 이때 높은 지출은 기업이윤의 증대를 의미한다.

이 베이비 붐 주장들은 사실 너무나 단순하다. 우선 이들은 베이비 붐이 주식시장에 언제 영향을 미치는지 그때를 언급하지 않는다. 베이비 붐의 영향은 아마도 주가에 이미 반영되었을지도 모른다. 또한 이들은 앞으로 20년 후 전 세계에서 새로운 자본주의 경제들의 등장과 이들의 미국 주식에 대한 수요 같은 요인들을 고려하지 않는다. 베이비 붐 세대의 높은 지출이 주가를 떠받쳤다는 이론은 단지 수익이 높기 때문에 주가가 높아졌음을 의미하는 것으로 보인다. 그것은 주식시장의 고점에 나타난 높은 주가수익비율을 설명하지는 못한다.

만일 일생 동안의 저축 패턴(첫 번째 영향)만이 투자에 가장 중요한 요인이라면, 서로 다른 자산들의 가격 움직임 사이에 밀접한 관련이 있을 것이다. 그리고 시간에 걸쳐 자산 가격과 인구 사이에도 밀접한 관련이 있을 것이다. 가장 많은 인구를 지닌 세대가 저축해야 할 필요를 느끼면, 그들은 주식과 채권과 부동산 등 모든 저축 자산들의 가격을 상승시킬 것이다. 반대로 가장 많은 인구를 지닌 세대가 지출을 해야 한다고 생각하면, 그들은 이 모든 자산들의 가격을 떨어뜨릴 것이다. 그러나 주식과 채권, 부동산에 관한 장기적 데이터를 보면 사실 이들의 실질가치 간에는 별다른 관련이 없다.[19]

베이비 붐 세대가 시장에 긍정적인 영향을 미칠 수 있는 이유에 대한 또 다른 이론은 이 세대가 1930년대의 대공황이나 제2차 세계대전에 대한 기억이 없기 때문에 시장과 세계에 대해 걱정을 덜 한다는 것이다. 실제로 몇몇 증거는 인생의 성장기에 공유된 경험들이 그 세대의 태도에 끝까지 영향을 미친다는 것을 보여준다.[20] 1982년 이후의 강세장 동안, 공황이나 전쟁 시기에 10대나 젊은 시절을 보낸 사람들 대신 베이비 붐 세대들이 전면에 나타나며 가장 중요한 투자자가 된 것이다.

비록 주식시장에 대한 베이비 붐의 영향에 관한 이들 이론들이 어느 정도 사실이라 해도 주가를 폭등하게 만든 가장 중요한 이유는 베이비 붐에 대한 대중의 *인식*과 그것의 영향일 것이다. 베이비 붐의 영향은 주식시장과 관련하여 가장 흔히 거론되는 주제이고, 이 모든 이야기들은 그 자체만으로 주가를 상승시킬 수 있다. 사람들은 베이비 붐을 오늘날 주식시장 호황에 영향을 미치는 중요한 요인으로 꼽으며, 금세 사그라질 것으로 보지 않는다. 이러한 사람들의 인식은 주가가 상승할 만한 이유가 있다는 생각과 미래에도 그럴 것이라는 확신을 만들어낸다. 많은 투자자들은 이 인구 변화의 추세를 고려하여 주식시장에 투자한 자신의 현명함을 대견해한다. 이러한 인식이 주가의 끊임없는 상승을 촉진하는 것이다.

주식시장에 대한 베이비 붐 이론의 가장 유명한 옹호자는 해리 덴트Harry S. Dent이다. 그는 1992년『다가올 엄청난 호황: 새로운 번영의 시대에 개인과 기업 수익을 위한 가이드The Great Boom Ahead: Your Comprehensive Guide to Personal and Business Profit in the New Era of Prosperity』에서 이 이론을 제시했는데, 이 책은 무척 성공적이어서 몇몇 속편까지 썼다. 또 1998년에는 『번영하는 2000년대: 최대의 호황 시기에 당신이 원하는 부와 라이프스타일 만들기The Roaring 2000s: Building the Wealth & Lifestyle You Desire in the Greatest Boom in History』라는 책이 4주 동안 「뉴욕 타임스」의 베스트셀러가 되었다. 그리고 1999년에 펴낸 『미래의 부: 당신이 원하는 삶을 위한 전략The Roaring 2000s Investor: Strategies for the Life You Want』도 아마존닷컴의 100대 베스트셀러 목록에 들어갔다. 이 책은 주식시장이 46세가 되는 인구의 수가 감소하기 시작하는 2009년까지 호황일 것이며, 이후에 주가가 하락할 것이라고 예측했다. 2000년 이후 5년 동안 주식시장의 성과는 나빴지만, 그는 2004년 『역사상 최대의 강세장: 2003-8The Greatest Bull Market in History: 2003-8』이라는 책에서 다시 그렇게 예측했다.

베이비 붐에 관한 덴트의 성공은 예상대로 많은 유사한 연구를 낳았는데―모두 베이비 붐이 주식시장에 미치는 영향 때문에 부자가 될 수 있는 멋진 기회를 찬양하는― 윌리엄 스털링William Sterling과 스티븐 웨이트Stephen Waite의 「부머노믹스: 다가오는 세대간 전쟁에서 부의 미래Boomernoics: The Future of Your Money in the Upcoming Generational Warfare」(1998), 데이비드 푸트David Foot와 대니얼 스토프만Daniel Stoffman의 「호황, 붕괴, 그리고 반향: 다가오는 인구변화로부터 어떻게 수익을 얻을 것인가Boom, Bust & Echo: How to Profit from the Coming Demographic Shift」(1996) 등이 그 예이다. 베이비 붐과 주식시장에 대한 영향에 대한 이야기는 어디서나 찾아볼 수 있는데, 주된 내용은 베이비 붐이 현재와 앞으로 몇 년 동안 주식시장에 긍정적인 영향을 미친다는 것이다.

경제 뉴스를 보도하는 언론의 성장

최초의 뉴스 전문 방송인 CNN은 1980년 등장하여 1991년의 걸프전, 1995년의 심슨 재판O. J. Simpson 'trial 등의 사건들에 의해 시청자들이 늘어나면서 점차 성장했다. 이 두 사건 모두가 중단 없는 사건 보도에 대한 수요를 촉진한 것이다. 사람들은 이제 저녁 시간뿐 아니라, 온종일 텔레비전에서 뉴스를 보는 습관을 가지게 되었다. CNN 이후에 1983년 금융 뉴스 네트워크Financial News Network가 설립되었고, 이는 나중에 CNBC로 통합되었다. 그 이후에는 CNNfn과 블룸버그Bloomberg 텔레비전이 설립되었다. 이들 언론은 금융 뉴스를 끊임없이 보도하는데, 대부분 주식시장에 관한 것이다. 이들의 영향은 이제 전통적 주식 브로커 회사들이 브로커의 컴퓨터 화면 한 구석에 CNBC를 계속 켜놔야 할 정도로 커졌다. 이제 수많은 고객들은 방금 방송에서 본, 브로커들은 미처 따라잡지 못한(원래 일 때문에 텔레비전을 보기에는 너무 바쁘다!) 무언가를 묻기 위해 전화를 하는 것이다. 최근에는 이들 언론의 보도 범위뿐 아니라 그 내용도 바뀌었다.

하버드 대학교의 쇼렌스타인 센터의 연구원인 리처드 파커Richard Parker의 연구에 따르면, 지난 20년 동안 신문들은 정체되어 있던 비즈니스 섹션을 개인 투자에 관한 유용한 정보를 전해주는 '머니' 섹션으로 변화시켰다. 이들은 이전에는 그 분야의 산업이나 기업과 관련된 이들만 흥미를 갖도록 썼던 개별 기업에 대한 기사들을 이제 개인투자자의 이윤 기회를 위해 작성하고 있다. 기업에 관한 기사들은 정기

적으로 그 뉴스가 투자자들에게 미칠 영향에 관한 애널리스트들의 견해를 함께 보도한다.[21]

제임스 해밀턴James Hamilton의 연구에 따르면, 수십 년 동안 딱딱한 뉴스로 채워졌던 미국 텔레비전의 저녁 뉴스가 점점 더 재미있는 이야기 혹은 즉각적으로 쓸모 있는 뉴스들로 바뀌었다. 해밀턴은 이러한 변화의 이유를 언론 산업의 경쟁이 격화되었기 때문이라고 지적하며, 이 산업에서 경쟁 우위를 차지하려면 생각하는 걸 싫어하는 시청자들을 유인해야 한다고 설명한다.[22] 이런 환경에서 당연히 투자의 조언에 관한 뉴스가 확산되고 있는 것이다.

투자에 대한 보도의 강화는 소비재에 관한 광고를 계속 사람들에게 노출시켜 결국에는 구매하도록 자극하는 것처럼, 주식에 대한 수요를 증대시켰다. 대부분의 광고는 제품의 중요한 특징을 설명하지 않고 제품에 따른 이미지를 환기시킨다. 최근에 스포츠 유틸리티 차량에 대한 대규모 광고 후에 판매가 늘어난 것처럼 투자에 대한 언론 보도가 그렇게 늘어난 것을 고려하면 주식시장의 호황은 그리 놀라운 일이 아니다.

시장의 고점 이후, 경제 뉴스는 대중의 관심이 하락함에 따라 큰 타격을 입었다. 「레드헤링Red Herring」, 「인더스트리 스탠더드Industry Standard」 등의 최신 경제 잡지들이 파산했다. 주요 경제 뉴스 텔레비전 시청률도 타격을 입었다. 2000년 이후 경제 경영 관련 서적의 판매량도 크게 감소했다.

살아남은 신문들의 주식시장에 대한 관심도 약화되었다. 렉시스넥시스 검색에 따르면, 1990년에서 1998년 사이에 주요 미국 신문들에서 주식시장을 언급한 기사의 수는 3배 이상 증가했고, 금융 스캔들에 관한 여러 뉴스들 덕분에 계속 높은 수준을 유지했다. 그러나 2004년에는 그 수가 고점으로부터 50퍼센트 이상 감소했다.

애널리스트들의 낙관적인 전망

약 6,000개의 기업들에 관한 애널리스트들 의견을 보여주는 잭스 투자 리서치 사의 데이터에 따르면, 1999년 말 단지 1퍼센트만 '매도' 의견을 냈다(반면에 69.5퍼센트가 '매수' 의견을 냈고, 29.9퍼센트가 '보유' 의견을 냈다). 이는 이전의 데이터와는 놀라운 대조를 보여준다. 10년 전에는 매도 의견의 비중이 9배나 높은 9.1퍼센트였다.[23]

주식시장의 고점 근처에서 애널리스트들은 몇몇 이유들로 인해 특히 투자자에게 매도 의견을 내지 않으려고 했다. 그 이유 중 하나는 매도 의견이 관련 회사의 분노를 살 수 있다는 것이다. 기업들은 자기 회사에 부정적인 보고를 제출한 애널리스트와는 대화하려 하지 않고, 이들을 기업설명회에 배제할 뿐만 아니라 수익을 전망하는 과정에서 주요 간부를 만나지 못하게 하여 보복할 수가 있다. 시장이 급등할 때 나타나는 이러한 현상은 투자업계의 문화와 애널리스트의 의견은 가능한 한 객관적이어야 한다는 암묵적인 이해의 근본적인 변화를 보여주는 것이었다.

또 다른 이유는 점점 더 많은 애널리스트들을 주식 인수를 담당하는 회사들이 고용함으로써 돈벌이가 되는 사업의 수익을 해칠 수 있는 어떤 일도 하지 못하도록 한다는 것이다. 투자은행 소속의 애널리스트들은 자기들의 회사가 주식 인수를 담당하는 기업에 대해서는,

기업의 수익 전망이 썩 좋지 않아도 그렇지 않은 다른 애널리스트보다 훨씬 좋은 추천을 해주었다.[24]

이러한 속사정을 알고 있는 이들은 애널리스트의 보유 의견은 이전의 매도 의견과 더욱 비슷하다는 것을 인식하고 있다. 1999년 유명한 시장분석가인 제임스 그랜트James Grant는 "월스트리트에서 정직은 결코 이윤의 원천이 아니었지만, 브로커들은 체면을 차리려고 했다. 그러나 이제 그들은 그렇지 않다. 어느 때보다도 소위 주식 리서치센터는 주식을 파는 회사의 일부일 뿐이다. 투자자들이여, 조심하라."고 썼다.[25]

애널리스트의 의견은 학교에서 나타나는 성적 인플레이션과 비슷하게 변했다. 다시 말해 전에는 C가 평균 학점이었지만 요즘은 거의 낙제에 가까운 것처럼 말이다. 우리 중 많은 이들은 그런 인플레이션이 발생한 것을 알기 때문에 아이들의 성적을 해석할 때 이를 감안한다. 이처럼 우리는 주식시장에서 애널리스트들의 의견의 인플레이션을 고려해야만 한다. 그러나 모든 이가 애널리스트들의 이 과장된 언어를 적절하게 평가할 수 있는 것은 아니며, 따라서 이들의 변한 기준은 전반적으로 주가를 끌어올리는 데 한몫했다.

게다가 애널리스트들의 보고가 서로 비슷해진 것은 단지 매수, 매도 의견의 변화만이 아니었다. 그들은 기업수익에 대해서도 더 높게 전망하는 경향을 드러냈다. 연준의 스티븐 샤프Steven Sharpe의 연구에 따르면, 1979년에서 1999년까지의 21년 동안 애널리스트들이 전망한 S&P 500대 기업의 주당 수익의 성장이 실제보다 더 높았던 해가 19년이나 되었다. 전망치와 실제 성장률의 평균적 차이는 9

퍼센트포인트였다. 애널리스트들은 1980~1981년의 심각한 불황과 1990~1991년의 불황기에조차 약 10퍼센트의 수익 성장을 전망했던 것이다.[26] 샤프의 연구 이후에도 애널리스트들은 2001년경의 기업 수익의 하락이 얼마나 클지 제대로 예측하지 못했다.

애널리스트의 편향된 전망은 1년 전망을 할 때 가장 많이 나타났다. 보통 기업수익이 발표되기 직전의 전망은 수익을 좀 더 짜게 잡았다. 그들은 전망치를 실제보다 약간 낮추어 발표하여 매 분기별 수익이 예측했던 것보다 증가했다는 것을 보여주고픈 기업의 희망에 부응했던 것이다. 기업들은 수익을 발표하기 전에 전망치를 높게 잡은 애널리스트와 미리 이야기해서 전망치를 낮추도록 압력을 넣었다. 반면에 전망치를 낮게 잡은 애널리스트들은 뻔뻔하게 거짓말을 하지 않고도 전반적으로 평균적인 수익 전망치를 낮출 수 있었다.[27] 애널리스트의 전망에 대한 고객의 평가는 당연히 가장 최근의 수익 발표와 가장 최근의 전망치를 비교하여 이루어지므로, 그들은 실적이 발표되기 직전에는 수익을 크게 과대평가하지 않았다. 정말 부끄러운 일이 아닐 수 없었다.

애널리스트들이 수익을 과장하는 편향은 분기나 연간 실적이 아니라 모호하고 불확실한 미래에 대한 전망에서 더욱 두드러졌다. 1년의 전망을 훨씬 넘어서는, 바로 이 모호하고 불확실한 미래에 대한 기대가 우리가 주식시장 고점에서 본 주식시장 호황의 배경이었다. 스티븐 샤프의 다른 연구에 따르면, 애널리스트들의 산업별 수익성장 예상치가 1퍼센트포인트 높아지면 그 산업의 주가수익비율은 5~8퍼센트 상승했다. 따라서 그는 애널리스트들의 장기적 성장의 예상치의 상승이 "1990년대 후반 시장의 주가수익비율 상승의 20에서 32퍼센트를 설명할 수 있다."고 결론을 내렸다.[28]

애널리스트들은 먼 미래에 대해서 한결같이 낙관적인 전망을 하는 것에 대해 별로 걱정하지 않았다. 그들은 이렇게 일반화된 낙관론이 기업에 좋은 것이라고 믿기 때문이다. 또한 그들은 동료 애널리스트들이 그렇게 장기적인 낙관론을 보여주고 있음을 알고 있다. 게다가 그들은 미국 경제에 대한 낙관적인 전망을 끊임없이 설파하며 대중 투자자들을 부추기면서 그 정확성에 대해서는 별로 신경을 쓰지 않았다.

주식시장이 하락한 이후, 애널리스트의 문제점은 어느 정도 줄어들었다. 몇몇 기업들은 자발적으로 애널리스트의 분석이 실제로 매도 의견을 내도록 요구하는 새로운 규칙을 제정했다. 2000년 10월 미국 증권거래위원회에 의해 부과된 FD 규제로 인해 기업에 비판적이었던 애널리스트를 더 이상 기업설명회에 배제할 수 없게 되었고, 이제 기업설명회는 모든 일반 대중에게 공개되어야만 했다. 2002년 사베인스 옥슬리 법안Sarbanes-Oxley Bill은 무엇보다도 애널리스트의 보고서가 투자은행 사업과 관련된 이에 의해 출판 전의 승인을 받지 않도록 했고, 그의 보고서가 투자은행 사업과 충돌하는 애널리스트에게 어떠한 보복도 하지 못하도록 했으며, 기업들이 그들의 투자은행 부서와 증권분석 부서 사이에 정보의 칸막이를 세우도록 했다. 2003년 증권거래위원회는 투자은행 사업을 발전시키기 위해 고객들에게 의도적으로 편향된 분석을 제시했다는 이유로 고소된 미국의 10대 대형 투자은행에 대해 피해자들에게 14억 달러를 지불하라고 명령했다. 그중에서 8,000만 달러는 투자자 교육 프로그램을 위해 배정되었다.

이러한 변화들은 애널리스트들의 편향된 전망을 줄이기 위해 건전한 조치들이 취해졌음을 보여주는 신호이다. 이제 시장의 고점 시기에 비해서는 더 많은 매도 의견이 제시되고 있다. 그러나 매도 의견은 여전히 상대적으로 드물며, 애널리스트의 편향된 전망이 정말로 줄어든 것인지 판단하기에는 아직 이르다.

확정기여형 펜션플랜의 성장

종업원들을 위한 연기금제도의 성격 변화가 사람들로 하여금 투자로서 주식을 배우고 결국 이를 받아들이도록 촉진했다. 비록 이러한 변화가 퇴직 이후를 위해 다른 투자보다 주식을 매력적으로 만든 것은 아니지만, 이것은—사람들이 퇴직 이후를 위한 투자 사이에서 명백한 선택을 하도록 만들어서—주식 투자를 자극하는 역할을 했다. 그러한 선택을 하는 과정에서 사람들은 주식에 대해 배우고 더 친숙해졌다.

미국에서 이 제도들의 변화 중 가장 혁명적인 것은 확정급부형 defined benefit 대신에 확정기여형 펜션플랜defined contribution pension plans(통상 기업연금이라 불리는 퇴직연금제도를 의미함—옮긴이) 성장한 것이었다. 1981년에 중요한 변화가 나타났는데, 최초로 401(k) 플랜을 도입한 것이었다. 이 플랜은 곧 미국 국세청의 역사적인 결정에 의해 비준되었다.[29] 그 이전에는 고용주의 펜션플랜은 보통 고용주가 종업원들의 퇴직 후에 단순히 그들에게 정해진 연금을 보장하는 확정급부형이었다. 확정된 급부를 지불하는 준비금은 고용주들이 관리했다. 401(k) 플랜의 도입[또한 이와 유사한 403(b) 플랜되으로 종업원들은 자기들의 월급에서 공제되는 비과세 퇴직계정을 만들 수 있었다. 그런 다음 이 401(k) 계정의 투자금액을 보유하고, 주식과 채권, 그리고 머니마켓 계정 등에 투자를 배분해야 한다. 고용주들이 종업원들의 401(k) 계정에 비례하여 기여하도록 세법이 장려했기 때문에 노동자들이 참여할 만한 강력한 유인 요소가 생긴 것이다.

1982년 미국 주식시장이 저점을 찍은 후, 여러 요소들이 확정기여형 펜션플랜의 성장을 촉진했다. 노동조합은 전통적으로 퇴직 이후 구성원의 복지를 보장하는 수단으로 확정급부형을 선호했는데, 노동조합이 쇠퇴함에 따라 이러한 펜션에 대한 지지도 줄어들었다. 또한 노조와 확정급부형 펜션의 오랜 근거지였던 제조업 부문의 중요성도 적어졌다. 게다가 소위 과잉 투자된 플랜은 때때로 기업을 인수에 취약하게 만들기 때문에 경영자들은 확정급부형 플랜을 원하지 않았다. 그리고 확정기여형 플랜이 확정급부형보다 관리 비용이 덜 드는 것으로 생각했다. 확정기여형 플랜은 스스로의 투자를 감시하고 싶어하는 종업원들에게 더욱 인기를 끌었으며, 따라서 기업들은 이 플랜을 모든 종업원들에게 제시했다.

주식과 채권 중 하나를 선택하도록 하는 이 플랜에 세금 감면 혜택을 제공했고, 정부는 노동자들이 채권 혹은 머니마켓 투자보다 주식의 이점에 대해 배우도록 했다. 투자자산에 대해 배우도록 하는 것은 그것에 대한 수요를 증가시킬 가능성이 높다. 1954년 뉴욕증권거래소가 주식시장에 대한 대중의 관심을 어떻게 증진시킬 것인가에 대한 마케팅 연구를 수행했을 때, 대다수 사람들이 주식에 대해서 잘 모른다는 결론에 다다랐다. 오직 대중의 23퍼센트만이 주식이 무엇인지 알 뿐이었다. 나아가 이 조사는 주식시장에 대한 대중의 불신을 보여주었다.[30] 따라서 증권거래소는 투자로서의 주식에 대한 이러한 무지와 편견을 극복하기 위해 대중을 상대로 세미나를 계속 개최했다. 그러나 증권거래소가 시도한 어떤 세미나들도 확정기여형 펜션플랜을 실제로 해보는 효과만큼 주식에 대한 대중의 이해와 관심을 증진시키지는 못했을 것이다.

사람들이 펜션플랜을 통해 주식시장에 대해 관심을 기울인다면, 이는 더욱 장기적인 사고를 촉진할 터였다. 401(k) 플랜의 목표는 많은 노동자들에게는 아주 먼 미래의 일인 퇴직 후를 보장하는 것이다. 401(k) 플랜의 운용자는 가입자들에게 단기적인 투자 기회에 관한 정보를 알려주지 않을 것이고, 포트폴리오의 가치에 대한 명세서는 자주 전달되지 않을 것이다. 가입자도 매일 신문에서 그의 포트폴리오 가치를 점검할 수 없다. 이 장기적인 플랜은 투자자들이 단기적인 변동과 이득에 사로잡히지 않도록 만들어 주식시장을 부양할 수 있을 터였다.

투자자들의 장기적인 투자를 장려하는 것은 아마도 결국에는 좋은 일일 것이다. 그러나 오늘날과 같은 구조로 만들어진 401(k) 플랜은 또 다른 심리적인 메커니즘을 통해서 주식에 대한 수요를 더욱 상승시키는 추가적인 효과를 만들어낸다. 고용주들은 종업원들에게 다양한 주식 투자의 범주들을 제시함으로써 주식에 대한 수요를 창출할 수 있다. 슐로모 베나르치Shlomo Benartzi와 리처드 탈러Richard Thaler

는 이러한 범주들이 최종적인 투자의 선택에 미치는 영향을 보여주었다. 그들은 실험 데이터와 실제 펜션 펀드의 투자 데이터를 모두 사용하여, 많은 사람들이 옵션의 *내용*에는 상관없이 가능한 옵션들을 대상으로 투자를 균일하게 분산하여 배분하는 경향이 있음을 발견했다. 예를 들어, 401(k) 플랜이 주식 펀드와 채권 펀드 간의 선택을 제시한다면, 많은 사람들은 납부금의 50퍼센트씩을 각각 배분한다는 것이다. 만일 이 플랜이 주식 펀드와 혼합 펀드(예를 들어, 50퍼센트 주식과 50퍼센트 채권으로 구성된)를 제시한다면, 사람들은 그것이 실제로는 포트폴리오의 75퍼센트를 주식에 배분하는 것인데도 각각에 50퍼센트씩 분산하여 배분하는 경향이 있다고 밝혔다.[31]

401(k) 플랜의 일부로 제시된 옵션은 주식의 선택을 크게 장려하는 경향이 있었다. 왜냐하면 대부분의 401(k) 플랜은 어떤 부동산 투자의 옵션도 제시하지 않았기 때문이다. 이런 식으로 401(k) 플랜의 성장은 부동산시장보다 주식시장에 대한 대중의 관심을 자극했다. 사실 오늘날의 전형적인 401(k) 플랜은 주식 펀드, 혼합 펀드(보통 60퍼센트의 주식과 40퍼센트의 채권으로 이루어진), 기업 주식(노동자가 자사에 대한 투자), 그리고 아마도 확정소득 보장형 투자 계약과, 성장형 펀드와 같은 전문화된 주식 펀드, 채권 펀드, 머니마켓 펀드 등을 선택사항으로 제시한다. 베나르치와 탈러의 연구 결과를 생각하면, 수많은 주식 관련 투자가 사람들 앞에 제시되는 상황에서 사람들이 그에 비례하여 주식에 더 많이 투자하는 것은 당연한 일이다. 게다가 주식이 선택할 수 있는 종류가 많기 때문에―길모퉁이 주류판매점에 보드카보다 와인의 종류가 더 많은 것처럼―더 많은 관심을 끌 수밖에 없다.

주식에 더 많이 투자하도록 만든 것은 어떤 합리적인 의사결정 과정이 아니라, 주식에 대한 *관심*과 *호기심*을 불러일으키는 미묘한 방식이었다. 그리고 무의식적으로 보이는 이러한 관심이 주가를 끌어올렸다.

뮤추얼펀드의 성장

주식시장의 호황은 시기적으로 뮤추얼펀드 산업의 급성장과 뮤추얼펀드에 대한 광고의 확산과 함께 나타났다. 최근의 장기적 강세장이 시작되었던 1982년, 미국에는 겨우 340개의 뮤추얼펀드만 있었다. 그러나 1998년에는 뉴욕 증권거래소에 상장된 주식 종목 수보다도 많은 3,513개로 늘어났다. 1982년 뮤추얼펀드 주식계좌의 수는 620만 개로 이는 열 가구당 하나 꼴이었다. 그런데 2000년에는 1억 6,410만 개로 늘어났고, 이는 가구당 거의 두 개가 있는 셈이었다.[32] 그리고 주식시장이 고점을 찍고 그 증가세가 몇 년 동안 정체되었지만 2003년에는 1억 7,410만 개에 이르렀다.

뮤추얼펀드는 오래된 아이디어의 새로운 이름이다. 미국에서 투자회사들이 등장한 것은 1820년대부터였다. 물론 당시에는 뮤추얼펀드라 불리지는 않았다.[33] 흔히 최초의 뮤추얼펀드라 생각되는 매사추세츠 투자신탁은 1924년 설립되었다. 이 회사는 그들의 포트폴리오를 공개적으로 발표하고, 신중한 투자정책을 약속하며, 투자자가 현금 인출을 요구하면 언제나 정산해준다는 점에서 다른 투자신탁회사들과 차별화를 꾀했다. 그러나 뮤추얼펀드의 발전은 느렸다. 투자자들이 그 장점을 즉시 이해하지 못했던 것이다. 대신 1920년대의 강세장을 배경으로 다른 많은 투자신탁회사들이 생겨났다. 이들은 오늘날의 뮤추얼펀드하면 떠오르는 위험에 대한 보호 수단이 없는 투자회사들이었으며, 그들 중 다수는 정직하지 못한 영업을 했고, 몇몇은 사실상 폰지 사기에까지 연계되었다(4장 참조).

1929년 주식시장이 폭락한 이후 사람들은 시장 전체보다도 더 쓸모가 없어진 투자신탁회사에서 등을 돌렸다. 특히 신탁회사의 경영자들로부터 배신감을 느꼈는데, 이들은 자주 투자자들의 이해와 배치되는 스스로의 이해를 추구했던 것이다. 투자회사들에 대한 규제 조치를 도입한 1940년의 투자회사법Investment Company Act은 대중의 믿음을 회복시키는 데 도움을 주었다. 그러나 사람들은 단순히 정부 규제 이상의 것을 원했다. 그들은 불미스러운 투자신탁회사와는 다른 인상을 주는 새로운 이름을 필요로 했다. *뮤추얼펀드*라는 이름은 상호저축은행과 상호보험회사—이들은 여러 스캔들에 휘말리지 않고 주식시장 폭락에서 살아남았다—등과 비슷해서 투자자들에게는 훨씬 더 안전하고 매력적으로 보였다.[34]

뮤추얼펀드 산업은 개인 퇴직계정을 허용한 1974년 종업원 퇴직소득보장법Employee Retirement Income Security Act 덕분에 새로운 성장의 동력을 얻었다. 그러나 이 산업은 1982년에 시작된 강세장 이후 정말로 급속히 성장하기 시작했다.

뮤추얼펀드가 이 시기에 급성장한 부분적인 이유는 그것이 401(k) 펜션플랜의 일부로서 사용되었기 때문이다. 사람들이 뮤추얼펀드에 직접 투자하면 그 내용에 대해 더욱 잘 알 수 있었다. 그래서 401(k) 플랜이 아닌 저축도 뮤추얼펀드에 더 많이 투자했다.

뮤추얼펀드가 급성장한 또 다른 이유는 엄청난 광고 때문이었다. 텔레비전과 잡지, 그리고 신문 등이 자주 뮤추얼펀드 광고를 실었고, 적극적인 투자자들에게는 요청하지도 않은 광고 메일을 보냈다. 아울러 순진한 투자자들에게도 전문가들이 위험을 피해 훌륭하게 펀드를 운영한다고 인식시켜 시장에 참여하도록 자극했다.

주식 뮤추얼펀드의 확산은 개별 주식보다는 종합지수의 투기적인 운동을 자극하는 영향을 통해 대중들이 주식시장에 관심을 집중하도록 만들었다.[35] 사람들은 점점 뮤추얼펀드 투자가 건전하고 편리하며 안전하다고 생각하게 되었고, 이러한 생각은 이전에는 주식시장을 두려워했던 많은 투자자들을 시장에 끌어들였으며, 따라서 주가의 상승에 기여했다(뮤추얼펀드에 대한 대중의 태도에 관한 추가적인 논의는 11장을 참조).

인플레이션의 하락과 화폐 환상의 영향

소비자물가지수로 측정된 미국의 인플레이션 전망은 강세장이 시작된 이래 점점 더 개선되었다. 1982년에는 미국의 인플레이션이 연간 4퍼센트 정도였지만, 1980년에 나타났던 높은 인플레이션(연간 거의 15퍼센트)이 다시 나타날 것인지는 여전히 불확실했다. 인플레이션이 1990년대 중반 2~3퍼센트대로 하락하자 이 강세장의 가장 극적인 주가 상승이 시작되었으며, 그리고 나서 2퍼센트 이하로 떨어졌다.

내가 인플레이션에 대한 대중의 태도에 관한 인터뷰 연구에서 밝혀낸 것처럼 일반적인 대중들은 인플레이션에 대해 민감하다.[36] 사람들은 전반적으로 인플레이션이 한 국가의 경제적 · 사회적 건전성의 척도라고 믿는다. 높은 인플레이션은 경제적 혼란과 기본적인 신뢰의 상실을 의미하며, 외국인들에게는 망신거리다. 반면에 낮은 인플레이션은 경제적 번영과 사회적 정의, 그리고 좋은 정부의 징표이다. 그러므로 인플레이션의 하락이 대중의 신뢰를 강화하고, 따라서 주가를 높였다는 것은 놀랄 일이 아니다.

그러나 순수하게 합리적인 관점에서 보면, 인플레이션에 대한 이러한 주식시장의 반응은 올바르지 않다. 1979년 경제학자 프랑코 모딜리아니Franco Modigliani와 리처드 콘Richard Cohn은 인플레이션이 금리에 미치는 영향을 사람들이 완전히 이해하지 못하기 때문에 주식시장이 인플레이션에 대해 잘못 반응한다고 주장하는 논문을 발표했다.[37] 인플레이션이 높을 때는—1982년 주식시장이 바닥에 가까웠던 시기인, 그들이 이 논문을 썼을 때처럼—투자자들의 자산가치를 깎아먹는 인플레이션을 보상해주어야 하기 때문에 명목금리(우리가 매일 보는 보통의 금리)가 높다. 그러나 실질금리는 높지 않으므로 주식시장이 높은 명목금리에 반응해서는 안 된다. 모딜리아니와 콘은 주식시장은 명목금리가 높고 실질금리는 높지 않을 때에도, 일종의 화폐 환상 때문에, 즉 화폐 기준 변화의 영향에 대한 대중의 혼란 때문에 경제가 불황에 빠지는 경향이 있다고 주장했다. 인플레이션이 발생하면 화폐가치가 변하고, 따라서 우리가 가치를 측정하는 척도가 변화하는 것이다. 이 척도의 변화에 직면해서 많은 사람들이 혼란에 빠지게 되는 것은 이해할 만하다.[38]

현재의 인플레이션 수준에 대한 사람들의 오해는 실질수익에 대한 높은 기대를 자극한다. 과거 주식시장의 장기적 수익에 관한 대부분의 데이터는 인플레이션의 조정 없이 명목치로 발표되고, 사람들은 자연스럽게 그런 명목수익이 미래에도 계속될 것이라 믿는다. 오늘날 인플레이션은 2퍼센트 미만인데, 이는 존 케네디가 대통령에 선출된 1960년 이후 소비자물가지수의 역사적 평균치 4.4퍼센트보다 훨씬 낮은 수준이다. 그러므로 우리가 1960년대 이후 주식시장에서 나타났던 것과 같은 명목수익을 기대하는 것은 실질치로는 그보다 훨씬 높이 기대하는 것이다.

언론에 나오는 역사적인 주가지수의 그래프는 이 책에 나온 것처럼 인플레이션이 조정된 실질치가 아니라, 대부분 명목치로 나타낸다. 소비자물가지수는 1960년 이후로 6배 상승했고, 1913년 이후로는 17배 상승했다. 인플레이션이 조정되지 않는다면 주가지수의 장기적인 역사적 그래프는 인플레이션으로 인해 더욱 높이 상승하게 된다. 따라서 새천년이 시작되는 시기의 주식시장의 이상한 모습, 즉 〈그림 1-1〉에서 볼 수 있는 주가의 급격한 폭등은 우리가 언론에서 보는 장기적인 역사적 그래프에는 나타나지 않는다. 사실 언론에서 언급하는 그래프들을 보면 현재 주식시장은 전혀 이상하지 않은 것처럼 보인다.

언론의 필자들이 인플레이션을 조정하지 않는 이유는 아마도 이러한 조정이 너무 어렵기 때문에 독자들이 널리 이해하지 못할 것이라고 생각하기 때문일 것이다. 물론 그들이 옳을지도 모른다. 일반 대중들은 대부분 경제학개론을 배우지 않았고, 그것을 배웠던 이들도 이미 배운 내용의 대부분을 잊어버렸을 것이다. 그래서 사람들은 화폐의 수량과 가치가 매우 불안정할 때는 가격을 화폐 단위로 측정하는 것이 옳지 않다는 점을 이해하지 못한다. 전반적으로 대중들은 주식시장을 측정하는 좀 더 의미 있는 척도는 몇몇 광범위한 상품의 묶음이라는 사실, 즉 주가는 소비자물가지수의 인플레이션으로 조정되어야 한다는 사실을 완전히 이해하지 못하고 있다.[39]

거래량의 증가: 할인 브로커, 데이 트레이더, 그리고 24시간 거래

뉴욕 증권거래소 주식의 회전율turnover rate(1년에 거래된 총 주식을 총 주식수로 나눈 값)은 1982년에서 1999년 사이에 42퍼센트에서 78퍼센트로 거의 2배 상승했다.[40] 주로 하이테크 주식들로 이루어진 나스닥 시장의 회전율은 더욱 높아서 1990년 88퍼센트에서 1999년 221퍼센트까지 폭등했다.[41] 회전율의 상승은 여기서 언급된 다른 요소들로 인해 시장에 대한 관심이 높아진 것을 반영하는 것일 수도 있다. 그러나 주식시장의 회전율이 높아진 또 다른 이유는 거래 비용이 감소한 탓이기도 하다. 1975년 증권거래위원회Securities and Exchange Commission, SEC가 중개수수료에 경쟁을 도입한 이후, 수수료가 크게 하락했고 할인 브로커가 등장했다. 또 기술적이고 조직적인 변화도 나타나기 시작했다. 1985년 나스닥에 도입된 소액 주문처리 시스템과 1997년 SEC가 공표한 새로운 주문처리 규칙은 거래 비용을 더욱 떨어뜨렸다. 시장에 대한 동등한 참여를 장려하는 SEC 규제는 이제 데이트레이드를 하는 많은 아마추어 투자자들을 양산했다. 이들은 전문가들에 의해 사용되던 동일한 주문처리 시스템을 사용하여 신속하게 주식을 거래하는 것을 통해 이익을 얻으려 노력한다.

온라인 거래 서비스의 급속한 성장은 1997년 이후 주식시장의 가장 놀랄 만한 상승과 함께 나타났다. SEC의 연구에 따르면, 1997년 미국에는 370만 개의 온라인 계좌가 있었고, 1999년에는 970만 개로 늘어났다.[42] 그와 관련된 인터넷 정보와 통신 서비스의 발전과 함께 나타난 온라인 거래의 성장은 시장에 대해 시시각각 관심을 가질 수 있도록 했다. 심지어 투자자들이 여가시간에도 거실에서 주가 변동을 살필 수 있기 때문에 거래소의 시간외 거래까지 챙길 수 있을 만큼 시장에 대한 관심이 높아졌다.

투기적 가격은 시장이 열릴 때마다 변동성이 크다. 시장이 문을 닫는 날을 포함하는(예를 들어, 뉴욕증권거래소가 수요일에 문을 닫는 동안) 이틀의 기간 동안에는 가격 변동이 줄어드는 경향이 있다.[43] 따라서 온라인 거래의 증가와 시장 개장 시간의 확대는 가격의 변동성을 심화시킬 가능성이 높다. 물론 그것이 주가를 상승시킬 것인지 하락시킬 것인지는 모르지만 말이다.

그러나 가격 변동이 심해지면 주식에 대한 수요가 하락할 수도 있다는 몇몇 증거가 있다. 경제학자 베나르치와 탈러에 따르면, 시장가격에 주목하는 시간적인 패턴이 주식의 수요에 중요한 영향을 미칠 수 있다고 주장했다.[44] 실험 상황에서 사람들은 더욱 장기적 수익을 보는 경우보다 주가의 일간 데이터를 보는 경우 주식 투자에 대해 덜 관심을 보인다. 매일매일 나타나는 주가의 노이즈를 보고 나면 사람들은 분명히 주식 투자의 내재적 위험에 대해 더욱 두려움을 느낀다. 따라서 주가를 더욱 자주 보도록 만드는 제도적인 혁신은 시장의 주가 수준을 하락시킬 수도 있다.

반면에 최근의 제도적·기술적 혁신으로 인해 사람들이 주가를 더욱 자주 관찰하는 것은 베나르치와 탈러가 고안한 실험 상황에서 관찰된 것과 반대의 영향을 미칠 수도 있다. 사람들의 관심이 실험자에 의해 통제되지 않는 비실험 상황에서는 더욱 자주 가격을 관찰하는 것이 사람들의 주의를 끌어서 주식에 대한 수요를 증대시킬 수도 있다. 그리고 사람들의 관심의 변화는 투자에 관한 가치 평가에서 핵심적인 요소이다. 이 점은 9장에서 더 자세히 살펴볼 것이다.

도박 기회의 증가

지난 수십 년 동안 전 세계에서 상업적인 도박과 정부 후원을 받은 도박이 널리 유행했다.[45] 이러한 유행은 승자에 대한 찬양의 증대와 패자에 대한 경멸과 함께 시장과 사적 재산에 대한 존경의 심화와 함께 나타났다.

미국에서는 1962년에서 2000년 사이 합법과 불법을 모두 포함한 상업적 도박이 인플레이션이 조정된 실질치로 60배나 증가했다.[46] 2000년 한 전화조사에 따르면, 미국의 성인 82퍼센트가 1999년에 도박을 했는데, 이는 1975년 조사에서는 61퍼센트였다.[47] 2000년 미국인이 도박에서 잃은 돈은 그들이 영화표, 음악 레코드, 놀이공원, 스포츠 관람, 그리고 비디오 게임 모두를 더한 것보다 많았다.[48]

1870년대에는 루이지애나 복권의 사기사건 이후 대부분의 도박과 복권이 법으로 금지되었다. 그리고 루이지애나 복권 자체도 1890년 복권을 우편으로 파는 것을 금지하는 의회의 법안으로 중단되었다. 그 이후 1970년까지 법으로 허용한 도박은 경마뿐이었다. 당시에는 사람들이 경마장까지 가야 했고, 대중의 관심은 제한적이었다. 그러나 1975년에 13개 주에서 복권 판매가 허가되었고, 1999년에는 매우 쉽고 편하게 돈을 걸 수 있는 복권이 37개 주에서 등장했다. 또 1990년까지 합법적인 카지노는 오직 네바다와 애틀랜틱시티에만 있었다. 그런데 1999년에는 거의 100개의 선상 카지노와 부두 카지노, 그리고 260개의 인디안 보호구역에 카지노가 존재했다. 같은 기간 동안 경마의 위성방송을 통한 장외 원격 베팅의 발전과 함께 경마에 대한 베팅도 극적으로 늘어났다. 이제 집에서 케이블과 인터넷으로 경마에 베팅하는 것이 가능하다. 슬롯머신, 비디오 포커, 비디오 키노, 그리고 다른 독립적 전자도박 기구들이 확산되었다. 몇몇 주에서는 트럭 정류장, 편의점, 그리고 복권 판매점 등에서도 이것들을 찾아볼 수 있다. 이렇게 일상적으로 쉽게 할 수 있는 도박의 기회가 늘어나고 도박을 판촉하기 위한 마케팅이 나타난 것은 미국 역사상 전례가 없던 일이었다.

도박기관의 증가와 실제 도박의 증가는 우리의 문화에 영향을 미치고, 주식시장에 대한 투자와 같은 다른 영역에서의 위험 감수에 대한 태도에도 아마 중요한 영향을 미쳤을 것이다. 주 복권의 형태로 도박을 합법화시킨 것은 불법적 사업을 대체한 것이 아니라 이들 사업을 더욱 자극했고,[49] 따라서 다른 변덕스런 위험 감수적 행위들도 자극했을 것이다. 도박은 위험에 대한 자연스런 기피를 약화시키며, 특히 복권과 같은 몇몇 도박 계약들은 겉보기에는 금융시장과 유사하다. 단지 하나는 컴퓨터를 사용하는 반면, 다른 것은 증서(복권)를 받을 뿐이다. 그리고 소위 메가 복권의 경우 사람들은 널리 회자되는 전국적인 사건에 참여하는 것이다. 이렇게 도박에 참여하는 습관이 만들어지고 나면 도박에 대한 참여가 더 큰 형태인 증권에 대한 투기로 발전하는 것은 어쩌면 당연한 일이다.

미국 주식시장에서 변동성이 가장 높았던 시기는 1929년에서 1933년까지였다. 이 시기의 변동성은 이전에 기록했던 것보다 2배 이상 높았다. 이 불안정의 시기는, 합법화 때문이 아니라 1920~1933년의 기간 동안 금주령을 배경으로 한 조직적 범죄에 의해 나타난 도박 열풍의 시기 동안에 발생했다.[50] 1920년대 이후 밀주 사업을 배경으로 성장한 범죄 집단들은 카드게임이나 무허가 술집에서 주사위 도박이나 룰렛으로 사업을 자연스레 확장해 나갔다. 이 조직적 범죄 집단들은 그들의 전통적인 본거지를 넘어서 전국적으로 주류를 공급하기 위해 근대적이고 효율적인 유통과 마케팅, 그리고 소매 시스템을 발전시켰다. 이러한 인프라가 대규모의 불법적 도박을 촉진했다. 금주령으로 인한 법에 대한 광범위한 무시가 도박을 정당화하는 데 도움을 준 것이다.

도박과 그것을 장려하는 기구들은 행운의 가능성에 대한 높은 기대, 다른 사람의 성과와 비교, 지루함이나 단조로움으로부터 탈출하는 새로운 자극 등을 만들어낸다. 따라서 도박은 쉽게 금융의 불안정성을 야기할 수 있다.

오늘날 우리는 이러한 행동을 장려하려고 하는 매우 전문적인 광고들과 전형적인 도박꾼의 자기 정당화를 전문가의 의견으로 표현하는 라디오와 텔레비전 광고들을 접한다. 이러한 마케팅 노력과 도박을 하는, 또는 남이 도박하는 것을 본 경험 등이 주식시장에서의 가벼운 위험 감수 행위도 당연히 받아들이도록 부추기는 것이다. 그런 광고들은 놀랄 만큼 명쾌하다. 주식시장의 고점에 가깝던 1999년, 장외 경마를 선전하는 코네티컷 주의 한 광고판은 큰 글자로 다음과 같이 외쳤다.

"주식시장처럼, 오로지 더 빨리."

요약

——— 주식시장과 부동산시장의 호황을 가능하게 한 촉발 요인들을 돌아볼 때, 투기적 시장가격에 대해서는 완벽한 과학이 없다는 것을 명심할 필요가 있다. 우리는 확실히 금융시장을 이해하는 데 발전했지만 현실의 삶은 너무 복잡하여 여전히 알기 어렵다.

최근의 주식시장과 부동산시장의 호황을 가져다준 많은 요소들은 자기실현적인 특징을 지니고 있어서, 불가능하지는 않더라도 미래를 예측하는 과학으로 설명되기 어렵다. 그러나 이들 중 많은 요인들은 의심할 여지없이 중요한 영향을 미쳤다. 인터넷 붐과 온라인 거래의 성장, 공화당 의회, 그리고 자본이득세의 감세 등은 막 시장이 역사적인 폭등을 시작할 때 발생한 사건들이다. 다른 요인들, 이를테면 확정기여형 펜션플랜의 성장이나 뮤추얼펀드의 성장, 인플레이션의 하락, 그리고 거래량의 증가 등은 1982년 시장의 저점 이후 발생했던 사건들과 분명 관련이 있다.

이것들 외에도, 우리의 문화는 주식시장의 폭등과 함께 발생한 다른 발전들을 반영했다. 예를 들어, 물질주의가 만연되었고 공산주의의 종언 이후 시장에 대한 믿음이 자본주의 체제에 대한 우리의 신뢰를 강화시켰으며, 아마도 가장 흥미롭게도 전 세계에서 도박산업이 크게 성장했다. 이들 중 많은 요인들은 미국뿐 아니라 유럽과 다른 나라들에서도 똑같이 나타났다. 따라서 이것들이 미국 주식시장과 부동산시장 호황의 요인이었다는 이론은 다른 나라들에서도 이와 같은 호황이 나타났다는 점과 잘 들어맞는다.[51]

그러나 이 촉발 요인들만으로 시장의 상승과 하락을 설명할 수 있다고 주장하는 것은 아니다. 시장은 피드백 효과, 즉 촉발 요인들이 시간을 통해 퍼져나가도록 만들고 이 요인들의 효과를 때때로 깜짝 놀랄 정도로 크고 중요하게 만드는 증폭 메커니즘으로 인해 스스로 움직인다. 우리는 다음 장에서 이 증폭 메커니즘을 살펴볼 것이다.

4장

증폭 메커니즘:
자연발생적인 폰지 과정

우리는 오늘날 주식시장과 주택시장의 버블을 초래한 많은 촉발 요인들을 살펴보았다. 여기서는 이 요인들의 영향이 투자자의 신뢰, 미래의 시장 성과에 대한 기대, 그리고 투자자의 수요에 대해 미치는 영향과 관련된 메커니즘에 의해 어떻게 증폭되는지 분석한다. 이에 관한 배경과 구체적인 사례를 제공하기 위해 우리는 먼저 투자자의 신뢰와 기대에 관한 증거를 살펴볼 것이다.

이 증폭 메커니즘은 일종의 피드백 순환을 통해 작동한다. 이것은 이 장의 뒷부분에서 자연발생적인 폰지 과정으로 묘사될 것이다. 과거의 주가 상승으로 인해 신뢰와 기대가 높아져 투자자들은 주가를 더욱 끌어올리며 다른 투자자들도 그렇게 하도록 유인한다. 따라서 이러한 순환이 계속 반복되어 결국에는 최초의 촉발 요인보다 훨씬 증폭된 결과를 낳는다. 이러한 피드백 메커니즘은 대중적인 설명으로 흔히 제시되며, 금융이론들 중에서 가장 오래된 것에 속한다.[1] 그럼에도 현재의 금융 교과서에서는 보통 언급되지 않는다. 피드백 이론은 단지 가설로서 묘사될 뿐 아직 명백히 증명되지는 않은 것 같다. 그런데 우리가 아래에서 보는 것처럼 이러한 피드백 메커니즘을 지지하는 몇몇 증거들이 존재한다.

투자자의 신뢰 변화

———— 1990년대 강세장과 2000년 이후 약세장의 놀라운 특징은 시장의 변화와 투자자의 신뢰 변화 사이에 밀접한 관계가 있다는 것이었다. 1990년대 후반에는 매우 단순한 생각이 투자자들의 사고를 지배했다. 주식이 최고의 투자이며, 장기적으로 실패할 수 없다고 생각한 것이다. 그런데 이러한 생각은 1970년대 후반 지배적이었던 생각과는 뚜렷한 대조를 보인다. 1973~1974년 주식시장이 급락했을 당시 대다수 사람들은 주택이 최고의 투자라고 생각했던 것 같다. 당시 설문조사를 하지 않았던 나로서는 그때 사람들이 어떻게 생각했는지 정확히 알 수가 없다.

1980년대 후반 이후, 나는 주식시장에 대한 고소득층의 의견을 알기 위해 그들에게 설문지를 보냈다. 이 설문들은 이제 예일 대학교 국제금융센터에서 계속하고 있다. 주식이 최고의 투자이고 실패할 수 없다는 것이 대중문화에서 중요한 주제가 되었다고 결론지은 후, 1996년부터 나는 이 단순한 생각에 대한 믿음이 시대에 따라 어떻게 당신은 다음 서술에 동의하십니까?
"시장의 호황과 불황 내내 단지 구입해서 보유할 수만 있는 장기 투자자에게 주식시장은 최고의 투자이다."

	1996	1999	2000	2001	2002	2003	2004
1. 강하게 동의	69%	66%	67%	61%	46%	42%	42%
2. 어느 정도 동의	25%	30%	30%	31%	41%	42%	41%
3. 중립	2%	2%	2%	2%	3%	6%	9%
4. 어느 정도 반대	2%	1%	1%	3%	8%	6%	4%
5. 강하게 반대	1%	1%	0%	2%	2%	4%	4%
응답자 수	134명	296명	165명	223명	375명	371명	208명

변했는지 표를 만들어봤다. 위의 표는 내가 다양한 연도들에 거쳐 미국의 고소득층에 속한 임의의 표본에게 던졌던 질문들과 각 대답을 선택한 응답자들의 수, 그리고 비율을 나타낸 것이다.

호황의 시기에는 이 서술에 대해 동의하는 사람이 매우 많았다. 2000년 시장의 고점 시기에는 97퍼센트의 응답자들이 적어도 어느 정도 동의한다고 대답했다. 설문조사에서 제시된 어떤 서술에 대해서도 97퍼센트의 동의율은 정말 놀랄 만한 것이다. 그리고 투자 전략과 같이 개인적인 서술에서는 더욱 그러하다.[2]

그런데 시장이 하락하기 시작하자, 이 서술에 대해 동의하는 비율도 하락하기 시작했다. 적어도 어느 정도 동의한다고 대답한 응답자의 비율은 2000년 97퍼센트에서 2004년 83퍼센트로 하락했고, 강력하게 동의한다는 사람의 비율은 67퍼센트에서 42퍼센트로 하락했다. 주식시장에 대한 믿음은 여전히 강했지만(나는 비이성적 과열이 여전히 존재한다고 결론지을 것이다) 조금씩 약화되고 있었다.

최근의 주택시장 호황 시기에, 나의 동료인 칼 케이스와 나는 보스턴과 로스앤젤레스, 밀워키, 그리고 샌프란시스코 등 4개 도시의 주택 구입자를 임의로 뽑아 주식에 관해서 했던 것과 동일한 질문을 부동산에 관해서도 했다. 조사가 이루어졌던 2003년과 2004년, 보스턴과 로스앤젤레스, 그리고 샌프란시스코는 주택시장 호황을 누리고 있었고, 밀워키는 수십 년 동안 이어졌던 안정적인 가격을 보여주고 있었다(2장의 〈그림 2-2〉에서 본 것처럼). 다음 질문과 그에 대한 대답을 검토하여 우리는 시장들 사이를 비교했다.

당신은 다음 서술에 동의하십니까?
"시장의 호황과 불황 내내 단지 구입해서 보유할 수만 있는 장기 투자자에게 부동산은 최고의 투자이다."

	보스턴	로스앤젤레스	밀워키	샌프란시스코
1. 강하게 동의	36%	54%	29%	46%
2. 어느 정도 동의	46%	35%	45%	44%
3. 중립	11%	8%	18%	8%
4. 어느 정도 반대	4%	2%	7%	2%
5. 강하게 반대	2%	0%	1%	1%
응답자 수	318명	233명	306명	283명

막 주택을 구입한 이들이 주택을 최고의 투자라고 생각한다는 것은 물론 놀랄 일이 아니다. 심리학자들은 '희망사항 편향'에 관해 상세히 보고해왔다. 재미있는 것은 강력하게 동의했던 사람들의 비율이 밀워키에서보다 호황을 누리던 도시들에서 더 높았고, 당시 주택

가격의 상승률이 가장 높았던 로스앤젤레스에서 가장 높았다는 것이다.

가격이 언제나 상승한다는 생각은 이 최고의 투자라는 견해와 관련이 있는데, 이러한 믿음은 시간과 시장들에 따라 서로 다르게 나타난다. 고소득 투자자들에 대한 조사의 일부로서 우리는 주식시장에 관해 다음의 질문을 물어보았고, 그에 대한 대답은 다음과 같다.

당신은 다음 서술에 얼마나 동의하십니까?
"만일 1987년 10월 19일과 같은 주가 폭락이 있다고 해도, 주식시장은 확실히 몇 년 내에 이전 수준으로 회복할 것이다."

	1996	1999	2000	2001	2002	2003	2004
1. 강하게 동의	38%	42%	42%	38%	29%	26%	21%
2. 어느 정도 동의	44%	44%	40%	43%	44%	44%	46%
3. 중립	10%	5%	10%	10%	10%	12%	18%
4. 어느 정도 반대	5%	7%	9%	7%	12%	13%	11%
5. 강하게 반대	2%	1%	0%	3%	5%	5%	4%
응답자 수	135명	292명	165명	222명	372명	367명	208명

이 서술에 대한 동의는 대략 시장과 일치한다. 주식시장이 고점 근처였던 1999년과 2000년에는 강력하게 동의하는 사람이 42퍼센트였다. 그 후 시장이 하락하자 강력하게 동의하는 비율도 하락하기 시작했다. 그 비율은 반이나 줄어들어 2004년에는 21퍼센트를 기록했다. 따라서 주식시장을 지지했던 중요한 요인인 주식가격이 항상 상승하기 때문에 주식은 위험하지 않다는 대중의 믿음은 점점 약화되었다. 5년 동안 실망스런 수익률을 기록했지만 사람들의 머릿속엔

주식시장이 다시 상승할 것이라는 믿음이 여전히 있었다. 그러나 점점 더 많은 사람들이 주식시장의 하락을 참아내지 못했고, 더 이상 주식이 장기적으로 위험에서 자유롭다고 믿지 않게 되었다.

이상하게도 사람들은 우리의 질문에서 전제로 한 것의 반대는 믿지 않는 것처럼 보였다. 그들은 시장이 극적으로 상승한다면 몇 년 내에 분명히 하락할 것이라고는 믿지 않는 것이다.[3] 시장의 회복에 대한 그들의 믿음은 장기적인 가격의 안정성에 대한 믿음이 아니라, 전반적인 낙관론과 신뢰에서 나오는 것 같다.

1920년대 강세장의 고점이었던 1929년에도 많은 사람들이 1990년대 후반에 그랬던 것처럼 주식시장의 장기적인 성공에 관해 확신했다는 증거가 있다. 당시 설문조사 데이터는 없지만 투자자의 신뢰에 관한 서술들이 전해지고 있다. 1920년대의 역사를 다룬 1931년 프레드릭 루이스 앨런Frederick Lewis Allen의 책 『바로 어제Only Yesterday』에 나온 내용이다.

1929년 여름 사람들이 과거를 회고해 볼 때, 그들은 과거 몇 년 동안의 폭락이 언제나 결국에는 더 높은 주가의 상승으로 이어졌다는 사실에 위안을 받았다. 이보 전진, 일보 후퇴, 그리고 다시 이보 전진, 시장은 그런 식으로 움직였던 것이다. 만일 당신이 주식을 판다면, 단지 다음 번 폭락(몇 개월마다 주가가 폭락했다)을 기다린 후에, 다시 사기만 하면 되었다. 사실 주식을 팔 이유가 전혀 없었다. 보유한 주식이 건전하기만 하면 결국에는 돈을 벌게 되어 있었다. 진정으로 현명한 사람들은 '구매한 뒤 계속 보유하는' 사람인 것처럼 보였다.[4]

투자자의 신뢰에 대한 재고

───── 현재의 상황을 이해할 뿐 아니라, 나중에 이 장의 후반부에서 다루어질 피드백 순환을 논의하기 위해서도 우리가 목격했던 투자자의 신뢰의 본질과 그것을 가능하게 하는 원천, 그리고 변화 등에 대해 생각해보는 것이 중요하다. 우리는 복잡한 사회적·심리적 환경에서 투자자의 신뢰를 강화시키는 피드백이 발생한다는 것을 살펴볼 것이다.

사람들은 주식시장이 폭락해도 몇 년 안에 다시 회복할 것이라는 생각을 어떻게 하게 되었을까? 역사에서 별로 배운 것 같지는 않다. 사실 오랜 기간 동안 주식시장이 불황인 상태였던 적도 많았다. 최근의 예를 들면, 일본의 니케이지수는 1989년 고점에 비해 아직 절반에도 미치지 못하고 있다. 다른 사례는 우리가 1장에서 보았듯이 1929년과 1966년 고점을 찍고 난 후의 시기다. 그러나 주식시장이 호황기일 때에는 사람들의 머릿속에 이런 나쁜 성과에 대한 기억은 없다.

다만 주식시장 호황기에는 매일 폭등하는 주가를 *경험해왔을* 뿐이다. 사람들은 1982년 이후 미국 주식시장이 계속 상승하는 것을 보아왔다. 오늘날 미국 투자자들은 일본 시장이나 몇 십 년 전의 미국 시장과 같은 경험을 하지 않았다. 게다가 많은 이들은 매일 신문이나 방송에 나오는 주가 상승 그래프를 주목하므로, 어떠한 하락도 곧 회복되고 신속히 새로운 고점이 뒤따라 나타날 것이라는 느낌을 자연스레 갖게 되었다. 무엇이 다음에 일어날 것인지 직관적으로 알게 해주는, 우리가 자전거를 타거나 자동차 운전을 배울 때에 사용하는 것과 똑같은 인간의 패턴 인식 능력이 시장에 대한 기대를 형성하고 있는 것이다. 1990년대에 중년을 보낸 투자자들에게, 그들이 시장을 관찰하고 투자했던 대부분의 시간들은 이러한 상승 추세를 특징으로 하고 있었다.

주가 하락이 나타난 후에 주가가 언제나 회복되는 것을 몇 년 동안 목격한 경험은 현실에서 이해되거나 재구성되기 어려운 심리적인 영향을 우리의 사고에 미친다. 시장이 계속 하락할 것이라고 일관되게 예측했던 이들은 자신들의 예측이 너무나 자주 틀려서 평판을 잃었다는 사실을 뼈아프게 인식한다. 세계에 대한 자신의 견해가 자존심과 개인적 정체성의 일부이기 때문에 비관적이었던 사람이 견해를 바꾸거나 적어도 사람들에게 다른 주제를 이야기하려고 하는 것은 자연스런 일이다. 따라서 감정의 변화는 그것을 지지하거나 반대하는 객관적 증거와는 독립적으로 그들의 견해—혹은 확실히 그것의 표출—에 영향을 미칠 것이다.

만일 1982년 이후 주식시장에 개인적으로 관심을 기울이지 않았다고 해도 1990년대 강세장의 투자자들은 강세장을 경험한 다른 사람들의 느낌에 대한 이야기를 들으며 살아왔다. 이것의 의미를 이해하기 위해, 1999년 데이비드 엘리아스David Elias의 책, 『다우 40,000Dow 40,000』에서 주식시장에 대한 적절한 투자 시점에 반대하는 하나의 주장을 인용한다.

개인이 주식시장에서 '투자의 적기'를 기다릴 때 어떤 일이 일어날 수 있는지 보여주는 사례로서 내 친구 조Joe의 이야기를 해보자. 조는 1982년 다우지수가 막 1,000을 넘었을 때 나에게 전화해서 주식을 살 최적의 시기를 찾고 있다고 말했다. 몇 년 동안, 그는 주식 투자에서 최고의 순간이 될 주가의 하락 시기를 계속 기다렸다. 오늘 조는 예순두 살인데 아직도 돈을 은행 CD에 맡겨두고 있다. 그는 강세장의 모든 시기, 다우지수가 모든 1,000포인트를 돌파한 시기를 놓치고 말았다. 지금도 조는 언제가 최적의 시기인지 이해하지 못하고 있다. 주식시장이 침체에서 회복할 때 시장은 보통 새로운 고점에 다다르는 것이다.[5]

이러한 주장은 언뜻 매우 설득력이 있는 것처럼 보인다. 당신이 진정으로 부자가 될 수 있는 기회는 주식시장에 있다고 주장하는 이 책의 다음 구절처럼, 특히 수익이 높을 때에(이 책이 쓰일 때 주식시장의 수익률처럼) 복잡한 이해관계의 사례들과 함께 제시될 때는 더욱 그러하다. 이런 이야기는 심각한 사고를 일으킨 운전 실수나 당신의 상사에게 월급 인상을 요구할 때의 이득에 관한 이야기처럼 감정적으로 직접 다가온다.

이런 이야기에 기초한 주장이 그렇게 설득력이 있는 이유는—투자의 성공을 우리 역사의 현재 상황을 고려하는 것이 아니라, 개인의 내적 충동을 완벽하게 관리하는 과정으로서 제시하는—그것이 독자들에게 시장의 수준이라는 관점에서 볼 때 현재가 얼마나 특별한가를 잊게 만들기 때문이다. 보통 사람들은 자기들의 충동을 자발적으로 통제하는 것에 대해—예를 들어, 방탕하지 않고 스스로 열심히 일하도록 규율하거나 뚱뚱해지지 않고 날씬함을 유지하는 것과 같은—아주 많이 생각한다. 따라서 그들은 역사적인 주가수익비율에 관한 연구보다 이런 자기 통제에 호소하는 주장들에 더욱 귀를 기울인다.

엘리아스의 주장이 매력적인 것은 후회의 아픔, 즉 우리가 *바로 지금* 투자해야 하는 감정적인 이유를 상기시키기 때문이다. 이렇게 역사적인 데이터의 분석으로부터 주장들이 너무 괴리되면, 사람들은 극히 최근의 데이터만을 대충 살펴보고 시장은 언제나 회복될 것이라는 막연한 생각만 가질 뿐이다.

많은 언론들은 몇 년 전에 주식에 투자한 사람들이 만족하는 이야기들을 일상적으로 보도하여 "당신도 할 수 있다."라는 메시지를 보냈다. 많은 예들 중에서 하나만 인용해보자. 신문 사이에 끼워져 배달되는 전국적 주간 잡지인 「USA 위크엔드*USA Weekend*」는 1999년 "미국에서 (진정으로) 부자가 되기"라는 제목의 기사를 실었다. 이 기사는 투자 성공의 사례들과 연간 실질소득이 1퍼센트 증가하는, 수입 3만 달러의 스물두 살 먹은 대학 졸업생의 가상적인 이야기를 다루었다.

"만일 그녀가 소득에서 10퍼센트만을 저축하여 그것을 S&P지수 펀드에 투자한다면 67세가 되었을 때 오늘날의 달러로 140만 달러를 벌 수 있을 것이다."[6]

이 계산은 S&P지수 펀드가 매년 위험 없이 8퍼센트의 실질수익을 얻을 수 있다는 가정에 기초한 것이다. 시간이 갈수록 수익이 낮아지거나 그녀가 백만장자가 될 수 *없을* 가능성은 언급하지 않는다. 매우 비슷한 제목을 지닌 "누구든 부자가 되어야만 합니다"라는 기사가 1929년 「레이디스 홈 저널*Ladies' Home Journal*」에 실렸다.[7] 그 기사도 앞과 다를 바 없는 계산에 기초하고 있었고, 또한 장기적으로 뭔가 잘못될 가능성을 완전히 배제하고 있었다. 1929년의 주식시장 대폭락 이후 이 기사는 틀린 것으로 유명해졌다.

이렇게 주식시장의 호황에 대한 그럴싸한 논의들은 추상적이 아닌 성공하거나 실패한 투자자들의 구체적인 이야기를 통해 전해진다. 그리고 때때로 투자에 성공한 사람들이 도덕적으로 우월하다는 느낌마저 제시한다. 시장의 변동에 동요되지 않고 끈기 있게 천천히 돈을 번 사람들에 대해 공공연한 존경이 나타났다. 이는 많은 인기 있는 책들의 주제인데, 이 중 유명한 것으로는 1996년 출판 이후 88주 동안이나 「뉴욕 타임스」의 하드커버 베스트셀러에 올랐고 이 책을 쓰고 있는 지금도 「타임스」 페이퍼백 베스트셀러에 올라 있는, 토머스 스탠리Thomas Stanely와 윌리엄 단코William Danko의 『이웃집의 백만장자: 미국 부자들의 놀라운 비밀The Millionaire Next Door: The Surprising Secrets of America's Wealthy』을 들 수 있다. 인내심과 검소함의 미덕을 찬양하는 이 책은 100만 부 이상 팔렸다.[8]

인내심 있는 투자에 관한 이야기는 사실 미국에만 국한된 것이 아니다. 독일에서는 1999년 보도 섀퍼Bodo Schäfer가 쓴 『금융적 자유로 가는 길: 7년 만에 백만장자 되기The Road to Financial Freedom: A Millionaire in Seven Years』가 투자자들을 위한 7년간의 전략을 제시하고, 어떠한 주식시장의 하락도 곧 회복될 것이라는 단언을 10가지 황금률의 첫 번째로 제시하고 있다. 베른트 니켓Bernd Niquet이 1999년에 쓴 책『다음 번 폭락을 두려워 말라: 왜 주식이 최고의 장기적 투자인가No Fear of the Next Crash: Why Stocks Are Unbeatable as Long-Term Investments』는 주식에 대한 인내심 있는 투자가 언제나 수익을 낸다고 강력하게 주장한다.[9]

1990년대든 1920년대든 시장에 관한 대중적인 확신의 표현을 검토하거나 당시 사람들이 어떻게 느꼈는가를 이해하려 할 때, 우리가 보는 주식시장에 대해 확신하는 글들은 대부분의 경우, 그것이 등장할 당시에는 관심의 초점이 되지 않는다는 것을 명심하는 것이 중요하다. 예를 들어, 수지 오먼Suze Orman은 부자가 되기 위해 대중이 취해야 할 감정적이고 정신적인 방법을 강조하며 대단한 명성을 쌓았다. 1990년대 이후 오먼은 매우 훌륭한 투자 조언자였으며,『금융적 자유에 이르는 9단계The 9 Steps to Financial Freedom』와『부자가 될 용기: 물적·정신적으로 부유한 삶을 만들기The Courage to Be Rich: Creating a Life of Material and Spiritual Abundance』등 베스트셀러의 저자였다. 그리고 그녀는 2002년 이후에는 자신의 케이블 TV 쇼인 〈수지 오먼 쇼〉로 유명했다. 그녀의 구체적인 조언은 단지 부채를 줄이고 주식에 투자하라는 것이었는데, 그녀가 제시한 10퍼센트 수익의 복리가 가진 힘에 대한 사례들은 결코 관심의 대상이 아니었다. 대부분의 시청자들은 그녀의 정신적인 메시지에 관심이 있는 것처럼 보였다. 그녀는 저축하기 힘들어하는 사람들의 어려움을 해결해주는 것을 목표로 했다. 시장이 확실히 연간 10퍼센트의 수익을 가져다준다는 그녀의 가정은 단지 정보일 뿐이어서 그녀의 관객들과 독자들은 이를 확인할 시간도 의향도 없었다. 그럼에도 불구하고 그녀와 다른 이들이 반복해서 제시한 이러한 가정은 대중의 상식이 되었다.

기대에 관한 설문조사 증거

——— 1989년 이후부터 현재까지 예일 대학교 경영대학원의 후원 아래, 미국의 고소득층과 기관투자가들을 상대로 진행한 조사에

서 우리는 주식시장에 대한 기대의 변화를 보여주는 여러 증거를 발견했다. 먼저 그들에게 다양한 시간지평의 다우지수에 대한 기대를 주관식으로 질문했다. 그들 스스로 생각하는 가격 상승의 범주나 범위를 제시하라고 요구한 것이다. 개인투자자에 대한 1989년 조사에서 다우지수의 1년 후 예상되는 변화의 평균치는 0퍼센트였다. 그 수치는 1996년에는 4.1퍼센트였고, 2000년에는 6.7퍼센트였으며, 2001년에는 8.4퍼센트였다. 따라서 1989년에서 주식시장 고점 이후인 2000년까지 주식시장 상승의 평균 예상치가 크게 높아졌다. 하지만 2004년에는 개인투자자의 1년 후 예상치가 6.4퍼센트로 약간 하락했다. 기관투자가들은 이러한 기대의 변화를 보여주지 않았는데, 아마도 이는 그들이 훨씬 더 전문적이어서 예상치의 보고를 위해 권위 있는 분석에 의존했기 때문일 것이다.

개인들의 평균 예상치가 너무 작아서—1989년에는 제로에서 시장의 고점 직후에조차 겨우 8.4퍼센트—놀랐을지도 모르겠다. 이는 비이성적 과열에 대한 보통의 가정과 잘 맞지 않는다. 그러나 개별적인 대답을 보면 평균치가 왜 그렇게 낮은지 알 수 있다. 1989년에는 조사대상 중 34퍼센트의 개인이 내년에 주식시장이 하락할 것이라 대답했고, 그중 많은 이들이 크게 하락할 것이라고 예상했다. 시장이 하락하지 않을 것이라고 생각한 개인들은 평균적으로 10퍼센트 상승을 예상했다. 비관론자가 아주 많아서 모든 응답자들의 평균 예상치가 제로가 되었던 것이다.

1996년에는 시장이 하락할 것이라 생각한 개인들의 비율이 29퍼센트로 약간 줄어들었다. 그러나 시장이 하락하지 않을 것이라 생각한 사람들의 1년 후 평균 예상치는 1989년과 비슷한 9.3퍼센트였다. 비관론자들이 적어졌기 때문에 1989년에 비해 모든 응답자들의 평균 예상치가 높아졌던 것이다.

2001년에는 시장이 하락할 것이라고 예상한 개인들의 비율이 더욱 줄어들어 7.4퍼센트가 되었다. 시장이 하락하지 않을 것이라 예상한 사람들의 평균 예상치는 여전히 비슷한 10.1퍼센트였다. 비관론자의 급속한 감소가 평균 예상치를 8.4퍼센트로 상승시킨 것이다.

2004년에는 시장이 하락할 것이라고 보는 개인들의 비율이 2001년보다 더욱 낮은 7.1퍼센트였다. 그러나 시장이 하락하지 않을 것이라고 보는 사람들의 예상치가 7.3퍼센트로 떨어져 2001년보다 평균 예상치가 줄어들었다.

시장의 상승에 대한 대부분의 예상은 전문가들이 역사적인 평균수익이라 부르는 수익과 유사한 수준에 머물렀다. 그러나 시장의 하락을 예상한다고 대답한 응답자들의 비율은 크게 변화했다. 이 설문조사 결과는 시장의 고점까지 비이성적 과열의 성장은 시장의 하락에 관한 두려움의 감소라는 형태를 띠었다는 것을 보여준다.

다음 해에 주식시장이 20퍼센트나 30퍼센트 상승한다고 예상한 응답자들이 거의 없다는 것은 놀라운 일이 아니다. 본능적으로 시장의 고점 근처에서 몇몇 사람들은 분명히 그런 상승을 예상했을 것이다. 하지만 그것은 사람들이 전문가의 생각에 관한 언론 기사에서 확인하기를 기대한 대답은 아니었다. 주목할 만한 점은 시장이 이전 30년이나 그 이상의 기간 동안 평균적으로 올린 인상적인 수익을 계속 낼 것이라는 대답이었다. 몇몇 응답자들의 경우에 시장의 조정이 있을 수 있다고—사람들은 그것도 언론으로부터 듣는다—과감하게 대답하는 것도 주목할 만했다. 그런데 그들은 설문지에 적은 대답을 실제로 믿을까? 아마도 대부분은 자신들이 무엇을 믿는지 몰랐을 것이다. 또한 자신의 대답을 다른 어떤 예상만큼 믿을 만하다고 생각했을 테지만, 설문조사에는 나타나지 않은 다른 우려나 희망을 가지고 있었을 것이다.

UBS와 갤럽은 투자자낙관지수를 통해 주식시장의 고점 시기에 개인투자자들의 평균적 기대가 훨씬 더 낙관적이라고 보고했다. 그들이 1999년 7월 조사한 바에 따르면, 개인투자자들은 앞으로 12개월 동안 주식시장이 평균 15퍼센트의 수익을 낼 것이라고 예상했다. 이는 우리의 조사보다 훨씬 더 높은 수치로, 매우 낙관적이다.

이 결과들의 차이는 질문의 미묘한 차이와 관련이 있을 것이다. 그들의 질문은 "좀 더 일반적으로 생각할 때 앞으로 12개월 동안 주식시장은 투자자에게 평균적으로 어느 정도의 수익을 줄 것이라 생각합니까?"였고, 우리의 질문은 "다음 해에 주식시장이 퍼센트 비율로 어떻게 변할 것이라 생각합니까? (상승을 예상하면 +를 숫자 앞에 붙이고, 하락을 예상하면 -를 붙이세요. 잘 모르겠으면 공란으로 비워 두세요)"였으며, 설문지는 1개월, 3개월, 6개월, 1년, 10년 동안의 다우지수에 대한 답을 쓰는 란을 제시했다. 이 두 질문이 어떻게 다르게 들리는지 주목하라. UBS와 갤럽은 응답자들에게 퍼센트 수익에 관해 질문했고, 우리는 주가의 퍼센트 변화에 관해 질문했다. 아마도 두 질문의 중요한 차이점은 단지 수익은 배당을 포함하지만 주가는 그렇지 않다는 사실과 관련이 있을 것이다. 응답자들에게 시장이 얼마만큼의 수익을 제공하느냐고 묻는 것은 대답에 긍정적인 숫자를 의미한다. 우리의 질문은 대답이 음수일 가능성을 언급했다.

설문조사에 대한 대답은 질문의 문구에 의해 민감하게 영향을 받을 수 있다. 그런데 시간이 지나 똑같은 질문을 할 경우에 대답이 달라졌다면 기대가 달라졌다는 방증일 것이다. 설문조사의 방법에 차이가 있다 해도, UBS와 우리는 기본적인 질문들을 시간이 지나도 똑같이 유지했다. UBS 투자자낙관지수는 주식시장의 고점까지 사람들이 더욱더 낙관적으로 되었고 그 후에 덜 낙관적이 되었다는 우리 조사의 결론을 확인해줬다.

투자자의 기대와 감정에 대한 재고

———— 경제학자들은 보통 사람들을, 미래의 가격 변화에 대한 기대와 다른 투자의 위험을 고려하여 투자 결정을 최적으로 계산하는 것으로 모형화하길 좋아한다. 그러나 사실 주식시장에 얼마나 많이 투자할지, 그리고 채권과 부동산 혹은 다른 투자에 얼마나 투자할지 결정하는 투자자의 실제 행동이 조심스런 계산에 기초하는 것은 아니다. 보통 투자자들은 다양한 자산들의 수익 전망과 예상되는 위험을 모두 계산에 넣지 않는다.

그들이 이렇게 하는 부분적 이유는 전문가들에 대한 신뢰가 약해서이다. 다시 말해 그들은 전문가들이 다양한 자산들의 가격 변화에 대해 잘 예측하지 못하거나 각 자산에 얼마나 많은 위험이 있는지에 대해서 잘 모른다고 생각하는 것이다. 결국 전문가들의 의견은 언제나 일치하지 않으며 어떤 자산의 전망에 대해서 그들이 이야기하는 것을 그냥 무시해도 별 손실이 없을 것이라고 쉽게 생각한다. 그러므로 투자자들은 전문가들도 언제나 동의하는 가장 기본적인 원칙에만 기초해서 투자 결정을 내리는 것이다.

전문가들이 다양한 자산들의 상대적인 수익을 예측하기 위해 사용하는 증거들은 대다수 사람들에게는 호소력을 갖지 못한다. 전문가들은 미래의 통화정책이나 재정정책의 가능성, 필립스 곡선Phillips curve(실업률과 임금상승률의 반비례 관계를 나타낸 곡선—옮긴이)의 이동, 인플레이션과 전통적 회계 관행에 의해 야기되는 총수익의 변화 등에 대해서 이야기한다. 대다수 개인들은 이런 복잡한 사실들에 대해서는 별 관심이 없다.

그런데도 투자자들은 어떤 결정을 내려야만 한다. 그렇다면 주식시장에 얼마나 많이 투자할 것인가에 대한 결정을 내릴 때 사람들은 어떤 요인들에 영향을 받을까? 일종의 감정적 의미에서 주식시장이 '유일한 최선의 투자처'라는 느낌이 그 시점의 의사결정에 매우 중요한 역할을 할 것이다.

사람들은 주식시장이 최근의 성과를 되풀이할 수도 *있다*는 것을 알고 있다. 이 가능성은 마치 시장에 커다란 조정의 가능성이 있는 것만큼이나 매우 현실적으로 보인다. 그러나 바로 그 순간이 결정의 순간이라는 걸 사람들은 어떻게 느낄까? 예를 들어, 피곤한 늦은 밤에 그렇게 불확실한 정보에 기초해서 그런 중요한 결정을 내려야 한다는 사실에 불안해하면서도, 어떻게 바로 지금이 주식을 위해 투자 신청서를 작성할 때라는 것을 느낄 수 있을까?

사람들이 어떻게 느끼는가 하는 것은 틀림없이 그 사람의 최근 투자 경험과 관련이 있다. 만일 그가 시장에 투자하지 않아서 다른 이들이 최근 얻은 수익을 얻지 못했다면, 그는 크게 후회할 것이다. 심리학자들은 후회가 상당한 동기를 제공하는 감정이라는 것을 밝혀냈다.[10]

지난 몇 년 동안 열심히 일한 것보다 주식시장에서 더 많이 번 다른 사람들에 대한 부러움은 상대적인 박탈감을 야기하는데, 이는 사람들의 자존심을 상하게 한다는 점에서 더욱 그러하다. 만일 주식시장에서 아주 많이 돈을 번 사람들이 정말로 남들보다 더 똑똑하고 더 지식이 많다면, 그렇지 못한 사람들은 스스로를 정말로 멍청한 사람처럼 느낄 것이다.

비록 그들이 더 똑똑하지 않고 그저 운이 좋았을 뿐이라 해도 사람들은 여전히 기분이 나쁠 것이다. 사람들은 언제나 다른 사람들이 좀더 성공적인 이유가 단지 운 때문이었다고 생각하면서 마음의 위안을 찾는다. 그러나 나심 탈레브Nassim Taleb가 자신의 책『행운에 속지마라Fooled by Randomness』에서 훌륭하게 주장한 바와 같이, 우리의 감정은 실패에 관한 합리화로부터 도움을 받기 어려우며 다른 사람들의 성공에 대한 부러움은 계속 우리를 쫓아다닌다.[11]

사람들은 상승하고 있는 주식시장에 1년만 더 투자한다면—1년 더 주가가 상승할 것이라는 가정하에—그것이 위안이 될 것이라 생각한다. 물론 사람들은 주가가 하락할 수 있다는 우려도 한다. 하지만 그들은 투자의 배분을 결정할 때 주가 하락이 가져다주는 감정적 손실에 대해서는 제대로 평가하지 못한다.

아마도 사람들은 주식시장에 투자한 다음 생기는 손실로 자존심 상하는 것이 주식시장에 투자하지 못한 것 때문에 자존심 상한 것보다 크지 않다고 느낄 것이다. 물론 사람들은 막 주가가 하락하기 시작할 때 주식시장에 투자하여 손실이 날 위험이 있음을 알고 있을 것이다. 그러나 미래에 가능한 손실이 가져다주는 심리적 비용은 과거에 주식에 투자하지 못해서 느낀 바로 그 현실적인 후회보다는 별로 크지 않을 수도 있다. 그러므로—비록 좋은 친구, 좋은 배우자, 훌륭한 부모, 혹은 인생의 다른 중요한 일들을 추구함으로써 낙오자라는 생각을 해소할 수 있음에도 불구하고—현재 내릴 수 있는 감정적으로 만족스러운 결정은 결국 주식시장에 투자하는 것이 될 수 있다.

반면, 주식시장에 이미 투자를 해서 계속 주식을 보유할 것이라고 오늘 결정한 사람이라면, 매우 다른 감정의 틀을 갖게 된다. 아마도 만족을 느끼고, 과거의 성공에 대해서 자랑스러움을 느끼며, 확실히 더 부자라고 생각할 것이다. 말하자면 도박꾼이 판돈을 딴 다음 느끼는 것과 비슷한 느낌을 갖게 될 것이다. 그들은 남의 돈으로 게임을 하고 있으며, 따라서 다시 돈을 거는 데에 대해서 감정적으로 잃을 것이 없다고 느끼게 된다.[12]

투자자들이 투자 결정을 내릴 때의 감정적 상태가 틀림없이 강세장을 가져다준 가장 중요한 요인 중의 하나다. 이러한 감정적 상태는 부분적으로는 물질주의적 정서와 개인주의의 대두 등 앞장에서 상술한 여러 요인들의 결과일지도 모르지만, 그것은 또한 점점 강력하게 상승하는 주식시장이 미치는 심리적 영향에 의해 증폭되기도 한다.

시장에 대한 대중의 관심

─────── 주식시장의 변화에 대한 대중의 관심은 마치 사람들의 시선이 어떤 뉴스 가치가 있는 주제로부터 다른 주제로 옮아가는 것처럼 크게 변화한다. 그것은 재클린 케네디Jacqueline Kennedy의 이야기에서 다이애나 공주의 이야기, 매사 스튜어트Martha Stewart에 관한 이야기로 계속 옮겨간다. 주식시장에 대한 관심도 이와 똑같은 방식으로 갑작스런 사건들의 내용에 따라 대중의 변덕을 쫓아간다.

몇몇 작가들은 1929년이 주식시장에 대해서 사람들의 관심이 극적으로 높아졌던 시기였다고 지적한다. 존 케네스 갤브레이스John Kenneth Galbraith는 자신의 책『대폭락: 1929』에서 다음과 같이 썼다.

1929년 여름에는 주식시장이 뉴스에서만 가장 중요한 것이 아니었다. 그것은 또한 문화에서도 가장 중요했다. 이전 같으면 성 토머스 아퀴나스Saint Thomas Aquinas, 프루스트Proust, 심리분석psychoanalysis, 심신 치료psychosomatic medicine 등에 관심이 있었을, 매우 세련된 소수의 사람들이 이때에는 유나이티드 코퍼레이션, 유나이티드 파운더스 앤드 스틸 등을 이야기했다. 가장 적극적으로 괴짜인 사람들만이 주식시장을 무시하고 자기암시나 공산주의에 대해서 관심을 가졌다. 사람들 사이에는 언제나 주식을 사고파는 일에 대해 잘 아는 듯이 이야기할 수 있는 사람이 있었다. 이제 그가 현자가 되었다.[13]

1920년대 말에 사람들의 관심이 주식시장에 집중되었다는 것은 다른 많은 연구들을 봐도 알 수 있다. 갤브레이스의 주장에는 그가

1920년대에 글을 썼다면 나타나지 않았을 약간의 저널리스트로서의 과장이 섞여 있음을 잊지 말아야 할 것이다. 하지만 갤브레이스는 1920년대의 변화에 대해 제대로 지적하고 있다.

1920년대의 「정기간행물 안내Reader's Guide to Periodical Literature」를 연도별로 읽어보면 언제나 그 비율이 0.1퍼센트보다 적은, 아주 적은 기사만이 주식시장에 관한 것이었음을 알 수 있다. 사람들은 주식시장 외에도 다른 많은 것들을 생각하고 있었던 것이다. 그러나 주식시장에 관한 기사의 비율이 1920년대 내내 현저하게 증가했다. 이에 관한 기사가 1922~1924년 동안에는 전체 기사의 0.025퍼센트인 29개였고, 1925~1928년 동안에는 전체의 0.035퍼센트인 67개였다. 1929~1932년 동안에는 전체 기사의 0.093퍼센트인 182개로 늘어났다. 결국 1920년대 내내 주식시장에 관한 기사의 비중은 거의 4배로 늘어난 것이다.

비록 요즘의 주식시장에 관한 기사가 1920년대보다도 훨씬 더 많지만, 최근 강세장 시기에 행해진 「리더스 가이드Reader's Guide」의 동일한 연구에서도 이와 비슷하게 주식시장에 대한 관심이 늘어나는 것을 발견할 수 있다. 1982년 주식시장이 바닥이었을 때 주식시장에 대한 기사는 전체 기사의 0.194퍼센트인 242개였다. 그런데 1987년 주가가 폭락했던 해에는 592개로 거의 2배 늘어났고, 이는 전체 중 0.364퍼센트에 해당되었다. 폭락 이후, 주식시장에 대한 관심은 다시 잦아들어서 1990년에는 255개의 기사로 전체의 0.171퍼센트를 차지했다. 1990년대에는 기사의 수가 약간 불안정하게 다시 증가했다. 2000년에는 451개의 기사로 전체의 0.254퍼센트였다. 시장의 고점인 2000년 이후에는 기사의 수가 다시 감소했다. 2003년에는 겨우 327개의 기사로 전체의 0.175퍼센트였는데, 이는 1990년의 수준과 비슷했다.

주식시장에 대한 투자자의 관심을 보여주는 다른 증거는, 전미 투자 클럽 연합회NAIC가 발표하는 투자 클럽의 숫자이다. 투자 클럽은 보통 각자의 집에서 저녁에 모이는 소규모의 사회적 모임으로, 이들은 재미를 추구함과 아울러 투자에 대해서 배울 목적으로 보통 함께 주식시장에 소액을 투자한다. NAIC는 1950년대의 강세장이 시작되었던 1951년, 4개의 투자 클럽에 의해서 창립되었다. 클럽의 수는 1954년 953개로 증가했고, 1970년(시장이 거의 고점이었을 때) 1만 4,102개로 늘어났다가, 1980년(시장이 거의 바닥이었을 때)에는 74퍼센트 감소하여 3,642개가 되었다. 1999년에는 그 숫자가 이전 고점보다 훨씬 많은 3만 7,129개가 되었다.[14] 그러나 2004년에는 그 수가 37퍼센트 감소하여 2만 3,360개가 되었다.

투자 클럽과 주식시장의 성과 사이에 나타나는 관련성은 주목할 만한데, 투자자들의 관심이 강세장일 때는 높아지고 약세장일 때는 낮아짐을 보여준다. 2000년 이후 투자 클럽 수의 감소는 1970년과 1980년 사이의 기간보다는 적었는데, 이는 2004년 현재 시장에 대한 투자자들의 관심이 그렇게 크게 줄어들지 않았다는 걸 의미한다. 이러한 현실은 또한 2000년 이후 주가수익비율도 그렇게 크게 하락하지 않은 현실과 일치하는 것으로 볼 수 있다.

1990년대 후반과 주식시장의 고점인 2000년 이후 주택가격이 상승함에 따라 전통적인 투자 클럽은 점점 부동산 투자그룹으로 대체되었다. 전미부동산투자자연합NREIA(1993년 설립)에 의해 후원을 받는 이러한 그룹들은 주식 대신 부동산에 전문적으로 투자한다는 것을 빼고는 투자 클럽과 유사하다. NREIA 웹사이트는 부동산 투자의 열기에 관해 홍보하고 있다.

어떤 영역에서든 성공을 거두면 사람들은 더 큰 성공을 기대하며 새롭게 다른 일에 도전하고 기술을 더욱 개발하는 경향을 보인다. 전화 투자에서 온라인 거래로 전환한 투자자들과 여전히 전화를 통해 투자하는 투자자들을 비교한 연구에서, 경제학자 브래드 바버Brad Barber와 테런스 오딘Terrance Odean은 온라인 거래로 전환한 사람들이 전환하기 이전에 시장보다 평균적으로 연간 2퍼센트 이상 더 수익을 올렸다는 사실을 발견했다. 그러나 온라인 거래를 시작한 후 이들은 더욱 투기적이고 적극적으로 거래하여 시장보다 연간 3퍼센트 이상 낮은 수익률을 기록했다.[15] 이러한 발견은 과거의 성공으로 인한 과신이 사람들을 자극해 온라인 거래를 배우기 위해 고정비용을 지출하도록 한 것으로 해석될 수 있다. 말하자면 능력과 관심을 가진 사람들이 기술 투자를 통해 돈을 벌기 위해 좀 더 오랫동안 주식시장에 더 많은 관심을 기울이게 된다는 것이다.

시장의 고점에 가까웠던 1999년경에는 주식시장에 관한 이야기를 어디서나 들을 수 있었다. 그래서 나는 아내와 이런 게임을 하기도 했다. 우리가 식사를 하러 식당에 갔을 때 나는 가까운 테이블의 누군가가 주식시장에 관해 이야기할 것이라 예측하는 것이었다. 다른 이들의 대화를 듣지는 않았지만 '주식시장'이라는 단어를 듣는 능력이 내게는 있었다. 당시에는 주식시장에 관한 이야기를 꺼내는 것이 인정되고 좀 신나기까지 한 대화의 기술로 생각되었다.

그러나 5년 후 사회적 모임에서 주식시장에 관한 이야기를 꺼내는 것은 더는 흥미롭지 않아 보였다. 그것은 간섭과 무례, 그리고 즐거운 때에 사업 이야기를 꺼내려는 서투른 시도로 생각되었다. 2004년에는 사람들이 주택시장에 관한 이야기를 더 많이 했다. 1999년과 2004년의 차이는 크지 않았지만 시장에 대한 투자자의 관심이 변화되었다는 것은 분명해 보였다.

버블에 관한 피드백 이론

─────── 피드백 순환 이론에서는 최초의 가격 상승(예를 들어, 앞장에서 보았던 촉발 요인들로 인해 촉발된)이 투자자의 수요 증대를 통해 더욱 높은 가격 상승이라는 피드백 효과를 낳고, 따라서 추가적인 가격 상승으로 이어진다. 이 두 번째 가격 상승은 다시 세 번째 순환으로 이어지고 나아가 네 번째로 이어지는 식으로 순환이 계속된다. 따라서 촉발 요인들이 주는 최초의 영향은 그들 자체가 가져다줄 수 있는 영향보다 훨씬 높은 가격 상승으로 증폭된다. 이런 피드백 순환은 주식시장의 역사적인 강세장과 약세장뿐 아니라, 비록 세부적인 특징이 약간 다를지라도 주택시장과 개인 투자의 증가나 감소 등에도 중요한 요인일 수 있다.

피드백은 관련 지식이 풍부한 엔지니어들에게는 친숙한 단어이다. 피드백의 잘 알려진 예는 우리가 마이크를(소리를 받아서 전자적으로 코딩된 소리를 보내는) 이와 연결된 스피커에(전자적으로 코딩된 소리를 실제

소리로 바꾸어주는) 가까이 가져갈 때 발생한다. 그 결과는 끔찍한 휘파람 소리 같은 것인데, 이는 시간에 따라 달라진다. 그 소리는 소리가 마이크에서 스피커로, 스피커에서 마이크로, 오랫동안 계속 순환하기 때문에 나는 것이다. 그 소리의 변화는 피드백 시스템의 자연스런 결과인데, 이는 본질적으로 복잡한 동학을 가지고 있다. 이 피드백은 주식시장의 버블을 만들어내는 피드백과 같은 방식으로 작동한다. 물론 스피커와 마이크의 피드백은 몇 천 분의 1초에 발생하여 며칠, 몇 달, 그리고 몇 년에 걸쳐 발생하는 주식시장의 피드백보다 훨씬 더 빠르지만 말이다.

피드백을 더 잘 이해하기 위해 우리는 하나의 실험을 해볼 수 있다. 만일 마이크를 아무 소리도 나지 않는 스피커 앞에 가져가면 휘파람 소리가 나지 않는다. 애초부터 아무 소리도 없다면 피드백이 될 수 없다는 것이다. 그러나 이때 우리가 손뼉을 한번 치면 휘파람 소리가 시작되고, 그것은 시간에 걸쳐서 계속 나타난다. 휘파람 소리는 얼마간 점점 커지다가 나중에는 작아진다. 이 모든 소리는 분명 손뼉의 결과이지만 실제 소리는 손뼉을 친 이후 오랫동안 지속된다. 소리의 고저는 결국 촉발 요인인 손뼉에 의해 발생하지만, 고저의 타이밍은 원래 소리가 아니라 피드백 메커니즘에 의해 결정되는 것이다.

우리가 보통의 방에서 스피커의 피드백 결과의 변화를 관찰하면 그 원천을 알 수 없는, 균형을 교란시키는 다양한 작은 잡음들을 들을 수 있다. 이 촉진하는 소리들이 피드백 변화와 동시에 발생하지 않기 때문에 그것의 역할을 알아채기가 쉽지 않다. 투기적 시장도 이와 마찬가지로 피드백이 몇 년 동안 지속된다. 시장에서는 피드백을 시작한 교란들이 시간적으로 너무 멀리 있어서 우리는 그것들이 가격 변동의 원인이었는지 거의 알 수 없다.

내가 지적했듯이, 피드백 이론은 널리 알려져 있지만 대다수 사람들은 그것을 묘사하기 위해 *피드백 순환*feedback loop이라는 단어를 쓰지 않는다. 너무 과학자 냄새가 나는 이 단어는 악순환, 자기실현적 예측, 밴드왜건 효과(대중적으로 유행하는 현상이 더욱 인기가 높아지는 현상, 즉 사람들이 시류에 편승하는 현상—옮긴이) 등으로 불릴 수 있을 것이다. 일반적인 이야기에서 여러 의미를 가지고 있지만, 보통은 *투기적 버블* speculative bubble이라는 단어가 이런 피드백을 설명하기 위해 많이 사용되는 것으로 보인다.

*적응적 기대*adaptive expectations에 기초한 피드백 이론의 가장 대중적인 버전에서는 과거의 가격 상승이 미래의 더 높은 가격 상승에 대한 기대를 만들어내기 때문에 피드백이 발생한다.[16] 피드백 이론의 다른 버전에서는 과거의 가격 상승에 반응하여 *투자자의 신뢰*investor confidence가 강화되어 피드백이 발생한다. 보통 이런 피드백은 갑작스런 가격 상승에 대한 반응보다는 일관된 가격 상승의 흐름에 대한 반응으로 이해된다.

이 장의 앞에서 제시했던 증거들은 현재 주식시장에서 중요한 역할을 하고 있는 적응적 기대와 투자자의 신뢰에 기초한 피드백 이론 모두와 일치한다. 피드백은 또한 기대나 신뢰와 관련이 없는 감정적 이유 때문에 발생할 수도 있다. 앞에서 논의한 '남의 돈을 가지고 도박하기'의 영향이 일종의 피드백을 낳기도 한다. 사실 이러한 마음 상태는 가격이 오른 후에는 주식을 팔아야 한다는 투자자의 성향을 약화시켜 촉발 요인이 가격에 미치는 영향을 더욱 증폭시키는 것이다.[17] 과거의 가격 변화는 상황에 따라 광범위한 감정적인 영향을 미칠 수 있다.

궁극적으로 여러 종류의 피드백들이 존재한다. 주가-주가 피드백은 가장 기본적인 것이다. 즉, 주가 상승이 투자자의 열광을 통해 직접적으로 더욱 높은 주가 상승으로 이어질 수 있다. 주가-GDP-주가 피드백은 다른 형태이다. 이는 주식시장이나 주택시장의 가치가 상승하여 그 결과로 부와 낙관론이 신규 주택, 공장, 그리고 설비 등에 대한 소비와 투자 등 지출을 촉진한다.

투자가치의 상승으로 인한 이러한 반응은 '부의 효과wealth effect'라 불린다. 부의 효과는 주식시장과 주택시장 모두로부터 작동하는 것임이 밝혀졌다.[18] 이렇게 높은 지출이 GDP에 영향을 미치면 경제적 성공이라는 상황이 사람들을 자극해 시장에서 가격을 더욱 높이도록 만든다. 대중은 GDP의 상승을 버블이 아니라 건강하고 강력한 경제의 증거로 해석하지만, 사실은 버블일 뿐이다. 주가-수익-주가 피드백은 또 다른 형태이다. 주가가 상승하면 사람들이 더 많은 지출을 하고, 이는 기업의 이윤을 증대시킨다. 따라서 주가 상승은 기업 자체에 근본적으로 좋은 소식으로 해석되고, 주식시장에 대한 사람들의 기대를 더 높임으로써 계속적인 주가 상승을 자극한다.

이러한 피드백의 기초에는 경제에서 투기적 사고의 중요성에 관한 대중의 잘못된 인식이 자리 잡고 있다. 사람들은 주식시장이 상승하거나 GDP가 상승하거나 기업의 이윤이 증가하면 경제가 더욱 건강하다고 생각하는 데에 익숙하다. 한편 경제가 지진이나 혜성 충돌 같은 악재나 갑작스런 기술 발전 같은 호재와 맞닥뜨리면, 그러한 충격들을 반영하여 주식시장, GDP, 혹은 기업이윤이 변동한다고 생각한다. 경제가 때때로 그런 충격들에 영향을 받는 것은 사실이다. 그러나 사람들은 복잡한 피드백 패턴의 일부로서 그들 스스로의 심리가 흔히 경제를 추동한다는 사실을 잘 이해하지 못하는 것 같다.

어떤 피드백 이론을 적용하든 투기적 버블이 영원히 커질 수는 없다. 투기적 자산에 대한 투자자의 수요가 영원히 증가할 수는 없으며, 그것이 멈추면 가격 상승도 멈추게 될 것이다. 기대 피드백 이론의 대중적인 버전에 따르면, 투자자들이 더 이상 주가가 상승할 것이라고 생각하지 않고 따라서 주식을 보유할 이유가 없어지기 때문에 그 시점부터 우리는 주가의 하락을 예상하게 되고, 실제로도 버블이 터지게 되는 것이다. 그러나 다른 버전의 피드백 이론들은 계속 상승하는 주가에 기초한 것이 아니기 때문에 *갑작스런* 버블의 붕괴를 예측할 수가 없다.

사실 가장 대중적인 피드백 이론에 따르더라도 *갑자기* 버블이 터져야만 할 이유는 별로 없다. 투자자의 수요에는 틀림없이, 과거의 주가 상승에 대한 예측 불가능한 반응이나 투자자들의 차이 등 노이즈가 존재한다. 게다가 주가의 변화가 만들어내는, 시장에 진입하고 시장으로부터 나가는 유혹이 오직 가장 최근의 주가 변화에 의해서만 결정되지는 않을 것이다.

투자자들은 최근의 주식시장 성과가 매력적인지 판단하기 위해 수일, 수주, 그리고 수개월 간의 가격 변화를 살펴볼 것이다. 따라서 단순한 피드백 이론은 오히려 주가의 패턴에 수많은 중단과 급격한 변동이 있는 경우에 잘 들어맞을 것이다.[19]

어떤 피드백 이론에 따르더라도 피드백이 반대 방향으로 작용하는, 즉 최초의 가격 하락이 투자자들을 실망시켜 더 큰 하락을 촉진하고 이것이 계속 이어지는 *네거티브* 버블(이 단어는 언제나 따뜻한 공기로 가득 찬 밀폐된 플라스틱 콜라 병이 차가워지면서 천천히 찌그러지다가, 뚜껑이 느슨해지면 원래 모양대로 돌아오는 것을 연상케 한다. 비록 이 은유는 단지 포지티브한 투기적 사건의 은유로서 비누 거품을 이야기하는 것과 비슷하지만 말이다)이 발생할 가능성이 있다.[20] 가격은 더 이상의 하락이 없을 것처럼 보이기 시작하는 때까지, 즉 사람들이 주식시장에 투자하지 않을 이유가 없다고 생각하여 네거티브 버블이 다시 원상태로 돌아올 때까지 계속 하락하게 된다. 물론 포지티브 버블처럼 그것이 갑자기 터지지는 않겠지만 말이다.

피드백 순환의 동학은 복잡하고 겉보기에는 임의의 행태를 만들어낼 수 있다. 소위 임의 번호 생성기random number generator라고 불리는 종류의 컴퓨터 소프트웨어는 사실 단순한 비선형 피드백 순환에 불과한데, 매우 단순한 피드백 순환조차 너무 복잡해서 제멋대로인 것처럼 보이는 행태를 만들어내는 것이다. 경제에 많은 종류의 피드백 순환이 작동하고 있고 많은 종류의 촉발 요인들이 있음을 가정하면, 표면적인 원인 없이 갑작스런 변동이 나타나는 경향도 결국 설명이 불가능하지만은 않을 것이다. *카오스 이론*이라 불리는, 비선형 피드백 순환을 연구하는 수학의 분과가 주식시장 행태의 복잡성을 이해하는 데에 적용될 수 있을 것이다.[21]

투자자들의 피드백과 버블에 대한 인식

──────── 투기적 버블에 대한 피드백 이론은 매우 널리 알려져서 마치 대중문화의 일부분처럼 느껴진다. 그러므로 당연히 버블에 대한 이러한 대중적인 인식에 버블의 발생이 역할을 했는지 의문을 가질 수 있다. 생각해보면 버블은 단지 사람들이 일시적인 버블이 존재한다고 잠시 동안 그것에 올라타려고 하기 때문에 존재하는 것일 수 있다.

2000년 주식시장이 고점을 찍기 1년 전인 1999년 4월 전문적 자산관리자들을 대상으로 한「배런스*Barron's*」의 빅머니 여론조사는 "주식시장이 투기적 버블입니까?"라고 질문했다. 응답자의 72퍼센트가 "예"라고 대답했고, 단지 28퍼센트만이 "아니오"라고 대답했다.[22] 이는 몇몇 사람들은 주식시장이 버블이라고 생각했음을 보여주는 매우 분명한 증거이다.

예일 대학교 국제금융센터의 후원을 받아 나는 투자자의 신뢰를 보여주는 여러 지수들을 만들었다. 우리가 '평가신뢰valuation confidence'라고 이름을 붙인 한 지수는 주식시장이 고평가되지 않았다고 생각하는 응답자의 비율을 보여준다. 우리가 응답자들에게 제시한 질문은 다음과 같다.

"진정한 펀더멘털의 가치 혹은 합리적인 투자가치와 비교할 때, 미국의 주식가격은?"

(1) 너무 낮다. (2) 너무 높다. (3) 대략 적절하다. (4) 모르겠다.

그림 4-1　평가신뢰지수(1989~2004년)

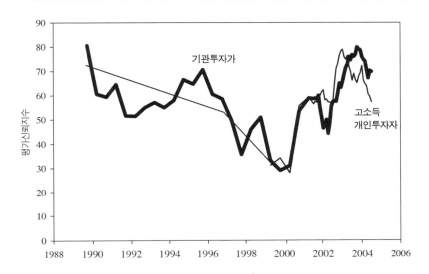

주식시장이 고평가되지 않았다고 생각하는 응답자들의 비율[23]
자료: 2000년까지는 필자의 조사, 그 이후는 예일 대학교 국제금융센터의 조사.

　평가신뢰지수는 (1)번, (2)번, 또는 (3)번을 선택한 사람들 중에서
(1)번(너무 낮다) 또는 (3)번(대략 적절하다)을 선택한 응답자들의 비율이
다. 나는 1989년 이후 이 질문을 설문조사표의 가장 첫 번째 질문으
로 계속 물어보았다. 〈그림 4-1〉은 1989년 이후 개인투자자와 기관
투자가 모두의 평가신뢰지수를 보여준다. 평가신뢰지수는 1990년
대에 하락 추세였고, 2000년 주식시장의 고점 직전에 바닥을 기록했
다. 주식시장이 하락하자 이 지수는 즉시 급등하여 거의 1989년 수
준으로 높아졌다. 주식시장이 크게 하락한 2003년에 사람들은 더 이
상 주식시장이 고평가되었다고 생각하지 않았다. 평가신뢰지수의

이러한 움직임은 주식시장이 2000년경에 버블을 겪었다는 또 다른 증거이다. 2000년에는 사람들이 주식시장을 단지 믿지 않았다는 것이 주목할 만하다.

그렇다 해도 대다수 사람들이 피드백 과정이 투자자의 심리를 통해 작동하면서 진행 중이라는 것을 확실히 알면서 버블에 참여하고 있지만, 버블이 터지기 전에 빠져나올 것을 기대하고 있다고 생각하는 것은 여전히 정확하지 않을 것이다. 「배런스」가 조사한 투자 전문가들은 전문적인 훈련을 받아서 일반 대중보다는 버블과 같은 문제에 대해 조금 더 많은 지식을 가지고 있을 것이다. 일반 대중은 시장이 고평가되었고 불안정하다고 생각할 수 있지만 버블의 동학에 관해 명확한 인식은 가지고 있지 않았다.

주택시장 호황을 겪은 도시의 주택 구입자들에 대한 설문조사에서도 우리는 그들이 막 참가한 부동산시장의 상태가 어떤지에 관해 자세히 서술해 달라고 부탁했다. 몇몇 사람들은 정말로 시장 심리가 시장을 추동하는 것으로 생각한다고 말했고, 다른 이들은 심지어 *버블*이라는 단어를 사용하기도 했다. 그러나 우리의 2004년 조사에서 응답자들의 1퍼센트만 부동산시장 호황과 관련하여 *버블*이라는 단어를 자발적으로 사용했다. 5배나 많은 응답자들은 *수요와 공급*이라는 단어를 사용했고, 호황이었던 도시에 사는 응답자들이 제시했던 많은 설명은 시장에서 주택의 부족과 높은 수요에 관한 것이었다. 우리가 받은 인상에 따르면, 그들은 부동산시장의 호황이 발생하고 계속되는 데 충분한 이유가 있다고 믿고 있었다.

2003년과 2004년 주택 구입자들을 대상으로 한 조사의 일부로서,

158

우리는 다음과 같이 질문했다.

"다음 중 어떤 이론이 (도시 이름)의 주택가격의 최근 흐름에 관한 당신의 생각과 더 잘 맞습니까?"

　(1) 주택 구입자와 판매자의 심리에 관한 이론

　(2) 인구 변화, 금리 변화, 고용의 성장(혹은 하락)과 같은 경제적 또는 인구적 조건에 관한 이론

이 질문에 대해 (771명의 응답자 중) 겨우 13퍼센트만이 (1)번을 선택했고, 87퍼센트가 (2)번을 선택했다.

이러한 대답이 보여주듯이 일종의 심리적 피드백이 시장가격을 추동한다는 생각이 일반 대중에게 자연스럽게 받아들여지는 것은 아니다. 사실 버블 기간 동안 사람들이 느끼는 바로 그 열광은 버블의 존재에 관해 널리 퍼진 인식과는 일치하지 않는다. 만일 사람들이 가격 상승을 예측 불가능한 어떤 시기에 갑자기 끝나게 될 무리 짓기 행위의 한 경우라고 생각한다면, 사람들이 그렇게 열광하는 것은 상상하기 어려울 것이다.

피드백과 투기적 버블의 모델로서 폰지 사기

──────── 투자자의 주의와 관심을 자극하는 단순한 기계적인 가격 피드백 모델이 사실 금융시장에서 중요한 요소임을 증명하는 것은 쉬운 일이 아니다. 투자자들이 과거의 가격 상승에 반응하여 주식시장에 큰 관심을 보인다고 생각하기는 쉽지만, 그런 피드백이 정말로 그

들의 결정에 영향을 미친다는 구체적인 증거를 찾아보기는 어렵다.

이러한 피드백 메커니즘이 금융시장에서 실제로 영향을 미친다는 증거를 찾기 위해서는, 폰지 사기, 혹은 피라미드 사기를 살펴보는 것이 도움이 될 것이다. 사기꾼들은 투자자를 이용하여 추정되는 현재의 투자수익으로부터 미래의 투자수익에 이르는 포지티브 피드백을 만들어낸다. 이 사기들은 매우 악명이 높아서 정부가 불법화시켰지만 아직도 끊임없이 생겨나고 있다. 게다가 보통의 시장이나 실험심리학자의 실험실에서는 똑똑히 볼 수 없는 피드백의 특징들을 보여주는 일종의 통제된(사기꾼들에 의해 통제된) 실험이기 때문에 더욱 흥미롭다.

폰지 사기에서 사기꾼은 투자자들에게 자금을 투자하면 높은 수익을 주겠노라고 약속한다. 그러나 투자자의 자금은 실제 자산에는 거의 투자되지 않는다. 대신 사기꾼은 2단계의 투자자들이 투자한 투자금으로 최초의 투자자들에게 수익을 지불하고, 3단계 투자자들의 투자금으로 2단계 투자자에게 수익을 지불하는 식으로 자금을 운용한다. 이 사기의 이름은 특히 유명한(분명히 최초는 아닐지라도) 사례였던, 1920년 미국의 찰스 폰지Charles Ponzi의 사기로부터 나온 것이기도 하다.

폰지 사기는 최초의 투자자들로 하여금 큰돈을 번 다음에 그들의 성공담을 다른 단계의 투자자에게 이야기하도록 자극한다. 다른 단계의 투자자들이 이 사기에 더 많이 투자하면 사기꾼은 2단계의 투자자에게 수익을 내주고, 2단계의 투자자들의 성공담은 또다시 더 많은 단계의 투자자를 끌어모은다. 이런 식의 과정이 계속되는 것이다. 그러나 투자자의 공급이 영원히 증가할 수는 없기 때문에 사기 행각은 결국 끝나게 된다. 물론 사기꾼도 이를 알고 있다. 그는 마지막이자 가장 다수인 투자자 그룹에게는 수익을 지불하지 않고 법망에서 자유롭게 되기를 바라는 것이다(아니면 그는 운 좋게도 환상적인 투자 기회가 나중에 발견되어 이 사기를 구해내주길 바랄지도 모른다).

우리는 폰지 사기가 적어도 그것이 이해되기 전까지는 사기꾼들을 성공적으로 부자로 만들어주었다는 것을 알고 있다. 1920년 찰스 폰지는 3만 명의 투자자를 모아서 7개월 만에 총 1,500만 달러의 어음을 발행했다.[24] 최근의 성공적인 이야기로는, 이전에 주부였던 래진 본햄Raejean Bonham이 알래스카 시골의 폭스라는 작은 마을에서 엄청난 폰지 사기를 친 사건이 유명하다. 그녀는 두 달 만에 50퍼센트의 수익을 내줄 것을 약속하여 42개 주에서 1,200명의 투자자들을 끌어모았고, 이들로부터 1989년에서 1995년 사이에 1,000만 달러에서 1,500만 달러의 돈을 투자받았다.[25]

특히 극적인 이야기는 1996년과 1997년에 알바니아에서 폰지 사기꾼들이 엄청난 수익을 약속하며 수많은 국민들을 끌어들인 사건이다. 7개의 폰지 사기가 알바니아의 연간 국내총생산의 30퍼센트나 되는 약 20억 달러를 끌어 모았다.[26] 이에 대해 대중은 너무나도 열광했고, 1996년 집권당의 한 정치인은 새로운 부의 원천이라는 명성을 이용할 목적으로 폰지 사기 펀드의 상징을 선거 포스터에 사용하기도 했다. 1997년 이 사기꾼들이 파산하자 분노한 시위대들은 은행을 약탈하고 건물을 불태웠으며 정부는 평화 유지를 위해 군대를 투입해야만 했다. 결국 이 과정에서 수많은 시위대들이 사망했다. 아울러 폰지 사기의 파산은 총리 알렉산데르 멕시_{Aleksander Meksi}와 그의 내각을 무너뜨렸다.[27]

성공적인 폰지 사기는 그 전략의 일부로서 투자자에게 얼마나 많은 수익을 벌 수 있는가에 관한 그럴 듯한 이야기를 제시한다. 찰스 폰지는 투자자들에게 그가 국제우편 답장 쿠폰과 관련된 차익거래를 통해 이윤 기회를 만들어낼 수 있다고 이야기했다. 이 쿠폰은 구입자가 다른 나라로 보내는 편지 속에 미리 동봉하여 답장에 대해 미리 돈을 지불하기 위한 것으로 우체국이 판매하는 것이었다. 유럽에서 우편 답장 쿠폰을 사서 미국에서 판매하는 것은 겉보기에는 이윤 기회가 되는 것으로 보였다. 왜냐하면 현실의 환율이 쿠폰에서 암묵적으로 제시되는 환율과 달랐기 때문이다. 쿠폰을 거래해서 이윤을 벌겠다는 폰지의 계획은 결국 신문에 보도되었고, 몇몇 영향력 있는 사람들도 이에 현혹되어 투자를 했다. 그러나 쿠폰을 판매하는 것이 쉽지 않았기 때문에 이윤 기회는 실현되지 못했고, 뉴욕의 우체국장이 국제우편 답장 쿠폰의 공급이 폰지가 주장하는 수익을 낼 수 있을 만큼 충분하지 못하다고 밝히자 그것이 사기였음이 드러나기 시작했다.

알래스카의 래진 본햄은 대기업으로부터 사용되지 않은 항공사의 마일리지를 사서 이를 할인 항공권으로 재구성하여 팔면 큰 이윤을 얻을 수 있다고 주장했다. 알바니아의 투자회사 VEFA는 회복되고 있는 경제에 많은 전통적인 투자를 하고 있다고 주장했다(당시 알바니아에서는 VEFA가 돈세탁에 관련되어 있다는 소문이 돌았는데, 이는 많은 투자자들에게 큰 수익을 낼 수 있는 사업처럼 생각되었다).[28]

폰지 사기의 사례에 대해 비판적인 조사에 따르면, 최초의 투자자는 그 계획에 대해서 매우 회의적이며 아주 조금만 투자한다고 한다. 우편 답장 쿠폰의 차익거래와 관련된 이윤 기회는 그것을 직접 들었다고 해도 다른 이들에게 큰돈을 벌어주었다는 증거가 없다면, 많은 투자자들을 끌어들일 정도로 믿을 만하게 들리지 않기 때문이다. 투자자들은 다른 사람들이 큰 수익을 버는 것을 보기 전까지는 이런 계획에 대해 진정으로 확신하지 않는 것이다.

이러한 사기들이 파산하기 이전에도 소위 새로운 투자자금으로부터 투자수익이 나온다는 주장이 공개적으로 제기되었다. 사기꾼들은 물론 이러한 주장을 공개적으로 부정했다. 폰지 사기와 알바니아 사례의 경우가 그랬다. 많은 이들이 이런 사기를 계속 믿었다는 사실은 이해하기 어려우며, 외부의 관찰자들에게 이런 사람들은 바보처럼 보일지도 모른다.[29]

그러나 이것은 다른 사람들이 큰돈을 버는 것을 보는 일이 사람들의 생각에 미치는 커다란 영향을 잘 보여준다. 다른 사람들이 큰돈을 버는 것은 많은 사람들에게 폰지 사기와 관련된 투자 기회의 이야기를 지지하는 가장 설득력 있는 증거—이 사기에 대해 가장 주의 깊고 합리적인 비판마저도 압도해버리는—로 보인다.

사기, 조작, 그리고 악의 없는 거짓말

———— 호황을 만들어내는 과정은 이처럼 자연스럽게 발생하는 폰지 사기를 더욱 넘어선다. 명백하게 사람들을 속이기 위해 고안된 행

동, 즉 일반 투자자들의 판단 실수를 이용하려는 많은 이들의 의도적인 시도들 또한 호황의 일부분이다. 효과적으로 이를 실행하기 위해서는 흔히 법을 어겨야 한다. 그러나 우리의 법적 절차는 매우 느리기 때문에 이런 사기꾼들은 오랫동안 처벌받지 않는다. 이것도 투기적 버블 과정의 일부이다.

나의 학창시절 은사였던 MIT의 찰스 킨들버거Charles Kindleberger 교수는 나의 사고에 커다란 영향을 끼친 분이다. 그는 92세까지 살았고, 나는 2003년 그가 돌아가시기 직전까지 연락을 했다. 그는 1989년 자신의 책 『광기, 패닉, 붕괴Manias, Panics and Crashes』에서 "우리는 사기가 수요에 의해 결정되는 것이라 믿는다.…… 호황 때는 사람들이 큰 돈을 벌고, 개인들은 더욱 탐욕스럽게 되며, 이러한 수요를 이용하기 위해 사기꾼들이 등장한다."고 서술했다.[30]

대부분의 투자가치는 현재로선 명확히 알 수 없는, 가까운 혹은 먼 미래에 관한 예측에 달려 있다. 따라서 투자에 관한 대중의 높은 관심이 속임수와 부실의 기회를 만들어낸다. 호황 시기에는 기회주의자들이 자본주의적 성공의 화신인 체하고 또 여러 모로 위대한 신경제의 전위대인 척하면서 대중의 투기적인 관심으로부터 돈을 버는 수단들을 찾으려고 노력한다.

우리가 버블에 속는 이유 중 하나는 전문 마술사에게 속는 이유와 같다. 똑똑한 사람들이 사람들을 속이는 일에 전문가가 되고 몇 년 동안 그 재주를 완벽하게 연습하면, 그들은 겉보기에 불가능한 쇼를 우리의 눈앞에 내보이면서 적어도 한동안 우리를 속일 수 있다. 그들은 돈을 모으고 도망갈 만큼만 길게 우리를 속이면 되는 것이다. 대중이 투자에 몰두하는 현실은 그런 전문가들이 금융과 경영의 영역에서 자신들의 커리어를 진전시키는 커다란 유인을 만들어낸다. 전문적 마술사들과 같은 이들이 일부 회사들을 경영하고 몇몇 부동산 중개업자들처럼 행동한다면, 우리는 보이는 게 현실이 아니라고 예상해야만 한다.

그 극단적인 경우는 엔론과 파마라트의 사례와 같이 명백한 불법행위이다. 호황이 끝나고 정치적 환경이 변하고 돈을 잃은 대중이 격분하자, 이들은 법의 처벌을 받았고 규제가 강화되었다. 우리는 이런 일이 2000년 시장의 고점 이후 미국과 다른 나라들에서 다시 발생하는 것을 목격했다. 그것은 규제기관과 사법기관의 중요한 임무인데, 투기적 호황의 종말은 그들이 더욱 효과적으로 작동할 수 있도록 해주는 금융시장의 일종의 정화과정이라 할 수 있다.

그러나 불법행위보다 더욱 일반적인 것은 그들 스스로도 믿지 않는 사업을 추진하여, 전적으로 법적 테두리 안에서 호황을 이용한 사람들의 경우이다. 이들은 사기라기보다는 부정직한 경우이다.

이들 중 몇몇은 이미 사람들의 돈을 싸들고 집으로 돌아갔다. 2000년 이후 근본적으로 문제 많은 사업 구상을 추진하며 설립되었던 기술 기업들의 많은 최고경영자들이 기업 공개 이후 엄청난 돈을 벌고 은퇴했다. 물론 지금까지 그들은 기업의 주가에 대해서는 신경을 쓰지 않는다. 또 독자들의 수요 때문이 아니라 이들 기업들의 홍보 활동을 위한 광고 덕분에 번영했던 몇몇 경제 잡지는 파산했다. 그러나 그 정도는 아니라 해도 여전히 그런 벤처기업들이 등장하고 있으며, 이러한 이야기는 결코 끝나지 않고 있다.

나는 소규모 회사의 매각 시도와 관련이 있는, 1998년의 경험을 생생하게 기억하고 있다. 그 기업은 그들이 잠재적인 기업 인수자에게 사적으로 기업을 팔 수 있는지 결정하는 것을 돕기 위해 몇몇 투자은행가들에게 프레젠테이션을 했다. 그때 나는 그 회사의 사장이 은행가들에게 건전한 사업 모델을 설명하고 있다고 생각했다. 그러나 투자은행가들은 약간 졸려 보였다. 발표 중, 사장은 자신의 회사가 제품을 인터넷 판매하고 있으며 따라서 인터넷기업이라 불릴 수 *있다*고 언급했다. 그러자 한 은행가가 갑자기 깨어났다. 그는 시장이 인터넷 기업에 목마르다고 말했다. 즉, 그들이 회사를 인터넷 기업으로 선전한다면, 그의 은행이 매각을 위해 수백만 달러를 모을 수 있다는 것이었다. 하지만 그는 그 회사가 스스로 위대한 미래의 계획에 관한 이야기, 몇 년 내로 수억 달러의 수입을 올릴 수 있다고 생각되는 그럴 듯한 이야기를 만들어 와야 하고, 경영진은 그 이야기에 대한 믿음을 보여주는 사업을 추진하면서 그 이야기대로 살아야만 한다고 말했다. 나중에 그 회사의 사장은 회사 이름을 '닷컴(.com)'으로 끝나는 이름으로 바꾸면 어떨까 생각했다고 내게 이야기했다. 그러나 다시 한 번 생각해본 그는 그 이야기가 전혀 사실이 아니라는 걸 깨달았고, 결국 그럴 수 없다는 결론에 다다랐다.

다른 이들은 그런 일을 할 수 있었고 실제로 그렇게 했다. 사실 1990년대 이후 투자자를 끌어들이고 주가를 부양하기 위해 기업의 사장으로 연예인과 같은 인물이나 언론을 잘 아는 인사를 내세우는 것이 유행이었다. 라케시 쿠라나Rakesh Khurana는 2002년 자신의 책『기업의 구원자를 찾아서Searching for a Corporate Savior』에서 주식시장을 겨냥

하여 외부로부터 몸값이 비싼 유명인을 기업의 사장으로 고용하는 패턴에 관해 설명했다. 사업에 대해 진정으로 깊은 지식을 가지고 있으며, 그 기업에서 일하는 이들에 대해 충성심을 느끼며, 장기적 성공을 보증하기 위한 조치들을 취하려고 했던 이들은 흔히 기업으로부터 밀려났다.[31]

자연발생적인 폰지 과정으로서의 투기적 버블

──── 앞에서 제시된 사례들로부터 추론해볼 때, 사기꾼의 계략 없이도 때때로 사실상 자연발생적 폰지 사기인 투기적 피드백 순환이 정말로 발생하는 것처럼 보인다. 비록 거짓 이야기들을 조작하거나 주식시장에서 투자자들을 의도적으로 속이려는 사람이 없다 해도 시장에 관한 이야기들은 어디서든 들을 수 있다. 주가가 몇 배나 올라갈 때 투자자들은 시장에서 주가의 상승으로 인해 마치 폰지 사기에서처럼 차례로 수익을 얻는다. 아직 주가가 더 상승할 것이라는 이야기를 하는 것을 통해 이득을 얻는 많은 사람들이(주식 브로커와 뮤추얼펀드 산업 전체) 존재한다.

이 이야기들이 거짓말일 이유는 없다. 사실 이들은 긍정적인 뉴스를 강조하고 부정적인 뉴스는 덜 강조하기만 하면 되는 것이다. 직접적인 조작이 없기 때문에 자연발생적인 폰지 사기는─우리가 투기적 버블을 그렇게 부를 수 있다면─더욱 비규칙적이며 덜 극적이다. 그러나 자연발생적인 이야기들에 의해 지지된다면, 그 경로는 때때로 폰지 사기의 경로와 비슷할 것이다. 폰지 사기를 통해 자연발생적인 투기적 버블을 설명하는것은 매우 자연스럽다. 만일 투기적 버블에 관한 논쟁이 있다면, 회의주의자들은 왜 폰지 식의 투기적 버블이 일어날 *수 없는지*를 어렵사리 증명해야 할 것이다.

금융시장이 합리적이고 효율적으로 작동하고 있다는 견해를 지지하는 오늘날의 많은 주류 금융 교과서들은 왜 투기적 버블을 지지하는 피드백 순환이 발생할 수 없는지에 대한 논의를 제시하지 않는다. 사실 이 책들은 버블이나 폰지 사기를 *언급하지도* 않는다.[32] 이 책들은 금융시장이 질서 있게 움직이고 수학적 정확성에 따라 작동한다는 견해를 제시한다. 만일 오늘날 교과서에서 버블이나 폰지 사기가 전혀 언급되지 않는다면, 학생들은 그것들이 실제로 시장에 영향을 미치는지 아닌지 스스로 판단할 기회조차 갖지 못하는 셈이다.

주식시장과 주택시장 사이의 피드백과 상호 피드백
——— 앞 장에서 우리는 미국에서 주식시장의 가격 변화와 주택시장의 가격 변화가 역사적으로 별로 관계가 없지만, 1998년 시작된 주택시장의 상승이 1995년 시작된 주식시장의 급속한 상승이 후에 나타났음을 살펴보았다.

우리는 또한 국제적으로 주택가격 상승 이후 주식시장 상승이 나타나고 몇 년 후에 고점에 다다른다는 것도 알았다. 이것은 때때로 한 시장에서 다른 시장으로의 피드백을 뜻하는 상호 피드백이 주식시장과 주택시장 사이에 나타날 가능성을 제기한다. 사회가 변화함에 따라 주택시장이 더욱 투기적이 되고 있기 때문에 미래에 이 피드백이 더욱 강화될 가능성도 있다.

주택가격의 상승이 주식시장의 상승 몇 년 후에 시작되는 것은 놀라운 일이 아니다. 주식시장의 호황은 투자자의 인식된 부를 증가시키고, 더 많은 부는 사람들이 주택에 더 많이 지출하도록 자극하여 주택가격을 상승시킬 것이다. 그리고 주택 계획을 바꾸는 결정을 하는 데는 시간이 걸리기 때문에 이러한 영향은 몇 년의 시차를 두고 작용할 것이다. 그러나 2002년 이후 그랬듯이 주식가격이 크게 하락한 이후에도 주택가격이 급속히 상승하는 현상을 설명하는 피드백 모델을 구상하는 것은 쉽지 않은 일이다. 어쩌면 이해가 불가능한 현상으로 보이기도 한다.

미국과 다른 나라들에서 주식시장 고점 이전에 시작된 주택가격 상승은 주식시장 상승에 반응하여 1998년에 시작된 후, 주식시장이 하락한 이후에도 그 자체로 스스로의 내부적 피드백을 통해 계속되고 있는지도 모른다. 혹은 주택가격 상승은 1982년 이후의 주식시장 상승에 대한 일종의 장기적 시차를 둔 반응인지도 모른다. 왜냐하면 2000년 이후의 주식시장 하락은 장기적으로 보면 부분적인 하락이어서 1982년과 비교해 2000년 주식시장 하락 이후에도 사람들은 훨씬 더 부자라고 느끼고 있기 때문이다. 한편 주식시장의 상승이 어떤 문화적 변화를 만들어낸 것이 아닌가 생각해볼 수도 있다. 주가의 하락과 매우 밀접하게 관련된 기업의 수익 하락 이후에도 그러한 변화가 스스로 계속되어, 기업수익의 하락이 주택시장에는 직접 영향을 미치지 않았을 수도 있는 것이다.

그러나 우리는 이러한 가능성들과 함께, 2000년 이후 주식시장 하락과 동시에 나타나고 있는 주택가격의 급등을 설명해줄 만한 또 다른 가능성을 고려해야 한다. 즉, 2000년 이후의 주식시장 하락이 투자자들의 관심을 주택시장으로 돌려서 주택에 대한 수요를 더욱 증대시키는 왜곡된 영향을 미친 것이다. 이것은 현실에 꿰어맞추기 위해 만들어진 이론처럼 보일지도 모르지만 증거가 있는 주장이다. 2003년과 2004년에 최근의 주택 구입자들을 대상으로 한 설문조사에서, 칼 케이스와 나는 주택 구입자들에게 주식시장으로부터 주택시장으로의 피드백 가능성에 관해 직접적으로 질문했다. 우리는 아래의 질문을 던졌고 응답률은 다음과 같다.

"지난 몇 년 동안 주식시장에서의 경험이 미친 영향은?"
(하나를 골라주세요)

(1) 주택을 구입하도록 크게 자극했다.   12%

(2) 주택을 구입하도록 약간 자극했다.   14%

(3) 주택을 구입하는 데 아무런 영향을 미치지 않았다.   72%

(4) 주택을 구입하는 의욕을 약간 저하시켰다.   2%

(5) 주택을 구입하는 의욕을 크게 저하시켰다.   1%

응답자 수 = 1,146명

2000년 이후 주식시장이 크게 하락했기 때문에 이 조사에서 다루는 지난 몇 년 동안은 응답자들의 주식시장 경험이 대체로 아주 나빴을 것이다. 대다수의 응답자들은 주식시장이 주택을 구입하는 그들의 결정에 아무런 영향을 미치지 않았다고 대답했다. 사람들이 주택을 구입할 때 스스로 중요하게 생각하는 수많은 개인적인 이유들이 있기 때문에 이는 사실 전혀 놀랍지 않다. 그러나 이 대답들 중 흥미로운 대목은 주식시장에서의 경험이 주택을 구입하는 데 실제로 영향을 미쳤다고 대답한 이들 가운데 압도적인 다수가 그것이 주택 구입을 *자극했다*고 대답했다는 점이다. 사실 (위의 비율의 반올림 오차를 고려하면), 주식시장이 주택 구입을 자극했다고 답한 이들이 반대로 말한 이들에 비해 10배가 넘었다.

설문조사에서 우리는 이 질문 바로 뒤에 보충질문을 했다.

"당신의 생각을 여기에 써주세요."

응답자들은 이전 질문의 대답에 대한 상세한 설명을 적었고, 우리는 수많은 설명들을 읽으면서 주식시장에서 주택시장으로의 상호 피드백에 관해 더 잘 이해할 수 있었다. 아래는 주식시장이 그들로 하여금 주택을 구입하도록 자극했다고 말한 이들이 적어낸 몇몇 사례들이다.

- 나는 나의 IRA(미국의 개인퇴직 계좌—옮긴이)와 401k가 하락하는 것을 보았다. 나는 주식시장 대신 주택시장에 투자하기로 결정했다.
- 주택은 주식만큼 손실을 보지 않는다.
- 주식시장의 주가는 그 가치가 너무 불안정해서 위험이 크다. 토지는 시간이 지나도 사라지지 않기 때문에 주택과 토지를 구입하는 것이 더 나은 투자가치를 유지한다.
- 수익체감, 그리고 큰 손실. 대안적인 자금 투자처를 찾았다.
- 주택 보유는 개인의 금융 안정성에 가장 중요한 투자이다. 다른 모든

투자는 그 이후이다.

- 우리는 2000년에서 20002년 사이에 401k와 Roth IRA 펀드에서 큰 손실을 보았다. 부동산에서는 결코 손실을 보지 않았다.
- 부동산이 더 안전하다. 적어도 주택을 보유할 수 있다. 주식의 경우에는 잃게 되면 아무것도 남지 않는다.

이런 많은 답변들을 읽어보니 몇 가지 패턴이 명확하게 나타나기 시작했다. 2000년 이후 주식시장의 하락과 시장의 회복 실패는 사람들로 하여금 점점 더 주식시장을 참지 못하도록 만들었고, 그들의 관심을 다른 시장, 그들이 점점 더 최선의 투자라고 믿게 되었던 부동산시장으로 돌리도록 만들었다. 그렇게 단순할 수가 없다. 그들의 답변은 명확하고 쉽게 이해되었다. 주식시장에서 주택시장으로의 상호 피드백이 존재했고, 그것이 우리가 목격한 주택시장 호황의 상당부분을 설명해주었다.[33] 1990년대 후반 이후 주택시장의 호황이 나타났던 모든 선진국에서 주식시장의 하락이 있었기 때문에 이 상호 피드백은 또한 주택시장 상승이 국제적으로 나타났던 특징을 설명해준다.

그런데 그러한 피드백이 항상 발생하는 것은 아니기 때문에 주식시장에서 주택시장으로의 상호 피드백의 증거가 미약하게 보일 수도 있다. 그러나 우리는 이론물리학이 아니라 사회과학을 다루고 있음을 기억해야만 한다. 우리는 시장들 사이의 피드백이 왜 그런 형태를 띠는지, 그리고 시간에 걸쳐 왜 변화하는지 완전히 이해할 수는 없지만, 그에 관해서 어느 정도 배우게 된 것이다.

172

비이성적 과열과 피드백 순환: 지금까지의 논의

─────── 앞 장에서 설명한 것처럼 비이성적 과열에는 많은 궁극적인 원인들이 존재하고, 이번 장에서 본 것처럼 그 요인들의 효과는 피드백 순환, 즉 투기적 버블에 의해 증폭될 수 있다. 가격이 계속 상승하면 과열의 정도가 가격 상승 그 자체에 의해 더욱 심화된다.

우리는 이 장에서 피드백의 과정을 설명하기 시작했을 뿐이다. 그리고 피드백이 단순히 개인들이 과거의 가격 상승을 돌아보고 개인적인 신뢰와 기대의 정도에 적응하는 수학적 계산을 함에 따라 나타나는 것이 아님을 살펴보았다. 사고 패턴의 변화는 사회 전체의 문화에 영향을 미친다. 그것은 과거의 가격 상승으로부터 직접적으로뿐만 아니라 그 상승을 만들어내는 데 도움을 준 부차적인 문화적 변화에 의해서도 영향을 받는다.

촉발 요인들이 어떻게 영향을 미치고 어떻게 그 영향이 증폭되는지 더 잘 이해하기 위해, 우리는 2부에서 최근의 주식시장 호황이나 다른 투기적 호황들과 함께 나타난 문화적 변화들에 대해 논의할 것이다.

5장

뉴스 매체

투기적 버블의 역사는 대략 신문의 등장과 함께 시작된다.[1] 이 초
기의 신문들은 대부분 남아 있지 않지만, 이들 신문 혹은 비슷한 팸
플릿들이 최초의 중요한 버블이었던 1630년대 네덜란드의 튤립 열
풍을 보도했다고 생각할 수 있다.[2]

비록 신문이나 잡지, 그리고 방송 같은 뉴스 매체는 새로운 매체인
인터넷과 함께 스스로를 시장 사건의 객관적인 관찰자로 제시하지
만, 사실은 그들 자체가 이 사건들과 통합된 일부분이다. 시장의 중
요한 사건들은 많은 사람들이 비슷한 생각을 할 때에만 발생하며, 뉴
스 매체는 이러한 생각의 확산에 필수적인 수단인 것이다.

이번 장에서 나는 뉴스 매체가 시장의 사건들에 미치는 복잡한 영
향에 대해 논의할 것이다. 살펴볼 테지만 뉴스의 기사들은 시장에 단

순하고 예측 가능한 영향을 미치는 것이 아니다. 사실 어떤 면에서는 오히려 생각보다 더 적은 영향을 미친다. 하지만 주의 깊게 분석해보면, 뉴스 매체가 시장가격 변동의 배경을 마련하거나 시장가격의 변동 자체를 촉발시키는 데 중요한 역할을 한다.

시장 변동의 배경을 만드는 매체의 역할

──────── 뉴스 매체는 살아남기 위해서 대중의 관심을 끌기 위한 경쟁을 끊임없이 펼치고 있다. 그들은 생존을 위해 재미있는 뉴스를 찾아내어 보도해야 하고, 구전의 가능성이 있는 뉴스에 주목해야 하며(그들의 독자를 넓히기 위해서), 가능할 때마다 독자들을 계속 꾸준한 고객으로 유지하기 위해 이들을 자극하는 현재진행 중인 이야기를 보도해야 한다.

경쟁이 결코 무계획적인 것은 아니다. 뉴스를 배포하는 담당자들은 뉴스에 감정적 느낌을 제공하고, 새로운 뉴스가 사람들의 관심을 끌도록 하며, 뉴스에서 친숙한 인물들을 만들어내려고 애쓴다. 이를 위해 다른 이들의 성공과 실패에서 배우며 창조적인 방법을 개발한다. 경쟁적 환경에서 쌓는 수년간의 경험은 뉴스 전문가들이 대중의 관심을 끄는 데 매우 숙달되도록 만든다.

금융시장은 적어도 매일매일의 가격 변화라는 형태로 끊임없는 뉴스를 제공해주기 때문에 뉴스 매체는 금융시장에 당연히 관심을 갖게 된다. 부동산과 같은 다른 시장들도 확실히 뉴스의 원천이 될 수 있다. 하지만 부동산시장은 매일의 가격이 발표되지는 않는다. 어떤 시장도 잠재적으로 흥미로운 뉴스거리를 그렇게 자주 제공한다는 점에서는 주식시장과 비교가 될 수 없다.

주식시장은 또한 스타성을 지니고 있다. 사람들은 주식시장을 거물 노름꾼들이 활동하는 대규모의 카지노라고 생각하며, 언제든지 한 국가의 경제 상태의 척도가 된다고 믿는다. 사실 이 모든 인상은 뉴스 매체가 더욱 진작할 수 있고, 또 그로부터 이득을 얻을 수도 있다. 경제 뉴스는 돈을 벌고 잃는 것을 다룬다는 점에서 사람들의 큰 관심사가 될 수 있다.

그리고 경제 매체들은 오랫동안 시장의 성과와 관련된 기사들을 현재진행형으로 보도할 수 있다. 그래서 단골 애독자들을 계속 끌어들일 수가 있다. 이에 비견될 만한 유일한 정기적인 뉴스의 공급자는 스포츠이다. 경제 뉴스와 스포츠 뉴스가 오늘날 많은 신문 지면들의 거의 절반을 차지하는 것은 우연이 아니다.

우리는 집에 살고 있고 개인적인 사회적 지위에 대한 판단이 우리가 사는 집의 종류와 관련이 있기 때문에, 주택도 일반 대중의 끊임없는 관심거리다. 흔히 신문들은 한 섹션 전체를 주택이나 부동산에 할애하고, 미국에는 주택 관련 뉴스만을 보도하는 텔레비전 채널 HGTV가 있다.

영국에는 2001년 시작된 텔레비전 리얼리티 쇼 「프로퍼티 래더 _Property Ladder_」가 큰 성공을 거두었다. 이 쇼는 주택을 구매하고 고쳐서 큰 이윤을 기대하며 즉시 판매하는 '주택 플리퍼 _property flipper_'의 체험을 다룬다. 이제 미국에도 이 쇼의 복제판이 방송되고 있다.

매체가 불러일으키는 논쟁

──────── 독자들을 끌어들이기 위해 뉴스 매체는 대중의 생각에 관한 논쟁적인 주제들을 제시하려고 노력한다. 이는 그렇지 않다면 전문가들은 토론의 가치가 없다고 생각하는 그런 주제들에 대해 논쟁을 만들어내는 것을 의미한다. 결과적으로 뉴스 매체는 어떤 주제에 대해 다양한 전문가들의 입장이 존재하며, 따라서 사람들이 가장 혼란스러워하는 바로 그 주제에 관해서는 전문가들 사이에도 합의가 존재하지 않는다는 인상을 전달한다.

오랫동안 기자들은 내게 전화를 해서 어떤 극단적인 견해를 지지하는 이야기를 해줄 수 있는지 물었다. 내가 거절하면 그 다음의 요청은 필연적으로 이러한 입장을 공식적으로 지지해줄 다른 전문가를 추천해 달라는 것이었다.

1987년의 주식시장 폭락이 있기 5일 전, 맥닐 레러 뉴스아워MacNeil/Lehrer NewsHour는 『1990년 대공황: 왜 발생하며 어떻게 대응할 것인가 The Great Depression of 1990: Why It's Got to Happn, How to Protect Yourself』의 저자인 래비 바트라Ravi Batra를 출연시켰다. 그는 역사가 아주 정확하게 반복되는 경향이 있어서 1929년의 주식시장 대폭락과 이후의 공황이 다시 나타날 것이라고 주장했다. 바트라의 중요한 학문적 평판에도 불구하고 이 책은 주식시장을 연구하는 다른 유명 학자들에 의해 진지하게 검토되지 않았다.

그러나 그의 책은 폭락이 발생할 때까지 「뉴욕 타임스」 베스트셀러 목록에 15주 동안이나 올라 있었다. 관련 뉴스에서 바트라는, '전 세계로 퍼져나갈' 1989년의 주식시장 폭락을 확신에 차서 예견했고,

이후에 공황이 나타날 것이라고 단언했다.[3] 매우 유명한 뉴스에서 보도된 바트라의 주장은—비록 그는 2년 후 폭락할 거라고 예측했지만—1987년의 폭락을 가져온 취약한 분위기에 어느 정도는 기여했을 것이다. 1987년의 폭락 발생 며칠 전 뉴스에 바트라가 출연한 것이 우연일지도 모르지만, 주식시장의 폭락에 대한 예언은 전국적 뉴스에서는 매우 드문 일이라는 것을 잊지 말아야 한다. 그의 출연 이후 곧 실제로 폭락이 나타난 것은 적어도 상당히 시사하는 바가 크다.

별로 쓸모가 없는 토론을 보도하기 때문에 뉴스 매체가 비판받아야 할까? 사람들이 스스로의 견해를 발전시킬 수 있도록, 뉴스는 일반 대중들이 관심을 가지는 다양한 주제들을 보도해야 한다고 주장할 수 있다. 그러나 그렇게 함으로써 매체는 흔히 현실성이 부족한 생각들을 유포하고 강화하는 것처럼 보인다.

만일 뉴스 감독이 어떤 견해를 제시해야 하는지 평가하는 과정에서 최고로 지적인 관심만을 따른다면, 대중들의 의식은 확실히 건설적으로 확장될 것이다. 그러나 뉴스 매체는 분명 이런 식의 보도가 그들의 사명이라 생각하지 않는다. 또한 경쟁의 압력이 그들로 하여금 이를 재고하도록 만든다.

시장 전망에 대한 보도

──── 현재의 시장 상황에 대한 질문에 대답하고자 하는 수많은 뉴스 매체의 기사들이 있지만, 적절한 사실의 보도 혹은 그것을 진

지하게 해석하려는 노력들은 매우 부족하다. 많은 뉴스 기사들은 사실 마감의 압박에서 시장의 수치에 부합하는 무언가를—그것이 무엇이 되었든 간에—만들어내기 위해 급히 씌어진 것처럼 보인다. 그런 전형적인 기사는 놀랄 만한 강세장을 언급한 후에 매우 단기적인 통계에만 초점을 맞춘다. 이런 기사는 보통 최근 몇 달 동안 어떤 그룹의 주식들이 다른 것들보다 더 많이 상승했는지 이야기한다. 비록 이들 주식들이 시장의 리더로 표현되지만, 그들의 성과가 강세장을 가져다주었을 것이라고 생각할 만한 이유는 없다.

그런 기사는 인터넷 붐과 같은, 경제 성장의 배후에 있는 보통 요인들을, 우리의 강력한 경제 성장의 엔진에 대한 적어도 약간의 애국적인 축하와 함께 흥분된 논조로 서술할지도 모른다. 그리고 그런 기사는 미래에 대한 전망을 제시하는 잘 선택된 몇몇 유명인들의 코멘트로 글을 끝낸다. 때때로 그런 기사는 강세장의 원인에 대한 진지한 분석이나 시장 전망의 맥락에 대해 너무 근거가 없어서 기자가 오히려 냉소적이라고까지 느껴지기도 한다.

이들 기사에서 인용되는 유명인사들이나 기관들은 누구일까? 그들은 보통 가까운 미래의 다우지수 전망치를 제시하고 이야기나 농담을 하며 그들의 개인적인 의견을 피력한다. 예를 들어 골드만삭스의 애비 조셉 코언Abby Joseph Cohen이 인용될 만한 단어를 만들어내면—'FUDD(두려움fear, 불확실성uncertainty, 의심doubt, 절망despair)'에 대한 경고 혹은 '유연한 경제Silly Putty Economy'—그것은 곧 널리 퍼졌다. 언론은 코언의 의견을 인용하지만, 그 분석에는 진지하게 귀를 기울이지 않는다. 사실 코언은 틀림없이 훌륭한 연구 부서에 접근할 수 있고 의견을 제시하기 이전에 광범위한 데이터 분석을 하지만, 결국 그 의견만이 보도될 뿐이다. 물론 피상적인 견해를 심도 있는 분석보다 선호하는 것은 사운드바이트(인터뷰나 연설의 핵심 내용을 축약한 문구나 재미있는 표현, 흔히 핵심과 관련이 없는데도 기사를 재미있게 만들기 위해 부각시키는 표현—옮긴이)에 의해 추동되는 언론의 본성이므로 이런 이유로 코언이 비판받아서는 안 될 것이다.

신기록의 과잉

———— 뉴스 매체들은 자주 과장된 보도를 통해 먹고 살며, 그들의 독자인 우리는 최근 목격한 주가 상승이 그렇게 예외적인 것인지에 관해 혼란스러워한다. 그들은 통상적으로 우리가 새로운 기록을 세우고 있음을(혹은 적어도 우리는 이에 근접하고 있음을) 보여주는 데이터를 강조한다. 만일 기자들이 데이터를 충분히 다양한 방식으로 분석한다면, 그들은 날마다 주식시장이 *기록 비슷한 것*을 세우고 있음을 발견할 것이다.

주식시장을 보도하면서 많은 필자들은 '하루 주가 변동의 신기록'이라는 언급을 한다. 이때, 기록을 세우기 쉽게 하기 위해 그들은 퍼센트 변화가 아니라 다우지수 수준의 포인트 변화로 측정된 기록을 언급한다. 비록 최근에는 뉴스 매체들이 다우지수의 포인트에 관해 보도하는 것에 대해 점점 더 현명해지고 있지만, 이런 관행은 몇몇 필자들에게는 아직도 여전하다.

새롭고 놀라운 기록들이 계속 수립되고 있는 이 *신기록의 과잉*은 사람들이 경제에 관해 가지는 혼란을 가중시킬 뿐이다. 이는 진정으로 중요한 신기록의 존재에 관해 사람들이 잘 깨닫지 못하도록 만든다. 또한 다양한 지표들을 쏟아내서 수량적 데이터에 관해 개인적인 평가를 하지 못하도록 조장한다. 즉, 우리가 유명인사들에 의해서 해석된 데이터를 보는 것을 선호하도록 만든다.

큰 뉴스 뒤에 큰 주가 변동이 발생하는가?

──── 많은 사람들은 금융시장에 영향을 미치는 것이 심각한 내용의 특정한 뉴스라고 생각하는 것 같다. 그러나 연구에 따르면, 이러한 견해는 사람들이 생각하는 것보다 지지되기 어렵다.

전에 버클리 대학의 조교수였던(이후 그는 전설적인 헤지 펀드 경영자가 되었다) 빅터 니더호퍼Victor Niederhoffer는 1971년 중요한 사건이 일어난 날의 주가가 정말로 크게 변동하는지 연구하는 논문을 발표했다. 그는 1950년에서 1966년까지 「뉴욕 타임스」의 헤드라인을 가진(상대적 중요성의 지표로 생각되는 큰 활자 크기를 지닌) 기사들을 모았다. 모두 432개였다.

이 중요한 사건들이 발생한 날이 주가가 크게 변동한 날과 일치했을까? 비교의 기준으로 니더호퍼는 S&P지수가 이 기간의 총 거래일 중 오직 10퍼센트의 날들에서만 커다란 하루 가격 상승(0.78퍼센트 이상)을 보였고, 다른 10퍼센트의 날들에서는 상당한 가격 하락(0.71퍼센트 이상)이 나타났음을 주목했다. 또 432일 중 중요한 사건이 일어난 날들 중에서는 78일(18퍼센트)만이 커다란 가격 상승을 보였고, 56일

184

(13퍼센트)만이 큰 하락을 보였다. 따라서 큰 사건이 있던 날들은 다른 날들에 비해 아주 약간만 더 큰 가격 변동을 보여주었다.[4]

이 헤드라인의 기사들에 관해 니더호퍼는, 보도된 많은 사건들이 주식시장에서 나타나는 펀더멘털의 가치에 중요한 영향을 미치는 것 같지 않다고 주장했다. 아마도 언론이 중요한 국가적인 뉴스라 *생각했던* 사건들이 주식시장에서는 별로 중요하지 않았을 것이다. 그는 위기를 나타내는 뉴스의 사건들이 주식시장에 더 영향을 미치는 것 같다고 추론했다.

7일 동안 5번 이상 큰 헤드라인이 나타나는 기간을 위기로 규정한 그는 연구의 대상이 되는 기간 동안 11번의 위기가 있었음을 발견했다. 이것들은 1950년 한국전쟁, 1951년 북한군의 서울 점령, 1952년의 민주당 의회, 1956년 러시아 군대의 헝가리와 폴란드 위협, 1956년 수에즈 위기, 1958년의 샤를 드골Charles de Gaulle의 프랑스 집권, 1958년 미 해군의 레바논 점령, 1959년 러시아 수상 니키타 흐루시초프Nikita Khrushchev의 유엔 등장, 1960년의 쿠바 위기, 1962년 쿠바 무기 봉쇄, 그리고 1963년의 케네디 암살 등이었다.

이 위기 기간 동안에는, '커다란' 가격변동이 나타난 날이 전체의 42%였다. 반면, '보통' 시기에는 그런 날이 20%였다. 따라서 위기 시기에는 극적으로는 아닐지라도 어느 정도 큰 주가의 변동이 나타났음을 알 수 있다. 그러나 16년을 대상으로 하는 니더호프의 표본 중에서 그런 위기가 겨우 11주밖에 없었다는 것에 주목해야 한다. 주식시장에서의 가격 변동이 헤드라인들과 의미 있는 관계를 보여주는 경우는 아주 적은 것이다.

뒤따라오는 뉴스

─── 큰 주가 변동이 있는 날에 그 변동의 원인이라고 인용되는 뉴스 기사들이 사실 그 변동을 전부 설명할 수 있을지는 의문스럽다. 1989년 10월 13일 금요일, 명백히 뉴스 기사에 대한 반응이라 볼 수 있는 주식시장 폭락이 발생했다. 유나이티드 항공사의 모회사인 UAL_UAL Corporation에 대한 차입매수 leveraged buyout, LBO가 실패로 돌아갔다. 그러자 이 소식이 전해진 몇 분 후부터 주가가 폭락하여 하루 동안 다우지수는 무려 6.91퍼센트나 빠졌다. 따라서 언뜻 보기에 UAL 사건이 주가 폭락의 중요한 원인이었던 것으로 보였다.

하지만 이러한 해석에는 문제가 있다. UAL은 단지 하나의 기업이며 주식시장 총가치의 1퍼센트밖에 되지 않는다는 점이다. 왜 UAL 인수의 실패가 전체 시장에 그렇게 큰 영향을 미쳐야 할까? 당시의 한 해석은 시장이 UAL 인수안의 실패를, 임박한 여러 비슷한 인수안들의 실패를 예고하는 하나의 분기점으로 받아들였다는 것이다. 그러나 이러한 견해를 지지하는 구체적인 주장들은 제시되지 않았다. 사실 UAL 사건을 분기점으로 표현하는 것은 뉴스에 대한 반응으로 시장이 변동한 사실 이후에 이를 정당화하는 주장에 다름 아닌 것으로 보인다.

1989년 10월 13일 폭락의 원인을 찾기 위해, 여론조사 연구자 윌리엄 펠투스_William Feltus와 나는 폭락 이후 월요일과 화요일에 101명의 시장 전문가를 대상으로 전화 설문조사를 실시했다. 우리는 "당신은 금요일 오후 시장이 하락하기 전에 UAL 뉴스를 들었습니까, 아니면 주식시장 폭락의 설명으로서 UAL 뉴스를 나중에 들었습니까?"라고 물었다. 오직 36퍼센트의 응답자만이 뉴스를 폭락 이전에 들었다고 대답했고, 53퍼센트는 폭락을 설명하는 그 뉴스를 나중에 들었다고 대답했다. 나머지는 그것을 언제 들었는지 잘 기억하지 못했다. 따라서 뉴스 기사는 폭락을 일으키는 것이 아니라, 폭락을 *뒤따라*오는 것으로 보인다. 그러므로 언론이 이런 변화를 일으킬 수 있다고 주장하는 것은 받아들이기가 어렵다.

우리는 또한 시장 전문가들에게 뉴스 기사를 해석해 달라고 부탁했다. 그런 다음 다음과 같이 질문했다.

"다음 중 어떤 것이 당신이 지난 금요일 가졌던 견해에 더 잘 부합됩니까?"
(1) 금요일 오후의 UAL에 관한 뉴스가 향후 기업 인수를 감소시킬 것이기 때문에, UAL 뉴스는 주가의 갑작스런 하락을 설명하는 합리적인 이유가 될 수 있다.
(2) 금요일 오후의 UAL에 관한 뉴스는 사람들의 주의를 집중시키는 초점으로 보아야 하며, 이는 투자자들로 하여금 시장에 관한 의문을 표출하도록 만들었다.

응답자 중 30퍼센트가 (1)번을 골랐고, 50퍼센트는 (2)번을 선택했다. 나머지는 확실하지 않았다. 결국 그들은 대부분 *투자자의 행동의 해석*interpretation of the behavior of investors으로서 뉴스에 반응했다.[5] 아마도 그 뉴스는 주가 하락이 또 다른 주가 하락으로 이어지는 피드백을 만들어냈고, 따라서 그렇지 않은 경우보다 피드백 효과를 더 오랫동안 지속시켰다는 점에서는, 이 주식시장 폭락에 근본적이었다고 말하는 것이 옳을지도 모른다. 하지만 그것이 폭락의 *원인*이었던 것 같지는 않다.

뉴스가 없는 날의 큰 주가 변동

——— 우리는 또한 비정상적인 가격 변동을 보인 날들에 예외적으로 중요한 뉴스가 있었는지 살펴볼 수 있다. 니더호퍼의 연구를 따라, 1989년 데이비드 커틀러David Cutler, 제임스 포테르바James Poterba, 그리고 로렌스 서머스Lawrence Summers 등은 제2차 세계대전 이후 S&P지수로 측정된 50대 주가 변동 목록을 만들어서 각 경우마다 뉴스 매체에 의해 제시된 설명들을 수집했다. 대부분의 설명들은 어떤 예외적인 뉴스와도 일치하지 않았고, 그중 몇은 중요한 뉴스라고 생각할 수도 없었다. 예를 들어, 큰 주가 변동의 원인으로 제시된 이유들 중에는 다음과 같은 별것 아닌 기사들도 있었다.

"아이젠하워가 경제를 더욱 확신하다", "듀이에 대한 트루먼의 승리에 대한 반응", 그리고 "감소 이후 대체 구매 증가."[6]

아마도 어떤 이들은 시장이 완벽하게 작동한다 해도, 큰 주가 변동이 있는 날에 중요한 뉴스를 기대할 수는 없다고 주장할 것이다. 이 주장에 따르면, 소위 효율적 시장에서는 정보가 공개되자마자 가격 변동이 발생하며, 사람들은 정보가 언론에 보도될 때까지 기다리지 않는다(이것은 10장에서 다시 다룰 것이다). 따라서 가격 변동이 있는 날 신문에서 새로운 정보를 찾지 못해도 별로 이상한 게 아니다. 보통의 관찰자에게는 별로 중요하지 않고 스쳐 지나가는 것처럼 보이는 이전의 정보가 통찰력 있는 투자자들에게는 주식가격을 결정하는 펀더멘털에 중요한 것으로 이미 해석되었다는 것이다.

왜 중요한 뉴스가 없는 날에도 비정상적으로 큰 주가 변동이 일어나는지를 설명하는 다른 주장은, 비록 개별적 요인들 자체는 특히 중요하지 않다고 해도 그 요인들이 합쳐져서 중요한 시장의 변화를 만들어낼 수 있다는 것이다. 예를 들어, 어떤 투자자들이 다수의 경제 지표들을 사용하여 펀더멘털의 가치를 예측할 수 있는 특별한 통계 모델을 비공식적으로 사용한다고 하자. 만일 모든 혹은 대부분의 특정 지표들이 어느 날 같은 방향을 가리킨다면, 그것들 각자는 자체적으로 중요하지 않을 수도 있지만 그것들이 합쳐진 효과는 클 것이다.

뉴스와 시장 변동 사이의 관련이 약한 이유에 대한 이 두 가지 해석은 모두 대중이 뉴스에 지속적으로 관심을 기울이고 있다고 가정한다. 즉, 그들은 시장의 펀더멘털에 대한 아주 작은 단서에도 민감하게 반응하고 분산된 모든 증거를 지속적으로 주의 깊게 수집한다. 그러나 사람들의 관심은 이렇게 작동하지 않는다. 사람들의 관심은 괴상하고 변덕스럽다. 대신, 뉴스는 자주 시장에 대한 대중의 생각을 근본적으로 변화시키는 연쇄적 사건들을 촉발시키는 *기폭제*로 작용한다.

관심의 캐스케이드를 촉발하는 뉴스

———— 시장에 영향을 미치는 뉴스의 역할은 때때로 지연되고 연속적인 *대중의 관심들*을 불러일으키는 것으로 보인다. 이 관심들은

이미 잘 알려진 이미지나 이야기 혹은 사실들에 대한 것일 수 있다. 이것들은 전에는 무시되거나 중요하지 않다고 생각되었을 수도 있지만, 이제 뉴스의 보도와 함께 새로운 중요성을 가지게 될 것이다. 이렇게 연속적으로 이어지는 관심은, 한 관심의 초점이 다른 것을 불러일으키고 계속 이어지기 때문에 *캐스케이드*cascades(연쇄적 발생—옮긴이)라고 부를 수 있다.

1995년 1월 17일 화요일 새벽 5시 46분, 일본의 고베에 리히터 지진계로 진도 7.2의 강력한 지진이 발생했다. 그것은 1923년 이래 일본 도시 지역을 강타한 지진 중 최악의 것이었다. 이 사건에 대한 세계 주식시장의 반응은 흥미로운 사례를 제공한다. 왜냐하면 이 경우 분명히 촉발한 사건, 즉 지진이 전적으로 외생적이고 그 자체로 사람의 활동이나 기업의 상태에 의해 일어난 것이 아니기 때문이다. 다시 말해 경제 변화의 미묘한 신호에 대한 반응도 아니고, 앞서 말한 전통적 경제지표의 비정상적인 수치가 합쳐져서 발생한 것도 아니다. 전후 미국의 S&P지수의 50대 변동에 대한 언론의 설명을 모아놓은 커틀러—포테르바—서머스 리스트에는, 어떤 설명도 전적으로 경제에 외생적이며 중요한 영향을 미친 것은 존재하지 않았다.[7]

이 지진으로 인해 6,425명이 사망했다. 간사이 산업재건센터의 추정에 따르면, 이 지진으로 인한 총 피해액은 1,000억 달러가 넘었다. 금융시장의 반응은 심각했지만, 지연되어 나타났다. 도쿄 주식시장은 그날 약간만 하락했고, 복구로 인해 예상되는 수요 증대 덕분에 건설 관련 회사들의 주가는 전반적으로 상승했다. 당시에 애널리스트들은 지진 이후의 재건 계획이 일본 경제를 진작할 수도 있기 때문에 지진이 기업가치에 미칠 것으로 예상되는 영향은 아직 불확실하다고 보고했다.

지진에 대한 가장 심각한 반응은 일주일이 지나서야 나타났다. 1월 23일, 일본의 니케이지수는 점점 밝혀지는 지진 피해에 관한 많은 뉴스들 외에는 별다른 뉴스 없이 5.6퍼센트 폭락했다. 지진 이후 10일 동안, 니케이지수는 8퍼센트나 하락했다. 만일 지진 피해의 직접적인 결과로만 본다면, 이 하락은 과도한 반응이다.

지진 이후 10일 동안 투자자들은 어떤 생각을 했을까? 물론 그것을 알아낼 엄밀한 분석은 불가능하다. 우리는 단지 이 기간 동안 고베 지진이 뉴스를 장악했고, 일본의 새롭고 다른 이미지를 만들어냈으며, 일본 경제에 대한 매우 다른 인상을 만들어냈을 수도 있다는 것을 알고 있다. 게다가 지진은 도쿄 중심부의 지진 발생 위험에 관한 논의를 촉발했다. 도쿄가 주요한 지진대에 속해 있다는 지리적 사실은 이미 누구나 알고 있었지만, 이 잠재적 문제에 대해서 더 많은 관심이 집중되었던 것이다. 도카이 리서치&컨설팅 사는 1923년과 같은 규모의 지진이 오늘날의 도쿄에 발생하면 그 피해액이 무려 1조 2,500억 달러에 달한다고 보고했다.[8]

고베 지진이 일본의 국내 금융시장에 미친 결과보다 더욱 이해하기 어려운 것은 그것이 외국의 주식시장에 미친 영향이다. 니케이가 5.6퍼센트 폭락한 날, 런던의 FTSE100지수는 1.4퍼센트 하락했고, 파리의 CAC-40지수는 2.2퍼센트, 그리고 독일의 DAX지수는 1.4퍼센트 하락했다. 브라질과 아르헨티나의 주식시장도 약 3퍼센트 하락했다. 이들 국가들은 당시에 지진의 피해를 전혀 겪지 않던 나라였다.

고베 지진이 세계의 주식시장에 미친 영향에 대한 최선의 해석은, 지진과 그 이후의 주식시장 폭락을 보도하는 뉴스가 투자자들의 관심을 사로잡아 더욱 비관적인 요인을 드러내도록 함으로써 관심의 캐스케이드를 촉발했다는 것이다.

뉴스에 대한 시장반응의 또 다른 사례는 언론의 관심이 어떻게 관심의 캐스케이드를 통해서 많은 투자자들이 보통은 말도 안 되고 이상하게 생각되는 그런 뉴스를 진지하게 수용하게 되는가를 보여준다. 대담한 시장 예측가인 조셉 그랜빌Joseph Granville에 대한 새로운 이야기가 계속 보도되면서 시장에 중요한 변동이 나타났던 것처럼 보인다. 이들 언론 보도의 유일한 실질적 내용은 그랜빌이 그의 고객들에게 주식을 사거나 팔도록 이야기하고 있다는 것과, 그랜빌 스스로가 매우 영향력이 있다는 것뿐이었다.

그랜빌의 행동은 쉽게 대중의 관심을 끌었다. 그의 투자 세미나는 별난 쇼였으며, 때때로 그의 테마송인 〈백홀더의 블루스The Bagholder's Blues〉를 피아노로 연주하는 훈련된 침팬지가 등장하기도 했다. 한번은 그가 왕관과 석판을 든 모세 차림을 하고 투자 세미나에 나타났다. 그랜빌은 자신의 예측 능력에 대해 얼토당토않은 주장을 했다. 그는 자신이 지진을 예측할 수 있고 일곱 번의 세계의 대지진 중 여섯 번을 예측했다고 주장했다. 「타임」은 "나는 나의 나머지 삶에서 주식시장 예측에 관해 중요한 실수를 저지를 것이라고 생각하지 않는다."라는 그의 말을 인용하기도 했다. 그리고 그는 노벨 경제학상을 받을 것이라고 예측했다.[9]

첫 번째 그랜빌 사건은 1980년 4월 22일 일어났다. 그가 자신의 추천을 매각에서 매수로 바꾸었다는 뉴스가 전해지자 다우지수는 30.72포인트, 즉 4.05퍼센트 급등했다. 이것은 1년 반 전인 1978년 11월 1일 이후 최고의 상승폭이었다. 두 번째 사건은 1981년 1월 6일, 그의 추천이 매수에서 매각으로 바뀌었을 때 발생했다. 다우지수는 1년 전이었던 1979년 10월 9일 이래 최대 폭으로 하락했다. 두 경우 모두 이러한 시장 변동의 원인이 될 만한 어떠한 뉴스도 존재하지 않았다. 그리고 두 번째 사건에 대해서는 「월스트리트 저널」과 「배런스」 모두 그 하락을 정확하게 그랜빌의 추천 때문인 것으로 보도했다.

그랜빌에 대한 언론 보도와 그의 예지 능력이 이러한 변화를 일으켰다고 믿을 수 있을까? 많은 사람들은 그랜빌 효과란 것이 뉴스 매체가 과장한 단순한 우연이 아닌지 궁금해했다. 우리는 그랜빌의 의견에 대한 계속된 뉴스 보도가 상당한 입소문 효과와 함께 사람들의 관심에 지속적인 영향을 미쳤다고 확신할 수 있다. 그리고 그의 발표와 그 즈음 나타난 주가 하락에 대한 대중의 반응은 이 캐스케이드에 의해 근본적으로 변화되었다고 할 수 있다.[10]

1929년 대폭락 시기의 뉴스

─── 1929년 주가 대폭락을 일으키는 데 뉴스 매체가 차지한 역할은 대폭락 이후부터 계속 논의되어왔다. 사실 몇몇 해석에 따르면, 역사학자들과 경제학자들에게 수수께끼는 대폭락 직전에는 중요한 뉴스가 전혀 없었다는 점이다. 그래서 사람들은 그 이후로 어떻게 이

기록적인 주식시장 대폭락이 아무 뉴스 없이 발생했는지 의문스러워했다. 무엇이 동시에 그 많은 투자자들로 하여금 한꺼번에 주식을 팔도록 했을까?

1929년 10월 28일의 주식시장 대폭락은 1987년 10월 19일 대폭락이 있을 때까지 하루 하락폭으로(이전 거래일의 종가와 그날의 종가를 비교했을 때) 최대였다. 당일 다우지수는 하루에 12.8퍼센트 폭락했다(그날의 고점에서 저점까지 측정하면 13.01퍼센트). 역사상 두 번째의 폭락이(1987년까지) 바로 그 다음 날 발생했다. 이날의 다우지수의 하락폭은 11.7퍼센트(그날의 고점에서 저점까지 측정하면 15.9퍼센트)였다. 1929년 이 이틀간의 주식 하락폭은 무려 23.1퍼센트였다. 이런 엄청난 주가 하락을 설명할 수 있는 어떤 뉴스가 있었던 것일까?

10월 29일 화요일 아침과 이전 주말의 주요 신문을 읽어보면, 시장의 펀더멘털에는 아무런 중요한 사건도 발생하지 않았음을 알 수 있다. 사실 그것이 신문들 스스로가 보도한 결론이었다. 당일 아침 신문들은 AP 통신Associated Press의 기사를 보도했다. 그것은 부분적으로 "지난 주말 아무런 나쁜 뉴스가 없었고 후버 대통령을 비롯해 주요 산업가와 은행가들의 낙관적인 논평이 예상되는 상황에서, 오늘 폭락에 대한 월스트리트의 유일한 설명은 지난주의 열광적인 분위기에서 간과되었던 많은 취약점들이 주말 동안의 면밀한 분석을 통해 드러났다는 것이다."라고 썼다. 「뉴욕 타임스」는 이 폭락을 "전반적인 신뢰의 약화" 때문이라고 보도했다. 그리고 「월스트리트 저널」은 "전반적인 기업 부문이 붕괴의 신호를 보이지는 않는다."면서 폭락은 "손해를 본 사람들의 불가피한 주식 매각"때문이라고 보도했다.[11]

그 당시에 어떤 뉴스들이 있었을까? 월요일 오전 현재, 주간통상위원회가 과도한 철도 수입의 일부를 징수할 것이라는 뉴스가 있었다. 유에스 스틸의 수익에 대한 호의적인 리포트가 있었다. 코네티컷 제조업자 연합회가 코네티컷에 이득이 되도록 부과금을 관세법의 조항에 도입하는 데 성공했다는 소식이 보도되었다. 또 무솔리니Mussolini가 "파시즘의 국민들과 기관들은 위기가 갑작스럽게 나타난다 해도 어떠한 위기도 헤쳐나갈 수 있다."라는 연설을 했다. 다음 프랑스 총리를 갈망하는 에두아르 달라디에Edouard Daladier는 그의 미래 내각의 외무부 장관을 발표했다. 그리고 7명을 태운 영국 항공기가 바다에서 실종되었다. 비행선 그라프 체펠린이 북극을 탐험할 계획을 발표했다. 리처드 비드Richard Byrd의 탐험대가 남극에서 전진하고 있었다.

블랙 먼데이 다음 날, 두 번째 대폭락이 발생한 화요일 아침 일찍 가격이 크게 하락한 주식을 찾아서 주요 금융가들이 이날 주식시장에 대해 대규모의 은행 지원을 하겠다고 단언한 것이 보도되었다. 만일 이것이 중요한 뉴스였다면, 이는 좋은 뉴스였다고 생각할 수 있다. 화요일 아침의 다른 뉴스들은, 두 상원의원이 농업과 산업 제품의 관세에 대해서 후버 대통령이 입장을 밝혀야 한다고 촉구했다, 상원의원 하이럼 빙엄Hiram Bingham은 로비 조사부Lobby Inquiry가 그를 부당하게 대우했다고 불평했다, 헝가리의 백작과 백작부인이 미국을 방문할 권리를 얻었다, 그리고 5명을 태운 다른 항공기가 실종되었다 등이었다.

이 모든 기사들은 매우 일상적인 뉴스일 뿐이었다. 만일 시장이 폭락할 이유가 있다면, 당시에 사람들이 알고 있던 뭔가가 확실히 발생했기 때문일 것이다. 그리고 이런 우려가 어떤 형태로든 뉴스에 나타났을 것이라고 생각해볼 수 있다. 아마도 신문을 더욱 주의 깊게 읽어보아야만 할 것이다. 주드 와니스키Jude Wanniski는 실제로 당일 월요일 아침의 「뉴욕 타임스」에 대폭락을 설명할 만한 기사가 있다고 주장했다. 이 1면의 기사는 아직 위원회에서 논의 중이던 스무트 홀리 관세Smoot-Hawley tariff가 통과될 가능성이 크다는 낙관적인 보도였다. AP 통신과 「유나이티드 뉴스United News」는 이 기사를 다음 날 1면 기사로 선택하여 10월 29일 화요일에 전국에 보도했다.[12]

스무트 홀리 관세가 미국의 기업이윤 전망에 악영향을 미쳤을 수도 있다고 생각한다. 사람들은 그 관세가 전반적으로 기업에게 도움이 될 것이라고 생각했을 수도 있다. 그리고 당시 많은 기업들도 관세를 원했다. 하지만 1929년 대폭락을 연구하는 역사가들은 관세가 다른 나라들의 보복 조치를 불러와서 정반대의 영향을 미쳤을 수도 있다고 주장했다. 앨런 멜처Allan Meltzer는 관세가 "왜 1929년의 불황이 그 이전의 통화긴축이 초래했던 결과와는 달리, 대공황이 되었는가"에 대한 이유가 될 수 있다고 주장했다.[13] 그러나 루디거 돈부시Rudiger Dornbusch와 스탠리 피셔Stanley Fischer와 같은 학자들은 1929년 국민총생산에서 수출이 차지하는 비중이 7퍼센트에 불과했으며, 1929년에서 1931년 기간 동안 수출 감소는 1929년 GNP의 1.5퍼센트에 지나지 않았다고 지적했다. 결국 이것이 대공황의 원인이었던 것 같지는 않다. 게다가 그들은 스무트 홀리 관세가 수출을 감소시켰는지도 불분명하다고 지적했다. 공황 자체가 수출을 부분적으로 감소시켰을 것이다. 돈부시와 피셔는 1922년 포드니 맥컴버Fordney-McCumber

관세가 스무트 홀리 관세만큼이나 관세율을 높였지만, 포드니 맥컴버 관세는 물론 그런 불황을 야기하지는 않았다고 주장했다.[14]

비록 스무트 홀리 관세의 통과 가능성이 높아진 것이 이만큼의 주가 폭락을 설명하는 데 충분히 중요하다고 해도, 우리는 이 법안이 통과될 가능성에 대한 사람들의 예측을 크게 바꾼 뉴스가 주말 동안에 있었는지 물어보아야 한다.

「뉴욕 타임스」의 기사 내용은 무엇이었을까? 10월 26일 토요일, 상원의원 데이비드 리드David Reed는 스무트 홀리 관세 법안이 위원회에서 종결되었다고 선언했다. 그러자 상원의원 리드 스무트Reed Smoot와 윌리엄 보라William Borah가 이에 반발했다. 「뉴욕 타임스」는 "그것이 리드 의원의 의견이라면, 그는 견해를 밝힐 권리가 있다고 생각한다. 그러나 그것이 금융위원회의 의견은 아니다."라고 한 스무트 의원의 말을 보도했다. 또한 보라 의원은 "내 의견은 관세 법안이 종결되지 않으리라는 것이다."라고 말했다.

다음날 10월 29일 아침, 「타임스」는 리드 의원이 그 법안은 종결되었다는 그의 견해를 되풀이했다고 보도했고, 이 쟁점에 관한 양측의 견해를 계속 인용했다. 비록 「뉴욕 타임스」의 원래 기사는 그 법안에 대해서 낙관적이었지만, 10월 29일 보도된 「유나이티드 뉴스」의 기사는 이에 대해 비관적이었다. 한편 「애틀랜타 컨스티튜션Atlanta Constitution」은 10월 29일 기사에서 "상원이 새로운 관세 법안의 통과를 포기"라고 헤드라인을 뽑았다.

그럼에도 불구하고 전형적인 정치적 논쟁인 상원의원들 간의 이러한 다툼이 중요한 뉴스가 되는지는 의문스럽다. 관세 법안에 관하여 비슷한 종류의 뉴스 기사들이 내내 쏟아져 나왔던 것이다. 1주일 전인 10월 21일 「뉴욕 타임스」는 관세 법안이 한 달 내로 통과될 것이라는 상원의 공화당 리더인 제임스 왓슨James Watson의 말을 보도했다. 10월 13일에는 스무트 의원이 후버 대통령에게 이 법안이 11월 20일까지 통과될 가능성이 있다고 이야기한 것이 보도되었다. 후버 대통령이 당선된 후, 관세 법안에 대한 낙관적인 뉴스와 비관적인 뉴스가 번갈아가며 보도되고 있었던 것이다.

1929년 10월 28일 월요일의 뉴스 기사 중에서 펀더멘털에 관한 뉴스보다 훨씬 더 중요했던 것은 며칠 전에 일어난 역사상 최악의 주가 폭락 사건이 사람들의 심리에 미치는 중요성에 관한 암시였다. 1929년 10월 24일, 소위 검은 목요일Black Thursday이라고 불리던 날에 다우지수는 한때 12.9퍼센트나 폭락했지만, 장 마감 전 회복되어 종가 평균은 전날 종가에 비해 2.1퍼센트 하락했다. 이 사건은 더 이상 뉴스가 아니었지만, 그것이 만들어낸 감정의 기억은 월요일의 분위기에 크게 영향을 미쳤다. 「뉴욕 타임스」는 월요일 오전판에서 다음과 같이 보도했다.

"월스트리트는 보통 일요일에는 시골 묘지처럼 황량하고 조용하지만, 이날은 은행가와 브로커들이 역사상 가장 힘든 한 주가 끝난 후 힘들게 일을 정리하느라 웅성거렸다.······ 오늘 아침 10시 새로운 거래의 시작을 알리는 종이 울리면, 대부분의 회사들은 그들의 일을 정리해놓고, 다음에 닥쳐올 일을 기다릴 것이다."

일요일 월스트리트의 분위기는 다음과 같이 묘사되었다.

"관광객들은 거리를 따라 산책을 하다가 지난주의 극적인 금융 사건의 중심지인 증권거래소 건물과 길 건너의 모건 은행 사무실을 호기심에 차서 쳐다보았다. 여기저기서 관광객들은 마치 전장의 방문객들이 기념품으로 총알을 주워가는 것처럼 거리에서 주식 속보기 테이프ticker tape의 슬립을 주웠다. 관광버스가 특별히 금융가를 운행했다."[15]

사실 바로 그 대폭락의 월요일 아침에 「월스트리트 저널」은 "책임 있는 자리의 모든 사람들은 기업 환경이 건전하다고 말한다."라고 시작하는 사설을 1면에 실었다.[16] 아마 「월스트리트 저널」의 사설 필진들은 시장이 안정되려면 믿음이 필요하다고 생각했을 것이다. 그들은 목요일의 대폭락 이후에 사람들의 이야기를 부분적으로 들었거나, 적어도 사람들이 주말이 지나고 어떻게 반응할 것인지에 대해 생각했을 것이다.

결국 1929일 10월 28일 발생한 대폭락은 너무 과도하게 커진 것이긴 하지만, 단지 이전 주에 발생한 사건의 반향이었을지도 모른다. 이에 대해 언론은 무엇이라고 보도했을까? 신문들은 역시 별다른 중요한 뉴스는 없다고 생각했던 것으로 보인다. 1929년 10월 27일 일요일, 「시카고 트리뷴Chicago Tribune」은 "주가 폭락은 미국 경제의 전반적 상황과는 별 무관한, 너무나 부풀려진 투기적 버블의 붕괴였다. 건물의 상단부가 너무 무거워서 그 자체의 무게 때문에 무너진 것이지 지진은 아니었다."라고 보도했다. 「뉴욕 타임스」 역시 "시장의 폭락은 근본적인 이유보다는 기술적인 이유 때문이었다."라고 보도했다. 개런티 트러스트 사에 의해 발표된 설문조사는, "지난 몇 주 동안의 매도 물결이 기업 환경 전반에 악영향을 미치는 심각한 문제들로

인해 나타난 것이라고 생각하는 것은 근본적인 잘못이다."라고 보고했다.[17]

시계를 좀 더 뒤로 돌려서 1929년 10월 24일, 검은 목요일 아침의 뉴스를 살펴보자. 역시 중요한 뉴스가 별로 보이지 않는다. 후버 대통령이 내륙의 수로를 건설한다는 계획을 발표했다. 그해의 애틀랜틱 리파이닝의 수익이 역사상 최고 수준이라고 보도되었다. 설탕 회사의 사장이 로비를 조사하고 있는 상원의 위원회에서 설탕에 대한 관세를 낮추기 위해 12월 이후 7만 5,000달러가 로비 자금으로 사용되었다고 증언했다. 카네기 펀드 보고서가 대학 운동선수에 대한 보조를 비판했다. 아메리카컵 위원회가 다음 요트 경주의 규칙을 발표했다. 대서양을 홀로 횡단 비행하려고 했던 아마추어 파일럿이 실종되었다고 보고되었다. 후버 대통령이 오하이오 강을 따라서 아름다운 선박 여행을 했다.

이 중 어느 것도 주식시장의 전망에 영향을 미칠 만큼 중요해 보이지는 않는다. 그러나 하루만 더 과거를 살펴보자. 검은 목요일의 전날인 수요일에는 주가가 크게 하락했고(다우지수의 수요일 종가는 화요일 종가에서 6.3퍼센트 하락), 총 거래량이 역사상 두 번째로 높았다는 뉴스가 있다. 그러면 우리는 이 1929년 10월 23일 수요일의 뉴스에서 폭락의 원인을 찾아야 할까? 수요일에는 역시 중요하게 보이는 전국적인 뉴스는 없지만, 과거의 시장 움직임에 대한 기사들이 나타난다. 신문들에서 가장 중요한 구체적인 뉴스 기사는 일관되게 주식시장 그 자체의 이전 변동에 관한 기사들이었던 것으로 보인다. 뉴스에서 가장 중요한 내용은 이 이전 변동의 원인에 대한 것으로 보이는데,

그것은 흔히 투자자의 심리에 관한 것이었다.

결국 1929년 주식시장 대폭락 사건들이 어떤 실제 뉴스 기사에 대한 반응이라고 생각하기는 어렵다. 대신 우리가 확인한 것은 주가 변동의 피드백 효과를 통해 작동하는 *네거티브 버블*과 시장에 대한 대중의 집착 강화와 함께 나타나는 *관심의 캐스케이드*이다. 이 연속된 사건들은 아래에서 살펴볼 1987년 폭락을 포함한 다른 시장 폭락의 경우들과 근본적으로 다르지 않은 것으로 보인다.

1987년 폭락 시기의 뉴스

────── 1987년 10월 19일, 주식시장은 하루 하락폭으로는 1929년 10월 28일이나 29일 기록의 거의 2배에 가깝게 폭락했다(이날까지는 1929년의 폭락이 역사상 하루 최대의 하락폭이었다). 나는 이 폭락이 투자자들에게 무엇이 그날의 중요한 뉴스였는지 직접 물어볼 좋은 기회라고 생각했다. 이번에는 1929년의 폭락을 연구한 이들처럼 투자자의 생각에 무엇이 중요한 뉴스였는지 언론의 해석에 의존할 필요가 없었다. 내가 알기로는 아무도 이런 기회를 이용했던 사람은 없었다. 폭락이 있던 주에 나는 기관투자가와 개인투자자들의 표본 집단 앞으로 설문지를 보냈는데, 이것은 투자자들이 그날 어떤 생각을 하고 있었는지 물어본 유일한 조사였다.[18]

이 1987년 조사에서 나는 시장의 견해의 변화와 관련이 있을 듯한, 폭락 이전의 며칠 동안 신문에 나온 모든 뉴스 기사와 폭락이 발생한 날의 아침 신문에 나온 뉴스들을 뽑았다. 그런 다음 투자자들에게 다음과 같이 물었다.

아래의 각 기사들이 1987년 10월 19일의 당신의 주식시장 전망에 대한 평가에 개인적으로 얼마나 중요했는지 말해주십시오. 이것들을 1에서 7까지의 척도에 따라 순위를 매겨주십시오. 1은 그 기사가 전혀 중요하지 않았다, 4는 어느 정도 중요했다, 7은 기사가 매우 중요했다라는 것을 의미합니다. 다른 사람들이 아니라, *당신이* 그때 이 기사들이 얼마나 중요하다고 느꼈는지 대답해주십시오.

나는 10개의 뉴스 기사를 포함했고, 11번째 난에는 공백에 응답자들이 그들 스스로의 선택을 쓸 수 있도록 '기타'라고 표시했다.

그 결과는 기관투자가와 개인투자자 사이에, 그리고 10월 19일 주식을 매수한 이와 매도한 이 사이에서 전반적으로 비슷했다. 응답자들은 모든 기사가 중요했다고 답변했다. 그들은 대부분의 뉴스 기사들에 적어도 4 이상을 매겨, 어느 정도는 중요했다고 대답했다. 3보다 작은 점수를 받은 유일한 뉴스 기사는 투자 전문가인 로버트 프렉터Robert Prechter가 10월 14일 보냈던 매도 신호였는데, 그것도 2 정도의 점수를 얻었다. 10월 19일 보도된, 미국이 이란의 석유 기지를 공격했다는 작은 전투에 관한 기사도 3점 이상을 받았다. 응답자들은 '기타' 난에 다른 뉴스들은 별로 쓰지 않았다. 그들은 폭락이 나타났을 때 보도된 뉴스 기사보다는 우려에 대해 주로 언급했다. 가장 공통적으로 제시된 대답은 너무 높은 부채 수준에 대한 우려였는데, 연방정부의 적자, 국가 부채, 혹은 세금 등이 다양하게 언급되었다. 대답을 직접 쓴 개인투자자들 중 3분의 1, 기관투자가들 중 5분의 1이 이와 같은 대답을 했다.

그러나 매우 놀랍게도 내가 뽑은 기사들 중 가장 높은 점수를 받은 뉴스 기사는, *과거의 주가 하락 자체*에 관한 것이었다. 응답자들에 따르면, 가장 중요한 뉴스 기사는 10월 19일 아침 다우지수가 200포인트 하락했다는 기사였다. 이 기사는 10월 19일 주식을 매도한 개인투자자로부터는 평균 6.54의 점수를 얻었고, 주식을 매도한 기관투자가로부터는 평균 6.05점을 얻었다. 이전 주의 기록적인 주가 하락(하락 포인트로 볼 때)이 두 번째로 중요한 뉴스라고 대답했다.

질문들 중 하나는 응답자들에게 폭락 당일 주가 하락에 대한 그들의 해석을 물어보았다.

"10월 14~19일 동안의 주가 폭락 원인에 대해서 당신이 어떻게 생각했는지 기억할 수 있습니까?"

응답자들이 공란에 그들 자신의 대답을 쓸 수 있도록 했고, 나는 대답들을 읽고 범주화했다. 전통적인 주가수익비율이 1987년 직전과 거의 같은 수준인 오늘날의 시장의 관점에서는 이상하게 보일지도 모르지만, 이 주관식 질문에 가장 공통적인 대답은 폭락 이전 시장이 너무 고평가되었다는 것이었다. 33.9퍼센트의 개인투자자들과 32.6퍼센트의 기관투자가들이 고평가를 언급했다. 비록 이 응답은 전체 대답의 절반보다 적었지만, 그렇게 많은 이들이 주관식 질문에 대한 대답에서 이것을 언급한 것은 주목할 만하다. 나는 또한 다른 질문에서 그들에게 폭락 직전, 주식시장이 고평가되었다고 생각했는지 물었다. 개인투자자의 71.7퍼센트(10월 19일 주식을 매도한 이의 91.0퍼센트), 기관투자가의 84.3퍼센트(10월 19일 주식을 매도한 이의 88.5퍼센트)

가 그렇다고 대답했다.[19] 이 주관식 질문에 대한 대답에서 다른 중요한 주제는 *기관 매도, 프로그램 매매, 손절매 혹은 컴퓨터 매매* 등으로 표현되는 기관의 손절매에 관한 것이었다. 개인투자자의 22.8퍼센트와 기관투자가의 33.1퍼센트가 그런 내용을 언급했다. 또한 폭락이 투자자가 정신이 나가서 그랬거나 혹은 투자자의 패닉이나 의견의 변덕스런 변화 때문이라고 서술한, 투자자의 비합리성에 관한 내용도 있었다. 개인투자자의 25.4퍼센트와 기관투자가의 24.4퍼센트가 이런 내용을 언급했다. 이 내용들 중에서 그 어떤 것도 폭락 자체가 아니라 뉴스 보도와 관계 있는 것은 없었다.

이 질문 바로 뒤에 나는 또 다른 질문을 했다.

"다음 중 어느 것이 주식시장 폭락에 대한 당신의 생각을 더 잘 설명합니까? 투자자의 심리에 관한 이론, 혹은 이윤이나 금리와 같은 펀더멘털에 관한 이론?"

기관투자가의 67.5퍼센트와 개인투자자의 64.0퍼센트가 투자자의 심리에 관한 이론을 선택했다.

따라서 1987년 주식시장의 폭락은, 4장에서 논의되었듯이 네거티브 버블을 따라 가격의 하락이 매도로 이어지고 따라서 추가적인 가격 하락이 발생하는, 일반 투자자들 사이의 *심리적 피드백 순환*과 밀접한 관련이 있었던 것으로 보인다. 이 폭락은 분명히 폭락 자체가 아니라 다른 어떤 뉴스 기사와는 특별히 관련이 없었던 것으로 보이며, 오히려 다른 투자자들의 매도 이유와 그들의 심리에 관한 이론과 관련이 있었던 것으로 보인다.

주식시장 폭락에 대응하여 로널드 레이건 대통령은 전 재무부 장관 니콜라스 브래디Nicholas Brady를 위원장으로 하는 연구위원회를 설립했다. 그는 브래디 위원회에 무엇이 주가 폭락을 가져왔고 어떤 대응이 이루어져야 하는지 연구하도록 요청했다. 일반적으로 투자 전문가들은 공식적으로 그런 사건들의 원인을 설명하는 것을 불편해했고, 주가 폭락에 관한 많은 보고들은 궁극적 원인과는 다른 부분에 대해 초점을 맞추곤 했다. 그러나 브래디 위원회의 위원들은 미국의 대통령으로부터 주가 폭락에 대해서 연구하라는 명령을 받았던 것이다. 그 결과로 우리는 모든 관련 사실들을 수집하고 1987년 대폭락을 설명하는 주요한 노력이 담긴 보고서를 갖게 되었다. 그들은 요약에서 주식시장 폭락에 대한 설명을 다음과 같이 제시했다.

10월 중순의 시장 급락은 특정한 사건들에 의해 촉발되었다. 높은 금리 상승으로 이어진 예상치 못한 상품 무역수지의 적자, 그리고 많은 인수 후보 기업들의 주가 폭락을 가져다준 세금 개정안 등. 이 최초의 하락이 포트폴리오 보호장치portfolio insurance를 채택한 많은 기관들과 상환에 대비한 소수의 뮤추얼펀드 그룹들의 기계적이고 가격을 무시한 주식 매도를 촉발했다. 이들 투자자들에 의한 매도와 그들이 더 매도할 것이라는 전망이, 많은 공격적인 거래 지향적 기관들로 하여금 미래의 추가적인 가격 하락을 예측하여 주식을 매도하도록 자극했다. 이 기관들에는 헤지펀드뿐 아니라, 소수의 펜션, 기금 펀드, 그리고 자산관리회사와 투자은행들이 포함되었다. 이 매도가 다시 포트폴리오 보험업자와 뮤추얼펀드들의 추가적인 매도로 이어졌다.[20]

브래디 위원회의 결론은 내가 설문조사에 기초하여 끌어낸 결론과 어떤 점에서 매우 비슷했다. '가격을 무시한 매도'란 가격 하락에 반응하여 나타나지만, 매도가 종료되기 전에 얼마나 낮게 가격이 떨어져도 상관없다는 매도—어떤 가격에서도 팔아치우는—를 의미한다. 매우 중요하게도 브래디 위원회는 여기서 주가의 폭락이 내가 피드백 순환이라고 부른 것에 의해 발생했다고 말하고 있었다. 즉, 최초의 가격 하락이 더 많은 투자자들이 시장을 탈출하도록 만들었으며, 따라서 추가적인 가격 하락으로 이어졌다는 것이다. 사실상 브래디 위원회는 1987년 폭락이 네거티브 버블이었다고 말하고 있었다.

나의 연구에 비해서 브래디 위원회의 연구가 가진 강점은 그들이 주요한 투자기관들의 정보에 누구보다도 더 잘 접근할 수 있었다는 점이다. 그들의 연구는 나의 연구를 보완하여, 결국 주가 폭락 과정에 피드백 순환이 작동했다는 것을 보여준다. 그러나 그들의 결론은 뉴스 기사의 내용이 중요했다고 생각하는 점에서는 나의 결론과 약간 다르다. 또한 그들의 연구는 많은 매도가 심리적이거나 무리 짓기와 같은 것이 아니라, '기계적' 혹은 '반응적인' 것이라고 주장한다.

내 연구에 따르면, 브래디 위원회가 언급한 상품수지 적자와 높은 금리 상승 등의 뉴스들이 투자자의 생각에 중요하게 영향을 미쳤다고 볼 수 없다. 설문조사에서 나는 이것들을 뉴스 기사의 목록에 포함했고, 응답자로부터 미온적인 대답을 얻었다(대부분 4점대의 점수). 게다가 무역적자와 금리의 장기적인 추이를 살펴보면, 역사적인 관점에서 볼 때 특히 눈에 띄는 갑작스런 단절은 없었다. 또한 무역적자나 금리에 관해서는 거의 아무것도 발생하지 않았다.

나는 브래디 위원회가 언급한 세금 법안의 제안에 대해서는 관심을 기울이지 못했기 때문에, 나의 설문지의 뉴스 기사 목록에는 그것이 빠져 있다. 이 뉴스는 폭락 5일 전인 10월 14일 보도되었고, 내가 보기에는 주가 폭락일까지 대중의 중요한 관심사가 아니었다. 하원 의원 댄 로스텐코스키Dan Rostenkowski의 하원세입위원회가 기업 인수를 저해하는 결과를 가져올 세금 법안을 고려하고 있었다. 또한 주가 폭락의 해설가를 자처하는 많은 사람들은 자본이득세 조항의 개정이 효율적인 시장에서 주가에 근본적으로 중요한 영향을 미친다고 생각했다.

나는 이 뉴스 기사들의 잠재적인 중요성을 생각하고, 다시 설문지를 뒤져서 얼마나 많은 응답자들이 '기타' 항목에 이를 언급했는지 살펴보았다. 그 결과, 605개의 개인투자자의 응답 중에서 이에 관한 것을 하나도 찾지 못했고, 284개의 기관투자가의 응답 중에서는 이와 관련된 응답을 겨우 3개 발견했다. 확실히 이 뉴스 기사가 폭락의 주요 원인으로는 보이지 않는다.[21]

브래디 위원회는 '포트폴리오 보호장치'라 불리는 기관투자가들의 전략에 대해 크게 강조하고 있다. 포트폴리오 보호장치는 버클리 대학교의 헤인 릴랜드Hayne Leland와 마크 루빈스타인Mark Rubinstein 교수가 개발한 손실 감소 전략인데, 1980년대의 많은 기관투자가들이 이를 채택했다. 포트폴리오 보호장치란 사실 잘못된 이름이다. 이 전략은 단지 주식을 매도하는 계획일 뿐이다. 그것은 복잡한 수학 모델에 기초한 것이지만, 사실은 주가가 하락하기 시작하면 주식을 매도하고 시장을 탈출하는 절차를 공식화한 것에 다름 아니다. 포트폴리오 보호장치에 대한 1980년의 논문에서 릴랜드 스스로도 그렇게 인정했다.

"승리자와 함께 뛰고 손실을 줄여라. 그리고 새로운 고점에서 매도하고 새로운 저점에서 매수하라. 이와 같은 주먹구구식 법칙들은 특정한 타입의 투자가들을 위한 최적의 동학적 거래 전략optimal dynamic trading strategies과 유사한 것으로 보일 수도 있다."[22]

따라서 포트폴리오 보호장치를 사용하여 투자자들은 언제나 자연스럽게 수행하는 일들을 단지 조금 더 수학적으로 정확하고 주의 깊게 수행하는 것이다. 그러나 이 멋있는 새로운 이름, '포트폴리오 보호장치'는 해당 전략이 신중하고 합리적이며 고도의 기술이라는 이미지를 전달한다. 그리고 이러한 전략의 출현은 많은 투자자들이 과거의 주가 변동에 더욱 민감하게 반응하도록 만들었다.

다수의 기관투자가들이 포트폴리오 보호장치를 채택한 것은 일종의 유행이었다. 정교한 것이긴 해도 결국 유행이었다. 그것이 특정한 이름(*포트폴리오 보호장치*란 단어는 1980년 이전에는 사용되지 않았다)을 갖게된 이후로 이 단어가 언론에 등장하는 횟수를 가지고 투자자의 유행을 추적해볼 수 있다. 나는 경제 언론의 데이터베이스인 ABI/INFORM에서 이와 같은 조사를 해보았는데, 1980~1983년에는 이 단어가 겨우 1번 등장했고, 1984년에는 4번, 1985년에는 6번, 1986년에는 41번, 그리고 1987년에는 75번 등장했다. 포트폴리오 보호장치에 대한 언급은 단순한 입소문 전파 모델word-of-mouth epidemic model의 특징을 지닌 안정적 성장 경로를 따라 증가했는데, 이 전파 모델은 9장에서 살펴볼 것이다.[23]

즉, 포트폴리오 보호장치의 발전은 1987년 폭락이 있기 직전에 투자자들이 과거의 주가 변동에 반응하는 방식을 변화시켰던 것이다.

아마도 포트폴리오 보호장치처럼 구체적으로 프로그램화되지 않았기 때문에 우리가 직접적으로 관찰할 수 없는, 피드백 순환의 특성 변화들도 나타났을 것이다. 그러나 중요한 점은 폭락 당시에 보도되었던 뉴스 기사가 아니라, 피드백 순환의 특성 변화가 바로 폭락의 핵심적인 원인이었다는 것이다.

피드백은 많은 요인들에 의해 수정될 수 있으며, 뉴스 매체 자체도 확실히 영향을 미친다. 「월스트리트 저널」은 1987년 폭락 당일 아침, 1980년대 다우지수의 그래프를 싣고, 바로 그 아래에 1920년에서 1929년 폭락 직후 몇 달까지의 그래프를 함께 실었다.[24] 두 그래프는 같은 위치에 자리하고 있어서 1929년의 폭락이 재발할 수도 있음을 의미하는 듯했다. 투자자들은 이 그래프들을 1987년의 폭락이 실제로 시작되기 전 아침 식사 시간에 볼 수 있었을 것이다. 「월스트리트 저널」은 그날 폭락이 시작될 수도 있다는 가능성을 공개적으로 제시했던 것이다. 물론 이것은 1면 기사가 아니었고, 어떤 기사 자체도 폭락을 일으키는 데 결정적이지는 않았다. 그러나 폭락 당일 아침 신문에 실린 이 작은 기사와 그래프가 아마도 주요한 투자자들이 폭락의 가능성을 더욱 경계하도록 했을 것이다.

1987년 10월 19일 아침 주가가 급락하기 시작했을 때, 폭락의 원형인 1929년 대폭락에 대한 기억이 많은 사람들로 하여금 '그것'이 다시 일어나는 것은 아닌지 의문을 가지게 만들었다. '그것'은 「월스트리트 저널」에서 언급했듯이 1907년 폭락이나 1932년의 폭락, 그리고 당시에는 거의 완전히 잊혀진 다른 역사적인 주식시장의 사건들이 아니라, 바로 대폭락이었다. 바로 그날 역사상 최악의 폭락이 일어날 수도 있다는 관념적 이미지가 최초의 주가 하락에서 이후의 추가적 하락으로의 피드백을 더욱 강화시켰을 수 있다. 이 이미지는 또한 주가가 회복되기 전에 얼마나 많이 하락할 것인가에 대해서 암시했는데, 바로 이것이 실제로 주가가 얼마나 떨어질 것인지 결정하는 핵심적인 요인이었다. 사실 1987년 10월 19일 하루에 다우지수는 실제로 1929년 10월 28과 29일 떨어진 것과 거의 같은 폭으로 하락했다(1987년 22.6퍼센트, 1929년 23.1퍼센트). 이 두 경우 모두 거의 비슷하게 주가가 폭락한 것은 단지 우연일지도 모른다. 특히 1987년 폭락은 하루가 아니라 이틀이 걸렸고, 1929년에 시장이 얼마나 폭락했는지 알았던 1987년의 투자자들은 별로 없었기 때문이다. 반면에 많은 사람들은 1929년 폭락의 정도에 대해서 대략의 생각은 가지고 있었으며, 그것 외에는 투자자들에게 1987년 10월 19일 시장이 언제 하락을 멈출 것인지 암시하는 구체적인 정보가 거의 없었다.

투자자의 이론과 방법이 시간에 따라 변화하기 때문에 1987년 폭락 시기에 변화한 피드백은 끊임없이 변화하는 주가—주가price-to-price 피드백의 단지 한 사례로 생각해야만 한다. 변화한 피드백을 오직 포트폴리오 보호장치로 나타난 기술적 혁신의 결과로만 묘사하는 것은 잘못이다. 포트폴리오 보호장치를 실행하는 것은 컴퓨터이지만, 그 도구를 도입할지, 그리고 하락장에서 그것을 얼마나 신속히 실제로 적용할지를 결정하는 것은 역시 사람들이다. 또한 포트폴리오 보호장치가 사용되는 것을 인식하고, 다른 투자자들이 이 전략을 사용한다는 생각에 기초하여 과거의 주가 변동에 대해 그들 스스로의 반응을 적응시킨 다른 사람들도 물론 많이 존재한다.

우리에게 포트폴리오 보호장치는 이런 맥락에서만 흥미롭다. 왜냐하면 그것은 어떻게 사람들의 생각이 변화해서 주가 변동의 피드백이 추가적인 주가 변동을 불러오고 따라서 주가의 불안정성을 야기하는지 구체적으로 보여주기 때문이다.

세계적인 언론 문화

——— 우리는 1장에서 많은 나라들의 주식시장 움직임이 놀랄 만큼 비슷하고, 2장에서 전 세계 많은 도시들의 주택시장 움직임도 놀랄 만큼 비슷하다는 것을 살펴보았다. 통상적인 경제 변수들은 이에 관한 뚜렷한 이유를 제시하지 않기 때문에 이러한 유사점은 일종의 수수께끼라 할 수 있다. 한 나라의 가격에서 다른 나라의 가격으로 상호 피드백의 결과로서 이러한 유사점이 직접 나타나는 것 같지는 않다. 이 유사점의 이유들 중 하나는 분명 세계적 문화의 후원자로서, 그리고 특정한 가격들이 급등하고 급락하는 것을 걱정하는 투기적인 글로벌 문화의 후원자로서 세계적인 언론의 존재일 것이다.

파리 사람들은 영국 텔레비전과 영국 신문을 거의 보지 않으며, 런던 사람들은 프랑스 텔레비전과 프랑스 신문을 거의 보지 않는다. 그럼에도 이 언론들에 글을 쓰는 사람들은 분명히 다른 나라의 기사들을 예의 주시한다. 그것은 전문가로서 그들이 배운 기술의 하나이다. 물론 뉴스, 특히 진지한 뉴스의 기자들은 중요한 뉴스를 놓치지 않기 위해 다른 나라의 뉴스를 읽어야 할 의무를 느낀다. 그러나 그것 말고도, 기자들은 훌륭한 카피를 만들어내는 가장 좋은 방법이 다른 이들의 성공에 올라타는 것임을 경험으로 알고 있다. 해외의 뉴스 매체에 연속적으로 나오는 이야기들은 훌륭한 기사라는 신호이며, 그런 이야기가 국내의 기호와 상황에 맞게 약간의 수정과 조정을 거쳐 복제되면 국내에서도 쉽게 그런 성공을 거둘 수 있다.

경제학자들은 나라들 사이에 유사점을 만들어내는 힘으로서 뉴스 매체에 관해 거의 이야기하지 않는다. 대중은 경제학자들이 전 세계의 신문에 등장하는 기사들을 해석하는 것이 아니라 금리와 환율과 같은 것들의 영향을 계산해야 한다고 기대한다. 우리는 일반 대중이 보통 문화와 심리가 시장에 중요한 영향을 미친다고 생각하지 않는다는 것을 앞서 살펴보았다. 그리고 경제학자들, 특히 그들의 주장을 광범위한 대중에게 주로 전달해야 하는 기업 경제학자들은 대중의 기대에 부응하려고 노력하는 것이 당연히 자신에게 도움이 된다고 생각한다. 이러한 경제학자들의 행태는 시장 변동의 원인에 관한 대중의 인상을 강화시킬 뿐이다.

미국의 주식시장이 다른 나라들의 시장들에 커다란 영향을 미치는 이유들 중 하나는 미국이 세계 언어로서 등장한 영어를 사용한다는 점이다. 영어를 아는 해외의 기자들에게 독일이나 브라질의 기사들보다 미국이나 영국의 기사들에 반응하는 것이 훨씬 더 쉬운 일이다. 뉴스 기사를 쓰는 것은 빡빡한 마감시간이 있는 작업이다. 수많은 기자들은 다른 국가의 영어로 된 기사를 골라, 그것을 여차하면 국내적인 이야기로 바꾸는 능력을 지니고 있다. 그것은 틀림없이 성공하는 전략이다. 원래 기사가 영어라 해도, 어떤 시청자나 독자도 기자가 그 기사를 해외로부터 가져왔는지 거의 모를 것이다. 그러나 덜 사용되는 언어의 기사를 사용하여 그렇게 한다면, 대다수 기자들은 심각한 어려움을 겪을 것이다.

1980년대 중반 보스턴의 주택시장 호황이 런던과 파리, 그리고 시드니로(〈그림 2-3〉이 보여주듯이) 전파된 것은 앞선 호황 때 등장했던 이야기가 호황을 먼저 경험한 나라들의 시장에서 검증되었고, 다른 나라들에 복제되었기 때문이다. 그 이야기는 베를린이나 도쿄로는 퍼져나가지 않았는데, 이는 그 이야기가 취약한 경제로 불황을 겪고 있는 그런 나라들에서는 신뢰를 얻기 어렵기 때문이다. 주택시장의 호황과 관련된 이야기는 엄청난 경제적 성공의 이야기이며, 이런 종류의 이야기가 모든 곳으로 전파되지는 않는다. 언론의 전문가들은 어떤 이야기가 자신의 나라에서 성공적으로 베껴질 만한 시기가 무르익었는지 아닌지를 본능적으로 알고 있다.

해외의 이야기는 매력적인 국제도시들에 살고 있는 사람들이 좋아하는 언론 매체에서(지식인의 신문과 같은) 특히 반응이 좋다. 사회학자 로버트 K. 머튼Robert K. Merton은 세계에 두 종류의 사람들이 있다고 주장했다. 바로 세계인(스스로 전 세계를 지향하는 사람)과 지역인(스스로 그들의 마을이나 도시를 지향하는 사람)이다.[25] 세계인은 전 세계에 걸쳐서 공유되는 문화를 지니고 있다. 세계의 국제적 도시들에 사는 사람들은 뉴스 매체의 도움을 받아, 그들 나라의 시골 사람에 비해 멀리 있는 국제적 도시들에 사는 다른 사람들과 문화적으로 더 가까워진다(언어의 장벽에도 불구하고). 이를 고려하면 이 도시들의 주택가격이 흔히 함께 움직이는 것은 놀랄 만한 일이 아니다.

투기적 버블을 전파하는 뉴스 매체의 역할

───── 주식시장에서 뉴스 매체의 역할은 흔히 생각되듯이, 단지 경제적으로 중요한 뉴스 자체에 직접적으로 반응하는 투자자에게 유용한 수단으로 그치는 것이 아니다. 언론은 대중의 관심과 사고의 범주를 적극적으로 만들어내고, 우리가 목격하는 주식시장의 투기적 사건들이 발생하는 환경을 창출해낸다.

이번 장에서 제시한 사례들은 뉴스 매체가 독자들의 흥미를 끌려는 노력을 통해서 투기적 가격 운동의 핵심적인 전파자 역할을 담당한다는 것을 보여준다. 그들은 대중이 이미 목격한 주가의 움직임에 관한 뉴스를 통해 관심을 더욱 자극하려고 노력하고, 따라서 가격의 변화를 더욱 두드러지게 하며, 사람들의 관심을 집중시킨다. 혹은 사람들에게 과거에 발생한 사건들이나 다른 사람들이 채택한 가능성이 높은 거래 전략을 환기시켜주기도 한다. 이런 식으로 언론은 때때로 과거의 주가 변화로부터 추가적인 주가 변화로의 피드백을 더욱 강화하고, 내가 여기서 관심의 캐스케이드라고 이름 붙인, 다른 연속적인 사건들의 발생을 촉진한다. 물론 이것이 뉴스 매체가 수동적인 시청자나 독자에게 강요하는 강력한 힘이라고 주장하는 것은 아니다. 언론은 매스커뮤니케이션의 경로와 대중문화에 대한 해석을 보여주지만, 대중문화는 그 자체의 내재적인 논리와 과정을 지니고 있다. 우리는 다음 장에서 우리의 문화에 존재하는 몇몇 기본적인 생각들을 살펴볼 것이다. 시간에 따른 이들 생각의 변화는 주식시장의 투기적 상황의 변화와 관련이 깊다.

6장

새로운 시대라는
경제적 사고

투기적인 시장의 상승은 흔히 미래는 과거보다 더욱 밝고 덜 불확실할 것이라는 대중의 인식과 관련이 있다. 이런 시기를 묘사하기 위해 '*새로운 시대*new era'라는 용어가 정기적으로 사용되어 왔다.

물론 새로운 시대라는 인식은 어느 정도 타당성이 있다. 20세기의 전반적인 추세는 생활수준의 향상과 개인에 대한 경제적 위험의 감소였다. 여러모로 볼 때, 정말로 세계는 점진적으로 새롭고 더 나은 시대로 성장해왔다. 그러나 새로운 시대라는 대중적인 사고의 가장 뚜렷한 특징은 그것이 연속적으로 나타나는 것이 아니라 주기적으로 나타난다는 점이다.

새로운 시대에 관한 대중문화의 비정기적인 언급과는 달리, 역사적으로 여러 시기에 새로운 시대를 주장했던 경제학자들이나 다른 영향력 있는 논평가들은 보통 단어의 선택에 매우 조심한다. 흔히 그들은 장기적 경향이 지속되는 것을 믿고 있는 것 같다.

때때로 경제학자들은 데이터에 너무 주목한 나머지 사람들이 새로운 시대의 전조라고 생각하는 기술이나 제도 변화의 최근 특성을 간과하여 본질을 놓치고 있는지도 모른다. 그러나 더욱 자주 뭔가를 놓치고 있는 것은 바로 일반 대중이다. 이들은 갑자기 대중적이 된 새로운 시대의 이야기에 과민 반응하고, 가장 최근의 이야기와 과거에 수없이 등장했던 비슷한 이야기의 기본적인 유사성을 간과한다.

예를 들어, 1990년대 중반 인터넷의 등장은 통신과 유통 시스템의 혁신을 의미했기 때문에 많은 논평가들은 경제의 생산성을 제고시켜 줄 근본적인 변화로 해석했다. 그러나 인터넷이 정말로 경제 성장을 촉진할 통신과 유통 시스템인지 알기를 바란다면, 먼저 그것을 우편 서비스, 철도, 전신, 전화, 자동차, 비행기, 라디오, 그리고 고속도로 등으로 대표되는 과거의 비슷한 시스템들과 비교해야만 한다. 이 모든 네트워크들은 훨씬 구식이었던 과거 경제의 전환을 촉진하며 심대한 영향을 미쳤다. 이것들이 당시 경제의 성장에 미친 영향보다 인터넷이 오늘날 우리 경제의 성장에 미치는 영향이 더 중요하다고는 주장하기 어렵다. 그런데도 보통 대중은 이러한 과거의 역사적 사건들을 생각하지 않는다.

다양한 시기에 다양한 방식으로 새로운 시대라는 사고에, 혹은 다른 어떤 대중적인 경제이론에 대중이 영향을 받는 느낌을 꼬집어 말하기는 어렵다. 예를 들어, 설문조사 작업을 통해 사고의 변화를 추적하기는 어렵다. 왜냐하면 어떤 특정한 사고에 대해 사람들에게 물어보는 것은 그 사고가 대중적으로 큰 관심을 끈 *다음에야* 가능하기 때문이다.

우리는 컴퓨터화된 데이터베이스 분석을 통해 특정한 경제 용어가 언론이나 출판에 등장하는 빈도가 어떻게 변화했는지 알 수 있다. 그러나 시간에 따라 용어의 활용도 미묘하게 변하는데 이런 연구는 허술한 상황이다. 나는 *새로운 시대*라는 말이 지난 몇 년 동안 얼마나 자주 사용되었는지 살펴보려고 했지만, 그 용어가 서로 다른 맥락 속에서 너무나 다양하게 사용되어서 해당 구절의 검색만으로는 의미 있는 결과를 얻을 수 없었다. 한편 나는 '새로운 시대의 경제new era economy'라는 용어를 렉시스 넥시스 데이터베이스에서 검색해보았다. 이 용어는 「비즈니스 위크Business Week」가 1997년 7월 커버스토리에 올린 것으로, 몇 달 전 있었던 '비이성적 과열' 연설 이후 앨런 그린스펀의 '사고의 전환점'을 보여주는 구절인데, 그와 관련된 것으로 알려지기 전까지는 널리 통용되지 않았다.[1] 새로운 시대의 경제는 그 후로 2000년 주식시장의 고점 때까지 계속 사용되었다(이 용어를 한 명의 영향력 있는 인물에 관련시킨 것은 어떻게 개별적인 행위자나 언론의 기사가 대중의 생각을 변화시킬 수 있는가를 보여주는 놀라운 사례이다).

사실 새로운 시대라는 말이 사용된 것은 「비즈니스 위크」가 처음은 아니었다. 「보스턴 글로브Boston Globe」는 1997년 6월 몇몇 기사에서, '새로운 시대 이론', '새로운 시대 이론가', 그리고 '새로운 시대 학파'라는 표현을 썼으며, 프루덴셜 증권의 기술 분석가 랠프 아캄포라Ralph Acampora를 이 학파의 한 사람으로 규정했다. 1997년 8월, 폴 크루그먼Paul Krugman은 「하버드 비즈니스 리뷰Harvard Business Review」에 새롭게 등장한 새로운 시대 이론을 비판하는 논문을 실었고, 그 이후 이 단어는 더욱 널리 사용되었다.[2] 넥시스 데이터베이스를 검색해보면, 1997년 이전의 10년 동안은 *새로운 시대*라는 말이 낙관적인 경제적 전망을 나타내는 의미에서 단지 드물게만 사용되었다. 말하자면 거의 통용되지 않았던 것이다.

그런데 1997년경에 '새로운 시대' 이야기가 확산된 것이 미국과 다른 나라들에서 주식시장 호황이 시작된 시기와 거의 일치한다는 사실은 신기한 일이다. 1997년에 호황이 시작된(〈그림 2-3〉) 곳은 보스턴, 로스앤젤레스, 파리, 그리고 시드니였다. 런던의 주택가격 상승은 1년 이상 늦게 시작되었다.

경제를 묘사하기 위해 *새로운 시대*라는 표현이 쓰인 것은 1990년대 주식시장이 크게 상승하여 사람들이 놀라기 시작한 이후부터이다. 그래서 새로운 시대에 관한 모든 기사들은 주식시장과 관련이 있다.[3] 이것은 몇몇 경제학자들이 국민소득 데이터나 현실의 경제적 전망에 관한 데이터를 살펴보고 새로운 시대를 주장한 것과는 관련이 없다. 새로운 시대 이론은 주로 주식시장의 호황에 관한 사후적 해석으로서 등장했다. 어쩌면 당연한 일이기도 했다. 사실 주식시장의 호황이 각별한 해석을 필요로 할 정도로 극적이었던 것이다. 이와는 대조적으로, 국내총생산 성장률의 상승은 이를테면 2퍼센트에서 3퍼센트로 올라갔다 해도 경제학자들에게는 흥분되는 일일지도 모르지만, 일반 대중에게는 주식시장만큼 인상적이지 못했다. 성장률도 그리 크지 않았고, 대중이 이해하기 어려웠으며, 날마다 쏟아지는 화려한 주식시장 관련 뉴스에 비해서는 매력이 떨어졌다.

언제나 시장이 새로운 고점에 다다르면, 대중 연설가나 작가나 다른 유명인사들이 갑자기 등장해 시장에서 나타나는 명백한 낙관론에 대해 설명한다. 기자들이라고 해서 타이밍을 항상 맞추는 건 아니며, 오히려 시장을 변동시키는 것은 이들 위대한 사람들의 이야기라고 주장할 수도 있다. 물론 유명인들이 확실히 시장에 영향을 미칠 수도 있지만, 이러한 주장들은 흔히 시장의 변동을 따라서 나타난다. 그런데도 그들이 퍼뜨리는 새로운 시대라는 사고는 호황이 유지되고 증폭되는 과정의 일부일 뿐이다. 그러니까 우리가 이미 살펴본, 투기적 버블을 일으킬 수 있는 피드백 메커니즘의 일부라는 것이다.

시장의 합리성을 옹호하는 이들은, 새로운 시대에 관한 이론이 실제로 호황의 원인일 수 있다고 해도 이런 주장들에 관한 뉴스가 호황 이전에 꼭 나타날 필요는 없다고 지적할지도 모른다. 물론 새로운 시대 이론에 관한 대부분의 언론 보도들은 주식시장 호황과 함께 나타나거나 그 이후에 나타난다는 사실에도 불구하고, 기술적으로 입소문의 논의들이 실제로 호황에 선행하고 호황을 야기할 수도 있다. 뉴스 매체들이 이러한 논의들을 한 발 늦게 인식할 수도 있는 것이다.

그러나 일반 투자자인 대중으로부터 관찰되는 사고 패턴의 특징을 고려하면, 시장의 합리성에 관한 이러한 옹호는 별로 그럴 듯하지 않다. 대중은 미래의 기업 부문에 대한 합리적인 논의에 대해서는 전혀 관심이 없다. 따라서 이들이 과거의 주가 상승과 무관한 기업이윤의 새로운 시대에 대한 비밀스런 생각을 마음속에 품고 있었을 것 같지는 않다.

대다수 사람들은 전체 경제의 장기적인 경제 성장 전망에는 관심이 없는 것처럼 보인다. 경제이론은 그들이 합리적으로 행동한다면 그것에 관심을 가져야만 한다고 주장한다. 그러나 사실 이런 주제는 너무 추상적이고, 지루하며, 혹은 기술적이다. 대중들은 미래의 기술 발전에 관해 관심을 갖지만—예를 들면, 어떤 놀라운 성능을 지닌 컴퓨터가 새로 등장할 것인가 하는—몇 년 후 기업들의 수익을 측정하는 데는 별로 관심이 없다. 오늘날 미국 기업의 수익을 어느 정도 정확하게 알고 있는 사람이 얼마나 될까? 아마 매우 적을 것이다.

역사는 때때로 몇몇 중요한 사건들이 겉으로 드러나기 전까지는 언론이나 대중적인 논의에서 포착되지 않는 대중적 여론의 은밀한 힘들이 존재함을 보여준다. 그러나 대중적 여론에서 이러한 흐름은 보통 개인적인 관찰에 기초한 순진한 이론이나 소수 그룹, 혹은 외국에 대한 근거 없는 편견과 관련된 것이다. 대중은 경제성장률에 관한 비밀스런 의견을 마음속에 품고 있지는 않다.[4]

통념은 주식시장의 변화를 시장이 새로운 시대 이론에 반응한 것으로 해석한다. 사실 기자들이 주식시장의 움직임을 정당화하기 위해 노력하는 것처럼, 많은 경우 주식시장이 새로운 시대 이론을 *만들어내는* 것으로 보인다. 이런 상황은 사람들이 떨리는 손의 운동을 해석하여 미래를 점치는 데 사용하는 일종의 위저 보드(심령술사들이 점괘를 뽑을 때 사용하는 판—옮긴이)를 연상시킨다. 혹은 주식시장은 의미를 알 수 없는 예언을 들려주는 신비로운 신탁과도 비슷해 보인다. 우리는 전문가들에게 그 예언에 대해 해석을 부탁하고, 위태롭게도 그들의 해석을 권위 있는 것으로 받아들인다.

이 장을 통해 나는 미국에서 과거 주식시장과 부동산시장 호황기에 나타났던 새로운 시대라는 사고를 분석한다. 아울러 새로운 시대가 진행될 때 사람들이 생각하는 바를 보여주는 몇몇 지표를 제시할 것이다. 동시대의 기사와 인용들이 사람들의 생각과 관심사를 가장 직접적으로 보여주기에 나는 이것들을 자유롭게 인용할 것이다.

1901년의 낙관론: 20세기의 고점

───── 1장에서 살펴보았듯이, 1881년 이후 주가수익비율에서 세 번의 주요한 고점 중 첫 번째는 20세기가 막 시작된 1901년 6월에 있었다. 주가는 이전 12개월 동안 급상승했고, 1901년 중반에는 실제로 투기적 열광이 보고되었다.

"1901년 4월 동안에 나타난 폭발적인 투기는 투기적 열광의 역사에서 전례가 없던 것이었다. …… 신문들은 호텔 웨이터, 사무실의 점원, 경비와 양재사들까지도 투기를 통해 큰돈을 벌었다는 기사들로 가득했다. 이것이 대중의 사고에 미친 영향은 짐작할 만하다."[5]

1901년 1월 새로운 세기가 시작되자, 밝은 미래와 기술 진보에 대한 이야기들이 광범위하게 퍼져나갔다.

"기차는 시속 150마일로 달리게 될 것이고, …… 신문 출판은 버튼만 누르면 자동 기계가 모든 작업을 할 것이며, …… 큰 상점에서는 판매원 역할을 하는 축음기가 물건을 판매할 것이고, 자동화된 손이 수선을 할 것이다."[6]

1901년 구글리에모 마르코니Gugliemo Marconi가 최초의 대서양 횡단 전파 통신에 성공했고, 곧 화성까지 통신이 가능할 것이라고들 기대했다.

　1901년 5월 1일에서 11월 1일까지 뉴욕 주 버펄로에서 개최된 전미박람회는 고도의 과학 기술을 강조했다. 박람회장의 중앙에는 4만 4,000개의 전구로 불을 밝힌 114미터 높이의 전기 타워가 세워졌는데, 전기는 멀리 떨어진 나이아가라 폭포의 발전소로부터 공급되었다. 이 타워는 형언하기 어려울 정도로 눈이 부셔서 방문자들의 넋을 잃게 했다.[7] 박람회의 전기관은 전기의 놀라움에 대해 보여주었다. 전선을 통해 그림을 전송하는 기계인 전기 전송기electrograph(팩스 기계의 전신인)와 서명을 먼 거리에 전송할 수 있도록 해주는 기계인 서명통신기tel-autograph(크레디트 카드 서명 확인 장치의 전신인)가 전시되었다. 이 전시는 우주선 *루나*Luna를 타고 달까지 가는 가상 여행을 보여주기도 했다. 방문자들은 지구로 귀환하기 전에 달의 거리와 상점들에서 산보를 즐길 수도 있었다.

　어떤 의미에서는, 비록 오늘날 우리가 현재 사용하는 용어와는 다르게 표현되었지만, 하이테크 시대며, 컴퓨터 시대며, 우주 시대 등은 이미 1901년에 곧 다가올 것처럼 보였다. 사람들은 낙관적이 되었고, 나중에 20세기의 첫 10년은 '낙관의 시대Age of Optimism', '확신의 시대Age of Confidence', '자신만만한 시대Cocksure Era' 등으로 불렸다. 이런 분위기는 아마도 21세기의 여명을 막 통과한 100년 후 오늘날의 분위기와 비슷했다. 지금의 언론들도 시대의 변화와 분수령이 되는 사건들을 호들갑스럽게 보도하고, 사람들은 이런 사건들을 새로운 시작이라 여기면서 과장된 희망과 기대를 갖는 것을 보면, 새로운 세기로 이행하는 시기는 대체로 낙관적인 경향이 힘을 얻는 것 같다. 1901

년의 사례는 우리가 오늘날 경험하고 있는 새로운 세기의 낙관론이 사실 새로운 밀레니엄 이후 적어도 어떤 형태로 지속될 수 있음을 보여준다. 만약 세계적인 악재에 너무 크게 영향을 받지 않는다면 말이다.

그러나 1901년에 사람들이 주식시장의 상승을 기대한 데에는 다른 이유도 있었다. 당시 가장 눈길을 끈 경제 뉴스는 여기저기서 진행되는 기업 연합, 트러스트, 그리고 기업 합병에 관한 기사들이었다. 많은 소규모 철강 회사들이 연합하여 유에스 스틸을 결성했음을 알리는 기사가 이런 뉴스 중 하나였다. 1901년 주식시장 예측가들은 이러한 발전이 매우 중요하다고 보았고, 이들에 의해 지배되는 새로운 경제를 묘사하기 위해 '*이해공동체*community of interest'라는 용어를 즐겨 사용했다. 1901년 4월, 「뉴욕 데일리 트리뷴*New York Daily Tribune*」은 다음과 같이 보도했다.

그러나 이제 새로운 시대가 도래했다. 이 '이해공동체'의 시대에는 과거 불황 속에서 수많은 경쟁 회사들을 파산하게 만든 파괴적인 가격 하락을 방지해 파멸을 막을 수 있을 것으로 기대된다. 예를 들어, 앤드루 카네기가 말했듯이 산업 세계의 모든 것이었던 위대한 철강 산업에서는 매우 큰 호황과 심각한 불황이 번갈아 나타났는데, 지난 2년 동안 분산된 수십여 개의 회사들이 10여 개의 대규모 회사로 결합되었고, 이제 그것들이 또다시 결합되어 세계에서 가장 거대한 기업 결합체가 생겨났다. 예상한 대로 계획이 실현된다면 경쟁으로 불필요하게 건설되던 공장들을 세울 필요가 없어져서 경제적 낭비를 크게 줄이게 될 것이다. 또한 이는 중복되는 회사의 직책과 가격 체계를 단일화하여 많은 경제적 효과를 낳고, 기업 결합에 따른 다양한 경제적 효과로 가격이 낮아져서 수출도 늘어날 것이다.

철도 산업에서도 같은 이유로 기업 결합이 지배적인 흐름이다. 서로 경쟁하는 철도 회사들이 통합되거나 서로의 철도망을 이용함으로써, 영업의 경제성을 제고하고 철도 요금의 인하 경쟁을 마감하고 있다. 그리고 이전까지는 끊임없이 경쟁해오던 강력한 철도 회사들도 철도 요금을 완전히 통제하진 못하더라도 상당한 영향을 미칠 수 있는 대표자들의 모임을 추진하는 중이다.[8]

주식시장에 대한 낙관론을 설명하는 이러한 이유들은 확실히 그럴듯하다. 경쟁의 제거는 기업의 독점이윤을 낳고, 따라서 주식가격을 상승시킬 것이라고 쉽게 믿을 수 있는 것이다.

그러나 이 사설은 이해공동체 시대를 끝낼 수 있는 반독점 법안의 가능성에 대해서는 언급하지 않았다. 1901년 9월, 친기업적 성향의 대통령 윌리엄 매킨리William McKinley가 전미박람회를 방문하던 중에 암살당했다. 그의 뒤를 이은 것은 '카우보이' 부통령인 테디 루스벨트Teddy Roosevelt였다. 1902년 3월, 루스벨트는 집권 6개월 만에 1890년의 셔먼 반독점법Sherman Antitrust Act을 다시 꺼내들어 노던 증권회사의 사례에 적용했다. 이후 7년 동안, 그는 강력한 반독점 정책을 집행했다. 셔먼법의 단점이 뚜렷해지자, 정부는 1914년 클레이튼 반독점법Clayton Antitrust Act을 만들어 기업 결합에 더욱 강력한 제재를 가했다.

주식가격에 관한 이해공동체 이론의 전제는 결국 틀린 것으로 드러났다. 그러나 그것에 기초하여 강한 낙관론을 설파하던 사람들은 그것이 잘못되리라고는 생각지 않았다. 사람들은 사회가 주식 보유자로의 부의 이동을 용납하지 않을 가능성을 생각하지 못했던 것이다. 아마도 그들은 이전까지는 구체적인 반독점 행위가 없었기 때문에 이를 고려하지 못했을 것이다. 그러나 주식시장의 수준을 생각할 때는 장기적 수익, 시장이 보여줄 향후 몇 십 년 동안의 스프레드 spread(금융시장에서는 주로 위험과 관련된 수익률의 격차를 의미함—옮긴이), 그리고 이러한 수익의 흐름을 통제하기 위해 사회가 변화할 가능성까지 고려해야만 한다.

기업에 대한 정부의 정책이 시간에 따라 아주 크고 극적으로 변해왔는데도, 주식시장의 수준에 대한 논의들은 정부가 이윤의 수준에 대해서 반응할 가능성을 별로 고려하지 않는다. 기업이윤세도 여러 번 조정되었다. 그것은 1901년 0퍼센트에서, 1911년 1퍼센트, 1921년 10퍼센트, 1931년 14퍼센트, 1941년 31퍼센트, 1951년 30퍼센트의 초과이윤세excess-profit tax를 포함하여 50.75퍼센트, 그리고 오늘날 35퍼센트로 변해왔다. 과거에 미국 정부가 기업의 이윤세를 0퍼센트에서 50.75퍼센트까지 인상하여 주식시장의 반 이상을 실질적으로 국유화했는데도, 주식시장의 전망에 대한 논의에서 미래에 이 세금이 조정될 가능성은 별로 언급하지 않았다.

1901년의 사례는 새로운 시대라는 사고가 잘못될 수도 있는 한 방식을 보여준다. 그런 인식은 뉴스에서 현재 눈에 띄는 사건들의 영향에만 관심을 기울이는 것이다. 그 가능성이 매우 크다 해도 만에 하나 발생할 수 있는 일들에 대해서는 주의를 기울이지 않는다.

1901년에는 다른 중요한 쟁점도 있었다. 당시 주식은 '강력한 투자가'들이 보유하고 있었다.

"주식의 소유자들이 바뀌었다. 이제 대중 투기자들은 주식을 보유하고 있지 않다. 주식은 스탠더드오일, 모건, 쿤로브, 굴드앤드해리먼 인터레스트 등과 같이 어떤 상황에서도 흔들리지 않는 이들이 보유하고 있다. 미국의 가장 중요한 금융가들이었던 이들은 자신들이 주식을 매각하면 궁극적으로 어떤 결과가 나타날지 명백히 알고 있다."[9]

다른 시장의 고점에서 등장했던 것과 비슷한 이 이론에 따르면, 주식의 매도 패닉selling panic이 발생할 가능성은 거의 없는 것처럼 보였다. 아마 단기적으로는 이 이론이 옳았을 것이다. 그러나 이 강력한 투자가들도 1907년의 주식시장 폭락이나 그때부터 1920년까지의 극적인 주가 하락을 막지는 못했다.

1920년대의 낙관론

——— 1920년대는 명백히 주식시장에 대해 비교적 대단한 수준의 대중적 열광과 관심이 쏠렸던 시기이다. 이는 1929년 주식시장의 고점과 함께 최고조에 달했던 것으로 보인다. 프레드릭 루이스 앨런은『바로 어제』에서 1929년의 상황에 관해 다음과 같이 썼다.

부자들의 운전사는 베슬리헴 스틸의 주가 변동에 대한 뉴스를 듣기 위해 귀를 기울이며 운전을 했다. 그는 신용거래로 그 회사 주식을 50주 보유하고 있었다. 힘들게 벌어서 모은 저축으로 시몬스 주식 몇 주를 살까 생각 중이기 때문에, 브로커 사무실의 청소부는 주식 속보기를 보기 위해 일손을 멈추었다. 에드윈 르페브르Edwin Lefevre(풍부한 개인적 투자 경험을 바탕으로 주식시장을 잘 보도하던 당시의 기자)는 주식시장에서 거의 25만 달러를 번 브로커의 하인과 고마운 환자의 조언을 따라서 3만 달러를 번 숙련된 간호사, 그리고 하루에 1,000주를 사고파는 와이오밍의 목장주에 대해서 보도했다.[10]

비록 이러한 이야기는 주식시장에 대한 대중의 관심에 대해서 과장된 인상을 만들어내기도 했지만, 1920년대에 주식시장에 대한 관심이 다른 때보다 높았다는 것은 명백하며, 열광적인 투자자를 찾아보는 일도 어렵지 않았다.

1920년대는 경제가 급속히 성장하는 시기였으며, 특히 이전에는 오로지 부자들만 사용하던 몇몇 기술 혁신이 널리 퍼져나가던 때였다. 자동차는 이 시기에 대중적이 되었다. 1914년 미국에는 겨우 170만 대의 자동차가 등록되어 있었지만, 1920년에 810만 대, 1929년에는 2,310만 대로 급증했다. 자동차는 새로운 자유와 가능성이라는 생각을 대중들에게 심어주었고, 이런 개인적 가치들이 신기술로 인해 달성될 수 있다는 인식이 널리 퍼져나갔다.

또한 1920년대는 주요 도시들 외에도 전국에 전기가 공급된 시기였다. 1929년에는 2,000만 가구에 전기가 공급되었다. 석유램프가 사라진 자리에 전구가 등장했다. 게다가 1920년대에는 라디오 방송이 퍼져나가면서 전국적인 오락 매체로 자리 잡았다. 1920년에는 미국 전체에 라디오 방송국이 겨우 세 개밖에 없었지만, 1923년에는 그 수가 500개로 늘어났다. 루디 발리Rudy Vallee와 같이 전국적으로 알려진 라디오 스타와 전국적으로 인기를 끌었던 「아모스 앤 앤디*Amos 'n' Andy*」와 같은 대중적 쇼가 이 시기에 등장했다. 1926년 NBC*National Broadcasting Company*가 전국적인 네트워크를 확립했고, 정기적인 쇼 프로그램이 이전에는 존재하지 않던 '전국적인 문화'라는 느낌을 만들어냈다. 1923년 리 드 포레스트*Lee De Forest*가 음성영화 시스템을 발명하여 1920년대 말에는 발성영화가 무성영화를 완전히 대체했다. 이러한 혁신들은 일상생활에 매우 큰 영향을 미쳤기 때문에 보통 사람들도 엄청난 기술 진보를 온몸으로 느꼈다.

1920년대의 주식시장 호황기에는 경제가 새로운 시대에 들어섰다는 주장들이 쏟아졌다. 한 예로 1925년의 "미국 경제가 이전 역사에는 전례가 없던 기업 번영의 시대로 들어서는 걸 가로막을 만한 그 무엇도 현존하지 않는다."[11]는 주장을 들 수 있다.

신용평가기관인 무디스 인베스터스 서비스의 사장이던 존 무디*John Moody*는 1928년 주식시장에 관한 기사에서 "사실 모든 문명 세계에서 새로운 시대가 등장하고 있다. 문명은 새로운 국면을 맞는 중이다. 우리는 아마도 우리가 현재 살고 있는 이 현대적이고 기계적인 문명이 완성되어가는 것을 깨닫기 시작하는 상태이다."[12]라고 말했다.

주식에 대한 대중의 열광이 커지고 주가가 폭등하는 상황에서 이러한 주식시장의 호황을 해석하고 정당화하는 책들에 대한 수요도 증가했다. 1929년, 찰스 아모스 다이스*Charles Amos Dice*는 그의 책 『주식시장의 새로운 수준*New Levels in the Stock Market*』에서 주가 상승이 계속될 거라는 전망을 뒷받침하는 많은 이유를 제시했다. 그는 '신세계*new world*'라는 단어를 '*새로운 시대*'보다 선호했지만 기본적인 생각은 똑같았다. 그는 대량생산 기술, 대규모 연구 부서, 전기시대의 시작, 남부의 산업화, 대규모 생산의 등장, 농업의 기계화 등을 언급하면서 '*산업의 신세계*new world of industry'라고 지칭했다. 또한 할부 신용의 확산, 체인스토어chain-store 운동, 수요를 자극하는 새로운 광고 기술, 새로운 시장 마케팅 연구기술 등을 언급하면서 '*유통의 신세계*new world of distribution'라고 표현했다. 그리고 기업에 새로운 자금원을 제공하는 투자은행의 성장, 재원 조달을 더욱 유연하게 하는 도구로서 지주회사의 등장, 경제 조절에 대한 연준의 이해 증대 등을 이야기하면서는 '*금융의 신세계*new world of finance'라고 묘사했다. 다이스는 특히 연준을 경제의 속도를 조절하는 증기기관의 속도조절기에 비유했다.[13]

재미있게도 다이스의 책은 대공황 이전에 주식시장이 고점을 찍기 한 달 전인 1929년 8월에 인쇄되었다. 본문 69페이지에 끼워진 정오표Errata(출판물 따위에서 잘못된 글자나 문구를 바로잡는 일람표—옮긴이)를 보면, 이 책의 출간 타이밍은 더욱 놀랄 만하다. 책이 인쇄된 후와 제본되기 전 사이에 덧붙여졌을 이 종이는 다우지수가 1929년 9월 3일 책 본문에 나온 것보다 20포인트 더 상승했음을 지적하고 있다. 이것은 독자들에게 다우지수가 책에 나온 수치보다 15 내지 20포인트 더 상승할 거라는 예상을 심어줄 수 있었다. 따라서 다이스는 책의 출간을 정확하게 시장의 고점에 맞추었으며, 그리하여 주식시장의 예측에서 가장 끔찍한 실수를 저질렀다.

미국의 가장 저명한 경제학자 중 한 사람이었던, 예일 대학교의 어빙 피셔Irving Fischer 교수도 미국 주식시장이 전혀 고평가된 것이 아니라고 주장했다. 그는 1929년 고점 직전에 "주가가 영원히 계속될 고원 지대에 도달한 것으로 보인다."고 주장했다. 그리고 '검은 목요일' 이후 두 달도 안 된 시기에 쓴 서문과 함께 『주식시장 폭락―그리고 그 이후_The Stock Market Crash―And After』라는 책을 펴냈다. 아마 그는 다이스가 책을 쓰고 있던 시간에 이 책을 쓰고 있었을 것이다. 하지만 그의 타이밍은 별로 나쁘지 않았다. 책을 쓰고 있는 도중에 1929년 대폭락이 발생했기 때문이다. 그러나 그는 주식시장의 폭락 이후에도 여전히 낙관적일 수 있었다. 왜냐하면 당시 주식시장이 1932년까지 결국 하락할 폭에 비해서는 조금밖에 하락하지 않았으며, 그 폭락이 새로운 시대의 종말을 알리는 신호처럼 보이지 않았기 때문이다.

피셔는 자신의 책에서 다이스가 제시했던 것과 비슷한 여러 이유 때문에 시장이 급속히 상승할 것으로 전망했다. 우선 1920년대의 기업 합병 운동이 대규모 생산이라는 규모의 경제를 가능하게 해주었다고 지적했다. 그리고 "기업 합병으로 인한 경제적 효과를 얻는 데는 시간이 걸리지만, 주식시장의 반응은 즉각적이다."라고 이야기했다. 그가 지적한 바에 따르면, 과학적 연구와 발명이 이전보다 더욱 빠르게 진행되었고, 자동차의 경제적 혜택이 급속히 성장하는 고속도로 시스템과 함께 이제 막 활용되기 시작했다. 산업 폐기물의 효율적인 사용에 대해서도 많은 연구가 진척되고 있었다. 농업에서는 심토 경작, 더 나은 비료, 가축의 개량, 새롭고 개선된 작물 등 많은 발전들이 나타났다. 이 모든 발명들이 점진적으로 적용될 것이기 때문에 기업의 수익이 증가하리라는 게 그의 예상이었다. 또한 그는 '과학적' 방법의 적용, 제조 설비의 개선, 더욱 발전된 경영기술 등으로 미국 기업의 경영이 개선되고 있다고 주장했다. 부분적으로 경영진의 우선순위 계획을 도와주는 방식인, 자신이 직접 개발한 '마스터 차팅master-charting' 덕분에 기업들이 미래에 대해 더욱 잘 계획할 수 있게 되었다는 언급도 곁들였다. 아울러 노동조합이 이제 노사 문제의 해결을 공동의 책임을 받아들이고 있다는 사실에도 고무되었다.[14]

다른 이들도 경제가 더 안정된 시기에 있기 때문에—단지 비유적으로가 아니라—1920년대의 주식시장의 가치평가가 건전한 것이라고 주장했다. 알코올 음료의 금지는 차분함과 지성의 발전으로 생각되었다.

"술집과 그 파괴적인 영향의 근절, 그로 인해 인구 전체가 상대적으로 더욱 침착하게 된 것 등을 포함하여…… 서로 다른 많은 사건들이 이 행복한 결과에 기여했다. 술집에서 지출되던 대부분의 돈이 이제 더 높은 생활수준, 투자, 그리고 은행 저축에 사용되고 있다."[15]

물론 시장에 대한 낙관적인 감정이 이 시대에 표출된 유일한 감정은 아니었다. 또 주가가 대략 측정된 근본적 가치에 비해 높다는 사실이 1929년에 인식되지 않았던 것도 아니었다. 「뉴욕 타임스」와 「상업금융신문Commercial and Financial Chronicle」은 그들이 투기적 과잉이라 생각하는 것을 지적했다. 국제인수은행의 폴 M. 워버그Paul M. Warburg는 "제멋대로 투기한다."고 비판했다.[16] 그러나 주식시장 수준 그 자체로 볼 때, 1920년대의 대중의 감정은 압도적으로 긍정적이었다.

1950년대와 1960년대의 '새로운 시대'라는 사고
———— 언론 기사를 통해 판단해보면, 주식시장이 실질가격으로

1953년 9월에서 1955년 12월까지 94.3퍼센트 상승했던 1950년대 중반에 다시 '새로운 시대'라는 사고가 급속히 확산되었다. 주가는 1950년대 초반의 대부분 기간 동안 정체되었고, 이제 제2차 세계대전 시기와 같은 생산 증가의 자극이 없기 때문에 경제가 다시 공황으로 빠져 들어갈지도 모른다는 우려가 제기되었다.

그러나 기업수익의 견조한 성장을 배경으로 주식시장이 갑자기 2배가량 치솟자, 대중 투자자들은 이런 우려를 싹 잊은 채 새로운 시대라는 생각에 빠지게 되었다. 1955년 5월 「유에스 뉴스 앤드 월드 리포트*U.S. News and World Report*」는 다음과 같이 보도했다.

다시 한 번 '새로운 시대'라는 인식이 나타나고 있다. 신뢰는 높고, 낙관론이 팽배하며, 우려는 거의 사라졌다.

전쟁의 위협은 사라지고 평화가 밝은 전망을 던져주고 있다. 일자리는 매우 풍부하며 임금은 이렇게 높은 적이 없었다. 세금은 인하될 것이라고 한다. 어디서나 모든 것이 상승하고 있다.

10년 동안 불황에 대한 두려움이 세 차례나 찾아왔지만 별일 없이 사라졌다. 첫 번째 두려움은 1946년, 제2차 세계대전이 막 끝났을 때였다. 군비 지출이 크게 축소되었지만 경제에 별 영향을 미치지 못했다. 두 번째는 1949년이었다. 사람들은 기업인들의 우려를 잊은 듯 소비 지출을 계속하여 이 두려움도 사라졌다. 세 번째는 1953년 중반에 시작되었다. 그러나 그것도 이제 기우였음이 드러났다.[17]

투자자들이 시장에 대해서 매우 낙관적이고 신뢰하고 있다는 느

234

낌은 그 자체로 자연스럽게 새로운 시대라는 사고의 일부분이었다. 1955년 12월 「뉴스위크」의 기사는, "(주식시장의) 상승에 가장 기본적인 것은 경제가 매우 튼튼하다는 사실에 대한 투자자들의 믿음, 그리고 기업이 이 번영 속에서 돈을 벌고 있다는 사실이었다."[18]라고 적고 있다.

1920년대에 대중적이고 전국적인 문화의 매개체로서 라디오가 발전했던 것과 비슷하게, 1950년대 초반은 텔레비전이 널리 보급되었다. 1948년에는 텔레비전을 보유한 가정이 단지 3퍼센트에 불과했지만, 1955년에는 76퍼센트로 급증했다. 인터넷과 같이 텔레비전은 거의 모든 사람들의 상상력을 사로잡았던, 생생하게 느껴지는 기술혁신이었다. 그것은 일상생활에서 매우 중요한 기술 진보의 증거였다. 몇 년 내에 미국인 대다수가 텔레비전을 시청하는 데 정기적으로 시간을 쓰기 시작했던 것이다.

당시 인플레이션은 매우 낮았는데, 사람들은 이것이 연준의 정책 능력 덕분이라고 생각했다. 1955년 재무성장관 조지 험프리George Humphrey는 다음과 같이 자랑했다.

지난 2년 9개월 동안 달러 가치는 1센트의 반 정도만 변화했다. 우리는 국민의 저축을 지키기 위해 인플레이션을 거의 완벽하게 잡았다.

우리는 인플레이션이 가장 나쁜 종류의 공공의 적이라고 생각한다. 그러나 우리는 필요를 느낄 때면 신용을 완화하거나 제한하는 데 주저하지 않았다. 수요에 대응하는 통화정책의 능력은 이제 그 어느 때보다 즉각 효과를 나타내고 있다. 이것은 통화정책과 신용의 적절한 사용, 역사상 최대의 감세를 통한 대중의 구매력 증대, 불필요한 정부 지출의 축소, 그리고 주택 신축 및 건축물 개량을 포함한 건설 전반의 적절한 부양정책 덕분이다.[19]

1900년대에 나타났던 '강력한 투자자'와 비슷한 논리—주식에 대한 수요가 어떠한 주가 하락도 방지할 수 있을 정도로 안정적이라는 생각—도 1950년대에 등장했다. 1955년 「뉴스위크」에 다음과 같은 기사가 실렸다.

많은 금융가들은 미국이 광범위하게 대중적인 기반에 기초한 새로운 자본주의를 발전시켰다고 생각하고 싶어한다. 약 750만 명의 국민이 상장 기업들의 주식을 보유하고 있다. 3년 전 이 수치는 650만 명이었다. 소규모 투자자들이 위험을 분산할 수 있는 기회를 제공하는 뮤추얼 펀드의 자산은 1946년 13억 달러에서 72억 달러로 증가했다. 수천 명의 노동자들이 종업원 지주제를 통해 그들이 일하고 있는 기업의 소유주가 되었다.

이 모두를 고려해도 1929년과 같은 사태가 일어나지 않으리라고 확실히 보장할 수는 없지만, 대다수 전문가들은 그때와는 다르다고 확신하고 있다.[20]

낙관론의 한 이유로서 기업들이 미래를 위해 더 잘 계획할 수 있게 되었다는—어빙 피셔가 1920년대에 제시했던—아이디어가 1950년대에도 다시 등장했다.

"미래에 심각한 공황을 피할 수 있다고 약속하는 기업들 자체의 태도도 변화했다. 오늘날 기업들은 장기적인 계획을 세우며, 과거에 비해 사업의 단기적 변동에 의해 영향을 덜 받는 것으로 보인다."[21]

사람들이 아기들을 위해 돈을 지출해야 했기 때문에(이제는 철없는 어른들이 아기를 적게 낳는데도 불구하고 퇴직을 위해 저축을 함에 따라 주가를 상승시킨다고 생각되는 것처럼) 베이비 붐도 번영과 주가 상승을 가져다주는 중요한 요인으로 생각했다.

"지금의 '새로운 시대'가 이전의 그것과 다르다고 믿는 점은 바로 이 베이비 붐이다. 가족들이 점점 많아지고 있다. 좋은 도로와 훌륭한 자동차가 교외를 발전시키고 있다. 사람들은 한두 개의 침실 대신 서너 개의 침실을 가진 집들에 살기 위해 교외로 나가고자 한다."[22]

1920년대에 그랬던 것처럼, 번영을 예상하는 이유들 중 하나로 소비자 신용의 사용 확대도 언급했다.

"이러한 소비자 신용의 증가는 영향력 있는 정부 관계자에 따르면, '소비자 지출 혁명'이라고 부를 만하다. 돈을 쓰는 과정에서 보통 사람들의 수요가 점점 업그레이드되고 있다."[23]

1960년 존 F. 케네디가 대통령에 선출되었고, 그는 경기부양 수단들을 지지했기 때문에 전반적으로 사람들은 경제가 특히 잘될 것이라고 생각했다. 케네디는 1961년 연두교서를 시작으로 경제에 대한 확신을 불러일으켰다. 사람들은 그가 낙관적인 비전을 보여준다고 생각했다. 1961년 5월 의회 특별 연설에서 그는 미국이 1970년 이전에 달에 인간을 착륙시킬 것이라고 약속하며 이러한 비전의 극적인 상징을 제시했다. 미국인들은 그러한 업적이 지구를 떠나는 인류의 첫 번째 여행으로 여러 세기 동안 기억될 것이라 기대했다. 케네디는 국민적 낙관론, 그리고 주식시장 호황의 화신으로 생각되었다.

"월스트리트는 역사적인 주식시장 호황에 '케네디 시장The Kennedy Market'이라는 이름을 붙였다."

케네디의 경제정책이 불러일으킨 확신에 기초해서 몇몇 사람들은 미국 경제가, 미국 기업들이 무리 없이 지속되는 번영을 영원히 누릴 수 있는 신경제에 들어섰고 과거보다 통화정책을 강하게 신뢰할 수 있다고 결론지었다.[24] 케네디의 정책은 그의 후계자 린든 존슨이 1964년 시작한 '위대한 사회Great Society' 프로그램으로 확대되었다. 존슨 정책의 주요 목표는 빈곤과 도시의 퇴락을 끝내는 것이었다.

1960년대에는 주식시장에 대한 투자가 최고의 투자라는 주장이 인기를 얻었다.

"투자자들은 주식이 최고의 투자처라고 생각한다. 인플레이션 가능성에 대한 회피 수단으로서, 미래의 기업 성장에 참여하는 수단으로서!"

"투자자들은 경제 회복 이후 인플레이션이 나타날 것이라고 예상하는 듯하고, 주식이 현재 가격에서도 인플레이션에 대한 유일한 실질적인 회피 수단이라고 믿는 것 같다."[25]

당시 투자자들은, 지금 흔히 생각하듯이 만일 인플레이션이 발생하면 주식시장은 하락하는 것이 아니라 상승할 것이라 생각했다. 그래서 인플레이션에 대한 예상이 주식을 보유하는 이유가 되었다. 1960년대 초반에는 인플레이션이 거의 없었는데도 케네디 존슨의 경제정책이 인플레이션을 유발할 수도 있다고 우려했던 것이다.

1960년대의 주식시장 활황의 이면에 있던 다른 중요한 요인은 아마도 다우지수가 1,000에 육박했다는 것이다. 다우지수가 네 자릿수와 같은 새로운 이정표에 접근했다는 것이 사람들의 생각에 영향을 미쳤다는 주장은 우습게 보일지도 모른다. 하지만 시장가치의 평가에 튼튼한 기초가 없다는 것을 고려하면, 이런 자의적인 주가 수준에 대한 논의들도 사람들의 예상에 견고한 앵커를 제공했다.

　　다우지수가 1,000에 근접하기 이전에도 언론은 이정표를 세우고 있었다. 1965년 「비즈니스 위크」는 다음과 같이 보도했다.

　　"1마일을 4분 이내로 달리는 경주처럼 심리적 장벽은 깨지기 위해 존재한다. 월스트리트에서도 마찬가지인데, 이제 다우지수의 마의 장벽 900이(그전에 600, 700, 그리고 800이 그랬던 것처럼) 아마 곧 깨질 것이다."

　　그리고 900의 장벽은 "많은 사람들의 생각에 거의 신비로운 중요성을 지니고 있다."라고 썼다. 1966년, 주가가 마침내 1,000선에 근접했을 때, 「타임」은 "주말 주가 평균치가 986.13을 기록했는데, 이는 월스트리트가 상징적인 숫자라 생각하는 1,000이라는 장벽에 14 포인트가 모자라는 숫자이다. 비록 이 숫자는 의미가 있다기보다는 상징적인 것이지만 이 장벽이 깨진 날은 다음 수십 년 동안, 아마도 수세기 동안 역사책에 나올 것이다. 그리고 그날이 멀지 않았다."[26]

　　주식시장은 1,000에 약간 못 미치는 수준까지 상승했지만, 오랫동안 마의 장벽을 넘지는 못했다. 비록 당시의 다우지수가 분 단위로 계산되지는 않았지만, (하루 중 고점으로 계산하면) 그것은 1966년 1월에 결국 1,000을 잠시 돌파했다. 그러나 종가가 1,000을 넘은 것은 주식시장 폭락의 전야인 1972년에 와서였으며, 그것도 오직 잠시뿐이었다.

다우지수는 1982년이 되어서야 1,000을 꾸준히 넘어섰다. 실질 주가로 계산하면, 26년이나 지난 1992년 1월에서야 1966년 수준으로 상승했고, 그 이상으로 유지되었다.[27] 1966년 1월에서 1992년 1월까지는 주식시장의 수익이 낮은 기간이었는데, 대부분의 수익은 (자본이득 없이) 배당으로부터 나왔다. 이 기간 동안 주식시장의 연간 실질수익률은 겨우 4.1퍼센트였다.[28] 이것은 시장이 1966년 어떤 의미에서 1,000선에 도달했지만 상대적으로 고평가된 것이라는 인식과 들어맞는다.

1990년대 강세장의 '새로운 시대'라는 사고

———— 나는 이미 3장에서 1990년대를 특징짓는 몇몇 새로운 시대라는 사고에 관해 서술했다. 여기서는 추가적인 특징들을 논의하고, 현대의 새로운 시대 주장을 이 장에서 서술한 다른 새로운 시대 사고들과 비교할 것이다.

모든 주요한 주식시장 호황과 마찬가지로 1990년대에도 시장을 정당화하는 새로운 시대 이론을 제시하는 작가들이 등장했다. 마이클 만델Michael Mandel은 "신경제의 승리The Triumph of the New Economy"라는 제목의 1996년 「비즈니스 위크」 기사에서 주식시장 폭등이 비정상적인 것이 아니라고 믿는 5가지 이유를 제시했다. 그것은 세계화의 진전, 하이테크 산업의 호황, 인플레이션의 완화, 금리의 하락, 그리고 이윤의 급속한 증가였다.[29]

이 호황 기간 동안에 나타난 주요 이론은 낮은 인플레이션으로 시장의 전망이 밝아졌다는 것이다. 1990년대에는 1960년대에 그랬던 것처럼 인플레이션 관련 이론들이 시장 전망에 대한 논의에서 지배적이었다. 그러나 이제 정반대의 생각이 널리 퍼졌다. 1990년대에는 만약 인플레이션이 발생하면 주가가 상승하기보다는 하락할 것으로 여겨졌다. 주식시장이 인플레이션을 회피하는 수단이므로 좋은 투자처라는 생각, 즉 인플레이션이 발생하면 주가가 상승할 것이라는 믿음은 사라지고 말았다.

사람들은 왜 인플레이션이 1960년대에는 주가를 상승시킨다고 생각했던 반면, 1990년대에는 주가를 하락시킨다고 생각했을까? 1990년대에는 급격하고 높은 인플레이션으로 경제 악화의 초래가 가능하다는 경제학자들의 연구 결과를 투자자들이 받아들였을 수도 있다. 사실 그 연구들은 온건하거나 장기적인 인플레이션과 실질적인 경제적 성과 사이의 뚜렷한 관계를 보여주지는 않는다. 또 어느 정도는 1960년대의 이론이 옳다는 것을 보여준다. 그러니까 주식시장의 실질가치는 인플레이션에 관한 뉴스에 상대적으로 영향을 받지 않아야 하며, 주식시장은 소비자물가와 반대로가 아니라 같은 방향으로 움직여야 한다는 것이다.[30] 하지만 1990년대의 사람들은 주가가 인플레이션과 같은 방향이 아니라 반대로 움직였다는 사실에 반응했을 가능성이 더 크다.

한편 1920년대와 1950년대, 그리고 1960년대의 주식시장 호황 이후 나타난 똑같은 주제들이 1990년대에 다시 나타났다.

1998년 『인플레이션의 종언*The Death of Inflation*』을 쓴 로저 부틀Roger

Bootle은 '관리되는 자본주의'와 강력한 노동조합이 인플레이션의 악순환을 불러일으킨 '인플레이션의 시대'는 끝나가고 있다고 주장했다. 관리되는 자본주의에서는 가격이 개인 간의 수요와 공급의 상호작용에 의해 결정되지 않았다. 부틀은 지금 우리는 세계 자본주의, 민영화, 그리고 노동조합의 쇠퇴로 인해 '제로 시대zero era'에 들어서고 있으며, 이 모든 것은 가격이 위원회에 의해서 결정될 수 없도록 하고 있다고 선언했다.[31]

스티븐 웨버Steven Weber는 1997년 대중적 정책 저널인 「포린 어페어스Foreign Affairs」에 실린 논문 「경기 변동의 종언The End of the Business Cycle」에서 이제 거시경제적 위험이 크게 감소되었다고 주장했다.

"생산과 소비의 세계화에 따른 기술, 이데올로기, 고용과 금융의 변화가 산업사회의 경제적 활동의 불안정성을 감소시켰다. 선진 산업경제에서는 실증적이고 이론적인 이유로 인해서 경기 변동이 점점 더 약화될 가능성이 있다."

웨버는 합리적으로 들리는 많은 논의들을 제시했다. 예를 들어, 그는 30년 전과는 다르게 경제에서 서비스 부문이 더욱 중요해지고 있으며, 서비스 부문의 고용은 산업 생산에 비해서는 항상 더 안정적이었다는 사실을 지적했다.[32]

당시에는 다운사이징과 구조조정—1980년대의 소위 경영 혁명을 묘사하는 단어들—이 1982년 이후 이윤이 증가한 중요한 이유로 생각되었다. 이것들이 여전히 이윤 증가의 원천이라는 생각이 아직 몇몇 사람들의 뇌리에 남아 있다. 그러나 새로운 시대의 경제에서 나타나는 노사 관계의 작은 갈등을 보여주는 만화 『딜버트Dilbert』에서 예시되듯, 경영 혁명에 대해서는 심각한 회의론도 존재한다.

통계를 보면 1990년대 후반 미국의 노동생산성 상승률은 매우 높았다. 이는 많은 사람들에게 인터넷과 다른 새로운 형태의 첨단기술이 경제에 미치는 이득을 확인시켜 주었고, 주식시장의 상승을 정당화하는 것으로 생각되었다. 그러나 1990년대 후반의 높은 노동생산성 상승률은 부분적으로 데이터의 실수였다. 주식시장 호황 이후인 2001년 전미노동통계국U.S. Bureau of Labor Statistics은 1998~2000년의 생산성 상승률을 대폭 낮게 수정했다.[33] 게다가 노동생산성 상승률의 수치가 높았다고 해도, 사람들은 그것을 너무 과도하게 해석했다.

사실 당시 인터넷은 전체 경제에서 아직 중요한 요소가 아니었고, 당시의 노동생산성의 상승이 새로이 등장하고 있던 인터넷과는 아무런 관련이 없는데도, 그 수치들은 인터넷에 대한 찬양을 정당화했다. 뿐만 아니라, 사람들은 노동생산성 상승과 주식시장 상승 사이의 역사적인 관계가 매우 미약하다는 것을 인식하지 못했다.[34] 생산성 상승은 주식시장 상승을 예상하는 근거가 아니었던 것이다. 그러나 노동생산성 상승이 주식시장의 놀라운 상승을 정당화하고 설명한다는 1990년대의 이야기들은 주식시장의 지지자들과 뉴스 매체가 외면하기 어려운 주장이었다.

이전의 주식시장 호황기와 비교해볼 때, 1990년대 언론의 모든 기사들이 새로운 시대를 강조하는 것은 아니었다. 비록 1990년대에도 낙관론이 팽배했지만, 1901년이나 1929년처럼 과도하고 숨 막히게 낙관적인 것은 아니었다. 그것은 보통 용감한 단정이라기보다는 주로 사건의 배경에 관한 추정이었다. 1990년대에는 언론의 태도가 변화했던 것처럼 보이며, 매우 과장된 낙관론이 나타난 것은 아니었다. 많은 필자들은 시장의 과대평가와 투기적 열광에 관한 우려에 의해 약간은 영향을 받은 것처럼 보였다.

사실 1990년대 중반에서 후반 동안의 많은 언론 기사들은 그들이 생각하기에 과도한 투자자의 열광에 대해 주목했다. 예를 들면, 1996년 4월 「포춘Fortune」의 기사는 사람들을 거리에서 무작위로 붙잡고 그들의 주식시장 투자 비결을 물어본 결과를 보도했다. 기자들은 경찰관, 스타벅스 바리스타, 옥외 간판 작업을 하는 목수, 그리고 헬스클럽의 아이디 검사원 등이었는데, 이들 모두는 주식시장에 더 많이 투자하라고 조언했다. 취재 대상으로 구두닦이 소년은 찾을 수 없었지만, 이러한 보도는 1929년 폭락 이전에 구두닦이 소년으로부터 주식 투자를 권하는 이야기를 듣고 시장 과열의 신호로 해석한 버나드 바루크Bernard Baruch의 경험을 그대로 반영하는 것이었다.[35] 신문이나 잡지에도 "도박 같은 주가 상승: 이제 주식시장에 과거의 기준은 적용되지 않는가?"라든가 "월스트리트의 튤립 시기", 혹은 "약세장이여, 안녕" 같은 제목의 기사들이 많이 보였다. 1990년대 독자들 앞에는 주식시장의 호황이 투기적 버블일 수도 있다는 가능성이 분명히 제시되었던 것이다. 그러나 주식시장은 1990년대의 대중이 이러한 가능성을 고작해야 약간 우스운 가능성으로 생각했음을 보여준다. 그들은 새천년의 도래로 상징되는 새로운 세계라는 사고에 훨씬 더 많이 휩싸였던 것이다.

부동산시장 호황에 나타난 몇몇 새로운 시대라는 사고

───── 부동산시장의 호황도 주식시장의 호황과 마찬가지로 새로운 시대라는 사고에 의해 추동되었다. 어떤 의미에서는 가격-가격 피드백이 부동산시장 호황의 주된 동인일 수 있지만, 새로운 시대라는 이야기도 이 피드백에 기여하거나 피드백의 일부로 나타났다. 앞에서 살펴보았듯이 큰 나라들에서 나타난 전국적인 부동산시장의 호황은 새로운 현상으로 보인다. 그러나 오래전부터 *지역적인* 부동산 호황은 수많은 사례가 있었고, 이것들은 각각 *지역적인* 새로운 시대 관련 이야기들을 지니고 있었다.

1880년대에는 캘리포니아의 많은 지역에서 부동산 호황이 발생하여 1887년에 고점을 찍었다. 이 호황은 주로 당시에는 인구가 많지 않았고, 미국 전체에는 별로 중요하지 않았던 로스앤젤레스, 샌디에이고, 샌타바버라에서 나타났다. 이 호황은 이 지역의 많은 땅들에 쉽게 접근할 수 있도록 한 철도의 급속한 발전과 관계가 있었던 것처럼 보인다. 그것은 분명히 캘리포니아 남부로의 여행을 매우 값싸게 만든 산타페 철도와 유니언 퍼시픽 철도 사이의 요금 경쟁에 의해 촉발되었다. 또한 이 철도 회사들은 철도에 대한 그들의 투자금의 회수를 기대하며 수많은 부동산 개발업자들에게 자금을 조달했다. 그들은 캘리포니아 남부의 훌륭한 날씨와 밝은 미래를 찬양하며 사람들이 이 지역에 이주하도록 유혹했다. 이는 커다란 성공을 거두었다.

"로스앤젤레스는 사람들로 붐비고, 아마추어와 프로 개발업자들이 들끓는 도시였다. 호텔은 투숙객들로 넘쳐나고, 물가는 길거리와 집과 클럽 등 모든 곳에서 천문학적 수준으로 상승했으며, 끊임없이 이야기되는 주제는 땅, 캘리포니아 남부의 땅이었다."[36]

이 호황 이후 1888~1889년 가격이 폭락했다.

"2년 동안 '땅과 날씨'를 이야기하던 사람들은 이제 캘리포니아 남부의 경제에 안정적인 산업 기반이 없다는 사실을 두고 심각하게 후회하고 있다. 걱정하는 시민들은 1887년 동안 자신들이 살았던 광적인 생활을 돌아보고 '공동체가 그 가치와 균형을 이렇게 심하게 잃어버릴 수는 없다는 것'을 깨닫기 시작했다."[37]

1880년대의 호황 이야기는 우리에게, 사람들이 100여 년 전에도 사용 가능한 토지가 부족해지는 문제로 걱정할 수 있었다는 것을 상기시켜 준다. 지금과 당시의 차이는 이 이야기가 전국적으로 퍼지지는 않았다는 것뿐이다. 캘리포니아는 이미 그 당시에도 다른 지역과 구별되는 환경을 지니고 있었고, 분명 아무도 그 호황이 전국적으로 퍼져나갈 것이라 생각하지 않았다.

20세기 초반에 또 다른 주목할 만한 지역적 주택가격 버블은 플로리다, 특히 마이애미 지역에서 나타났고 1925년 고점을 찍었다. 그것은 제1차 세계대전 이후의 새로운 시대 이야기에 의해 추동된 것으로 보였다. 번영하는 1920년대에 새로운 부와 자동차를 가진 사람들이 겨울 동안 플로리다에서 통근할 가능성을 막 발견했고, 그 지역의 땅은 날개 돋친 듯 팔렸다. 이 이야기를 믿는 사람들은 땅을 사야할 긴급한 이유를 느꼈을 것이다.

버블의 다른 촉진 요인은 소득세와 상속세를 금지한 1924년 플로리다의 법 개정이었다. 이는 마이애미 상공회의소가 광범위하게 광고를 하여 부자 퇴직자들로 하여금 플로리다로 이주하도록 자극했다. 또한 인생을 즐기는 사람들에게는 수많은 무허가 술집과 도박 카지노를 가진 '플로리다 생활방식'에 관한 이야기도 흥미를 끌었다. 유명한 갱이었던 알 카포네Al Capone까지 포함한 많은 유명인사들이 이 지역으로 이주하자, 이야기는 신뢰할 수 있게 되었고 뉴스로서 가치를 발휘했다. 이곳의 버블은 미국 전역에 있는 미래의 주택 구입자들을 상대로 플로리다의 토지를 사기 위해 가계약 대금을 지불하도록 설득한 뒤 판매했던 '가계약꾼들binder boys'로 인해 유명하다.

그러다가 1926년 허리케인이 플로리다의 위험에 대해 사람들을 일깨워주고, 전국의 신문들이 심지어 물속에 있어 사용할 수 없는 것으로 밝혀진 땅을 보지도 않고 속아서 구입한 사람들의 이야기를 상세히 보도하면서, 버블은 갑자기 끝나고 말았다.[38]

1880년대 캘리포니아 남부의 부동산 호황과 마찬가지로 1925년 플로리다의 호황은 본질적으로 지역적이었다. 진정으로 사람들을 부채질하는 이야기들이 나타났지만, 그것들은 전국적으로 퍼지지 못했고, 또 그럴 수도 없었다.

20세기 후반이 되자, 우리는 다른 나라들뿐 아니라 미국에서 상당히 강력한 지역적인 부동산 호황을 목격하기 시작했다. 이는 각 나라들의 충분히 넓은 지역에서 발생해서 전국적인 주택가격지수에 영향을 미치기 시작했다. 이러한 변동의 원인들은 알기 어려웠다. 20세기 후반의 호황은 지리적 범위에서 더욱 광범위했고, 더욱 폭넓은 감정이나 정치적 쟁점, 혹은 그 지역의 경제적 기초에 관한 쟁점들과 관계가 있었던 것으로 보인다.

미국에서는 〈그림 2-1〉에 나온 전국적 주택가격지수에 영향을 미칠 만큼 충분히 큰 규모의 지역적 주택가격 호황이 두 번 나타났다. 1975~1980년 캘리포니아의 호황과 1984~1988년의 미국 동북부의 호황이다.

먼저 캘리포니아 주 전체에서 실질 주택가격이 1975년에서 1980년 사이에 60퍼센트 상승했고, 그 이후 1980년대 중반까지 하락했다.[39] 이 호황을 추동한 요인은 캘리포니아에서 환경적 이해를 강화한, 상대적으로 갑작스런 정치적 운동의 등장이었다. 이것은 지역 내에서 더욱 엄격한 건축 구역 제한법과 건축 규제를 만들어냈다. 캘리포니아에는 구역 제한이 상대적으로 적었지만, 1960년대부터 이곳 사람들은 집단적으로 제한을 강화하기로 결정했다. 그 결과, 캘리포니아는 1970년대 경에는 미국에서 새로 주택을 짓기 가장 어려운 지역들 중 하나가 되었다.[40]

정치적 변화가 새로운 주택의 공급을 제한하자, 주택가격의 상승을 방지하는 안전장치들이 더는 효과적으로 작동할 수 없었다. 몇몇 비판가들은 이를 가리켜 갖지 못한 자에 대한 가진 자의 승리, 즉 주택을 보유하지 못한 자에 대한 이미 주택을 보유한 자의 승리라고 비판했다. 이러한 승리는 광범위하게 인식되었고, 기존 주택의 가격을 상승시키는 데 기여했다.

버블을 추동한 또 다른 요인은 '제안 13호Proposition 13'였는데, 이는 1978년 6월 주민투표를 통해 결정된, 고정자산세를 절반 넘게 즉시 인하하고 또한 낮게 유지하도록 보장한 법안이었다. 이는 세금을 인하하여 부동산 가치를 상승시켰던 또 하나의 정치적 운동이었다. 세금 수입의 감소에 관한 존경받는 정치인들의 심각한 경고에도 유권자들이 제안 13호를 발의한 사실은 새로운 경제적 시대의 전조로 생각되었다.

캘리포니아의 구역 기준 강화와 제안 13호는 개인의 기존 재산권이 더욱 존중받고 부동산 투자가 더욱 가치 있어질 것이라 생각할 수 있는 새로운 시대의 신호였다. 한마디로 그것은 소유사회의 시작이었다. 이는 영국 마거릿 대처 총리의 선출과 함께, 곧 이 새로운 메시지에 기초하여 미국 대통령이 된 캘리포니아 주지사 로널드 레이건의 명성을 높여주었고, 나중에 세계 여러 곳으로 퍼져나갔다.

그러나 사람들은 1978년 주택가격이 가장 급속히 상승하던 해에 모기지 금리가 10퍼센트에 이를 정도로 높은 상황에서, 1970년대의 캘리포니아 호황이 어떻게 발생할 수 있었는지 궁금할 것이다. 모기지 금리가 높으면 주택 구입자들이 비싼 주택을 구입할 때 대규모의 모기지를 갚아야 하기 때문에 분명히 버블의 기세를 꺾는 효과가 생겨야 마땅하다. 만일 1978년에 사람들이 4년 동안의 연간 소득에 해당하는 가치의 주택을 구입했다면, 그렇게 높은 모기지 금리에서는 이자 지불액만 해도 1년 소득의 40퍼센트에 달하므로 대부분 가족들에게는 매우 부담스러울 것이다. 그러나 이 호황은 부동산 호황이 언제나 높은 금리에 의해 중단된다는 생각을 버리게 한다.

1970년대에 어떻게 이런 호황이 가능했는가에 관한 설명 중 하나는, 높은 금리에 화가 난 주택 구입자들이 낮은 금리의 모기지 듀온 세일 조항due-on-sale clauses(매매를 통해 소유권이 변경될 때 이전의 모기지 부분이 모두 상환되어야 한다는 조항—옮긴이)을 무효로 하여 높은 금리의 지불을 피할 수 있도록 정치적 압력을 행사했다는 것이다.[41] 1970년대의 호황과 그 후 몇 년 후 동안 인수 가능 모기지assumable mortgage(주택을 구매할 때 현재 주인의 모기지를 인수받을 수 있는 모기지─옮긴이)가 높은 금리의 영향으로부터 주택시장을 보호했다. 또한 1970년대 후반에는 '창조적 금융creative financing'이라 불리는 새로운 제도가 등장하여 번성했다.[42]

그 결과, 미국에서 처음으로 전국적 주택가격지수에 실제로 영향을 미칠 만큼 많은 지역에서 부동산 호황이 나타났다. 그것은 1980년대 초의 심각한 불황에 의해 중단되었다.

다른 주택시장 호황은 1980년대 중반 보스턴을 중심으로 하여 미국 동북부에서 발생했다. 1985년 한 해에만 보스턴 대도시 지역의 주택가격이 38퍼센트나 상승했다. 보스턴의 부동산 호황을 설명하는 지역적 요인을 찾기는 어렵다. 1986년 연구에서 칼 케이스는 보스턴의 주택가격을 상승시켰을지도 모를 모든 근본적인 요인들에 관해 검토하고, 최근 수년 동안 보스턴에서는 별로 변한 것이 없다고 결론지었다.

"경제는 튼튼하고 소득은 증가하고 있지만, 시장의 펀더멘털은 1983년 이후 보스턴에서 나타난 주택가격의 급등에 대한 설명을 제시하지 못한다."[43]

언론은 낮은 금리를 호황을 일으킨 요인으로 앞다투어 보도했다. 사실 1980년대 후반은 초반보다 금리가 더 낮았다. 그러나 보스턴의 호황은 전국적이 아니라 지역적이었고 저금리는 전국적이었기 때문에 낮은 금리로 설명할 수는 없었다. 보스턴의 호황을 가져온 요인으로서 저금리에 관해 말할 수 있는 최선은 그것이 다른 어떤 요인에 의해 촉발된 버블의 장애물을 감소시키면서 버블을 용인했다는 설명이다. 한편 1990년대 중반 모기지 금리는 더욱 낮아졌지만, 당시 보스턴의 주택가격은 1980년대의 호황 때보다는 하락했다.

1980년대 중반 주목할 만한 보스턴의 주택가격 상승은 새로운 시대 이야기와 관련이 있었지만, 그것 역시 갑작스러운 것은 아니었다. 1980년대에 보스턴이 첨단기술의 중심지로 떠오르고 있었다는 것은 사실이지만, 그것은 분명 수십 년 동안 진행된 일이었다. 그러나 막강한 전파력을 발휘할 수 있는 첨단기술의 중심지로서 보스턴에 관한 이야기가 등장하고 있었던 것처럼 보인다. 당시에 막 시작되어 컴퓨터를 모든 이의 책상에 가져다준 개인용 컴퓨터 혁명은 컴퓨터에 관련된 어떤 이야기의 전파도 강화했을 것이다. 왕 연구소, 디지털 이퀴프먼트 사, 데이터 제너럴 사, 그리고 로터스 사 등은 보스턴을 전 세계 컴퓨터의 중심지로 만들었다.[44]

전파에서 가장 중요한 것은 부동산을 구매했던 보스턴 사람들에게 그 이야기가 어떻게 들렸는가 하는 점이다. 보스턴 주민들은 1985년 이스트 캠브리지에서 벌어진 로터스 사의 대규모 사옥 건설과 128번 도로를 따라 나타나는 건설 호황을 목격했다. 보스턴이 캘리포니아의 실리콘밸리와 경쟁 관계라는 이야기가 퍼져나갔다. 그리고 보스턴이 실리콘밸리를 능가할 수도 있을 것이라고 말들을 했다. 1985년, 보스턴에 관해 어떤 논평자는 이렇게 말했다.

"보스턴은 사람들의 세계관을 형성하는 오랜 역사와 다양한 문화적 뿌리를 지니고 있다. 실리콘밸리에는 이전에 과수원 말고는 아무것도 없었다."[45]

이와 같은 논평은 보스턴 지역의 자랑과 새로운 시대를 이야기하는 그 지역의 새 산업에 관한 몇몇 사실을 결합했다. 이곳에서의 경제적 성공은 '매사추세츠의 기적'이라 불리게 되었고, 그 이야기는 마이클 듀카키스Michael Dukakis와 큰 관련이 있었다. 매사추세츠 주의 지사였던 그는 호황이 자신의 노력 덕분이라 주장하며 1988년 미국 대통령 선거의 민주당 후보로 지명되기도 했다.

보스턴에 관한 이야기는 상당히 그럴 듯해 보였다. 왜냐하면 정말로 20세기의 지난 수십 년 동안 높은 숙련이나 교육을 받은 인구를 지닌 도시들이 조금 더 빠르게 성장했기 때문이다.[46] 비록 호황에 의해 만들어진 피드백이 분명히 근본적 가치를 과도하게 높게 급등시켰고, 결국 1990년대에 주택가격이 하락했지만, 1980년대 보스턴 호황의 촉발 요인은 실제로 그 도시의 근본적인 가치에 큰 영향을 미쳤다.

1980년대 보스턴의 호황은 주변으로 확산되어 미국 동북부 지역 전체에서 나타났다. 사실 그것은 미국을 넘어서는 것이었는데, 비슷한 호황이 대서양을 넘어서 런던과 세계의 다른 도시들에서도 나타났기 때문이다. 오늘날 교육 수준이 높고 교양 있는 사람들이 사는 도시가 미래에 가치가 높을 것이라는, 보스턴의 호황을 추동한 것과 같은 종류의 새로운 시대 이야기는 다른 매력적인 도시들에도 적용될 수 있을 것이다.

우리는 이미 3장에서 1990년대 후반 이후 주택가격 상승에 기여한 많은 촉발 요인들을 살펴보았는데, 그중 일부는 새로운 시대 이론으로 분류될 수 있을 것이다. 또한 특히 휴가나 별장용 부동산과 연관되는 일종의 새로운 시대 이론이 있음을 주목해야 한다. 아마도 이것이 2000년 이후 전 세계 곳곳에서 발생한 부동산가격의 급등을 설명할 수 있을지도 모른다.

이론에 따르면, 인터넷과 휴대전화, 그리고 이동 사무실의 도래가 노동자들로 하여금 사무실에서 아주 멀리 떨어진 휴양지에서도 그들의 일을 계속할 수 있도록 해주었다. 또 베이비 붐 세대가 2008년경 은퇴하기 시작하면, 그들 중 많은 수가 도시를 떠나서 아름다운 곳으로 옮겨갈 것이다. 그리고 생활수준이 점점 상승함에 따라 더욱더 많은 수의 신흥 부자들이 해변이나 산꼭대기의 드물게 아름다운 곳에 지어진 별장을 구매하려 할 것이다. 하지만 그에 필요한 부동산의 공급은 늘어날 수가 없다. 그렇다고 원래 사는 곳을 더욱더 크게 지어서 부를 과시하는 것은 점점 더 시대에 뒤떨어진 일이 될지도 모른다. 많은 사람들이 그렇게 하고 있어서 이제는 의미가 없어 보일 수도 있기 때문이다. 따라서 미래에는 큰 것보다 독특하게 아름다운 주택이 훨씬 나아 보일 것이다.

별장에 관한 새로운 시대 이야기에는 일말의 진실이 담겨 있는 것처럼 보인다. 그러나 1920년대 플로리다 토지 버블을 자극했던 이야기들을 떠올리게 하는 이런 이론들은 주택가격을 상승시키고 있는 피드백을 통해 강하게 전파되기 때문에 더욱더 널리 받아들여졌는지도 모른다. 휴가와 별장에 관한 오늘날의 새로운 시대 이야기와 1920년대 플로리다 버블 때의 이야기 사이에는 기분 나쁜 유사점이 존재한다. 예를 들어, 1925년 플로리다의 호황은 자동차의 도래에 의해 추동된 것으로 여겨졌는데, 현재의 호황은 인터넷의 도래에 의해 추동된 것으로 보인다. 물론 두 경우 모두 퇴직자의 급격한 이동이 시장을 추동하는 것이라 할 수 있다.

우리의 우려는 오늘날 시장이 그런 이야기들에 과도하게 반응하는 탓에 몇몇 지역에서 별장 관련 호황이 나타나고 있고, 1925년 이후에 플로리다에서 그랬던 것처럼 미래에는 별장용 부동산의 가격이 하락할 것이며, 수십 년 동안 다시 상승하지 못할 것이라는 점이다.

새로운 시대의 종말

───── 투기적 버블은 주식시장의 붕괴처럼 극적으로 붕괴할지도 모른다는 뜻을 내포하고 있음에도 불구하고, 물론 투기적 버블과 이와 관련된 새로운 시대라는 사고가 갑작스럽고 궁극적인 붕괴로 끝나지는 않는다. 생각해보면 이는 놀라운 일이 아니다. 기본적으로 투기적 가격은 시장에서 사고파는 수많은 투자자들의 생각 속에서 형성되고, 그렇게 많은 사람들이 동시에 그들의 장기적인 인식을 갑작스럽고 영속적으로 변화시키지는 않을 것이기 때문이다.

흔히 사람들은 1929년 주식시장 폭락이 하루 이틀 정도에 발생한 것으로 생각한다. 그러나 사실은 다르다. 폭락 이후 1930년 초반에는 주가가 거의 폭락 이전 수준으로 회복되었다. 1929년의 중요성은 10월 하루의 주가 하락에 있는 것이 아니라, 그해가 하락의 시작이었다는 점에 있다. 1920년대 주식시장 상승폭의 대부분을 반납한 3년 기간의 시작 말이다. 이 하루의 사건은 주식시장이 보인 불안정의 상징이라는 것 말고는 그렇게 중요하지 않다.

나는 1장에서, 주가가 1901년 고점을 찍은 이후 즉각적이거나 극적으로 하락하지는 않았지만 더는 상승하지 않았고, 결국 약 20년이 흐른 후 주식시장은 1901년 주가의 실질가치를 대부분 잃어버렸다고 지적했다. 이러한 변화는 너무 오랜 시간이 걸려서 몇 년이 아니라 한 세대의 문제이고, 따라서 이와 관련된 언론의 보도를 찾아보기는 힘들다.

1901년 이후 실질주가가 최저점이었던 1920~1921년의 보도를 살펴보면, 주식시장에 관한 논의는 주로 무엇이 잘못되었는가에 관한 것이었다. 1901년에 나타난 미래의 번영에 대한 열광적인 묘사는 더 이상 발견되지 않았다. 대부분의 언론들은 가장 중요한 요인으로 매우 심각했던 1920~1921년의 불황을 지적했다. 언론들은 기업가들의 최근 손실과 사라져버린 주식시장의 부를 주로 보도했다. 주가를 계속 상승시키는 '이해공동체' 대신에 이제 철도에 대한 농부와 하주들의 적대감, 그리고 철도요금 인하를 요구하는 고객들에 대한 논의가 등장했다. 세계대전 이후 정부와의 계약 취소는 기존 기업 부문의 취약성을 드러내는 것으로 보였다. 전쟁 이후의 긴박한 세계 정세도 미국 경제에 부정적인 요인으로 이해되었다. 공매도자short sellers(주식이나 채권을 가지고 있지 않은 상태에서 매도 주문을 내는 이들—옮긴이)나 베어레이더bear raiders(특정 기업에 대한 나쁜 소문을 퍼뜨려 주가를 떨어뜨리는 전략을 사용하는 이들—옮긴이)의 비양심적인 행위는 소득세를 줄일 목적으로 주식을 매도하는 행위와 마찬가지로 주식시장에 악영향을 미치는 것으로 받아들여졌다.

1921년에는 투자자들이 과장된 주장과 부풀려진 계획에 영향 받지 않게 되었음을 보여주는 몇 가지 증거가 있다. 1921년 앨버트 애트우드Albert Atwood가 쓴 「새터데이 모닝포스트Saturday Morning Post」의 기사는 주가가 매우 투기적이라는 것은 과거의 일이라고 묘사하며, "지난 몇 년 동안의 주식시장 상승은 1900년과 1901년의 호황 시기에 비해서는 전혀 열광적이거나 환상적이지 않다."고 말한 주식 브로커의 말을 인용하고 있다.

이 시기에 작성된 기사들의 다른 주제는 시장 심리가 웬일인지 불가사의하게 변했으며, 이제 이해하기 어렵게도 부정적으로 되었다는 것이다. 1921년 애트우드는 은행가의 말을 다음처럼 보도했다.

"세상 모든 것이 주가를 하락시키고 있다. 그리고 온 세상이 그렇게 생각하고 모든 사람들이 똑같이 주가가 더 하락할 것이라고 생각한다면, 어떤 것도 주가 하락을 막을 수 없다."[47]

1929년 새로운 시대라는 사고의 해체는 더욱 극적이며, 그 직후 발생한 대공황과 직접적으로 연관되어 있다. 1932년에 이미 미국 경제가 역사상 가장 심각한 공황에 빠져 있다는 것은 명백했고, 새로운 시대가 끝났다는 *자명한* 증거가 존재하는 것으로 보였다. 밝은 미래를 찬양했던 낙관론들은 그들의 예측과 너무 빗나가서 이론을 어떻게 수정해도 도저히 해석할 수 없어 보이던 이 사건들에 대해 침묵했다. 경제 예측가들은 미래가 극단적으로 불확실하다고 이야기했고, 소비자 행태를 관찰하는 이들은 소비자의 불확실성이 수요를 침체시키고 있다고 주장했다.[48]

1930년대의 공황 시기는 우리의 경제체제가 실패하고 있다는 광범위한 우려가 나타난 시기였다. 시카고 대학의 경제학과 교수 오스카 랑게Oscar Lange는 1939년 「아메리칸 이코노믹 리뷰*American Economic Review*」에서 "미국 경제가 성장의 동력을 잃었고 거의 영속적인 침체 단계에 도달했다는 견해가 널리 퍼져 있다."라고 썼다.[49]

자본주의가 실패했다는 인식은 미국에서 공산주의의 전성기를 열었다. 많은 이들에게 공산주의가 필연적이기까지 한 미래의 흐름으로 생각되었다. 1930년대에는 케네스 버크Kenneth Burke, 어스킨 콜드웰Erskine Caldwell, 로버트 캔트웰Robert Cantwell, 잭 콘로이Jack Conroy, 에드워드 달버그Edward Dahlberg, 존 더스 패서스John Dos Passos, 제임스 패럴James Farrell, 랭스턴 휴Langston Huges, 그리고 윌리엄 사로얀William Saroyan 등 당대의 많은 필자들이 공산주의에 대한 호의를 공개적으로 드러냈다.[50]

통제되지 않는 자본주의 경제에 대해 희망이 사라졌다는 증거는 해외에서 급진적 정치 운동이 세력을 얻었다는 것에서도 확인할 수 있다. 독일에서 나치즘의 대두는 그 자체로 1929년 이후 많은 사람들의 생각을 사로잡았던, 널리 퍼진 절망을 보여주는 징후였다. 몇 년 동안에 나타난 독일 대중의 사고방식의 변화는 놀라웠는데, 이는 사람들의 기분이 얼마나 변하기 쉬운지를 여실히 증명해주었다.

1965년에 새로운 시대의 사고가 사라져버린 것은 높은 인플레이션의 등장, 세계 인구 증가를 둘러싸고 갑작스럽게 커진 두려움, 그리고 천연자원의 고갈 등과 관련이 있었다. 이러한 우려들이 주식가격의 상승을 가로막고 자원가격의 상승을 자극했다.

1960년대에 들어서 인플레이션에 대한 우려가 다시 커지기 시작했다. 인플레이션을 자극하지 않고 수요를 촉진하는 고압적 경제학을 통해 실업률을 낮추겠다는 케네디 정부의 주장은 틀린 것으로 드러났다. 사실 우리는 높은 실업률과 높은 인플레이션이 함께 나타나는 스태그플레이션 시기에 들어섰던 것이다. 1974년, 케네디 대통령의 경제자문위원회 위원이었고 이후에 의장이 된 아서 오쿤Arther Okun

은 고압적 경제학의 시도를 "현대의 경제 분석에서 최대의 실패작 중 하나"로 평가했다. 인플레이션은 경제 전망에 심각한 장애 요인으로 인식되기 시작했다. 연준 의장 아서 번스는 "인플레이션이 걷잡을 수 없게 되면 어떤 나라도 경제적 번영을 유지할 수 없다."고 말했다.[51] 비록 이것은 경제학적으로 지지되지는 않지만, 일반적으로는 사실이라고 여겨진다.[52]

1960년대 초반에는 인구 증가에 대한 커다란 우려가 갑자기 터져 나왔다. 「로스앤젤레스 타임스Los Angeles Times」, 「뉴욕 타임스」, 그리고 「워싱턴 포스트」의 역사적 데이터베이스에 대한 프로퀘스트 검색은 '인구 폭발population explosion'이라는 용어가 포함된 기사의 수가 1945년에서 1949년까지는 하나도 없었고, 1950년에서 1954년까지는 1개, 1955년에서 1959년까지는 169개였는데, 1960년에서 1964년까지는 1,319개로 급증했음을 보여준다. 10년 안에 파괴적인 경제적 문제가 나타날 것이라 예측한 폴 에를리히Paul Ehrlich의 1968년 저작 『인구 폭탄The Population Bomb』은 인구 증가에 관한 대중의 커다란 두려움이 만들어냈던 대중적 담론을 잘 보여주었다. 인구 폭발이라는 말이 들어간 기사의 수는 1960년대 초반의 고점 이후 꾸준히 하락하여 1985년과 1986년에는 177개로 감소했다.

1980년대 초반에는 미국이 일본에 뒤처지고 있다는 생각이 널리 퍼졌다. "어떻게 일본이 우리를 따라잡고 있는가How Japan is Taking Over Our Markets"라는 제목의 「USA 투데이」 기사는 다음과 같은 전문가의 말을 보도했다.

"유일한 문제는 어떤 산업도—자동차, 철강, 볼 베어링, 텔레비전,

모터사이클 텔―일본의 공습을 이겨낼 수 없다는 것이다."

당시 일본은 미국의 국가적 자존심과 정체성의 일부분이라 할 수 있는 하이테크 분야에서 특히 강력한 것으로 인식되었다.

1970년대 캘리포니아의 부동산시장 호황은 적어도 부분적으로는 1930년대의 대공황 이후 가장 심각했던 경제 불황에―1980년과 1981~1982년에 연속적으로 발생한 불황―의해 멈추어졌다. 이 불황들로 인해 캘리포니아의 실질 주택가격이 약간 하락했고, 1980년대 후반까지 부동산시장은 정체되었지만, 그 이후에는 다시 상승이 시작되었다. 그것은 잠시 정체기를 가진 이후 몇 년이 지나서 더욱 강력하게 시작되는 투기적 호황의 사례였다.

1980년대 초반의 쌍둥이 불황과 실질주택가격의 하락은 첫 번째 버블을 자극한 이야기들을 약화시키지 않았다. 사실 1980년대에는 자유시장과 감세를 주장하는 전 캘리포니아 주지사 로널드 레이건이 미국의 대통령이었고, 많은 캘리포니아 사람들은 그들의 경제가 세계의 선두라는 것을 의심하지 않았다.

1990~1991년 또 다른 불황이 발생했고, 이것이 1980년대의 부동산 호황을 끝내는 데 기여했다. 이번에는 가격이 심각하게 하락했다. 로스앤젤레스에서는 1989년 말 고점을 찍고 1997년까지 실질 주택가격이 41퍼센트 하락했다. 그러나 이 불황이 부동산 호황을 끝냈던 것인지는 분명하지 않다. 보스턴의 가격 하락은 이미 불황이 나타나기 2년 전인 1988년 시작되었기 때문이다. 로스앤젤레스의 가격 하락도 불황 이전인 1990년에 시작되었고, 불황 이후에도 오랫동안 끝나지 않았다. 그 불황은 캘리포니아에서 훨씬 더 오래 지속되었지만,

불황이 부동산가격 하락의 외생적인 요인이었는지, 아니면 가격 하락이 불황을 야기했는지 판단하기는 어렵다. 다시 한 번 새로운 시대의 종언을 나타내는 사고의 변화는 어떤 촉발 요인과도 뚜렷하게 일치하지는 않았고, 가격 변동 그 자체로부터의 피드백과 더 밀접하게 관련되어 있었다.

2000년의 주식시장 버블의 종언에 관한 어떤 주장도 주식시장이 붕괴한 이후 몇 년 동안 호황이 계속된 주택시장과 비교할 때 주식시장이 어떻게 다른지 설명해야만 한다.

2001년의 불황은 그해 기업수익이 급격하게 하락한 부분적인 이유였고, 이는 물론 주택시장이 아니라 주식시장에 영향을 미쳤다. 미국에서 2000년과 2001년 사이에 주택가격이 하락한 주요한 대도시 지역은 기술의 중심지에 가까운 실리콘밸리 지역—산호세와 샌프란시스코—이었다.

역사적으로 볼 때, 2000년 이후 하락한 첫 번째 주식은 인터넷 혹은 닷컴 주식이었다. 2000년 3월의 고점 이후 이 주식들의 하락은 엄청나게 갑작스럽게 일어났다. 다우 인터넷 지수는 2000년 3월 9일 역사상 최고점을 기록했다. 그로부터 한 달여가 지난 4월 14일 이 지수는 그 가치의 절반 이상을 잃어버렸다.[53] 이 한 달 동안 도대체 무슨 일이 일어났을까? 가격의 하락 자체를 제외하고는 특별히 극적인 사건은 없었다. 그 짧은 기간 동안에 이들 주식의 전망을 절반으로 하락시킬 만하다고 지적할 수 있는 일은 하나도 없었던 것이다.

2000년 4월 29일 「파이낸셜 타임스」의 기사에서 제시된 해석은 다음과 같았다.

"사람들은 기본적인 펀더멘털이 여전히 가장 중요하며, 단지 닷컴을 (회사의 이름에) 덧붙이는 것은 아무 의미가 없다는 것을 깨닫기 시작했다."[54]

기사 자체가 그랬다. 구체적인 뉴스 기사가 아니라 대중의 인식에 관한 것이었다. 인터넷 주식의 매력은 갑자기 바보 같은, 사실은 부끄러운 일시적 유행이었던 것처럼 보였다. 기본적으로 그것은 인식의 변화였다.

대중의 이러한 인식 변화의 이면에는 *수많은* 이야기들이 존재했다. 렉시스 넥시스의 뉴스 기사 검색에 따르면, 인터넷 주식에 관한 신문 기사의 수는 1999년 후반 극적으로 증가하기 시작했다. 이 기사들은 흔히 기업 공개의 극적인 성공담을 보도했지만, 회의론을 보도하기도 했다. 2000년이 시작되자, *인터넷*과 *주식*이라는 단어가 포함된 기사의 수가 한 주에 1,000개를 넘어섰다. 그런 기사의 수는 2000년 4월 16일 한 주에 1,400개가 넘어서 고점을 기록했다. 이 두 단어가 포함된 기사의 수는 언론의 주목을 받은 이 시기 이후에 점진적으로 줄어들기 시작하여 1년 후에는 절반으로 감소했다.

아마도 주식시장의 전환점에 관한 기사들이 특히 중요했을 것이다. 그중 하나는 2000년 3월 14일 「월스트리트 저널」에 실린 제레미 시걸의 "대형 기술주는 잃는 베팅sucker bet(도박에서 게임자의 승률이 대단히 낮은 베팅—옮긴이)이다"라는 제목의 기사였는데, 이는 시가총액이 큰 주식의 주가수익비율이 100이 넘었음을 보도했다. 이 기사에 따르면, 역사는 "이후의 결과로 볼 때 주가수익비율이 100에 가까운 주식은 언제나 하락했다."는 것을 보여준다. 이 기사는 인용하기 매우 좋았으며 자주 인용되었다.

잭 윌러비Jack Willoughby가 "전소Burning Up"라는 제목으로 쓴「배런스」의 기사는 보유 현금을 소진해버리는 기간의 개월 수에 따라, 손실을 보고 있는 인터넷 기업들의 순위를 매겼다.[55] 윌러비의 아이디어는 인터넷 기업들의 문제를 갑자기 생생하고 뚜렷하게 만들었고, 인용하기도 매우 좋았다. 그의 기사는 주가 하락을 가져올 수 있는 일종의 회의적인 이야기를 만들어낸 폭탄과 같았다.

시장의 고점에서 주식에 관한 수천 개의 신문 기사와 다른 언론 기사들이 나타났음을 고려할 때, 영향력이 있었다고 말할 수 있는 훨씬 더 많은 기사들이 존재한다. 이러한 맥락에서 이 책『비이성적 과열』의 초판이 2000년 2월 말에서 4월 초 사이의 주식시장 고점 시기에 언론에 의해 크게 조명된 것은 주목할 만하다.「이코노미스트」,「뉴스위크」,「비즈니스 위크」뿐 아니라,「뉴욕 타임스」의 폴 크루그먼,「USA 투데이」의 데이비드 헨리David Henry, 그리고「뉴요커」의 존 캐시디John Cassidy 등이 이 책에 관해 서평을 쓰고 보도했다. 인터넷 주식이 급락하고 있던 바로 그 당시에 연속적으로 나타난 이 모든 이야기들이 갑자기 불어나고 있던 시장 회의주의자들의 목소리에 힘을 보탰던 것이다.

그러나 시장에 회의적인 기사들은 그 자체로 상승하던 주식시장에 찬물을 끼얹을 만큼 영향력이 크지는 않았던 것으로 보인다. 물론 그들 중 더욱 영향력이 큰 몇몇 기사들은 여론 변화를 촉발한 대중의 대화를 자극하는 데 한몫했을 것이다. 이를테면 그것들은 한스 크리스티안 안데르센Hans Christian Andersen의 이야기『벌거벗은 임금님

262

The Emperor's New Clothes』에 나오는 순진한 아이와 같은 역할을 담당했으리라 본다. 이야기 속에서 아이가 발설한 "임금님은 벌거벗었다!"라는 말은 사람들이 서로를 살펴서 다른 이들도 얼마나 많이 의심을 품고 있는지 깨달을 때까지, 모두가 아이가 본 것에 관해 서로 귓속말을 하도록 만들었다.[56] 이처럼 주식에 대한 다양한 이야기들은 그것들이 사실이든 아니든 간에 어떻게든 버블을 붕괴시켰을 대중의 의심이 시작되는 징후일 뿐이었다. 이런 의미에서 볼 때, 문제의 기사들에 대한 대중의 관심은 주로 가격을 하락시키는 방향으로 작동한 피드백 메커니즘의 징후였다.

이후 나타난 주식시장 전체의 대규모 하락은 인터넷 주식을 필두로 주식 일반에 대한 신뢰의 붕괴와 관련이 있었던 것처럼 보인다. 인터넷 주식의 하락은 점진적으로 주식시장에 퍼져나갔던 불안감의 징후가 되었다. 2000년 이후 주식시장의 하락이 당시에는 주택시장으로까지 이어지지 않았는데, 부분적으로 주택이 인터넷 주식과는 유사성이 크지 않았기 때문인 것 같다.

주식시장의 하락은 2001년 불황, 그리고 2000년과 2001년 사이 기업수익의 급격한 감소와 관련이 있었다. 그러나 이것들은 주식시장 하락의 외생적인 요인으로 생각되지는 않는다. 오히려 주식가격의 하락을 가져다준 똑같은 피드백 메커니즘의 일부로 보는 게 타당하다고 할 수 있다.

시장의 고점 이후 시간이 경과함에 따라 주식시장과 경제에 관한 대중의 여론이 점점 더 비관적으로 변한다는 것을 우리는 이미 살펴보았다. 2000년 고점 이후 소비자의 신뢰는 이전 수십 년과 비슷한 수준까지 급격히 하락했고, 투자처로서 주식시장에 대한 신뢰도 함께 하락했다. 2003년 시장은 여전히 높은 수준을 유지했지만, 1990년대 후반의 흥분은 오래전 일처럼 보이기 시작했다.

그러나 2000년 이후 보통 수준으로 하락한 주식시장에 대한 신뢰는 사실 주택에 대한 수요를 자극한 것처럼 보였고, 오히려 주택시장의 상승 동력을 강화시켰다. 우리는 3장에서 일자리에 대한 불안감이 주택에 대한 투자를 자극했다는 것을, 그리고 4장에서 주식시장의 하락이 사람들로 하여금 주식보다 부동산이 더 나은 투자라고 생각하도록 만들었다는 것을 각각 살펴보았다. 결국 피드백에 따라서는 몇 년 전에 비해 덜 낙관적인 경제 상황에서도 부동산시장의 호황이 나타날 수 있는 것이다. 하지만 이것은 안정적인 상황이 아닐 수 있다. 게다가 부동산시장에서 상승 추세를 만들어내는 피드백이 끝나면, 주식시장과 부동산시장 모두에서 버블 후의 상황에 직면할 수도 있다.

새로운 시대가 끝나는 시기는 논의의 관심이 더 이상 낙관적이지 않은 때인 것으로 보인다. 물론 대중적인 논자들은 여전히 경제의 밝은 미래를 찬양하는 것이 좋은 사업이라고 생각할지도 모르지만, 이러한 주장은 별로 믿을 만하지 않다.

그들은 불안이 차오르는 시기에도 언제나처럼 경제는 분명히 회복될 것이고 역사적으로 그랬듯이 주식시장은 상승해야만 한다고 주장할 수 있다. 그러나 이러한 주장을 하는 사람들은 주식시장의 투기적 상승과 경제적 호황 이후 받았던 대중적인 관심을 전혀 받을 수 없을 것이다. 청중들이 낙관적인 주장을 아주 쉽게 받아들이는 때도 있지만, 그렇지 않은 때도 있는 것이다.

7장

전 세계의
새로운 시대와 버블

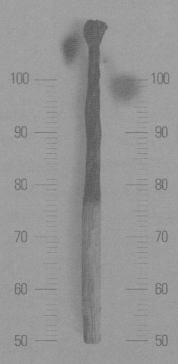

Irrational
Exuberance

내가 앞에서 언급했던 미국의 예와 같은 주식시장의 큰 변동이 장기간에 걸쳐 세계의 많은 나라들에서도 발생했다. 그리고 여러 다른 사례들이 존재한다. 이러한 예들은 투기적 버블이—흔히 새로운 시대 이론과 관련되어 과도하지만 일시적인 투자 열풍이—사실 흔히 발생한다는 것을 보여준다.

이번 장에서는 세계 각국에서 최근 발생한 가장 큰 규모의 주식가격 변동에 관해 살펴본다. 경우에 따라서 나는 뉴스 매체의 기사에 의존할 것이다. 물론 언론 보도를 항상 신뢰할 수 있는 것은 아니고, 내가 각각의 사례들에 대해 철저하게 조사했다고 주장할 수도 없다. 그러나 사례들은 지금까지 내가 각 장에서 미국 주식시장의 움직임 가운데 중요하다고 확인한 요인들이 다른 나라에서도 역시 중요하다는 것을 보여준다. 또 이러한 나라들에서 나타난 기록적인 주가 변동이 이후에는 반전되는 경향이 있다는 것을 보이고자 한다. 이는 버블이 일반적인 상태가 되었을 때 예상할 수 있는 움직임이다.

최근의 가장 큰 주가 변동 사례들

───── 〈표 7-1〉은 36개국을 대상으로 1년 동안 실질주가지수가 가장 크게 상승한(2000년 이전) 상위 25개의 사례이다. 또 〈표 7-2〉는 동일한 국가를 대상으로 주가지수가 가장 크게 하락한 25개의 사례이다. 그리고 〈표 7-3〉은 5년 동안의 실질주가지수가 가장 크게 상승한 상위 25개의 사례이며, 〈표 7-4〉는 가장 크게 하락한 25개의 사례를 보여준다. 이 표들의 기초 자료가 되는 월별 데이터의 시작 시점은 나라별로 다르지만, 36개국 중 절반이 넘는 나라들에서 1960년 혹은 그 이전에 시작된다.[1]

세계적 차원에서 볼 때, 매우 큰 주가 변동이 흔히 일어나고 있는 것은 분명하다. 많은 경우, 퍼센트 기준으로 봤을 때 그 규모는 우리가 최근 미국에서 경험했던 주가 변동보다 훨씬 더 크다. 실제로 미국의 주가 변동 사례는 이들 표에는 나타나 있지 않다. 하지만 미국 시장의 규모가 세계 최대라는 것과 퍼센트 기준으로 볼 때도 이 표에 포함될 뻔했던 사례들이 있다는 사실을 기억해야 한다. 예를 들어, 미국의 실질주가는 1994년 4월에서 1999년 4월까지 184.8퍼센트 급등했는데, 이는 5년 동안의 주가 상승으로서는 기록적인 것으로 표에 실릴 뻔했다. 또한 1973년 10월에서 1974년 10월까지 미국 주식

표 7-1   최근 가장 큰, 1년간의 실질주가지수 상승

나라명	상승률(%)	해당 기간(1년)	이후 1년간의 변동률(%)
1. 필리핀	683.4	1985. 12 ~ 1986. 12	28.4
2. 대만	400.1	1986. 10 ~ 1987- 10	65.7
3. 베네수엘라	384.6	1990. 1 ~ 1991. 1	33.1
4. 페루	360.9	1992. 8 ~ 1993. 8	15.8
5. 콜롬비아	271.3	1991. 1 ~ 1992. 1	-19.9
6. 자메이카	224.5	1992. 4 ~ 1993. 4	-59.2
7. 칠레	199.8	1979. 1 ~ 1980. 1	38.9
8. 이탈리아	166.4	1985. 5 ~ 1986. 5	-15.7
9. 자메이카	163.4	1985. 8 ~ 1986. 8	8.7
10. 태국	161.9	1986. 10 ~ 1987. 10	-2.6
11. 인도	155.5	1991. 4 ~ 1992. 4	-50.3
12. 이탈리아	147-3	1980. 4 ~ 1981. 4	-32.1
13. 오스트리아	145.4	1989. 2 ~ 1990. 2	-19.8
14. 핀란드	128.3	1992. 9 ~ 1993. 2	46.3
15. 덴마크	122.9	1971. 4 ~ 1972. 4	-12.4
16. 스페인	119.8	1985. 12 ~ 1986. 12	4.2
17. 룩셈부르크	113.4	1992. 12 ~ 1993 .12	-10.8
18. 스웨덴	111.5	1982. 8 ~ 1983. 8	-9.6
19. 포르투갈	103.8	1997. 4 ~ 1998. 4	-34.1
20. 룩셈부르크	103.6	1985. 1 ~ 1986. 1	2.6
21. 홍콩	101.0	1993. 1 ~ 1994. 1	-38.5
22. 홍콩	99.1	1975. 2 ~ 1976. 2	-3.4
23. 한국	98.8	1975. 2 ~ 1976. 2	31.9
24. 홍콩	98.6	1979. 11 ~ 1980. 11	-22.4
25. 스웨덴	96.6	1977- 8 ~ 1978. 8	-50.8

시장의 실질주가는 44.1퍼센트 하락했다. 이 역시 1년 동안의 주가 하락으로서는 기록적인 것으로 표에 실릴 뻔했다. 그리고 1932년 6월에서 1933년 6월까지 실질주가 113.9퍼센트 상승은 1년 동안의 주가 상승으로서는 기록적인 것이다. 하지만 대공황으로부터 회복되

표 7-2 최근 가장 큰, 1년간의 실질주가지수 하락

나라명	하락률(%)	해당 기간(1년)	이후 1년간의 변동률(%)
1. 대만	-74.9	1989. 10 ~ 1990. 10	85.1
2. 자메이카	-73.8	1993. 1 ~ 1994. 1	69.6
3. 스웨덴	-63.6	1976. 8 ~ 1977. 8	96.6
4. 영국	-63.3	1973. 11 ~ 1974. 11	72.7
5. 태국	-62.8	1997. 8 ~ 1998. 8	71.9
6. 남아프리카공화국	-62.1	1985. 7 ~ 1986. 7	48.9
7. 필리핀	-61.9	1973. 10 ~ 1974. 10	-14.1
8. 한국	-61.9	1997. 6 ~ 1998. 6	167.0
9. 파키스탄	-59.5	1990. 10 ~ 1991. 10	9.0
10. 인도	-58.4	1963. 11 ~ 1964/11	-18.8
11. 덴마크	-56.0	1969. 7 ~ 1970. 7	-15.3
12. 홍콩	-55.5	1997. 8 ~ 1998. 8	90.0
13. 홍콩	-55.1	1981. 12 ~ 1982. 12	7.7
14. 노르웨이	-54.2	1967- 5 ~ 1968. 5	39.9
15. 스페인	-54.1	1976. 10 ~ 1977. 10	-15.6
16. 노르웨이	-53.6	1974. 1 ~ 1975. 1	-2.1
17. 호주	-53.0	1973. 10 ~ 1974. 10	33.6
18. 프랑스	-49.0	1973. 9 ~ 1973. 9	25.3
19. 인도네시아	-48.1	1997. 3 ~ 1998. 3	-45.1
20. 캐나다	-47.9	1981. 6 ~ 1982. 6	69.4
21. 핀란드	-47.5	1990. 2 ~ 1991. 2	6.3
22. 콜롬비아	-47-1	1980. 1 ~ 1981. 1	74.2
23. 이탈리아	-46.1	1974. 4 ~ 1975. 4	-31.3
24. 노르웨이	-46.1	1989. 12 ~ 1990. 12	68.6
25. 덴마크	-45.8	1973. 9 ~ 1974. 9	14.7

는 과정에서 발생했던 이 급등은 표를 작성하는 데 사용한 데이터의 대상 기간보다도 훨씬 이전의 일이다.

표의 가장 오른쪽 열은 극적인 주가 변동 이후 1년 혹은 5년 동안의 주가 변동을 입수 가능한 자료에 기초하여 보여준다.[2] 표에 나와

표 7-3   최근 가장 큰, 5년간의 실질주가지수 상승

나라명	상승률(%)	해당 기간(5년)	이후 5년간의 변동률(%)
1. 필리핀	1,253.2	1984. 11 ~ 1989. 11	43.5
2. 페루	743.1	1991. 9 ~ 1996. 9	-47.5
3. 칠레	689.7	1985. 3 ~ 1990. 3	104.2
4. 자메이카	573.9	1980. 12 ~ 1985. 12	38.7
5. 한국	518.3	1984. 3 ~ 1989. 3	-36.6
6. 멕시코	501.7	1989. 1 ~ 1994. 1	-50.9
7. 대만	468.1	1986. 5 ~ 1991. 5	-12.7
8. 태국	430.7	1986. 5 ~ 1991. 5	17-0
9. 콜롬비아	390.7	1989. 4 ~ 1994. 4	-52.0
10. 스페인	381.9	1982. 10 ~ 1987. 10	-33.7
11. 인도	346.1	1987. 4 ~ 1992. 4	58.4
12. 핀란드	336.3	1992. 9 ~ 1997. 9	40.3
13. 오스트리아	331.3	1985. 1 ~ 1990. 1	-39.7
14. 포르투갈	329.1	1993. 4 ~ 1998. 4	-64.9
15. 핀란드	291.0	1982. 9 ~ 1987. 9	-55.5
16. 자메이카	280.2	1984. 7 ~ 1989. 7	10.9
17. 일본	275.6	1982. 8 ~ 1987. 8	-48.5
18. 프랑스	262.6	1982. 3 ~ 1987. 3	10.2
19. 핀란드	262.5	1968. 2 ~ 1973. 2	-68.2
20. 홍콩	261.6	1975. 1 ~ 1980. 1	-17.2
21. 네덜란드	256.6	1993. 7 ~ 1998. 7	-54.0
22. 노르웨이	253.1	1982. 9 ~ 1987. 9	-18.9
23. 노르웨이	248.4	1992. 10 ~ 1997. 10	-38.7
24. 스웨덴	247-1	1982. 8 ~ 1987. 8	-36.9
25. 홍콩	230.9	1982. 10 ~ 1987. 10	-14.6

있듯이, 극적인 변동 이후의 시기에 주가가 동일한 방향으로 변동했는지, 아니면 반전이 일어났는지는 나라마다 상당히 다르다. 이번 장의 마지막 부분에서는 표에 정리되어 있는 대규모 주가 변동의 후일담에 관해 알려진 내용들을 설명할 것이다.

표 7-4   최근 가장 큰, 5년간의 실질주가지수 하락

나라명	하락률(%)	해당 기간(5년)	이후 5년간의 변동률(%)
1. 스페인	-86.6	1974. 12 ~ 1979. 12	0.1
2. 자메이카	-85.5	1973. 7 ~ 1978. 7	185.2
3. 베네수엘라	-84.9	1977. 5 ~ 1982. 5	138.9
4. 태국	-84.0	1994. 1 ~ 1999. 1	87.2
5. 필리핀	-83.1	1980. 2 ~ 1985. 2	1,000.0
6. 이탈리아	-80.7	1973. 2 ~ 1978. 6	72.6
7. 파키스탄	-78.3	1994. 2 ~ 1999. 2	18.2
8. 노르웨이	-77.1	1973. 7 ~ 1978. 7	74.1
9. 자메이카	-76.9	1993. 1 ~ 1998. 1	61.6
10. 필리핀	-76.6	1969. 9 ~ 1974. 9	-40.7
11. 인도	-74.6	1962. 8 ~ 1967. 8	0.7
12. 영국	-73.5	1969. 12 ~ 1974. 12	81.5
13. 남아프리카공화국	-73.4	1981. 4 ~ 1986. 4	16.6
14. 콜롬비아	-73.3	1971. 7 ~ 1976. 7	-24.8
15. 콜롬비아	-72.7	1979. 7 ~ 1984. 7	36.9
16. 칠레	-72.6	1980. 6 ~ 1985. 6	587.9
17. 필리핀	-72.2	1976. 4 ~ 1981. 4	24.4
18. 핀란드	-71.3	1973. 10 ~ 1978. 10	99.0
19. 한국	-68.3	1993. 6 ~ 1998. 6	85.6
20. 포르투갈	-67.9	1988. 1 ~ 1993. 1	222.6
21. 자메이카	-64.2	1969. 11 ~ 1974. 11	-68.9
22. 한국	-63.6	1978. 8 ~ 1983. 8	375.0
23. 이탈리아	-62.6	1970. 1 ~ 1975. 1	-46.1
24. 프랑스	-62.5	1973. 1 ~ 1978. 1	5.7
25. 이탈리아	-62.3	1960. 9 ~ 1965. 9	-0.5

대규모 주가 변동에 관한 이야기들

───── 1년간의 주가 변동에 관련된 이야기를 찾는 것이 5년간의 주가 변동과 관련된 이야기를 찾는 것보다는 더 쉽다. 5년은 너무 긴 시간이어서 사람들이 흔히 주식시장의 가격 상승이나 하락 요인을

의식하기 어려우며, 뚜렷한 사건이라기보다 잠재적인 경향으로 받아들이기 쉽다. 다행스럽게도 〈표 7-3〉에 표시된 5년간의 주가 상승 사례 25개 중 14개는 〈표 7-1〉에 표시된 1년간의 주가 변동 사례를 포함하고 있다. 그리고 〈표 7-4〉의 5년간의 주가 하락 사례 25개 중 11개는 〈표 7-2〉에 나타난 1년간 주가 하락의 사례를 포함하고 있다.

1년간의 주가 상승 사례 가운데 몇 가지는 합리적인 주가 변동이며, 타당한 이유들과 관련되어 있는 것으로 보인다. 최대 규모의 사례가 특히 그렇다. 일반적으로 극히 예외적인 사건이 발생했을 때에는 대부분 시장이 과잉 반응했던 것처럼 보인다.

1년간의 실질주가 상승이 가장 컸던 곳은 1985년 12월부터 1986년 12월까지 필리핀의 경우인데, 그 상승폭이 놀랍게도 683.4퍼센트였다. 5년간의 실질주가 상승이 가장 컸던 사례 역시 필리핀의 1,253퍼센트였다. 기록적인 1년간의 주가 변동 기간이 1984년 11월부터 1989년 11월까지 5년 동안에 포함되어 있다.

1985년 12월부터 1986년 12월에 걸친 12개월 동안 필리핀에서는 페르디난드 마르코스Ferdinand Marcos 정권이 붕괴되었다. 마르코스는 국외로 도피했고, 코라손 아키노Corazon Aquino가 이끄는 새 정권이 실권을 장악했다. 주가 폭등이 발생하기 직전에는 공산주의 세력의 반란으로 필리핀이 제2의 베트남이 될지도 모른다는 두려움이 팽배했다. 마르코스 정권은 아키노의 남편을 암살했고, 거리에는 시위가 끊이지 않았다. 전반적으로 미래가 엄청나게 불확실했던 그 시기에 신정권이 들어서면서 필리핀은 새로운 희망을 가지게 되었다. 확실히 새로운 시대가 도래한 것처럼 보였다. 게다가 표에서도 볼 수 있듯이,

주가가 하락세로 반전되지 않고, 이후 1년을 넘어 5년 동안 계속 상승세로 이어졌다.

　기록적인 주가 상승이 시작되었던 1985년 12월에 필리핀 주식시장의 주가가 매우 낮았던 것은 일종의 네거티브 버블의 결과였다고 생각할 수도 있다. 사실 〈표 7-4〉가 보여주듯이, 5년간 주가 하락 중에서 최대 규모였던 25개의 사례들 중 3개가 1985년 이전 필리핀에서 발생했다. 극적인 주가 상승 이전의 필리핀 주식시장은 정말로 참담한 기록을 보였던 것이다. 1985년과 그 이전의 필리핀 신문 기사들은 흔히 4 정도의 이상하리만큼 낮은 주가수익비율에 대해서 당혹스러워했다. 이러한 관점에서 볼 때, 표에서 보듯이 최대 규모의 주가 상승은 그 이전까지 계속된 주가 하락에 대한 반등이라 할 수 있다.

　1년 동안의 주가 상승 중에서 두 번째로 컸던 사례(1986년 10월에서 1987년 10월까지)와 주가 하락 중에서 두 번째로 컸던 사례(1989년 10월에서 1990년 10월까지) 모두 대만에서 발생했다. 대만은 또한 5년간의 주가 상승 중에서도 일곱 번째(1986년 5월에서 1991년 5월까지)를 기록했고, 5년간의 주가 하락 중에서도 스물일곱 번째(1988년 10월에서 1993년 10월까지)를 기록했다.

　대만에서 가장 큰 투기적 주가 상승이 발생했던 기간(1986년 10월에서 1987년 10월)에 낙관론을 설명해주는, 새로운 시대와 관련된 인상적인 이유들이 존재했다. 수출 호황으로 경제 성장률이 두 자릿수로 높아졌고, 이러한 가파른 성장의 궤적과 함께 대만 경제가 빠른 시일 안에 컴퓨터 칩과 같은 하이테크 제품을 생산할 것이라고 널리 예상되었다. 도처에서 새로운 풍요로움을 볼 수 있었다. 타이베이의 거리에는 고급 외제차가 달리고, 호화스러운 레스토랑에서는 샐러리맨이 한 병에 100달러짜리 와인을 자연스럽게 주문했다. 그럼에도 불구하고 저축률은 여전히 매우 높았고, 대만은 미래를 위해 대규모로 투자를 하고 있었다.

1987년 가을, 계속된 반정부 가두시위 이후 정부는 결국 1949년부터 실시되어 온 계엄령을 해제하고 사상 최초로 야당의 결성을 승인했다. 그 12개월의 후반부인 1987년 9월 정부는 역사적이고 매우 분명한 두 가지 조치를 발표했다. 이로써 외국인 투자자가 대만 내에 기업을 설립하는 것, 그리고 1949년 이후 처음으로 대만 시민권자가 중국 본토의 친척을 방문하는 것이 허용되었다.

대만 경제의 새로운 시대의 시작을 기대할 만한 이런 충분한 이유에도 불구하고, 많은 사람들이 보기에 여전히 1986~1987년의 대만 주식시장은 투기적 과잉 분위기가 존재했다. 1987년 1월에서 9월 사이 거래량은 7배나 급등했는데, 이는 일본을 제외하면 아시아 전체 시장의 거래량을 웃도는 것이었다.[3] 주가수익비율은 1987년 연초에 16이었는데, 9월에는 45에 이르렀다.

주식시장의 호황 외에도 대만은 도박 열풍에 휩싸여 있었다. 1986년까지는 알려지지 않았던 '다쟈러(大家樂, 모두의 행복)'라고 불리는 불법 복권이 갑자기 전국적으로 성행했다. 이 복권은 얼마나 인기가 많았는지 "당첨번호가 발표되던 날 농부는 밭을 돌보지 않고 노동자는 공장에 얼굴을 내밀지 않을 정도"였다.[4]

예일 대학교에서 내가 가르치던 한 대만 학생의 이야기에 따르면, 1987년 그가 아직 10대였을 때 그의 어머니는 아들을 정기적으로 주식시장에 보내 거래 상황을 살피고 큰 변동이 생기면 보고하게끔 했다. 그는 임무를 수행하는 동안에 비정상적이고 투기적인 시장의 광기를 실감했다.

대만 주식시장의 급등세가 즉시 반전되지는 않았다. 가장 급격한 주가 상승이 있었던 그다음 해에도 주가는 계속 상승했다. 그러나 1년 후에는 표에서 보듯이 74.9퍼센트라는 최악의 폭락을 기록했다.

1년 동안의 주가 상승이 세 번째로 컸던 사례는 1990년 1월에서 1991년 1월 사이 베네수엘라였는데, 그 상승폭이 384.6퍼센트였다. 이러한 주가 급등은 1989년 경제 성장률이 −8퍼센트, 실업률이 10퍼센트, 인플레이션율이 85퍼센트를 기록했던 심각한 경기 침체 직후에 나타났다.[5] 당시 이라크의 쿠웨이트 침공(1990년 8월에서 1991년 2월까지)으로 페르시아 만의 석유 공급이 중단되었다. 이로 인해 국제 원유가격이 급등하고 베네수엘라산 석유의 수요도 급증했다. 이러한 환경은 베네수엘라가 갑작스럽게 번영을 누릴 수 있었던 계기가 되었다. 쿠웨이트 사태의 여파로 투자자들은 불안한 페르시아 만보다 외부의 대안적인 석유 공급국으로서 베네수엘라의 중요성을 확신했을 것이다.

그러나 이는 베네수엘라의 주식시장 급등에 대한 합리적인 설명으로는 부적절해 보인다. 왜냐하면 페르시아 만의 석유 공급이 중단될 가능성은 쿠웨이트 침공 이전부터 이미 예상되었기 때문이다. 베네수엘라의 카를로스 안드레스 페레스Carlos Andres Perez 대통령은 "베네수엘라는 완전히 거짓의 경제에 살고 있으며" 그것은 석유가격 상승에 의해서만 유지되고 있다고 경고했다. 그럼에도 불구하고 주가는 급등했다.[6] 이러한 주가 상승은 그 다음 해에도 반전의 기미를 보이지 않았다. 그러나 1993년 1월이 되자 실질주가가 1991년 1월의 가치와 비교해서 60.3퍼센트나 폭락했고, 1999년 1월에는 82퍼센트나 하락했다.

1년 동안의 주가 상승이 네 번째로 컸던 사례는 1992년 8월에서 1993년 8월 사이의 페루였는데, 그 상승폭이 360.9퍼센트였다. 이는 1992년 4월의 주가 급락 직후에 나타났다. 당시 알베르토 후지모리 Alberto Fujimori 대통령은 권력을 독재적으로 장악하여 의회를 해산하고 헌법을 무효화했다. 이와 동시에 정부는 '빛나는 길the Shining Path'이라는 게릴라 세력과 내전을 치르고 있었다. 그러나 1992년 9월에는 빛나는 길의 지도부가 체포되었고, 2만 7,000명의 희생자를 낳은 14년간의 내전이 종식되면서 1993년 4월 민주주의가 회복되었다.

1990년 연간 인플레이션 7,000퍼센트에 마이너스 경제 성장률을 기록했던 페루는 1993년 인플레이션이 억제되고 경제 성장률이 플러스로 돌아섰다. 새로운 시대라는 사고가 유행할 만했다. 그러나 적잖은 사람들이 1년 동안 주가가 4배나 상승했다는 사실에 대해서는 과도한 것이 아닌지 의구심을 가졌다. 주식시장은 그다음 해에도 조금 상승했고, 그 이후에는 약간 하락했다. 1999년 1월경에는 실질주가 수준이 더 낮아졌지만, 하락폭은 단지 8퍼센트에 지나지 않았다. 모든 사례들 중에서 페루의 주식시장 상승은 가장 투기적 버블로부터 자유로운 것처럼 보인다. 오히려 매우 긍정적이고 펀더멘털을 반영하면서 적절하게 상승했던 것으로 여겨진다.

〈표 7-1〉에서 열한 번째 큰 상승으로 기록된, 1991년 4월에서 1992

년 4월 사이 인도의 주가 상승은 1991년 5월 라지브 간디Rajiv Gandhi가 암살되고 38년에 걸친 네루 가계에 의한 지배가 종식된 시기에 시작되었다. 간디의 후계자는 즉시 델리 경제대학교 교수였던 만모한 싱Manmohan Singh을 재무장관으로 임명했고, 새 정권은 사회주의적인 정책으로부터의 본격적인 전환점으로 여겨졌던 규제 완화 계획을 발표했다. 인도 정부는 외국 기업의 투자를 유치하려고 힘썼다. 싱 재무장관은 금융자산을 부유세의 과세 대상에서 제외시키는 예산안을 제출했다. 이전에는 기업경영자들이 절세를 위해 자사의 주식가격을 가능한 한 낮게 유지하려고 했지만, 이제 주식가격을 높이려고 노력하게 되었다. 싱의 예산안은 신주 발행 시의 가격 설정과 시기 결정에 관한 규제도 완화했다. 이러한 개혁은 명백히 주가 상승을 설명할 수 있는 타당한 이유였다.

그러나 많은 사람들은 현실의 주가 급등이 과도한 것이라고 생각했고, 전문가들은 투기적 경향의 가능성에 대해 경고했다. 그리고 이 시기에는 주가 조작 시도가 광범위하게 나타났다. '빅 불Big Bull'이라 불리는, 뭄바이의 주식 브로커 하샤드 메타Harshad Mehta의 주가 조작은 인도 주식시장이 고점에 이른 뒤인 1992년에 전국적인 스캔들을 불러일으켰다. 그는 개별 주식에 이른바 '소용돌이 효과'를 일으킨 것으로 얘기되었다. 시장에서 주식을 사서 우호적인 금융기관에 낮은 가격으로 판 후, 주식 유통량이 감소한 시장에서 다시 주식을 사들여 주가를 상승시키는 작전이었다.[7] 1992년 인도 주식시장의 주가 상승은 이제 '메타 고점Mehta Peak'이라 불리고 있다. 그다음 한 해 동안 주가가 50.3퍼센트 하락한 것을 보면, 그것은 정말로 고점이었다.

이러한 사례들을 볼 때, 주가가 급등할 때는 언제나 진정한 새로운 시대의 시작을 알리는 어떤 사건 내지는 연속적 사건들이 시장의 외부에서 발생했음을 알 수 있다. 시장이 그러한 사건에 과도하게 반응했다고 비판한다 해도, 실제로 그랬는지 확실히 논증하기는 어렵다. 하지만 그 밖에는 이러한 대규모의 주가 상승에 대한 그럴 듯한 설명을 찾아보기 어려우며, 따라서 언론의 해석은 주로 장기적 과정이나 시장 심리의 재해석에 집중했다.

예를 들어, 1985년 5월부터 1986년 5월까지 이탈리아에서는 주식시장의 호황으로 실질주가가 166.4퍼센트 급등했다. 이 시기에 경제성장은 견실했고, 인플레이션은 낮게 유지되었으며, 베티노 크락시 Bettino Craxi 수상이 이끄는 정권도 여론의 지지를 받으며 안정적으로 유지되었다. 그러나 이러한 사실들은 뉴스가 아니었다. 한 이탈리아 신문은 다음과 같은 애널리스트의 말을 인용했다.

"설명할 방법이 없다. 모두가 열광하고 있다. 그뿐이다. 이는 완전히 집단적인 광기이다. 이를 이해하려 한다거나, 멈추려고 한다거나, 방향을 제시하려고 하는 노력들은 모두 쓸데없는 일이다."[8]

런던의 「파이낸셜 타임스」는 다음처럼 보도했다.

"열광이 이탈리아를 휩싸고 있다. 최초로 주식 투자를 경험한 수많은 소액투자자들이 마치 복권을 사듯이 주식시장에 돈을 쏟아 붓고 있다."[9]

그다음 해에 이탈리아 주식시장의 실질주가는 15.7퍼센트 하락했다. 1992년 9월 이탈리아의 실질주가는 1986년 5월의 실질주가와 비교하여 68퍼센트 하락했다.

거의 동일한 시기에 프랑스에서도 투자자들이 이른바 '시장과의 사랑love affair with the market'에 빠져 주가가 상승했는데,[10] 그 상승폭은 매우 컸지만 설명하기가 어려워서 사람들을 놀라게 했다. 표에서 보듯이, 이 시기 프랑스의 주식시장은 1982년 3월부터 1987년 3월까지 실질치로 282.6퍼센트 상승했다. 프랑수아 미테랑Francois Mitterrand이 이끄는 프랑스 정부가 사회주의적 교리를 포기했기 때문이라는 '새로운 시대'설은 시장의 급등을 설명하기에는 부적절해 보인다. 오히려 새로운 시대가 있었다고 한다면, 그것은 많은 이들이 보기에 프랑스 투자자들이 다시 열정적으로 자유시장을 수용한, 단순히 시장 심리의 측면이었다. 비록 1987년 3월에서 1992년 3월까지 10.2퍼센트의 주가 상승이 이어지기는 했지만, 이러한 열정의 시기 직후인 1987년 전 세계적인 주식시장의 폭락이 나타났고, 이로 인해 프랑스 주식시장도 하락했다. 신기하게도 프랑스 주식시장은 그로부터 다시 상승했다. 프랑스의 주식시장은 1992년부터 새천년이 시작될 무렵 사이에 미국의 주식시장만큼 극적이고 신기하게 상승했다.[11]

새로운 시대의 종언과 금융 위기

———— 앞에서 설명했던 비정상적인 주가 상승 이후의 후일담은 매우 다양하게 나타났다. 급격한 반전이 종종 뒤따랐지만, 항상 그랬던 것은 아니다. 주가 상승 스스로가 파멸의 씨앗을 뿌리는 것일까, 아니면 주가 상승을 가로막는 다른 요인들이 존재하는 것일까?

강세장의 종말은 흔히 주식시장의 어떤 비이성적 과열과도 무관한 구체적인 사건들이 원인이 되어 나타나는 것으로 보인다. 그중 주목할 만한 것은 은행 위기나 외환 위기 같은 금융 위기이다. 이러한 다른 사건들의 원인들은 주식시장 위기의 원인들보다 더 명확해 보이기 때문에 주식시장 밖에서 발생하는 사건들이 주된 분석의 대상이 된다. 그러한 분석에 따르면, 새로운 시대가 종언을 맞이하는 것은 심리적·사회적 원인이라기보다는 오히려 좁은 의미에서 기술적인 요인에 의해서이다.

1994년 멕시코의 위기는 〈표 7-3〉에서 여섯 번째 규모였던 5년간의 주가 상승 이후 나타났다. 멕시코의 위기에 대한 분석은 매우 복잡하다. 애널리스트들은 투자자들이 페소화를 투매하고 이후에 이들이 멕시코 정부가 발행한 달러 표시 단기채권인 *테소보노*tesobono의 인수를 거부한 사실을 강조하고 있다. 투자자들은 많은 사람들이 페소화를 투매할 경우 멕시코 정부가 외환시장에서 페소화를 방어할 만큼 충분한 외환준비고가 없다는 사실을 알고 있었다. 이러한 정보만으로는 평가절하가 나타날 수 없었겠지만, 페소화의 절하가 임박했다는 사실과 결부되면서 그것은 실제로 평가절하를 일으켰다. 물론 페소화의 평가절하는 그 자체만으로는 나쁜 것이 아니었다. 사실 그것은 멕시코 경제가 필요로 했던 실질적인 경기부양책이 되었을지도 모른다. 그러나 당시 투자자들은 정부를 불신했고, 테소보노 채권에 대해 재투자하지 않기로 결정했다. 멕시코 정부는 신규 채권을 발행할 수 없었기 때문에 이미 발행한 채권의 만기가 도래하자 그것을 상환할 수 없었다. 다행히도 국제적 융자 덕분에 멕시코 정부는 이 부채를 상환할 수 있었고, 경제 위기는 해결되었다.

하지만—페소화와 관련된 문제의 원인이 확인되었고, 멕시코의 경제 위기가 단기적이었으며, 또한 국제적 융자자에 의해서 문제가 해결되었음에도 불구하고—1999년 중반 멕시코 주식시장의 실질수준은 여전히 1994년의 고점과 비교해서 50퍼센트 미만의 수준이었다. 실질가치로 볼 때, 멕시코 주식시장은 10년이 지난 후에도 1994년의 고점을 넘지 못했다. 1994년 이후에는 멕시코 주식시장에 대한 대중들의 태도가 근본적으로 변했다. 1994년 위기 이전에는 살리나스Salinas 정권 아래서 북미자유무역협정NAFTA이 출범하고 경제협력개발기구OECD의 가입도 승인되어 멕시코 경제가 튼튼하고 전도가 양양할 것이라는, 과장된 새로운 시대 사고가 존재했다. 그러나 이러한 생각은 위기 이후에 사라졌다.

1997~1998년 아시아의 금융 위기 역시 단순히 주식시장의 위기 이상이었다. 아시아의 금융 위기는 외환 위기와 은행 위기를 포함했으며, 또다시 분석가들의 이목을 집중시켰다. 그러나 〈표 7-3〉에서 알 수 있듯이, 아시아 국가들은 경제 위기 이전에 대규모로 5년간의 실질주가 상승을 기록한 경우가 많았으며, 이는 특히 외환 위기와 은행 위기 훨씬 전에 발생했다. 일본은 1982년 8월에서 1987년 8월까지 275.6퍼센트, 홍콩은 1982년 10월에서 1987년 10월까지 230.9퍼센트, 한국은 1984년 3월에서 1989년 3월까지 518.3퍼센트, 대만은 1986년 5월에서 1991년 5월까지 468.1퍼센트, 그리고 태국도 대만과 같은 시기에 430.7퍼센트 실질주가가 상승했다. 이러한 주가 상승 사례의 대부분은 세계 경제가 1981년의 대불황으로부터 회복되었던 1982~1987년 사이에 나타났다.

이 모든 국가들에서 주식시장은 아시아 금융 위기의 기미가 있기 이전인 1996년 12월 고점에 도달한 이후 이미 하락하고 있었다. 이들 나라에서 투기적 버블의 붕괴는 위기 이전에 이미 발생했고, 그것이 위기를 불러일으킨 환경 중의 하나였다. 그러나 결국 위기가 발생했을 때, 주식시장 이야기는 대중의 신뢰에 관한 이야기와 함께 위기의 모호한 배경의 일부가 되었을 뿐이다. 사람들의 관심은 환율 변동, 외국인 투자자들의 갑작스런 투자금 회수, 은행의 부실, 인플레이션, 그리고 고용 위기 등에 집중되었다.

이처럼 금융 위기 이야기는 때때로 경제 및 금융 분석가들의 관심을 끄는 복잡한 요인들을 잘 보여준다. 각각의 요인들이 그 사건을 설명하는 유일하고 전문적인 이야기처럼 느껴질지도 모른다. 그러나 여러 논의들은 이 요인들에만 초점을 맞출 뿐, 투기적 가격에 반영되는 대중적 여론의 큰 변화에 대해서는 관심을 두지 않는다. 따라서 투자자가 뉴스 보도에 과도하게 반응하고 주가 상승이 더욱더 주가 상승을 부추기는 피드백 효과가 발생한다는, 사건 배후의 이야기를 놓치기 쉽다.

오르면(내리면) 보통 다시 내린다(오른다)

─── 이러한 많은 사건들의 배후에 어떤 투기적 과잉이 존재했다는 주장을 *증명하는* 것은 불가능하다. 주식시장이 상승할 때 투자자들이 스스로를 정당화하기 위해 제시하는 근본적인 원인들이 사용 가능한 증거라는 면에서는 타당하다고 언제나 주장할 수 있다. 그

리고 새로운 시대 이론도 발생 가능한 일에 관한 이론으로서는 장점이 전혀 없는 게 아니다. 그러나 우리는 이러한 가격 변동 이후에 반전이 일어나는 경향이 있는 것은 아닌지 질문해볼 수 있다. 만일 평균적으로 주가 상승 이후에 하락이 나타난다면, 주가 상승의 근본적인 원인이 튼튼하지 않았다는 증거를 갖게 되는 셈이다.

이번 장에서 나온 표의 기초가 된 데이터는 각국에 대해 베르너 드봉Werner De Bondt과 리처드 탈러가 최초로 발견한 결과가 옳다는 것을 뒷받침해준다. 주가가 상승한 주식—주가 상승이 5년과 같은 장기적인 기간으로 계산되면—은 그 이후의 동일한 기간 동안 하락하는 경향이 있으며, 역으로 장기간에 걸쳐 주가가 하락한 주식—주가 하락이 똑같이 장기적인 기간으로 계산되면—은 그 이후의 동일한 기간 동안 상승하는 경향이 있다.[12]

〈표 7-3〉에 나온, 주가 상승을 경험한 25개국 중에서 17개국이 5년간 실질주가가 크게 상승한 이후에 5년간 평균적으로 주가의 하락을 경험했다. 17개국의 평균적인 가격 변화는 14.7퍼센트 하락이었다.[13] 또한 〈표 7-4〉에 나온, 주가가 하락했던 25개국 중에서 20개국이 5년간 큰 폭으로 하락한 다음에 다시 5년간 상승했다. 그리고 평균적인 가격 변화는 119.7퍼센트 상승을 기록했다. 따라서 상승이든 하락이든 간에 5년간 큰 폭의 가격 변동이 발생한 경우에는 그 이후 5년간 주가 변동에서 반전이 일어나는 경향이, 완벽하지는 않았지만 강하게 나타났음을 알 수 있다.

〈표 7-1〉과 〈표 7-2〉에서 1년간의 주가 변동을 살펴보면, 개별 주식에 관한 과거 연구들로부터 예상할 수 있듯이 주가의 움직임이 반

전되는 경향이 명확하게 보이지 않는다. 〈표 7-1〉에 나타난, 주가가 상승한 25개국 가운데 15개국이 1년간 실질주가가 큰 폭으로 상승한 이후 1년간 주가 하락을 겪었다. 결국 주가 상승 후의 방향은 연속적인 상승과 하락으로 비슷하게 나누어지며, 평균적인 가격 변화는 4.2퍼센트 하락이었다. 〈표 7-2〉에 나타난, 주가가 하락한 25개국 중 18개국이 1년간 큰 폭의 주가 하락 이후 1년간 주가 상승을 보였고, 평균적인 실질주가의 변화는 36.3퍼센트 상승을 기록했다. 극단적인 주가 변동이 스스로 반전되는 모습을 보이기에는 12개월이 충분히 긴 시간은 아닌 듯하다.

개별 국가의 주가가 극적으로 상승한 이후 반전이 일어나는 경향은 장래에는 감소할 가능성이 매우 높다. 앞서 표에서 제시된 사례들의 시기보다 자본 이동이 더욱더 자유로워지고, 과소평가된 국가의 주식을 사거나 과대평가된 국가의 주식을 팔면서 이윤 기회를 좇는 세계적 규모의 투자자가 점점 늘어나면 시장은 더욱 안정화될지도 모른다. 그렇다고 해도 큰 폭의 가격 변동이 발생할 가능성이 완전히 사라지지는 않을 것이다. 특히 그것이 큰 국가나 세계 전체에서 드물지만 천천히 발생하면, 그래서 투자의 기회가 줄어들고 다각화하기 힘들어지는 경우는 더욱 그럴 것이다. 대규모의 투기적인 버블의 가능성은 지금뿐 아니라 미래에도 결코 무시할 수 없다.

문화적인 요인에 관해 다룬 제2부에서 우리는 역사상의 다양한 시점에서 주식시장의 변동을 둘러싸고 사람들이 제시한 여러 설명들에 대해 알아보았다. 또한 이 문화적 요인은 일시적이라는 증거를 살펴보았다. 그러나 궁극적으로 이러한 증거로부터 끌어낼 수 있는 결론은, 일관되고 독립적인 판단을 할 수 있는 인간의 능력과 본성에 관한 우리의 관점에 달려 있을 것이다.

이러한 주장들을 좀 더 잘 이해하기 위해 제3부에서는 근본적인 심리적 요인들에 대해 살펴보고자 한다. 즉, 독립적 행동과 순종적 행동, 타인에 대한 믿음과 불신, 자기 신뢰와 의심, 주의와 부주의 등 인간의 성향에 대해서 살펴볼 것이다. 이러한 성향들은 투기적 버블에 관한 우리의 관점이 타당한가와 깊이 관련되어 있다.

8장

시장의
심리적 앵커

Irrational
Exuberance

우리는 시장이 펀더멘털에 따라 움직이지 않는다는 것을 살펴보았다. 사람들은 무엇이 시장의 올바른 수준인지 정확히 알지도 못한다. 많은 사람들은 시장의 수준이 어떠해야 하는지, 혹은 시장이 오늘 고평가되거나 저평가되었는지 생각하는 데 별로 시간을 쓰지 않는다.

그렇다면 어느 날 주식시장의 수준을 결정하는 것은 무엇일까? 무엇이 시장의 수준을 정하는 것일까? 다우지수가 4,000 혹은 14,000이 될지를 결정하는 것은 도대체 무엇일까? 무엇이 투기적인 가격 변화를 증폭시키는, 하나의 가격 변화에서 추가적인 가격 변화로 이어지는 피드백 메커니즘을 제한하는 것일까? 왜 시장은 때때로 어느 정도의 수준에서 머물러 있다가 갑자기 변동하는 것일까? 우리는 이미 이 질문들에 대한 부분적인 해답들을 찾아보았다. 그러나 여기서 작동하는 앵커의 진정한 본질을 이해하기 위해서는 심리학에 대해 살펴보아야 한다.

심리학으로부터 얻는 교훈을 생각할 때, 투자 심리에 관한 많은 대중적인 논의들이 별로 믿음직하지 않다는 것은 분명하다. 투자자들에 관해 호황기에는 행복감에 빠져 있거나 열광 상태로 묘사하고, 시장이 폭락할 때는 패닉 상태라고 이야기한다. 그리고 호황과 폭락 시기 모두에서는 자신의 주관 없이 맹목적으로 무리지어 다니는 양떼로 비유한다. 하지만 시장의 합리성에 대한 믿음이 이들 대중심리학적 이론들보다는 훨씬 더 설득력이 있는 것처럼 들린다.

우리는 금융적 사건들이 발생하고 있는 동안에도 대다수 사람들이 묘사되거나 이야기되는 것보다는 합리적으로 움직인다는 것을 알고 있다. 대다수 사람들에게 금융 호황과 붕괴는 전투의 승리나 화산 폭발에 비견될 만큼 격렬한 감정적 사건이 아니다. 사실 이 중요한 금융적 사건이 일어나는 동안에도 사람들은 금융시장이 아니라 다른 개인적 문제들로 바쁘다. 따라서 시장이 전체적으로 심리학 이론들에 의해 묘사되는 감정들을 반영한다고 생각하기는 어렵다.

하지만 훌륭한 심리학 연구들은 시장의 앵커를 시사하는 인간의 행동 패턴이 존재함을 보여주는데, 이러한 앵커는 시장이 전적으로 합리적으로 작동한다면 기대할 수 없는 것이다. 여기서 행동의 패턴들은 인간의 극단적인 무지의 결과가 아니라 이성의 결과이며, 이성의 강점뿐 아니라 약점도 보여준다. 투자자들은 올바른 행동을 하려고 애쓰지만, 그들의 능력에는 한계가 있다. 또한 사람들은 행동의 명확한 지침이 존재하지 않을 때 행동을 결정하는 특정한 자연적인

행동양식을 가지고 있다.[1]

　여기서는 두 종류의 심리적 앵커에 관해 논의할 것이다. 먼저 *수량적 앵커*quantitative anchor를 들 수 있는데, 이것은 그 자체로 적절한 시장의 수준에 대한 지표를 제공해주며, 몇몇 사람들은 그것을 시장이 고평가 혹은 저평가되었는지, 그리고 투자하기에 좋은 시점인지 판단할 때 사용한다. 그리고 *도덕적 앵커*moral anchor로, 이것은 사람들의 주식 구매 동기를 강화하는 역할을 하는데, 사람들은 그 동기와 그들이 이미 주식시장에 투자한—혹은 투자했을 수도 있는—부를 다른 곳에 쓰는 것 중 어느 쪽이 더 나은지 비교한다. 사람들은 수량적 앵커를 가지고 실제의 주식가격을 비교하여 주식 혹은 다른 자산의 가격수준이 적절한지 판단한다. 그리고 도덕적 앵커를 통해 그들의 부와 다른 곳에 돈을 써야 할 필요를 고려하며, 주식시장에 투자하라는 주장이 직관적 혹은 감정적으로 얼마나 강력한지를 비교한다.

시장의 수량적 앵커

───── 설문조사에서 설문지를 만드는 사람들은 응답자의 대답이 설문지 자체에서 제시한 내용에 크게 영향 받는다는 것을 발견했다. 예를 들어, 사람들은 소득이 어느 정도 범위에서 하락할 것인지 질문을 받으면, 제시된 범위 안에서 대답하려는 경향을 보인다. 해당 범위는 사람들이 대답을 거기에 맞추게 되는 앵커 역할을 하는 것이다.

　심리학자들은 모호한 상황에서 사람들의 의사결정이 쉽게 사용 가능한 앵커에 의해 영향 받는다는 것을 보여주었다. 사람들은 어떤 추정치를 말해야 하는 상황에서 무엇을 말해야 하는지 잘 모를 경우, 무슨 숫자든 자기 앞에 제시된 숫자를 말하게 된다. 심리학자 아모스 트버스키Amos Tversky와 대니얼 카너먼Daniel Kahnemann은 '행운의 바퀴'를 가지고 한 실험에서 이러한 사람들의 성향을 뚜렷이 보여주었다.

텔레비전 게임 쇼에 나오는 것과 유사한, 1에서 100까지의 숫자가 적힌 큰 바퀴가 돌다가 임의의 숫자에서 멈추도록 고안되었다. 피실험자들은 해답이 1에서 100 사이의 숫자인 질문들을 받았는데, 이것들은 모두 유엔에 속한 아프리카 국가의 비중과 같이 어려운 질문들이었다. 피실험자들은 우선 그들이 생각하는 숫자가 행운의 바퀴에서 나온 숫자보다 높은지 낮은지 말해야 했다. 그리고 나서 그들은 숫자를 말하도록 요청받았다.

실험자들은 피실험자들의 대답이 바퀴에서 나온 임의의 숫자에 큰 영향을 받는다는 것을 발견했다. 예를 들어, 바퀴가 10에 멈추었을 때는 유엔에 속한 아프리카 국가들의 비중에 관해 피실험자들이 제시한 대답의 중위값이 25였던 반면, 바퀴가 65에 멈추었을 때는 그 비중의 중위값이 45였다. 바퀴에서 나온 숫자들이 전적으로 임의적이었다는 것을 피실험자들이 알도록 설계되었고, 게다가 바퀴에서 나온 숫자가 피실험자들에게 어떤 감정적 의미를 가지고 있지 않았을 것이기 때문에 이 실험은 특히 흥미로운 데가 있었다.[2]

주가 수준에 관해 평가할 때 가장 중요해 보이는 앵커는 가장 최근에 기억된 주가이다. 투자자들이 흔히 이 앵커를 사용하는 경향이 있기 때문에 그날의 주가와 다음 날의 주가가 비슷해진다. 다른 가능한 앵커는 기억된 과거의 주가인데, 이렇게 과거의 주가가 앵커로 작용하는 경향이 개별 주가의 추세가 역전되는 경향을 보이는 부분적인 이유이다. 다른 앵커는 다우지수와 같은 중요한 지수의 가장 최근의 획기적인 기록, 즉 가장 최근의 근사치의 수준이다. 투자자들이 이를 앵커로 사용하기 때문에 이런 수준을 둘러싸고 시장의 이상 행동이 나타나기도 한다. 과거의 주가 *변화*도 집중적으로 관심을 가지면 앵커를 제공할 수 있다. 1987년 10월 19일의 주식 폭락이 그 당시 많이 논의되었던 1929년 10월 28~29일의 폭락과 퍼센트 비율로 거의 비슷했다는 것을 보여준 5장의 논의를 기억하라.

개별 주식에 대해서는 다른 주식들의 주가 변화가 그 주식의 주가 변화의 앵커로 기능하며, 주가수익비율의 경우도 다른 기업들의 주가수익비율이 앵커로 작용한다. 왜 개별 주식의 가격이 가능한 한 함께 움직이며, 따라서 주가지수가 왜 그렇게 불안정한지—왜 지수를 계산하는 과정에서 각 주식들을 평균했는데도, 지수가 개별 주가에 비해서 더욱 안정적이지 않은지—를 설명하는 데 이와 같은 앵커가 도움을 준다.[3] 또한 왜 본부가 같은 나라에 존재하는 서로 다른 업종의 기업들 주가가, 본부가 서로 다른 나라에 있지만 같은 업종의 기업들 주가보다 더 비슷하게 변동하는 경향이 있는지도 설명할 수 있다. 이는 본부의 위치보다도 업종이 기업의 펀더멘털에 더 중요할 것이라는 사람들의 기대와 반대되는 것이다.[4] 그리고 이것은 주식시장에서 거래되는 부동산투자신탁이 그들의 기반인 상업적 부동산의 가치보다 왜 주가와 더 유사한 변동을 보이는지도 설명할 수 있다.[5] 사실 이 모든 금융시장의 비이성적 현상들은 간단히 말해서 편리한 수치가 수량적 앵커로 기능하기 때문이다.

시장의 도덕적 앵커

──────── 주식시장의 수준은 도덕적 앵커를 통해, 즉 부를 소비하는 필요 대신에 주식에 투자하는 이유가 얼마나 직관적으로 설득력을 가지는지 그 비교를 통해 결정된다. 시장이 제멋대로 높이 올라가지 않는 것은 사람들 생각에 주가가 본질적으로 적절해서이거나 너무 높아서가 아니다. 주가가 너무 높이 올라가면, 주식을 보유하는 이유와 비교해보았을 때 시장에서 보유하고 있는 부와 현재 생활수준 사이의 불일치가 너무 커져서 주식을 팔도록 자극하기 때문이다. 우리는 이런 앵커를 극단적인 예를 통해 생각해볼 수 있다.

현실과는 다르게 시장 심리가 주가를 계속 상승시켜 대부분의 주식 보유자들이 백만장자—서류상으로—가 되었다고 가정해보자. 사람들이 계속 모든 주식을 보유할 이유가 극단적으로 강하지 않다면, 그들은 약간은 백만장자처럼 생활하기 시작할 것이고 돈을 쓰기 위해 주식의 일부를 매각할 것이다. 이러한 매각은 아무도 주식을 사는 사람이 없을 것이기 때문에 분명히 주가를 하락시킬 것이다. 그리고 이렇게 수많은 백만장자의 생활을 유지하게 해줄 만큼 현재의 국민소득이 충분하지는 않을 것이다. 주식시장은 사람들이 새로이 얻은 부를 즐기고자 시험하지 않을(주식을 매각하지 않을) 충분한 이유가 있는 경우에만 이런 환상적인 수준까지 상승할 것이다.

이 도덕적 앵커의 기초에는 행동으로 이어지는 인간 사고의 많은 부분이 수량적이지 않으며, *이야기하기*나 *정당화*의 형태를 띤다는 심리적 원칙이 자리 잡고 있다. 이런 이유 때문에 도덕적 앵커의 경우에 사람들이 소비를 위해 사용할 수 있는 금융적 부와 비교하여 수량적 성질을 지니지 않은 이야기를 평가하는 것이다. 이러한 논리는 보통의 경제이론에서는 잘 서술되지 않지만, 투자자의 생각은 정말로 이러한 형태를 띤다는 것을 지지하는 많은 증거들이 있다.

심리학자 낸시 페닝턴Nancy Pennington과 레이드 해스티Reid Hastie는 어려운 사건에서 배심원들이 어떻게 결정을 내리는가를 연구하여 의사결정에서 이야기의 중요성을 보여주었다. 그들은 재판의 복잡한 쟁점들을 생각하는 배심원들의 접근 방법이 이야기를 구성하는 형태를 띤다는 것을 발견했다. 배심원들은 그들에게 제공되는 재판 사건의 상세한 세부사항을 가지고 사건의 일관된 이야기를 만들어냈던 것이다. 판결에 관해 설명할 때 그들은 수량이나 확률을 이야기하거나 증거의 상대적 중요성을 평가하는 것이 아니라, 단지 사건의 이야기를 대체로 순서대로 말하고, 그들의 이야기가 얼마나 서로 잘 들어맞으며 내적으로 일관된 것인지 상술하는 경향이 있었다.[6]

이와 유사하게, 주식을 일반 대중에게 매각하는 사람들은 흔히 주식에 관한 이야기, 그 회사의 역사에 관한 생생한 이야기, 제품의 특성, 그리고 대중이 이 제품을 어떻게 사용할 것인가 하는 이야기를 자주 하는 경향이 있다. 주식 판매 전화는 보통 수량이나 확률 혹은 미래의 배당이나 수익에 관한 수량적 증거에 기초하여 현재의 주가가 적절한지에 관한 논의들을 제시하지 않는다. 이러한 수량적인 요인들은 사람들에게 자연스러운, 이야기에 기초한 의사결정에 잘 들어맞지 않는 것이다.

모든 문화에는 어떤 형태로든 도박에 관한 인간의 기본적인 관심이 존재하는데, 이는 투기적 시장에서 흔히 나타난다.[7] 도박으로 돈을 잃는 나쁜 결과가 나올 가능성에도 불구하고, 도박의 부분적인 매력은 분명히 이야기에 기초한 사고와 관련이 있다. 도박꾼들의 말을 들어보면, 이들은 확률을 평가하는 것이 아니라 보통 이야기를 하며, 이 이야기들에 의해 제시되는 가능성은 어떤 수량적 개념보다도 종종 더 현실적인 것으로 보인다.

이런 이야기들에서 도박꾼들은 확률이론가들과는 다른 단어를 사용한다. 그들은 '운_luck'이나 '운 좋은 날_lucky day'과 같은 단어를 선호하며, '확률_probability'이나 '가능성_likelihood'과 같은 단어들은 거의 말하지 않는다. 그들은 승리와 패배, 최고나 최악의 운과 관련된 사건들, 그리고 큰돈을 따게 해준 강력한 직감 등을 이야기하는 것이다. 이러한 이야기들은 실제로는 완전히 임의적인 사건들이 의미와 중요성을 가질 수 있도록 해준다.[8]

종업원들은 부를 다각화하는 것이 더 이득으로 보이는데도 자기 회사의 주식(즉, 그들이 고용된 회사가 발행한 주식)에 투자하는 경향이 있다고 지적되어 왔다. 대규모 '퇴직 저축 플랜_retirement saving plans' 자산의 3분의 1이 자기 기업의 주식에 투자되었으며, 코카콜라와 같은 몇몇 기업의 경우에는 그 비중이 90퍼센트에 이른다.[9] 자사 주식에 투자하는 이러한 경향은 투자자들이 이야기에 의해 영향을 받는다는 사실로 설명될 수 있다. 그들은 자사에 관한 많은 이야기들을 알고 있으며, 따라서 자사 주식을 사는 것이다.

또한 사람들은 마치 자기들의 의사결정을 단순한 단어로 정당화할 —남에게가 아니라면 스스로에게— 필요를 느끼는 것처럼, 의사결정에 대해 간단 명료한 이유를 찾아내려고 한다. 의사결정의 이유를 복잡하지 않게 설명하려 하는 것은 의사결정 뒤의 이야기를 만들어내려고 하는 것과 비슷하다. 이야기와 이유 둘 다 다른 사람들에게 말로 전달할 수 있는 단순한 논리적인 근거가 되는 것이다.

심리학자 엘다 샤피르Eldar Shafir, 이타마 시몬슨Itamar Simonson, 그리고 아모스 트버스키는 사람들이 의사결정을 정당화하려고 단순한 이유를 찾는 바람에 만들어지는 의사결정의 편향을 실험으로 보여주었다. 그들은 실험 참여자들에게 두 가지 옵션, 즉 긍정적이거나 부정적인 아무런 특징 없이 '가난해지는 것', 그리고 뚜렷하게 긍정적이고 부정적인 특징을 함께 지니는 '부자가 되는 것'을 제시했다. 그런 다음 어떤 부모에게 아이의 독점적인 양육을 맡길 것인지 선택하게 했다.

가난한 쪽인 부모 A는 '평균적 소득, 평균적 건강, 평균적 노동 시간, 아이와의 적당한 관계, 그리고 상대적으로 안정적인 사회적 생활' 등으로 묘사되었다. 부자 쪽인 부모 B는 '평균 이상의 소득, 아이와 매우 밀접한 관계, 매우 적극적인 사회적 생활, 일과 관련된 많은 출장, 양호한 건강' 등으로 표현되었다. 실험자들은 피실험자들의 선택이 두 가지 선택에 관해 어떻게 질문을 받는가에 영향을 받는다는 것을 발견했다. 한 집단에게는 "누구한테 아이의 양육을 맡길 것인가?"라고 물어보았는데, 64퍼센트가 부모 B를 선택했다. 다른 집단에게는 "누구한테 양육을 맡기지 *않을* 것인가?"라고 물어보았는데, 55퍼센트가 다시 부모 B를 선택했다. 이 두 집단의 지배적인 대답은 논리적으로는 모순되지만, 사람들이 행동을 정당화하는 데 그럴 듯한 이유가 있어야 한다는 생각과는 모순되지 않는다. 심리학자들은 다른 사람들에게 설명할 필요가 없는 전적으로 개인적 의사결정에

서도 이와 똑같은 경향이 나타난다는 걸 발견했다.[10]

주식이나 다른 자산을 보유하는 이유에도 실용적인 차원뿐 아니라 윤리적인 차원이 존재한다. 말하자면 책임 있는 사람, 착하거나 침착한 사람이라는 정체성에 대한 우리 문화의 평가와 관련이 있는 것이다. 1996년 출간되어 1990년대 주식시장 호황 기간 동안 내내 베스트셀러였던 『이웃집의 백만장자』는 미국의 대부분 백만장자들은 예외적으로 돈을 많이 버는 사람들이 아니라 단순히 검소하게 저축하는 사람이라는 것을 지적했다.

그들은 매년 새로운 차를 사지 않는 사람들, 사치스런 집이나 다른 돈 드는 일을 하지 않는 보통 사람들이었다.[11] 이 책은 백만장자들에 대한 재미있는 연구서 이상이었다. 일생 동안 부를 꾸준히 보유하고 축적해온 사람들이 도덕적으로 우월하다는 메시지를 훌륭하게 전달했던 것이다. 그러므로 책은 저축하고 투자해야 하는 매력적인 이유를 제공한다. 또한 주가수익비율이나 투자에 관한 특별한 조언 비슷한 어떤 것도 제시하지 않는 까닭에, 이러한 것들이 별로 중요하지 않다는 생각을 교묘하게 강화시킨다. 대신에 최근의 강세장 동안 많은 돈을 번 성공적이고 검소한 사람들에 관한 많은 이야기들을 제시하고 있다. 그것은 생생한 묘사와 독자들에게 매우 직접적인 느낌을 주는 이야기들이다.

이 책에 나오는, 주식을 팔고 그들의 부를 써버리는 것을 통해 시장을 테스트하려고 하지 않는 백만장자 투자자들의 솔깃한 이야기들은 바로 비정상적인 강세장이 지속되는 데 필요한 도덕적 앵커와 같은 것이다.

과신과 직관적 판단

─────── 시장에서 이와 같은 심리적 앵커의 중요성을 판단할 때, 사람들의 믿음에는 *과신*으로 향하는 강력한 경향이 있다는 것을 기억하는 것이 중요하다. 사람들은 남이 보기에는 별로 믿을 만하지 않은 이야기나 이유들에 기초해서 행동하기 쉬운 것이다.

또한 그들이 스스로 알고 있는 것보다 더 많이 알고 있다고 생각한다. 그래서 조금밖에 모르는 문제에 관해서도 의견을 표출하며, 흔히 이러한 의견에 기초하여 행동한다. 우리는 언제나 모든 것을 아는 것 같은 사람들이 주변에 많이 있음을 발견한다. 그러나 심리학자들은 이러한 자기 과신 경향에 대해서 주의 깊게, 그리고 그 일반성에 관해 설명해준다.

심리학자 배럭 피쇼프Baruch Fischhof, 폴 슬로빅Paul Slovic, 그리고 사라 리히텐슈타인Sarah Lictenstein 등은 사람들에게 간단한 사실에 관한—두 대중적인 잡지 중 어느 것이 더 많이 팔리는지, 혹은 두 가지 흔한 죽음의 이유들 중 어느 것이 더 흔한지 등과 같은—질문을 하고 그들의 답이 맞을 확률을 제시해 달라고 하면, 사람들은 그 확률에 대해서 과대평가하는 경향이 있음을 발견했다. 사실 사람들이 자신들이 옳을 것이라 확신한다고 말했을 때, 약 80퍼센트 정도만 실제로 맞았던 것이다.[12]

이 결과는 심리학자들 사이에 논쟁의 주제였고, 과신이라는 현상이 보편적인 것은 아님이 확인되었다. 사람들은 때때로 어떤 실험 환경에서는 훈련으로 그들의 과신을 극복할 수 있다는 것이 밝혀졌다.[13] 그러나 과신이 나타나는 기본적인 경향은 강력한 인간 본성의 특질인 것으로 보인다. 확실히 과소한 확신이 아니라 과도한 확신이 나타나는 편향이 존재한다. 나는 투자자들을 인터뷰했을 때 이러한 과신이 명백히 나타나는 것을 확인했다. 그들은 매우 강력한 의견을 표출하고 즉시 판단을 내리는 것처럼 보였다.

심리학자들은 사람들이 왜 과신하는지에 대해서 오랫동안 궁금해 해왔다. 하나의 이론은, 사람들은 자신들의 결론을 평가할 때 추론 과정에서 여러 오류가 있을 수 있다는 것을 잊어버리고, 오직 마지막 단계에서 옳을 확률만 평가하는 경향이 있다는 것이다.[14] 다른 이론은, 사람들은 이미 알려진 관찰과의 유사성만 고려하여 그들의 확률을 판단하고, 그들이 비교할 수 있는 다른 많은 관찰들이 있음을 잊어버린다는 것이다.[15] 과신이 나타나는 이유는 또한 사후확신hindsight 편향, 만일 그들이 그때 있었거나 관심을 기울였다면 실제 사건이 발생하기 전에 그것이 일어날 줄 알았을 것이라 생각하는 경향과 관련이 있을지도 모른다.[16] 사후확신 편향은 세계가 실제보다는 더 예측 가능하다는 생각을 부추긴다.

투기적 시장과 관련하여 과신을 일으키는 다른 요인은 *마술적 사고*magical thinking이다. 우리가 투자의 성공 가능성과 그들 스스로의 투자 결정에 관한 사람들의 직관에 대해 이야기할 때, 사람들의 가장 깊숙한 생각들까지 이야기하는 것을 말한다. 사람들이 다른 사람들에게 설명하거나 정당화할 필요가 없는 생각들 말이다. 심리학자들이 '마술적 사고' 혹은 '준마술적 사고quasi-magical thinking'라고 부르는 사고의 패턴이 여기에 영향을 미치는 것으로 보인다. 사람들은 논리적으로는 그들의 행운에 전혀 영향을 미치지 못할 것임을 알면서도, 때때로 어떤 행동이 그들에게 행운을 가져다줄 것이라 느낀다.

또한 스스로도 비논리적이라고 인정하는 사고에 기초해서 중요한 결정을 내리기도 한다. 사람들이 이미 던져진—그리고 그 결과가 이미 밝혀진—동전보다는 아직 던져지지 않은 동전에 대해서 더 많은 기대를 한다는 사실은 널리 알려져 있다. 그리고 얼마를 주면 그들이 이미 사서 보유하고 있는 복권을 팔 것인가 물어보면, 사람들은 스스로가 복권 번호를 골랐다면 원래 가격보다 4배나 높은 값을 부른다. 명백하게도 사람들은 어떤 마술적인 차원에서 그들이 아직 던져지지 않은 동전에 영향을 미칠 수 있고, 번호를 선택해서 복권에 당첨될 가능성에 영향을 미칠 수 있을 것이라 생각하는 것이다.[17]

이러한 실험 결과를 고려하면, 사람들이 적어도 직관적인 수준에서 '만일 내가 주식을 사면 나중에 주가가 올라갈 거야'라든가 '내가 주식을 사면 다른 사람들도 나와 같으니까 주식을 사겠지'라든가 '최근에 운이 좋았으니까 이번에도 운이 좋을 거야'라고 생각할 수 있다는 것이 명백해 보인다. 이러한 사고는 미묘한 방식으로 투기적 버블을 일으키는 과신으로 이어지게 된다.

과신의 또다른 측면은, 불확실한 상황에서 사람들이 흔히 패턴의 이유나 패턴이 반복되는 확률에 대해 충분히 고려하지 않고, 단지 비슷한 패턴을 살피거나 미래의 패턴이 과거의 것과 비슷할 것이라 가정하여 판단을 내리는 경향이 있다는 것이다. 이러한 판단의 비이성적 현상은 '전형 발견representativeness heuristic'이라 불리며, 이는 심리학자 트버스키와 카너먼의 실험들에서 밝혀진 바 있다.

두 심리학자는 사람들에게 특정하게 묘사된 성격을 가진 사람들의 직업을 여러 직업들 중에서 추측해보라고 요청했다. 묘사된 성격이 예술적이고 감각적인 경우라면, 사람들은 보통 노동자나 비서보다는 지휘자나 여류 조각가를 선택했다. 그러나 이는 해당 직업들이 매우 드물다는 사실을 완전히 무시한 것이었으며, 따라서 대답은 잘 맞지 않았다.[18] 이런 질문에 대답할 때는 누군가가 지휘자나 여류 조각가일 확률은 매우 낮기 때문에, 이들 직업은 거론하지 않는 것이 현명할 것이다. 그러나 사람들은 기본적인 확률은 무시하고 성격에 가장 잘 맞는 직업을 찾는 것이다.[19]

어떻게 만들어졌든지 과신은 우리가 투기적 시장에서 목격하는 거래량의 급등을 일으키는 근본적인 요인으로 보인다. 그런 과도한 확신이 없다면, 금융시장에는 거래가 별로 없을 것이다. 만일 사람들이 완벽하게 합리적이라면, 투자자의 절반은 그들이 투자 능력에서 평균 이하라고 생각하여 그들보다 뛰어나다고 생각하는 나머지 절반과는 투기적 거래를 하려고 하지 않을 것이다. 따라서 평균보다 뛰어난 절반은 거래할 상대가 없을 것이고, 이런 경우에 투기적인 원인으로 인한 거래는 나타나지 않을 것이다.[20]

전반적으로 사람들이 주가가 예측 불가능하다고 믿는다 해도, 판단에서의 과신은 때때로 사람들로 하여금 시장의 변동이 언제 일어날 것인지 알고 있다고 믿도록 만들 수 있다. 나는 1987년 10월 19일 주식시장 폭락 직후 투자자들을 대상으로 실시한 설문조사에서 "당신은 1987년 10월 19일 어느 순간에라도 언제 반등이 일어날 것인지 잘 알고 있다고 생각했습니까?"라고 물어보았다. 그날 주식을 매수한 개인투자자의 47.1퍼센트가 그렇다고 대답했다. 그리고 기관투자가의 47.9퍼센트가 그렇다고 대답했다. 따라서 그날 주식을 거래한 투자자들의 거의 절반이 당일 주가가 어떻게 변할 것인지 안다고 생각했던 것이다. 이것은 놀라운 결과였다. 대부분은 그날 주식을 사거나 팔지 않았던 모든 개인투자자들 중에서도 29.2퍼센트가 이 질문에 대해 그랬다고 대답했다. 모든 기관투자가들의 경우에는 28퍼센트가 그랬다고 대답했다.

사람들은 왜 어느 특정한 날, 특히 그렇게 변동이 심한 날의 주가가 어떻게 될 것인지 알았다고 생각하는 것일까? 사람들이 그런 일들을 알고 있다는 생각은 시장의 예측 가능성에 대한 가장 기초적인 관찰과 어긋나며, 시장에서 투자 타이밍을 잡기가 매우 어렵다는 통념과 모순되는 것이다. 매우 많은 사람들은 분명히 시장이 결코 예측 불가능하다는 것을 일관되게 믿지 않고 있다.

설문지의 다음 질문은 "만일 그렇다면, 당신은 시장의 반등 시점을 어떻게 알 수 있었습니까?"였다. 이 질문에 대한 대답들에는 놀랍게도 전혀 확실한 설명이 없었다. 다수 사람들은 직감이나 예감, 역사적 증거와 상식, 혹은 시장 심리 등을 언급했다. 기관투자가들의 대답에서도 구체적인 사실이나 명확한 이론에 관한 언급을 찾아볼 수 없었다.

분명히 시장의 미래에 대한 직관적인 판단이 바로 주가의 하락을 멈추는 앵커였기 때문에 이러한 직관적인 느낌은 주식시장 폭락 과정에서 무척 중요했다. 투기적 버블을 이해하기 위해서 우리는 사람들 스스로의 직관적인 판단에서 과신이 중요한 역할을 한다는 것을 이해해야만 한다.

앵커의 취약성: 불확실한 미래의 결정에 미리 생각하는 것의 어려움

───── 여기서 논의된 앵커들이 매일매일의 시장의 안정성을 설명해 주지만, 우리는 또한 이 앵커들이 때때로 느슨해지는―가끔은 갑자기―가능성을 해명해야만 한다. 시장은 실제로 극적인 변화를 보인다. 때때로 시장이 우리를 놀랍게 하는 부분적 이유는 뉴스의 사건들이 사람들의 추론에 그들조차 예상하지 못한 영향을 미치기 때문이다

심리학자 샤피르와 트버스키는 '*비논리적 추론*nonconsequentialist reasoning'이라고 이름붙인 현상에 관해 설명했다. 이는 미래에 어떤 사건들이 발생할지 기초적인 결론을 내릴 수 있는 능력이 없는 추론을 뜻한다. 샤피르와 트버스키에 따르면, 사람들은 어떤 사건이 실제로 일어나기 전까지는 어떤 결정을 내릴 수가 없다. 체스와 같은 논리적인 게임을 배울 때, 우리는 상대방의 결정에 대응하여 앞으로 내릴 결론에 관해 미리 생각하는 것을 연습한다. 우리는 '내가 이렇게 움직이면 상대는 여기나 저기로 움직일 것이다. 상대방이 여기로 움직이면 나는 괜찮지만, 저기로 움직이면 나는 어려운 상황에 직면하게 될 것이다.'라고 생각하는 것을 배운다. 즉, 사람들은 '의사결정 나무decision tree'에서 모든 가능한 가지의 상황들을 생각하는 것을 배우는 것이다. 우리는 일상생활에서 어느 정도는 이 게임들을 할 때 배운 것과 유사한 생각의 양식을 연습한다. 그러나 현실 세계의 결정은 감정으로 인해 불확실하고 목표가 명확하지 않으며, 사람들은 일반적으로 무언가를 미리 생각하는 것처럼 행동하지는 않는다.

샤피르와 트버스키는 중요한 시험을 통과했는지 실패했는지 안 다

음에 하와이로 휴가를 갈 것인지 결정을 내리는 학생들의 사례를 제시한다. 이런 결정에 직면하여 학생들은 그 결정에 관한 느낌을 알기 위해 스스로의 생각을 살펴본다. 시험에 통과한 몇몇 학생들은 '나는 이 휴가를 축하나 보상으로 생각할 거야.'라고 생각할 것이다. 또한 시험에 떨어진 학생들은 '나는 이 여행을 시험에 떨어진 후에 내 기분을 풀어주는 위로로 생각할 거야.'라고 생각할 것이다. 그리고 몇몇 학생들은 시험에 붙든 떨어지든 휴가를 가기로 결정할 것이다. 이런 학생들은 완전히 논리적이라면 시험 결과가 그들의 의사결정에 중요하지 않을 것이므로, 시험 이전에 미리 휴가를 예약할 수 있어야 한다. 그러나 이들은 때때로 시험 결과를 알기 전에 그런 결정을 내리는 데에 커다란 어려움을 겪는다. 그들은 시험 전에는 휴가를 가야 하는 감정적 이유에 대해 완전히 예상하지 못하며, 따라서 그것을 실행하는 데에 기분이 편치 않은 것이다.[21]

이 사례는 체스 게임과 같은 단순한 사실의 문제보다는 미래에 사람들이 스스로 어떻게 느낄 것인가를 판단하는 데에 사람들이 어려움에 직면하는 상황을 보여준다. 그러나 현실에서 투자에 관한 의사결정은 휴가를 갈 것인가 하는 결정만큼이나 감정적 요소를 지니고 있다.

이런 이유로 인해서, 뉴스 기사가 주식시장에 미치는 영향은 때때로 그 뉴스에 대한 논리적 반응보다는 감정적 반응에 더욱 큰 관련이 있다. 우리는 뉴스가 알려지기 전에는 불가능했을 결정을 내릴 수 있다. 이것이 심리적 앵커의 붕괴를 예측하는 것이 그토록 어려운 이유이다. 사람들은 가격 변화가 일어난 *다음에야* 스스로에 관한, 그리고 그들 자신의 감정과 성향에 관한 상황을 알게 되는 것이다.

시장의 심리적 앵커는 불분명한 우리 의식의 바닥을 따라 미지의 것들에 고정되어 있다. 이 닻은 빠르게 움직이거나 질질 끌려갈 수도 있고, 수면에 떠오른 것을 보면 놀랄 만한 강력한 무언가에 다시 걸려 방해받기도 한다.

우리는 이번 장에서 이런 앵커의 본질을 설명해주는 몇 가지 심리적 요인들을 살펴보았다. 그러나 이 앵커는 많은 사람들이 똑같은 생각을 할 때에만 시장 전체에 중요한 영향을 미칠 수 있다. 다음 장에서는 사람들의 사고의 사회적 기반인 '무리 짓기 행위herd behavior'와 '사고의 전파contagion of ideas'에 대해 알아볼 것이다.

9장

무리 짓기 행위와
전염

인간 사회에 대한 기본적인 관찰에 따르면, 정기적으로 연락을 하는 사람들은 비슷한 생각들을 한다. 언제 어디서나 '*시대정신*', 즉 그 시대의 사조가 존재한다. 가격의 변화를 잘못된 사고에 기인한 것이라 생각하는 투기적 변동 이론을 평가하기 위해서는 이 비슷한 생각의 근원을 이해하는 것이 중요하다. 만약 수백만의 투자자들이 정말서로 독립적이라면, 설령 잘못된 생각이라 해도 서로 상쇄되어 그런 생각이 가격에 영향을 미치지 못할 것이다. 그러나 사실 기계적이지 않은, 혹은 비합리적인 사고가 수많은 사람들에게 비슷하게 나타난다면, 이러한 사고는 주식시장의 호황이나 붕괴의 원천이 될 수 있다.

비슷한 시기에 사람들의 판단이 서로 비슷해지는 부분적인 이유는 그들이 같은 정보—당시에 공개적으로 이용 가능한 정보—에 반응하기 때문이다. 그러나 우리가 이번 장에서 보듯이 공개적 정보에 대한 합리적인 반응이 사람들이 비슷하게 생각하는 유일한 이유는 아니며, 공개적 정보의 이용이 언제나 적절하거나 사리에 맞는 것도 아니다.

사회적 영향과 정보

──────── 1952년 유명한 사회심리학자 솔로몬 애쉬Solomon Asch는 사회적 압력이 매우 강력하게 개인적 판단에 영향을 미치는—다른 사람들도 그렇게 해석한—실험을 보고했다. 그의 논문은 공산주의 선전의 영향에 대한 광범위한 우려, 성공적으로 보이는 중국 공산주의자들의 세뇌 기술에 대한 공포, 그리고 독일인들로 하여금 유태인과 '열등한 종족'에 대한 대량 학살 명령을 순순히 따르도록 만든 나치의 능력에 대한 놀라움 등이 만연했던 시기에 출판되었다. 애쉬의 발견은 사람들이 완전히 독립된 결정을 내리지 않는다는 과학적 기초로서 널리 인용되었다. 그의 연구 결과는 오늘날에도 인용되고 있다. 이 결과에 대한 그의 해석에 문제가 있다고 주장한 이들은 별로 없다.

애쉬는 이 유명한 실험에서 피실험자를 7명에서 9명의 사람들 속에 배치했다. 다른 사람들은 미리 애쉬의 지도를 받은 공모자들이었다. 그는 사람들에게 카드에 보이는 선의 길이에 관해 12개의 연속된 질문을 던졌고, 피실험자는 자신의 대답을 하기 전에 같이 실험에 참여한 다른 사람들의 대답을 들을 수 있도록 했다. 질문에 대한 옳은 대답은 명백한데도 공모자들은 의도적으로 12개의 질문 중 7개에서 틀린 대답을 제시했다. 명백하게 틀린 것으로 보이는 대답을 만장일치로 사람들이 제시하자 피실험자는 세 번 중 한 번은 공모자들이 내놓은 것과 같은 틀린 답을 말했다. 게다가 피실험자는 자주 불안하거나 고민하는 모습을 보였는데, 이는 동의하는 집단 앞에서 자기만 다르거나 바보처럼 보이는 것에 대한 두려움 때문이었다.[1]

애쉬는 그의 결과를 사회적 압력에 따른 것으로 설명했다. 이 해석은 어느 정도 타당성이 있지만, 피실험자의 틀린 대답이 주로 그런 압력에 기인한 것은 아닌 것으로 밝혀졌다. 애쉬가 자신의 실험 결과를 보고한 지 3년 후, 심리학자 모튼 도이치Morton Deutsch와 해럴드 제라드Harold Gerard는 애쉬의 실험과 유사한 다른 실험을 수행했다. 이 실험에서는 피실험자에게 그들이 절대로 볼 수 없는 사람들의 집단에 *익명*으로 속해 있고(사실 집단과 같은 것은 아예 없었다), 그들의 대답은 오직 전자신호를 통해서 간접적으로만 관찰할 수 있는 상황이라고 이야기를 해주었다. 피실험자는 다른 사람에게 관찰당하지 않고 단지 버튼을 누르는 것으로 대답할 수 있었기 때문에 집단의 사람들과 얼굴을 마주칠 필요가 없었다. 그 밖에는 애쉬의 실험과 똑같이 진행되었다. 그리고 피실험자는 애쉬의 실험 때와 거의 같이 틀린 대답을 많이 제출했다.[2]

도이치와 제라드는 애쉬의 실험에서 관찰된 틀린 대답들은 상당 부분 단순하게, 사람들은 다른 사람들이 틀릴 리가 없다고 생각하기 때문에 나온 것이라고 결론지었다. 그들은 단지 집단 앞에서 반대 의견을 내놓는 두려움보다는, *많은 사람들이 자기들과는 다른 판단을 내렸다는 정보*에 반응했던 것이다. 이 행동은 합리적 계산의 결과이다. 일상생활에서 우리는 많은 사람들이 비록 문제가 단순하다 해도

만장일치로 대답하면, 그 많은 사람들이 똑같이 대답했으므로 거의 확실히 옳을 것이라고 생각한다. 애쉬의 피실험자가 보여주었던 불안과 고민은 부분적으로 스스로의 지각이 어쩐지 믿을 만하지 않다는 데서 기인했을지도 모른다.

무리 짓기 행위와 관련 있는 다른 유명한 실험은 '권위의 힘power of authority'에 관한 스탠리 밀그램Stanley Milgram의 연구이다. 그의 실험에서 피실험자는 옆에 가까이 앉은 사람에게 전기 충격을 가하도록 요청받았다. 옆에 앉은 사람은 피실험자와는 안면이 없는, 실험자의 공모자였다. 실험 중 공모자는 실제로는 전기 충격이 없었지만 고통을 느끼는 것처럼 가장했다. 그는 매우 심한 고통을 받고 있다면서 실험을 멈추어 달라고 피실험자에게 요청했다. 그러나 실험자가 피실험자에게 전기 충격은 몸의 조직에 상처를 입히지 않는다고 주장하며 실험을 계속하라고 말하자, 많은 이들은 그렇게 했다.[3]

이 결과는 권위가 인간의 의식에 얼마나 강력한 힘을 발휘하는지 보여주는 사례로 널리 인용되고 있다. 사실 이 결과는 부분적으로 그런 관점에서 해석할 수 있다. 하지만 다른 해석도 가능하다. 그것은 전문가가 무언가가 문제없다고 말하면, 실제로는 그렇지 않게 보이더라도 사람들은 그럴 것이라고 배워 왔다는 것이다(사실 이 경우 실험자가 실제로 옳았다는 것이 중요하다. 전기 충격을 계속 가하는 것은 정말로 *괜찮았다*. 비록 대부분의 피실험자가 그 이유에 대해서는 알아채지 못했지만 말이다.). 따라서 밀그램의 실험 결과는 권위의 신뢰성에 대한 사람들의 과거 학습 때문이라고 해석될 수도 있다.[4]

정보에 기초한 해석의 관점에서 보면, 애쉬와 밀그램의 연구는 매우 흥미롭다. 이 실험들은 사람들이 다수의 의견을 쉽게 믿으려 하며, 권위 있는 주장이 실제의 판단과 명백히 모순되는데도 그것을 믿으려고 한다는 것을 보여준다. 그리고 이들의 행동은 사실 전체적으로 볼 때 합리적이고 이성적이다. 대다수 사람들은 그들이 더 많은 사람들이나 권위 있는 사람들의 판단을 따르지 않아서 실수했던 경험을 가지고 있으며, 이 경험으로부터 학습을 했던 것이다.

결국 애쉬와 밀그램의 실험은 과신이라는 현상을 바라보는 새로운 관점을 제시한다. 사람들은 권위에 대한 믿음을 그들 스스로의 판단에 이전시켜, 그들의 의견을 형성하는 면에서 권위를 존경하고 나중에는 그 의견도 과신하게 된다는 것이다.

애쉬와 밀그램에 의해 관찰된 행동들을 고려하면, 많은 사람들이 주식시장의 평가와 같은 문제에서 공신력 있는 권위자의 판단을 수용하는 것은 전혀 놀라운 일이 아니다. 대다수 사람들은 이런 문제에 대해 자기들의 판단을 신뢰하지 못하는 것이다. 이 실험들에서 피실험자는 카드 위의 선 길이나 자기 곁에 앉은 사람들이 겪고 있는 고통에 관해 스스로의 눈으로 본 증거들조차 신뢰하지 못했던 것이다.

무리 짓기 행위와 정보 캐스케이드에 관한 경제 이론

——— 완전히 합리적인 사람들조차도 다른 사람들의 판단을 고려한다면 무리 짓기 행위에 참가할 것이다. 그리고 그들이 모든 사람들이 무리 짓기 행태를 보인다는 사실을 알고 있다 해도 마찬가지다. 이러한 행위는 개별적으로는 합리적이지만, 정확하게 말하면 비합

리적인 집단의 행동을 만들어낸다. 이러한 무리 짓기와 같은 행동은 '정보 캐스케이드information cascade(개인들이 다른 사람들의 결정을 참고해 자신의 의사를 결정하고 그것이 또 다른 이의 의사결정에 영향을 미치는 현상을 말함—옮긴이)'로부터 기인하는 것이라고 이야기한다.[5]

이와 같은 정보 폭포가 어떻게 발생하는지를 보여주는 단순한 사례를 살펴보자.

두 음식점이 서로 옆집에 나란히 문을 열었다. 잠재적 고객들은 둘 중 하나를 선택해야 한다. 이들은 각 음식점을 창문 너머로 들여다보고 평가할 수 있지만, 그렇다고 정확하게 판단을 내릴 수 있는 것은 아니다. 첫 번째 고객은 비어 있는 두 음식점을 창문 너머로만 보고 선택해야 한다. 그러나 다음 고객은 음식점의 모습에 기초한 자신의 정보뿐 아니라, 첫 번째 고객이 내린 결정에 관한 정보에—첫 번째 고객이 그중 한 음식점에서 식사하고 있는 것을 보고—따라 움직일 수 있다. 만약 두 번째 고객이 첫 번째 고객이 갔던 음식점과 같은 곳을 선택하면, 세 번째 고객은 이제 그 음식점에서 두 사람이 식사하고 있는 것을 보게 될 것이다. 최후의 결과는 아마도 모든 고객이 한 음식점에서 식사하는 것이 될지도 모른다.

그러나 두 음식점에 관한 그들의 모든 관찰에 기초한 결합된 증거에는 음식에 관한 현실적인 고려는 전혀 없기 때문에, 그 음식점이 나쁜 음식점일 수도 있다. 만약 모든 사람들이 자기들의 첫인상을 모아서 집단적으로 어느 음식점이 좋은가에 대해서 토론한다면, 분명 더 올바른 결과를 얻을 수도 있었을지도 모른다. 하지만 이 시나리오에서 사람들은 자기들의 정보를 공개하지 않고 단지 다른 이들을 따르기만 하므로 다른 이들의 정보를 이용할 수가 없다.

이 음식점 이야기와 배후에 있는 경제 이론으로 주식시장 버블을 설명할 수는 없다. 그러나 이것은 주식시장의 행태와 뚜렷한 관련이 있으며, 어떻게 합리적 투자자들이 잘못된 선택을 하게 되는지에 관한 기초적인 이론을 제공한다.[6] 이런 이론에 따르면, 주식시장의 주가가 진정한 시장가치에 대한 모든 투자자들의 일종의 투표의 결과라는 대중적인 생각은 명백히 잘못된 것이다. 아무도 실제로 이렇게 투표하지 않는다. 대신 사람들은 시장에 대해 평가할 때 시간과 노력을 낭비하지 않으려고 하며, 따라서 시장에 어떤 개별적인 영향도 미치지 않으려고 한다. 결국 이 모든 정보 캐스케이드 이론들은 *진정한 근본적 가치에 관한 정보가 유포되고 평가되지 못하는 정보의 실패*를 보여주고 있다.

정보가 다른 이들에게 유포되지 못하는 이 정보의 실패는 이성의 제한은 없고 단지 드러난 정보만 제한된 상태에서 나타날 수 있다. 강조하자면, 순수하게 합리적 행위에 기초한 경제 이론으로 모형화될 수 있는 것이다. 그러나 금융시장의 잘못된 가격 설정과 관련된 쟁점을 더 잘 이해하기 위해서는 인간의 행동을 비롯해 정보 처리의 한계에 대한 여러 특징들을 이해해야만 한다. 이것들은 정보의 전달과 투기적 버블의 가능성과 관계가 있다.

인간의 정보 처리와 말을 통한 의사 전달

——— 인간의 생각은 인쇄물, 이메일, 인터넷, 혹은 다른 어떤 인

공적인 의사소통 수단도 거의 없는 상태에서 나타난 진화의 산물이다. 인간 사회는 주로 타고난 정보 처리 능력 덕분에 지구의 거의 모든 서식지를 정복할 수 있었다. 이 정보 처리 능력의 근본적 요소는 중요한 사실을 한 사람으로부터 다른 사람에게 효과적으로 전달하는 것이다.

지식을 전달하는 뛰어난 능력은 지난 수백만 년 동안 인간의 두뇌가 진화한 덕분이었다. 이러한 진화는 의사소통 수단을 최적화하고 효과적인 의사소통을 위한 감정적인 동인을 만들어냈다. 대다수 사람들이 좋아하는 행위가 대화인 이유는 바로 이 감정적인 동인 때문이다. 당신의 주변을 둘러보라. 어느 곳을 가든 두 명 혹은 그 이상의 사람들이 일하거나 놀거나 자고 있지 않으면 이야기하고 있다. 심지어 이런 일들을 하고 있을 때조차도 이야기하는 경우가 있다. 정보의 끊임없는 전달은 인류의 본질적인 특징이다. 빠르게 전달되는 정보는 일상생활에서 인간 사회에 도움을 주었다(식량의 원천, 위험, 그리고 사회의 다른 구성원에 관한 정보 등).

이런 이유로 현대 사회에서는 인기 있는 주식의 구매 기회, 개인적 부에 대한 위험, 혹은 기업 경영자들에 대한 이야기들이 끊임없이 사람들의 입에 오르내린다. 이 주제들은 선사시대 이래로 우리의 조상들이 이야기해왔던 것과 비슷하다. 그러나 금융 수학, 자산 수익에 대한 통계, 혹은 퇴직을 위한 저축의 적정 수준 등과 같은 추상적인 이야기들은 쉽게 일상적인 대화는 안 되는 것 같다. 이러한 지식의 전달은 물론 힘들고, 적으며, 불완전하다.

직접 대면과 언론을 통한 정보 전달

──────── 출판 매체와 텔레비전, 그리고 라디오 같은 전통적인 언론 매체는 생각을 퍼뜨리는 데 엄청난 효력이 있지만 적극적인 행동으로까지 잘 이어지지 않는다. 직접 대면하거나face-to-face 이야기를 듣는 것과 같은 개인 간의, 그리고 쌍방향적인 의사소통이 여전히 우리의 행동에 가장 강력한 영향을 미친다.

1986년, 존 파운드John Pound와 나는 개인투자자들이 어떤 주식에 어떻게 처음 관심을 가졌는지 살펴보았다. 우리는 임의로 표본을 정한 개인투자자들에게 설문지를 보내 가장 최근 주식을 산 기업에 대해 물어보았다.

"당신은 무엇을 통해 처음 이 기업에 관심을 가지게 되었습니까?"

그러자 겨우 6퍼센트의 사람들이 잡지나 신문을 통해서라고 대답했다. 대부분의 대답은 개인 간의 직접적인 정보 전달과 관련이 있었다.[7] 사람들이 신문이나 잡지를 많이 읽는다 해도 정작 행동은 개인 사이의 의사소통에 의해 더욱 큰 영향을 받는 것으로 보인다.

증권거래위원회 시장조사부의 보고는 개인 사이에 이루어지는 이야기의 중요성을 광범위하게 보여준다. 이 보고서는 개인투자자들의 내부 거래를 추적하기 위해 그들의 의사소통의 흔적을 주의 깊게 조사했다. 예를 들어, 1995년 5월, 법원이 IBM의 비서에서 6월 5일로 예정되어 있는 IBM의 로터스 사 기밀 인수에 관한 자료를 복사해 달라고 요청을 했다. 이때 그녀는 호출기 세일즈맨인 남편에게만 이에 관해 말했다. 그런데 6월 2일 남편은 다른 동료에게 이에 관해 말했고, 그 동료는 18분 후 주식을 샀다. 그는 컴퓨터 기술자인 또 다른 친구에게도 이에 관해 말했고, 그 친구는 다른 사람들에게 여러 차례 전화로 이 이야기를 전했다. 6월 5일 발표가 있을 무렵, 이 정보를 알고 있는 25명의 사람들이 50만 달러의 주식을 구매한 터였다. 그들 중에는 피자 요리사, 전기 기사, 은행원, 유제품 도매업자, 전직 교사, 산부인과 의사, 변호사, 그리고 3명의 주식 브로커 등이 포함되어 있었다.[8] 이처럼 입소문은 사회의 다양한 집단들 사이에서 매우 빠르게 진행될 수 있다.

비록 입소문이 전국적인 시장 변동을 일으키기는 어렵지만, 매일 혹은 매시간의 시장 변동에 중요한 영향을 미치는 것으로 보인다. 1987년 주식시장이 폭락한 주에 투자자들에게 보냈던 설문지(5장에 상세하게 설명되어 있다)에서 나는 입소문에 관해서 물어보았다. 개인투자자 중 응답자의 81.6퍼센트가 그날 5시 이전에 폭락을 알았다고 대답했다. 즉, 그들은 다음 날의 아침 뉴스나 그날의 저녁 뉴스가 아니라, 다른 소식통을 통해서 폭락에 관해 들었던 것이다. 이 투자자들이 폭락을 알게 된 평균시각은 동부 표준시각 기준으로 오후 1시 56분이었다. 기관투자가들이 주식시장의 폭락을 들은 평균시각은 동부 표준시각으로 오전 10시 32분이었다. 개인투자자들은 평균 7.4명의 다른 사람들에게 폭락일의 시장 상황에 대해서 이야기했고, 기관투자가들은 19.7명의 다른 사람들에게 시장 상황을 이야기했다고 응답했다.

우리가 오늘날 알고 있는 인간의 정보 전달 통로들 중에서 개인 간에 직접 보고 이야기하는 것이 가장 중요한 것으로 보인다. 이러한 정보 전달은 수백만 년 동안 거의 유일하게 개인 사이에 소통하는 수단이었으며, 계속해서 발전해왔다. 우리의 두뇌에 각인된 정보 전달의 패턴은 다른 사람의 음성, 다른 사람의 얼굴 표정, 다른 사람의 감정과 그와 관련된 신뢰, 성실, 그리고 협력 등 환경에 의해 영향을 받는다. 문자로 쓰이거나 전자화된 단어에는 이러한 요소들이 결여되어 있기 때문에 사람들은 비대면적 정보에는 쉽게 반응하지 않는다. 이처럼 다른 원천들은 똑같은 감정적 비중을 부여받을 수 없으며, 이들로부터의 정보는 잘 기억되고 이용되기 어렵다. 이것이 아직도 우리에게 선생님이 필요한—우리가 단순히 자리에 앉아서 책만 읽거나 컴퓨터가 지원하는 학습에 의존할 수 없는—이유이다.

또한 개인 간에 서로 바라보면서 대화하는 모습과 비슷한 텔레비전이 그렇게 강력한 매체인 이유가 바로 이것이다. 텔레비전을 보는 것은 우리가 대화에서 경험하는 자극들—음성, 얼굴, 그리고 감정—을 모사해내는 것이다. 사실 텔레비전 광고업자들은 광고하는 제품에 관해 일상의 대화라는 이미지를 재창조한다. 그러나 오늘날의 텔레비전은 아직 쌍방향적이지는 않다. 그것이 전달하는 정보 전달은 오직 일방적이며, 따라서 아직 직접 대면하는 개인 간에 이야기하는 것만큼 효과적이지는 않다.

100년도 더 전에 발명된 전화가 오늘날 개인 간의 정보 전달에서 여전히 가장 중요한 매체일 것이다. 왜냐하면 전화는 시각적 자극만 제외하면, 직접 보고 이야기하는 가장 비슷하게 모사하기 때문이다. 사회학자와 커뮤니케이션 연구자들은 비록 전화가 갈등 해결과 '개인 인지 기능'에는 어느 정도 한계가 있지만, 정보 전달과 문제 해결 기능에서 직접 보고 이야기하는 것과 매우 유사하다는 것을 발견했다.[9]

전화의 영향은 1920년대 주식시장의 불안정에 중요한 요소로 작용한 것 같다. 전화는 1876년에 발명되었지만 천천히 확산되었다. 클래런스 데이Clarence Day는 자신의 책 『아버지와 함께한 삶Life with Father』에서 1890년대에 그의 가족이 왜 전화가 없었는지를 회상한다. "브로커 외에는 거의 아무도 전화가 없었기 때문에 이야기할 사람이 없었다. …… 사람들은 만일 모두가 전화를 사용한다면 전화가 편리할 것이라고 막연하게 생각했지만, 다른 모두가 전화를 쓸 때까지 다 함께 기다리기로 했다."[10]

1915년 장거리 전화의 진공관 증폭 시스템 개발과 같은 많은 개선이 비용을 하락시키고 전화의 사용을 좀 더 매력적으로 만들기 전까지 전화는 널리 사용되지 않았다. 1920년대 중반이 되자, 미국의 보통 사람들이 1년에 200번 이상 전화를 걸게 되었다. 1920년대에는 비효율적인 주 단위의 증권규제법에 걸리지 않는 미심쩍은 수법을 사용하여 전화로 주식을 대중에게 파는 무허가 거래소들이 우후죽순으로 생겨났다. 전화의 보급은 의심할 여지없이 주식을 대중에게 파는 것을 쉽게 만들었고, 그로 인한 사기들 때문에 미국 정부는 1933년 증권법Securites Act과 1934년 증권거래법Securities Exchange Act을 제정했다.[11]

오늘날 우리는 이메일, 채팅 룸, 그리고 쌍방향적인 웹사이트 등 개인 간의 정보 전달을 촉진하는 또 다른 기술 혁신을 목격하고 있다. 전화와 마찬가지로 처음에는 많은 사람들이 이것들을 사용하는 데 느렸지만, 시간이 지날수록 일상생활의 일부로 확실하게 자리 잡아가는 중이다. 이 쌍방향적 정보 전달에(비록 직접 대면하는 것은 아니라도) 새롭고 효과적인 매체들이 다시 개인 사이에 생각의 전파를 확대하는 영향을 미치게 될 것이다. 아마도 이것들이 없었다면, 시장에 대한 열광이 1990년대에 그렇게 널리 퍼져나가지는 못했을 것이다. 확실히 우리는 이 새로운 매체들을 공공의 이해를 위해서 어떻게 규제해야 하는지에 대해 아직 배워가고 있는 과정이다.

비록 이메일과 채팅 룸이 통신기술의 중요한 변화이긴 하지만, 이것들의 등장이 몇 십 년 전 전화의 등장만큼 중요한지는 명확하지 않다. 전화는 목소리를 통해서 감정 전달을 가능케 해주기 때문에 아마도 이메일이나 채팅 룸보다도 정보 전달에 더욱 효과적일지도 모른다.

직접 보고 이야기하는 걸 더욱 잘 모사해주는, 컴퓨터에 기초한 통신 매체의 계속적인 기술 진보로 인해 미래에는 틀림없이 생각의 전달이 더욱 효과적으로 될 것이다. 예를 들어, 시장조사기관인 인터내셔널 데이터 사에 따르면, 장거리의 사용자들이 서로 얼굴을 보면서 대화할 수 있는 탁상용 소형 화상회의 시스템이 대중적으로 사용할 수 있을 만큼 저렴해졌다고 한다.

구두의 정보 전달에 적용되는 전염 모델

——— 전염병학자들은 전염과 사망의 경로를 예측하기 위해 질병의 확산을 분석하는 수학이론을 사용해왔다.[12] 우리도 투기적 버블을 일으키는 피드백 메커니즘의 본질과 특징을 더 잘 이해하기 위해 이 모델들을 적용해볼 수 있을 것이다.

가장 단순한 역학 모델에서는 질병의 감염률infection rate(그 질병이 감염된 사람들로부터 건강한 사람들에게 전염되어 확산되는 속도)과 제거율removal rate(감염된 사람이 회복이나 죽음을 통해 더 이상 전염을 시키지 못하게 되는 비율)이 주어진다.

만약 제거율이 0이라면, 한 명의 감염자가 나타난 이후 감염자의 수를 보여주는 그래프는 '로지스틱 곡선'이라 불리는 수학적 곡선을 그리게 될 것이다.[13] 감염된 인구의 비율은 처음에는 로지스틱 곡선을 따라 감염률의 속도로 증가한다. 이 증가율은 거의 일정하지만, 병에 감염된 이들의 절대적 수는 점점 빠르게 증가한다. 점점 많은 이들이 감염될수록 점점 더 많은 사람들이 병에 전염되어 병원에서 의사에게 그 병의 첫 증상을 이야기하게 된다. 그러다가 아직 감염되지 않은, 전염에 노출된 사람들의 집단이 감소할수록 증가율은 하락하기 시작한다. 비록 병의 원래 감염률에는 변화가 없더라도, 감염된 사람들이 아직 감염되지 않은 사람들을 만날 확률이 낮아지므로 새로운 감염자들이 발생하는 비율이 떨어지는 것이다. 결국 전체 인구가 병에 감염되면 로지스틱 곡선은 100퍼센트에서 평탄하게 된다. 물론 이제는 새로운 전염이 발생하지 않는다.

만일 제거율이 0보다 크지만 감염률보다 작다면, 이 모델은 전염의 경로가 종bell 모양을 띠게 될 것이다. 감염자들의 수가 처음에는 0에서 증가하여 고점에 이르렀다가 다시 0으로 떨어지는 것이다. 100퍼센트의 사람들이 감염되기 전에 고점이 발생할 수 있다.

만약 제거율이 감염률보다 크다면 전염은 결코 시작되지 않을 것이고 발견되지도 않을 것이다.

전염병학자들은 전염병의 발병 패턴을 이해하기 위해 이러한 모델들을 새로이 구성하여 활용한다. 이 모델들을 통해 제거율이 감염률보다 아주 조금밖에 높지 않다면, 거의 건강한 인구가 전염의 위험에 노출되어 있다고 추론할 수 있다. 왜냐하면 감염률이 조금만 높아지거나 제거율이 약간만 낮아져도 새로운 전염이 발생할 것이기 때문이다. 전염병학자들은 사람들을 집 안에서 함께 있도록 만드는(집 안에서는 사람들 사이의 전염 가능성이 더욱 높아진다) 날씨의 패턴이 감염률을 제거율보다 더 높게 할 수도 있다고 생각한다. 그러면 전염이 시작되어 처음에는 감염자의 수가 천천히 증가할 것이다.

만약 이 예에서 감염률이 다시 낮아지도록 날씨가 금방 변한다면, 따라서 감염자의 수가 별로 늘어나지 않는다면, 전염은 일반 대중들에게는 관찰되지 않을 것이다. 그러나 만약 나쁜 날씨가 상대적으로 오랫동안 지속되면, 전염이 확산될 것이고 사람들이 전반적으로 그것을 인식할 수 있게 될 것이다. 이런 경우, 전염병학자들은 나쁜 날씨가 얼마나 오래 지속되면 심각한 전염이 발생하는지 예측하는 데 이 모델을 사용할 수 있다.

다른 생물학적 현상에 적용되는 이와 비슷한 종류의 전염 모델이 금융시장에도 적용될 수 있을 것이다. 경제학자 알랑 키르망Alan Kirman 은 새로운 먹이를 찾는 개미의 행동을 모형화하기 위해 이를 이용했다. 그는 이런 모델이 주식시장의 가격 변화와도 관련이 있어 보인다고 지적했다.[14] 개미를 대상으로 한 실험에서 개미집 주변에 두 개의 동일한 먹이의 원천이 있으면, 개미는 두 자원을 모두 개발하지만 하나를 더 많이 개발하는 경향이 있음을 발견했다. 시간이 지날수록 (그리고 실험자가 두 식량 자원이 정확히 동일하게 유지되도록 계속 먹이를 보충해주

자) 개미의 관심은 하나의 먹이 원천에서 다른 것으로 이동했다. 왜 개미들은 두 원천을 똑같이 개발하지 않을까? 또 무엇이 이들의 관심을 변화하도록 만들까? 키르망은 개미가 *개별적으로* 다른 개미를 먹이 원천으로 데리고 가는 현상에 주목했다. 개미 집단 전체에 중앙계획central direction은 존재하지 않았다. 새로운 개미를 부르는 호출은 서로 접촉하여 따라가는 탠덤 리크루트먼트tandem recruitment, 혹은 길에 화학적 흔적을 만드는 페로몬 리크루트먼트pheromone recruitment에 의해 이루어졌다. 이 두 과정 모두 인간 사회에서 이루어지는 구두의 정보 전달과 유사한 것이다. 키르망은 만약 새로운 개미의 호출이 임의적이라면 실험에서 관찰된 현상이 간단한 전염 모델로 설명될 수 있음을 보여주었다.

주식시장의 버블을 고려할 때 전염병의 확산과 개미의 행동도 이론적으로 흥미롭지만, 실제로 우리 연구에서 가장 적절한 것은 사회학자들이 구두로 이루어지는 사고의 전달 경로를 예측하기 위해 전염 모델을 적용한다는 점이다.[15] 여기서 감염률은 사고의 전달 속도이며, 제거율은 그것을 잊거나 그것에 대해 관심을 잃는 속도이다. 이런 전파의 동학은 질병의 동학과 유사하다. 그러나 전염에 관한 엄밀한 수학이론은 질병의 확산과 개미의 행동보다는 사회적 과정을 모형화하는 데 덜 정확한 것으로 보인다. 그리고 아직 사회과학자들이 영향력 있고 훌륭한 연구를 많이 해내지는 않았다. 아마도 그 이유는 사회과학에서 이 모델들의 기본적 매개변수들이 생물학에서처럼 고정되지 않았기 때문일 것이다.

전염 모델을 사고의 확산에 적용하는 것이 쉽지 않은 하나의 이유는 전달 오류를 나타내는 변이율mutation rate이 질병이나 다른 생물학적 과정보다 훨씬 높다는 것이다. 우리는 일단 간단한 이야기를 선택해서 첫 번째 사람이 이것을 두 번째 사람에게 귓속말로 전달하고, 다시 두 번째 사람이 세 번째 사람에게 전달하는 방식으로 계속 이어지는 아이들의 게임을 알고 있다. 결국 마지막 사람이 자신이 들은 이야기를 모두에게 이야기하면 원래 이야기가 너무 많이 변했는지 폭소를 터뜨리게 된다. 개인 간에 이루어지는 복잡한 이야기의 전달은 썩 믿을 게 못된다.

이런 이유로 인해서, 순수하게 입으로 전해지는 정보 전달은 비록 전화의 도움을 받는다고 해도 그것만으로 전체 국민을 감염시킬 만큼 퍼져나갈 것 같지는 않다. 그러한 일이 발생하기 전에 정보의 정확성이 떨어질 것이다. 이와는 대조적으로 컴퓨터를 통한 전달은 정확하다. 컴퓨터 바이러스는 전혀 변화되지 않고 전국적으로, 그리고 세계적으로 퍼져나갈 수 있다. 그러나 바이러스는 사람들의 생각을 바꾸지는 못한다. 그것은 기계의 범주에 머무르는 것이다.

이메일 사용자는 다른 사람들의 메시지를 전송하거나 웹사이트를 링크해줄 수 있기 때문에 정보 전달을 실수 없이 효과적으로 확산시킬 수 있다. 그리고 전화 대화나 화상 회의에서 다른 사람으로부터 입으로 전달되는 메시지의 전송을 가능케 하고 자연스럽게 만들어 주는 새로운 기술은, 개인 간의 정보 전달의 정확성과 지속성을 극적으로 향상시켜 준다.

현재 나타나는 개인 간 정보 전달의 부정확성과 가변성 때문에 엄밀한 수학 모델로 사고가 어떻게 확산되는지를 예측하기가 쉽지는 않다. 하지만 전염 모델은 시장가격의 변화를 일으키는 여러 사건들을 이해하는 데 여전히 도움이 된다.

예를 들어, 감염률이나 제거율의 변화가 새로운 사고의 전파율을 변화시킬 것이라고 생각해볼 수 있다. 또한 금융과 관련이 없는 주요한 전국적 뉴스 기사는 금융시장에 대한 관심을 낮추어서 시장의 투기적 행위와 관련된 사고의 감염률을 낮출 수 있다. 이런 현상은 우리가 5장에서 보았듯이, 국가적 위기가 기업에 미치는 영향이 매우 큰데도 위기 시에 왜 주식가격의 변동은 크지 않은지, 왜 대부분의 주식시장의 큰 변동이 다른 뉴스가 별로 없을 때 나타나는지에 대한 설명이 될 것이다. 반면에 주식시장에 관한 논의를 촉발시키는 전국적 뉴스는 감염률을 높일 것이다. 아마도 이것이 주식시장에 대한 인터넷의 과장된 효과를 설명해줄 것으로 보인다. 인터넷에 대한 관심은 전반적으로 기술주에 대한 대화와 논의를 자극하고, 해당 주식들에 대한 이론들의 감염률을 높인다.

입으로 전달되는 정보가 주식시장이나 주택시장의 전국적 가격에 영향을 미치기 위해서 전 국민이 전염될 필요는 없다. 게다가 입소문은 뉴스의 사건이나 그런 사건에 관한 언론 기사에 대한 대중의 반응을 증폭시키기도 한다. 대다수 사람들의 인식은 여전히 사회적으로 연결되기 때문에 어떤 새로운 생각이나 개념이 대중에 미치는 영향을 이해하기 위해서는 감염률과 제거율을 비교하여 고려할 필요가 있다. 즉, 시장가격에 어떤 사건이 영향을 미칠 가능성은 그 사건을 훌륭하고 생생하게 전달하면 더욱 높아진다.

감염률을 높게 유지하기 위해 말할 만한 이야기가 중요하다는 것은 영화 광고와 같은 새로운 제품의 마케팅 사례에서 찾아볼 수 있다. 마케팅 담당자들은 영화가 처음 상영될 때 관객들의 주의를 끌기 위해 광고 캠페인을 시작한다. 그러나 영화의 성공은 궁극적으로는 영화에 대한 관객들의 반응—그리고 그들이 다른 사람들에게 전하는 의견—에 좌우된다. 영화비평가들의 평론이 그런 입소문보다 영향력이 작다는 것은 잘 알려져 있다. 제작자들은 오랫동안 영화 내에 세트들을 포함하는 것이 중요하다는 것을 배워왔다. 그것들은 그 자체로 자연스레 이야기될 만한 장면들이고, 상영 동안이나 예고편의 일부분으로도 입소문의 가능성을 지닌 장면들이다. 이는 대중적인 농담이나 믿기 어려운 이야기—혹은 주식시장에서 고가의 기업들과 관련이 있는 이야기들—에 비견될 만하다.

이야기의 우수성이 사고의 전파에 미치는 영향이 시장가치에 실제로 영향을 미칠 수 있다. 왜 어떤 그림들이 다른 그림들보다 훨씬 더 비싸게 평가를 받을까? 내가 큰아들과 함께 루브르 박물관에 가서 '*모나리자*Mona Lisa'를 보았을 때, 아들은 왜 그 그림이 다른 그림들보다 훨씬 더 가치 있는지 잘 모르겠다고 이야기했다. 그러면서 '*모나리자*'는 분명히 훌륭한 작품이지만 다른 그림들 사이에서 그렇게 눈에 띄지는 않는다고 말했다. 우리는 '*모나리자*'를 본 많은 관람객들이 똑같은 이야기를—다양한 언어로—할 것이라고 확신했다.

'*모나리자*'의 과장된 가치를 이해하기 위해서는 그 유명한 미소에 관한 특별한 이야기가 지닌 강력한 입소문의 힘에 대해 생각해보아야 한다. 그 이야기는 분명 다 빈치가 죽은 직후 집필된 조르지오 바사리Giorgio Vasari의 레오나르도 다 빈치Leonardo da Vinci 전기에서 처음 나온 이야기가 사람들의 입을 통해 전달되는 과정에서 윤색되어 탄생한 것이다. 이제 다양한 형태로 나타나는 그 이야기는 다 빈치가 모델의 미소를 잡아내는 데 커다란 어려움을 겪었다는 것이다. 그는 몇 년 동안 작업을 했지만 완전한 성공을 자신하지 못했다. 바사리의 다 빈치 전기는 모델이 바로 그 미소를 표현하도록 레오나르도가 음악가와 가수, 그리고 어릿광대를 불렀다고 서술했다. 바사리는 미소를 두고 "인간이라기보다는 천상의 미소이며, 불가사의한 것이다."라고 표현했다.[16] 이 그림에 대한 바사리의 묘사는 우리가 현재 보고 있는 '모나리자'와 잘 맞지 않는 것으로 보이며, 그래서 혼란스러울지도 모른다. 그의 이야기는 사실 다른 그림을 보고 쓴 것일지도 모른다. 하지만 어찌 되었건 간에 그의 이야기는 오늘날 루브르 박물관에 있는 그 그림의 이야기로 받아들이고 있다.

바사리의 이야기가 널리 받아들여지고 있지만, 정확히 왜 그런지는 알기 어렵다. 그것은 다른 많은 생각들과 관련이 있는 것으로 보인다. '모나리자'에서 표현된 미소는 수백 년이 넘게 시인들과 수필가들의 주제로 사용되었다. 대중의 관심이 이 그림에 집중될 때마다 문제의 미소를 잡아내기 위한 다 빈치의 오랜 노력에 관한 이야기가 회자되었다. 그런 이야기들은 강력한 입소문의 잠재력과 매력을 지니고 있었던 것이다.

미소에 관한 이야기는 1910년 발생한 두 가지 사건으로부터 더욱 강한 동력을 얻었다. 두 사건 모두 이야기를 풍부하게 만들었고, 그것을 엄청나게 대중적으로 만들었다.

첫 번째 사건은 1910년 지그문트 프로이트Sigmund Freud의 도발적인 책이 출판된 것이었다. 프로이트의 책은 레오나르도의 잠재의식을 분석하면서 '모나리자'를 자세히 다루었다. 프로이트는 그 신비한 미소가 레오나르도에게는 네 살 때부터 떨어져 지냈고 아들에 대해 비정상적인 사랑을 보였던 생모에 대한 억압된 기억이라고 해석했다.

두 번째 사건은 1910년 루브르 박물관에서 발생한 '모나리자'의 도난과 그것을 찾아내기 위해 경찰이 벌인 무용담, 그리고 그림을 되찾고 도둑이 법정에 선 것이었다. 물론 신문기자들은 그림의 미소에 관해 언급했다. 도난 사건을 취재한 기자들은 그것을 빠뜨리지 않았다. 이 도난 사건은 미소 이야기를 대중의 의식에 깊이 각인시킬 만큼 충분히 긴 시간인 몇 년 동안 계속 발전되었다. 언론의 모든 보도에 미소 이야기가 등장했다. 1914년 도둑의 최후 선고에 관한 기사조차 다음과 같은 터무니없는 주장을 했다.

"그는 자신에 대한 최후선고를 '모나리자'의 수수께끼 같은 미소와 어느 정도 닮은 미소를 얼굴에 지으며 들었다."**17**

이 기사를 쓴 기자는 그저 미소 이야기를 기사에 넣어야만 했던 것이다.

영어 출판물에 대한 프로퀘스트 검색에 따르면, '모나리자'에 대해 언급한 출판물의 수는 1899년에서 1909년 사이—1910년의 두 사건이 있기 이전—와 비교하여 1915년에서 1925년 사이—도난 사건이 해결된 이후—에 20배나 더 많았다. 1910~1914년의 뉴스 보도가 물려준 유산은 오늘날까지 여전히 우리 곁에 남아 있다. 그 보도들이 '모나리자'가 짓는 미소에 관한 언론과 입소문의 피드백을 증폭시켰는데, 이는 오늘날까지도 계속되는 뉴스의 언급과 그림의 패러디에 의해 더욱 강화되었다. 1910년의 사건들은 오늘날 대다수 사람들에게 잊혀졌지만, 더욱 발전된 미소 이야기는 그렇지 않았다. 과거에 벌어진 사건들이 오늘날 '모나리자'에 엄청난 가치를 매기는 중요한 이유로 작동하고 있는 이유이다.

이런 사례와 유사하게, 일상적인 대화에 더 쉽게 전달될 만한 뉴스의 사건들이 생각의 전파에 더 많이 기여할 수 있다. 전문가들의 딱딱하고 분석적인 전망은 입으로 전달되기 매우 어렵다. 오히려 주식시장이나 주택시장이 갑작스런 변화를 보였다는 뉴스가 훨씬 더 잘 전달된다. 확실히 때때로 전문가의 의견이 가격 변동에 관한 뉴스 기사와 함께 나오지만, 그것들 자체만으로는 입소문의 대상이 될 만큼 생생하지는 않다.

입소문은 긍정적이든 부정적이든 상관없이 투기적 버블 전파에 핵심적인 부분이며, 어떤 사건이 투기적 버블을 일으킬 수 있는가 하는 것은 입소문으로 전파될 가능성에 따라 판단되어야 한다. 예를 들어, 2000년 1월 1일이 되면 소위 'Y2K 버그'로 컴퓨터에 심각한 문제가 나타날 것이라는 예측은 컴퓨터의 매력과 새천년 모두에 관련되어 있었기 때문에 전형적인 입소문거리였다. 그래서 비록 궁극적으로 그 두려움이 근거가 없는 것이었다고 해도 다른 뉴스들보다 시장에 더욱 큰 영향을 미칠 수 있었던 것이다.

인간의 머릿속에 공존하는 상반된 생각들

──── 생각의 전파가 때때로 빠르게 발생하는, 그리고 대중의 생

각이 그렇게 갑작스런 변화를 보이는 한 이유는 우리가 아미 그 생각을 하고 있기 때문이다. 우리는 서로 상반되는 생각들을 하기도 하며 무언가를 지지하다가도 갑자기 지지하는 것을 철회하기도 하는 등 이전의 믿음과 명백히 모순되는 행동을 하기도 한다.

예를 들어, 사람들은 주식시장이 예측 불가능하고 시장에서 사고파는 타이밍은 부질없는 것이라고 널리 믿는다. 그러면서도 (우리가 4장에서 보았듯이) 만일 주식시장이 폭락한다면 틀림없이 다시 회복될 것이라 믿는다. 이런 생각들은 명백히 서로 모순되는 것이다.

사람들이 이런 상반된 견해들을 동시에 가질 수 있다는 사실에 대한 설명은, 두 견해 모두 전문가들이 승인한 것으로 *생각한다*는 것이다. "사람들이 말하길……"이라는 표현을 즐겨 쓰듯 우리의 문화는 오로지 '사람들'로부터 기인하는, 많은 '추정적 사실들supposed facts'을 전달한다. 그러나 '상상의 권위'에 따라 여러 이야기들이 무심코 수용된다면 모순이 발생할 수 있다.

때때로 어떤 이야기들은 적절한 권위와 아무런 관련이 없는데도 통용된다. 예를 들어, "사람들이 말하길" 일반인들은 뇌의 오직 10퍼센트만을 사용한다는 이야기를 흔히 듣는다. 그러나 그것은 신경과학neurological science이 그런 사실을 증명하거나 반박할 수 없었던 19세기에 나타난 신화이다. 또한 "사람들이 말하길" 뉴욕 시의 출생률이 사람들로 하여금 잠시 동안 아무것도 할 일이 없도록 만든 1965년 대정전 9개월 이후 높아졌다고 알고 있다. 하지만 실제로는 출생률이 높아지지 않았다.[18] 그리고 더 적절한 예로서, "사람들이 말하길" 1929년 주식시장의 대폭락 시기에 자살률이 매우 높았다고 하지만

실제로는 그렇지 않았다.[19]

이처럼 대화와 언론 보도에서 유용하게 거론되는 이야기들은 자주 사실과 무관하게 통용되는 것이다.

실제로든 상상으로든 간에 자신의 견해가 전문가들의 판단에 기초한다고 생각하는 경향 때문에 사람들은 명백하게 모순된 견해들에 대해서 별로 걱정하지 않는다. 전문가들은 명백하게 보이는 이 모순에 관해 깊이 생각했을 것이고, 따라서 왜 이것이 모순이 아닌지도 알 것이라고 믿는 것이다. 때때로 모순으로 보이는 이론들이 실제로는 그렇지 않은 경우가 있는 게 사실이다. 여기서 조금만 더 나아가면, 사람들은 전문가들이 가장 명백하게 모순으로 보이는 것도 설명할 수 있다고 추정한다. 만약 누군가가 물어본다면 말이다.

투자라는 불가사의한 영역에 관한 사람들의 생각은 확실히 서로 모순될 수 있다. 적어도 적절한 분석틀에 기초하지 않은, 대충대충짜인 여러 생각들로 인해 혼란스럽다. 이러한 생각들이 구체적인 투자 결정에서 무엇을 의미하는지 추론하는 것은 정말 어려운 일이다.

사람들이 모순되는 견해를 동시에 가지고 있다는 사실은 어쩌면 자신의 여러 생각들에 대해 뚜렷한 애착을 갖고 있지 않을 수도 있다는 데 의미가 있다.

그러므로 우리는 폭락 이후 시장이 확실히 회복될 것이라는 투자자들의 믿음을 크게 신뢰할 수 없다. 실제로 시장이 폭락하는 상황에서 사람들은 시장이 회복되지 않는 이유를 설명하는 다른 모순되는 견해에 주목할 수도 있기 때문이다. 그러면 투자자들은 이전에 보여주던 예측할 수 없는 방식으로 반응할 것이다.

사회에 기초한 관심의 변화

——— 인간의 두뇌는 원래 구조적으로 한 번에 한 가지씩에만 관심을 집중할 수 있으며, 관심의 초점을 이곳에서 저곳으로 빠르게 옮겨가도록 만들어져 있다. 우리가 환경으로부터 얻는 감각적 경험은 매우 복잡하다. 이 모든 복잡성으로부터 우리의 두뇌는 '지금 여기 here and now'의 지각—무엇이 현재 가장 중요한가 하는 해석—을 만들어내고, 이 해석 안에서 짜맞춰지는 생각의 연쇄를 조직한다.

예를 들어, 우리는 비행기를 타기 위해 공항에 앉아 기다리고 있다. 이때 우리는 끊임없이 '탑승 대기'에만 관심을 가질 것이다. 또한 그것이 '지금 여기' 현실의 핵심인 것처럼 이를 둘러싼 많은 생각들과 관찰들을 조직화한다. 사람들은 보통, 원칙적으로는 그렇게 할 수 있어도 카페트의 짜임새나 유리창의 먼지의 얼룩 혹은 정보 화면에 뜨는 문자에 대해 주의 깊게 생각하지 않는다. 비록 우리가 그것들에 관한 감각적 정보를 받고 처리하기는 하지만, 이 세부사항들은 보통 우리의 의식을 넘어서는 것이다.

중요한 일에 관심을 집중시키는 능력은 이성을 규정하는 특징 중의 하나이며, 아무도 두뇌가 어떻게 이런 작용을 할 수 있는지 이해하지 못한다. 적절한 일들에 관심을 집중하지 못하는 것 또한 가장 특징적인 판단 실수들 중 하나이다. 인간의 두뇌에서 관심을 집중시키는 메커니즘은 놀랍긴 하지만, 아직 완벽하지는 않다.

만일 사람들이 자신의 인생에서 저지른 가장 중요한 실수들을 돌이켜본다면, 그것들은 주로 세부 사항에 주의를 기울이지 못했기 때문이라는 것을 발견할 가능성이 크다. 누군가 계속 관심을 가지고 어편 사항들을 지적했다면, 사람들은 그 지적에 반응하여 행동을 바꾸었을 것이다. 따라서 사람들이 과거에 저지른 실수들을 깨닫고자 한다면, 먼저 자기가 관심을 기울이지 않은 게 무엇인지 숙고해야 한다.

두뇌가 관심을 적절한 곳에 돌리도록 진화해온 메커니즘 중 하나는 '사회에 기초한 선택 능력'이다. 우리는 주위 사람들이 관심을 기울이고 있는 것에 함께 관심을 기울이는 경우가 많다. 또 어떤 정보가 중요하다고 여길 때에 그 정보를 공동체의 다른 구성원들에게 알림으로써 주목을 받을 수도 있다. 그리고 그것은 공동체에 공통된 세계관과 정보 집합을 만들어낸다. 이런 세계관과 정보 집합은 공동체가 조화롭게 잘 행동할 수 있도록 해준다. 이와 동시에 관심의 사회적 요소가 완전히 작동하지 않을 수도 있는데, 이는 집단 전체가 공동으로 실수를 하게 할 수도 있다. 왜냐하면 사회적 관심이 공통적으로 집중되는 과정에서, 그렇지 않은 경우에 개인들이 인식할 수도 있는 세부 사항들을 무시해버리기 때문이다. 개별적 관심과 마찬가지로, '사회적 관심'이라는 현상은 행동 진화의 위대한 산물 중 하나이며, 인간 사회가 작동하는 데에 필수적이다. 그러나 그것은 또한 불완전하다.

사회적 관심 메커니즘은 긴급하게 보이는 문제에 대해 전 공동체가 갑자기 관심을 집중하도록 만든다. 즉, 전염 모델로 돌아가면 감염률이 갑자기 극적으로 상승할 수 있는 것이다. 주식시장의 갑작스런 커다란 변동은 다른 모든 대화를 잠재우기도 한다.

이 관심의 사회적 기초는 입소문에 의해 작동되고, 언론 매체의 전달에 의해 촉진되며, 세계의 많은 곳으로 급속히 퍼져나가 관심의 초점을 만들어낼 수 있다. 지구상에 사는 많은 사람들이 갑자기 시장에 주목한다면, 비록 나라마다 경제적 펀더멘털로 미루어보아 동시적 변동이 나타날 이유가 없다 해도, 지구 다른 편의 시장들이 함께 움직이는 것은 결코 놀랄 일이 아니다.

사람들은 자신들의 관심의 변화를 설명할 수 없다

———— 게다가 사람들은 종종 무엇이 특정한 행동 방침을 취하도록 만들었는지 설명하는 데 어려움을 겪는다. 그들은 최초에 관심을 촉발한 요인을 잘 기억하지 못한다. 이것이 관심의 변화를 매우 신속히 반영하는, 투기적 자산가격의 변화를 설명하기가 매우 어려워 보이는 주요한 이유이다.

가격 변화 그 자체가 전문적 투자자들 사이에서도 관심을 사로잡는 요인일 수 있다. 기관투자가들의 개별적 주식 선택에 관한 연구에서 존 파운드와 나는 지난해에 주가가 급속히 상승한 주식들의 목록과 주가수익비율이 높은 주식들의 목록을 만들었다. 우리는 증권거래위원회에 이들 주식을 샀다고 보고한 기관투자가들의 목록(실험 집단)을 얻어서, 이들을 임의적으로 선택된 주식을 산 기관투자가들의 목록(통제 집단)과 비교했다. 그리고 두 집단의 응답자들에게 그들이 산 주식에 관한 다음의 서술에 동의하는지 물어보았다(실험 집단에게는 주가가 급속히 상승한 주식, 통제 집단에게는 임의의 주식).

"그 주식에 대한 나의 최초의 관심은 특정한 속성을 지닌 주식을 찾기 위한, 많은 주식에 대한 나 또는 다른 사람의 체계적인—컴퓨터화되거나 이와 비슷한 검색 과정을 통한—연구의 결과였다."[20]

이들은 전문적 투자자들이었기 때문에 통제 집단인 임의적 표본의 67퍼센트가 이 서술에 동의한다고 말한 것은 놀랍지 않다. 그러나 급속히 주가가 오른 주식을 산 실험 집단 중에서는 25퍼센트만이 이에 동의했다. 사람들의 관심을 촉발한 요인이 무엇인지 종종 잘 기억하지 못하기 때문에 그들한테서 주가의 상승이 관심을 자극했다는 말을 *기대하기*는 어려울 것이다. 하지만 우리의 실험은 주가의 상승이나 그와 관련된 사건들이 투자자들의 관심을 끄는 데 일정한 역할을 했음을 보여준다. 중요한 점은 주가가 급속히 상승한 주식에 투자한 대부분의 투자자들은 스스로 의사결정에서 체계적이지 않았다고 말한다는 것이다.

관심의 변화가 행동을 변화시키는 중요한 원인이라면, 우리는 사람들이 자기들의 행동 변화의 원인에 대해 스스로 말해줄 것이라 기대하기 어렵다. 사람들은 보통 무엇이 관심을 이끌었는지 잘 설명하지 못하며, 따라서 그들 스스로의 행동도 설명하지 못한다. 심리학자 N. R. F. 메이어N. R. F. Maier의 1931년 실험은 이를 잘 보여준다.

메이어는 그의 피실험자들에게 두 줄의 끈을 함께 묶는 문제를 제시했다. 이 끈들은 천장에 달려 있었고 또 서로 너무 멀리 떨어져 있어서 어떻게든 한데 모으지 않는다면, 피실험자들의 손이 동시에 닿기는 어려웠다. 피실험자들은 작업 수행에 필요한 여러 가지 도구들을 받았고, 두 끈을 서로 묶을 수 있는 방법들을 말하도록 요청받았다. 이것을 수행하는 하나의 방법은 한쪽 끈에 뭔가 무거운 것을 묶어 그것을 추처럼 흔들리도록 한 후, 다른 쪽 끈을 한 손으로 잡고 흔들어서 돌아오는 끈을 다른 손으로 잡는 것이었다. 이때 실험자 스스로가 끈 하나를 흔들리게끔 하자, 많은 피실험자들은 이를 즉시 생각해냈다. 그러나 그들에게 어떻게 이것을 생각해냈는지 물어보자, 그들 중 3분의 1만이 끈이 흔들리는 것을 보았다고 대답했다. 흔들리는 끈이 그들의 관심의 초점을 변화시켰지만, 대다수 피실험자들은 자기들의 행동과 그러한 생각을 가져다준 자극 요인을 연관시키지 못했다.[21]

이와 유사하게 주식시장 호황도 흔들리는 끈처럼 별로 중요하지 않지만, 시장에 관심을 집중하게 만드는 원인들로 인해 시작될 수 있다. 현재 주식시장 상황의 맥락에서 보면, 뮤추얼펀드에 관한 광고나 고용주의 401(k) 플랜의 선택 용지 같은 것들이 흔들리는 끈인지도 모른다. 그러나 우리는 단순히 피실험자들에게 물어보는 것을 통해서는 이러한 자극의 중요성에 대해서 결코 알지 못할 것이다. 설령 그 자극을 기억한다고 해도 사람들은 그것이 *어떻게* 자기들에게 영향을 미쳤는지 말할 수 없을 것이다.

지금까지의 논의

───── 이번 장은 주식시장과 부동산시장의 급등은 비이성적 과열이 작동한 것이라는 내 주장의 핵심을 담고 있다. 우리는 1부에서 최근 주식시장과 주택시장의 호황을 야기한 12가지의 촉발 요인을 지적하면서 논의를 시작했다. 이것들의 영향은 때때로, 시장 과열을 촉진하는 뉴스 매체의 도움을 받아, 피드백 순환과 자연발생적인 폰지사기를 통해 증폭되기도 한다. 우리는 2000년 주식시장이 고점을 기

록한 시기에 투자자의 신뢰가 비정상적으로 높았고, 시장에 대한 기대가 감소되지 않았다는 증거들을 보았다.

아울러 2부에서, 과열의 문화적 요소들, 새로운 시대 이론들에 대한 다양한 사회적 관심, 시장에 반응하고 시장을 일시적으로 자극하는 새로운 시대 이론들의 경향을 고찰했다. 3부에서는 한 발짝 물러나서 1부와 2부에서 설명된 변화들이 시장에 영향을 미치도록 해주는 몇몇 기본적인 심리적 요인들을 논의했다. 8장에서는 사소하고 거의 보이지 않는 앵커들이 결국 시장의 수준을 어떻게 결정할 수 있는지, 어떻게 투자자들의 과신이 이 앵커들의 영향력을 강화시키는지 살펴보았다. 그리고 이번 장에서는 현재 시장은 새롭게 고평가되어 있지만 합리적인 대중의 사고와 관련된 고평가의 원인을 찾아낼 수 없다는 핵심적인 수수께끼를 풀기 위해 노력했다.

이 책의 나머지 부분에서는 이상 과열 이론을 더 넓은 맥락에서 살펴볼 것이다. 4부에서는 무언가 비이성적인 일이 발생하고 있다는 우려에 반대하는 몇몇 중요한 주장들을 살펴볼 것이다. 그리고 마지막 장에서는 이 과열이 정책에 제기하는 궁극적인 문제들, 즉 개인적, 제도적, 정부 차원의 정책적 대응을 다룰 것이다.

10장

효율적 시장, 랜덤 워크, 그리고 버블

Irrational
Exuberance

　금융시장이 매우 효율적이라는 이론은 시장이 과도한 열광이나 버블에 취약하다는 생각을 비판하는 주장들의 주요한 논리적 근거이다. 광범위한 학술적 연구가 이 이론을 지지하는 것으로 생각되어 왔다.

　'효율적 시장 이론efficient markets theory'은 모든 금융상품의 가격이 공개된 정보를 언제나 정확하게 반영한다고 주장한다. 즉, 금융자산의 가격은 공개적으로 알려져 있는 정보에 기초해서 언제나 올바르게 결정된다는 것이다. 때때로 가격이 너무 높거나 너무 낮게 보일지도 모르지만, 효율적 시장 이론에 따르면 이러한 현상은 틀림없이 착각이다.

　이 이론에 따르면, 주식의 가격은 대체로 시간에 따라 '랜덤 워크random walk'의 모습을 보인다. 주가의 변화는 진정으로 새로운 정보에만 반응하므로, 새로운 정보가 예측 불가능한 이상 그것 또한 예측이 불가능하다. 금융과 경제학에 관련된 학술 저널에 실린 많은 연구들이 주식시장의 데이터를 이용하여 효율적 시장 이론과 랜덤 워크 가설을 검증한 바 있다. 그 연구들이 해당 이론을 통계적으로 기각했지만, 여전히 몇몇 해석은 이론을 대체적으로 사실이라고 주장할지도 모른다. 이 이론을 경험적으로 증명한 연구들은 매우 훌륭한 연구들을 포함하여 잘 발전되어 있다. 그러므로 효율적 시장 이론에 동의하든 안 하든, 적어도 이 이론을 진지하게 살펴볼 필요가 있다.

시장은 효율적이고 가격은 랜덤 워크를 따른다는 기본적 주장

──── 효율적 시장이라는 생각은 너무나 자연스러워서 수백 년 동안 당연하게 받아들였다. '효율적 시장'이라는 단어는 1960년대 후반 시카고 대학 교수인 유진 파마Eugine Fama와 그의 동료들에 의해 처음으로 널리 알려졌지만, 이론 자체는 이미 오래전에 등장했다.[1] 이 이론은 1889년에, 조지 깁슨George Gibson의 책 『런던, 파리, 뉴욕의 주식시장The Stock Markets of London, Paris and New York』에 분명하게 언급되었다. 그는 "주식들은 공개적 시장에서 공개적으로 알려진다. 그들이 얻는 가치는 그와 관련한 최고의 이성적 판단에 의해 결정된 것으로 생각될 수 있다."라고 썼다.[2]

20세기에는 효율적 시장 이론이 대학의 경제학과와 금융 관련 학과에서 오랫동안 정설로 받아들여졌다. 예를 들어, 이 이론은 1929년 주식시장의 고점과 같은 고평가된 주식시장을 정당화하는 이론으로 흔히 제시되었다. 1929년 프린스턴 대학의 조셉 로렌스Joseph

Lawrence 교수는 "이 경탄할 만한 주식시장에 대해 평가 기능을 수행하는 수백만이 합의한 판단에 따르면, 현재 주가는 과대평가되지 않았다. …… 이성적인 다수의 판단에 반대하는 자격을 부여할 포괄적인 지혜를 지닌 사람들이 어디 있겠는가?"라고 말했다.[3]

가장 단순하고 직접적인 효율적 시장 이론은 주식시장에서 주식을 쌀 때 사서 비쌀 때 파는 것을 통해서 큰돈을 벌기가 어렵다는 관찰에 기초하고 있다. 능력 있어 보이는 많은 사람들이 이를 시도하지만, 어느 정도 일관된 성공을 거두는 데 실패한 것으로 나타났다는 것이다. 게다가 돈을 벌기 위해 사람들은 소위 '현명한 투자자smart money'라고 불리는 최고로 똑똑한 투자자들과 금융시장에서 경쟁해야만 한다. 만일 어떤 자산이 저평가되거나 고평가되었다고 생각한다면, 사람들은 이윤을 내기 위해 거래하는 현명한 투자자들의 노력에도 불구하고, 왜 주가가 그런 상태에 있는지 재고해보아야 한다.

효율적 시장 이론에 따르면, 만일 현명한 투자자들이 싸게 사서 비싸게 파는 것을 통해 이윤을 얻는 방법을 발견할 수 있다면, 그런 현명한 투자자들의 영향으로 자산가격은 결국 그 진정한 가치에 이르게 될 것이다. 그들은 저평가된 주식을 살 것이므로 이 주식들의 가격은 상승할 수밖에 없다. 또한 그들은 고평가된 주식을 팔 것이므로 이 주식들의 가격은 하락한다. 게다가 만일 주가가 크게 잘못되었다면, 이런 거래를 해서 얻는 이윤이 커서 현명한 투자자들은 부자가 될 것이고, 따라서 그들의 시장에 대한 영향과 잘못된 가격을 제거하는 힘은 더욱 커질 것이다.

불행히도 효율적 시장 가설을 지지하는 사람들은 주식시장의 주가가 몇 년 혹은 몇 십 년 동안 상당히 잘못 평가될 수 없다고 주장하지 않는다. 현명한 투자자들은 그런 이윤 기회를 이용하여 신속하게 돈을 벌 수는 없으며, 따라서 언제 잘못된 주가가 교정될 것인지는 상당히 불확실하다.

만일 오늘 우리가 시장이 정말로 앞으로 10년이나 20년 동안 하락하리라는 것을 알지만, 정확히 *언제* 하락이 시작될지 모르고 우리의 지식을 광범위한 대중에게 증명할 수 없다면, 이 지식으로부터 큰 이윤을 얻을 수 있는 방법은 없을 것이다. 따라서 현명한 투자자들이 그런 잘못된 주가를 꼭 제거할 것이라고 생각할 근거는 별로 없다.

그러나 효율적 시장 이론의 이러한 한계는 자주 간과된다. 매일의 주가 변화를 예측하기 어렵다고 주장하는 효율적 시장 이론이 우리가 *어떤* 변화도 예측할 수 없음을 의미하는 것으로 가정된다.

현명한 투자자에 대한 재고

———— 효율적 시장 이론의 근본적인 주장은 서로 다른 능력이 서로 다른 투자 성과를 낳지 못한다는 것이다. 이 이론은 가장 똑똑한 사람의 투자 성과가 가장 덜 똑똑한 사람의 투자 성과보다 더 나을 수 없다고 주장한다. 그들의 우월한 이해가 이미 시장의 주식가격에 완전히 반영되어 있기 때문에, 그들은 더 나은 성과를 얻을 수 없다는 것이다.

효율적 시장이라는 전제를 받아들인다면, 똑똑한 것이 더 낫지 않을 뿐 아니라, *똑똑하지 않은* 것도 별로 *나쁘지* 않다는 결론이 나온

344

다. 만일 똑똑하지 않은 사람들이 거래에서 계속 돈을 잃는다면, 반대로 똑똑한 사람들에게는 돈을 딸 기회가 될 것이다. 정확하게 똑똑하지 않은 사람들과는 반대여야 한다. 그러나 효율적 시장 이론에 따르면, 현명한 투자자들에게 이런 이윤 기회는 존재하지 않는다.

따라서 이 이론에 따르면, 노력과 지성이 투자에서 아무런 의미가 없다. 예상 투자수익률이라는 관점에서 볼 때, 우리는 다트 판을 향해 다트를 날리듯 아무 주식이나 골라도 되는 것이다. 이는 많은 사람들이 어떤 주식의 고평가 여부에 관심을 기울일 필요가 없고 비정상적인 주가에 대해서도 무시해도 된다고 생각하는 궁극적인 이유가 된다.

그런데 왜 주가가 가장 똑똑한 사람들에 의해서 결정되어야 할까? 분명히 덜 똑똑하거나 정보를 덜 가진 많은 사람들도 주식을 사고파는데, 왜 이들은 주가에 영향을 미치지 못할까?

앞에서 언급한 하나의 대답은, 가장 현명한 투자자들이 언제나 이윤이 나는 거래를 통해 시장을 거의 장악했고, 주가를 이미 올바르게 결정했다는 것이다. 덜 똑똑한 투자자들은 시장에 영향을 미치기에는 너무 적은 주식을 보유하고 있다. 이것은 반박하기 쉬운 주장이다. 우선 만일 이것이 현명한 투자자가 시장을 지배하는 이유라면, 그들에게 이윤을 벌어준 거래가 *존재해야만* 한다. 그렇지 않으면 그들은 지식을 이용해서 시장을 장악할 수 없었을 것이다. 그러나 만일 이윤이 나는 거래가 *존재했다면,* 현명한 투자자들이 시장에서 은퇴하고 충원되어야 하기 때문에 아직도 이윤이 나는 거래가 *존재해야만* 한다. 옛날의 투자자들은 지금은 죽었을 것이므로, 현명한 투자자들이 100년 전에 시장을 장악했고 이후로도 시장을 계속 장악하고 있다고 주장할 수는 없다.

효율적 시장 이론을 지지하는 또 다른 대답은, 전문적 투자가들이나 기관 자산관리자들, 혹은 증권 애널리스트들이 전체적으로 시장을 이길 수 있는 믿을 만한 능력이 있는 것 같지 않으며, 사실 그들의 수익은 거래 비용과 관리 비용을 제하면 시장 수익보다 자주 낮다는 것이다. 전문적 투자가들은 투자에 관해 더 많이 교육을 받았고 개인투자자보다 더 체계적일 것이라 생각하기 때문에 이 결과는 놀랍게 보일지도 모른다.

그러나 이것도 그렇게 놀랄 만한 것은 아니다. 개인투자자들은 전문적 투자가들로부터 조언을 얻고, 또한 그들도 전문적 투자가들이 어떻게 행동하는지 (비록 시간이 좀 걸려도) 관찰할 수 있다. 따라서 그들의 분석이 다른 이들에게는 매우 유용하다고 해도, 전문적 투자가와 시장 전체 사이에는 그리 큰 차이가 없을지도 모른다. 상당한 재주를 지닌 개인투자자들도 이들에 비해 교육이나 지능이 별로 뒤지지 않는다. 게다가 최근의 연구들은, 충분히 신속히 행동한다면 전문적 애널리스트들의 조언이 실제로 가치가 있음을 보여준다.[4]

더 똑똑한 사람들이 더 많은 돈을 번다는 더 강력한 증거가 연구를 통해 확인되지 못한 궁극적 이유는 투자자들이 얼마나 똑똑한가를 측정하기 어렵기 때문이다. 기관투자가들이 개인투자자들보다 반드시 더 똑똑한 것은 아니다. 우리는 그들의 두뇌와 투자 성과를 비교할 수 있는 투자 관리자들의 아이큐에 관한 데이터를 가지고 있지 않으며, 그런 것이 있다고 해도 현재의 지능 평가가 적절한 능력을 잘 측정하는지도 불확실하다.

주디스 슈발리에Judith Chevalier와 글렌 엘리슨Glenn Ellison은 투자 관리자들이 다닌 대학의 입학시험SAT 성적을 토대로 그들의 지능에 관한 데이터를 비슷하게 구성했다. 실제로 그들은 다른 요인들을 통제한 후에, 높은 SAT 성적을 가진 대학을 다닌 관리자들의 성과가 약간 더 높았음을 발견했다. [5]

더 똑똑한 사람들이 주식 거래를 통해 돈을 벌 수 있는지 검증하는 다른 접근법은 투자의 성공이 계속되는지 살펴보는 것이다. 우리에게 개별적 거래들의 데이터가 있고 어떤 사람들이 다른 사람들보다 거래에서 더 똑똑하다면, 그들은 지속적으로 돈을 버는 반면에 다른 사람들은 지속적으로 돈을 잃는다는 사실이 발견되어야 마땅하다. 사실상 우리는 주식 거래자의 투자 지능을 그가 거둔 과거의 성공으로 측정할 수 있고, 이것이 그 이후의 성공들과 어떻게 비교되는지 살펴볼 수 있다.

뮤추얼펀드의 성공적인 거래는 시간에 걸쳐서 단지 어느 정도만 지속된다고 보고되었다.[6] 그러나 뮤추얼펀드는 개인이 아니라 조직이다. 문제는 적어도 최근까지 개별적 거래자를 확인할 수 있는 포괄적이고 장기적인 데이터가 이용 가능하지 않았다는 점이다.

그러나 최근의 한 연구는 5년 동안 개별적인 거래자를 일관되게 확인해주는, 대만 주식시장의 모든 데이트레이더들에 관한 데이터를 사용할 수 있었다. 이 연구는 거래의 성공이 상당히 지속된다는 것을 찾아냈다.[7] 또한 이 연구는 대다수 데이트레이더들이 거래로부터 거래 비용을 상쇄할 만큼 충분한 돈을 벌지 못하지만, 그들 중 소수는 일관되게 그렇다고 보고했다. 성공적이지 못한 데이트레이더 들은 시간이 지나자 시장으로부터 퇴출당하는 경향이 있었다. 그리고 성공적인 이들은 매우 많이 거래하는 경향을 보였다.

이러한 연구들이 지능과 투자 성공 사이의 관계라는 쟁점을 해결한 것은 아니다. 그러나 이런 증거를 볼 때, 나는 더 똑똑하고 열심히 일하는 사람들이 결국에는 투자도 더 잘할 것이라는 사실을 믿어 의심치 않는다.

'명백히' 잘못된 가격의 사례들

———— 효율적 시장 이론이 대중적으로 받아들여지는데도 불구하고 우리는 이를 반박하는 명백한 사례들을 찾아볼 수 있다. 금융 자산의 가격이 결코 올바르지 않아 보이는 많은 사례들이 존재하는 것이다. 그것들은 정기적으로 언론에 보도되었다. 최근의 인터넷 관련 주식들이 그러한 사례이다. 해당 주가들을 보면 사람들이 그 주식들의 가능성에 대해서 너무 과대평가하고 있는 듯하다.

예를 들어, 1997년에 설립되어 인터넷을 통해 완구를 파는 이토이즈를 살펴보자. 1999년 최초의 공모 직후 이토이즈의 주식가치는 80억 달러로 급등했는데, 이는 오래된 오프라인 완구 판매업체인 토이즈아러스의 60억 달러보다 더 높았다. 그러나 1998년 회계연도의 이토이즈의 매출액은 3,000만 달러였던 반면, 토이즈아러스는 거의 400배나 많은 112억 달러였다. 또한 이토이즈의 이윤은 마이너스 2,860만 달러였는데, 토이즈아러스의 이윤은 3,760만 달러였다.[8] 사실 토이즈아러스는 다른 완구 판매업자들처럼 이제야 자신의 웹사이트를 개설했다. 그 사이트를 시작하는 데 어려움이 있었지만, 인터넷에서 구입한 완구에 불만이 있는 소비자들은 수많은 대리점 중 한 군데로 가서 환불이나 조언을 받을 수 있다는 점에서 장기적으로는 결국 토이즈아러스가 이토이즈보다 경쟁력이 있을 것으로 보인다. 그리고 이 대리점들에서 이미 완구를 구입한 고객들은 웹사이트에서 완구를 구매할 때는 당연히 토이즈아러스 웹사이트를 방문할 것이다.

공개적으로 나타난 회의론에도 불구하고, 투자자들은 이토이즈를 사랑했다. 그러나 곧 회의론자들이 옳았던 것으로 드러났다. 2001년 3월 이토이즈닷컴은 파산했고 나스닥에서 퇴출되었다. 마지막으로 2001년 5월 이토이즈닷컴은 웹사이트의 주소를 KB토이즈에게 매각했는데, KB토이즈도 2004년 1월 파산하고 말았다.

1999년과 2000년의 주식시장 고점 시기에 이토이즈와 같은 주식에 대한 시장의 평가는 많은 이들이 보기에 불합리한 것으로 보였다. 그런데도 이렇게 생각한 사람들은 시장의 잘못된 가격을 교정하지 못한 것 같다. 그들은 가격을 수정할 수 있는 어떤 일을 할 수 있었을까? 이런 주식들의 가치에 대해서 의심하는 사람들은 그것을 팔려고 했을 것이며, 몇몇은 실제로 그렇게 했을 것이다. 그러나 이러한 매도 의지는 제한적일 수밖에 없다. 왜냐하면 부분적으로 주가가 열성적인 투자자들의 활약에 힘입어 더 상승할 수도 있기 때문이다. 우리는 나중에 다른 이유들도 살펴볼 것이다. 불합리한 가격은 때때로 매우 오래 지속되기도 한다.

이런 주식들에 투자한 사람들은 장기적 투자의 가능성에 대해 뚜렷이 생각하지 않으며, 시장에는 이런 투자자들로 인해 가격이 잘못 설정되는 것을 막을 힘들이 존재하지 않는다는 것이 명백해 보인다. 이런 증거들은 적어도 몇 가지 주식에 대해서는 시장이 효율적이지 않다는 사실을 보여주는 것이 아닐까? 그리고 일부 주식의 가격이 고 평가될 수 있다면, 이들 주식도 시장의 부분이므로 시장 전체도 고평 가될 수 있지 않을까?

공매도의 제한과 잘못된 가격의 지속

───── 다수의 현명한 투자자들이 자산가격이 잘못된 투자 대상 을 찾고 있는 상황인데도, 현실적으로 명백히 잘못된 가격이 생길 수 밖에 없다고 판단할 만한 이유가 있다. 그것은 주식을 빌려서 매도하 는, 즉 그 자산을 마이너스로 보유하는 공매도short sale에 종종 장애물 들이 존재하기 때문이다. 여러 학술 분야에서 도발적인 논문들을 쓴 뉴올리언스 대학의 괴짜 교수 에드워드 밀러Edward Miller는 1977년 「저 널 오브 파이낸스Journal of Finance」에 논문을 발표했는데, 이를 처음으로 지적하여 효율적 시장 이론을 놀라게 했다.

밀러의 주장은 사실 매우 간단했다. 주식이든 튤립이든 그것이 뭐 든 간에, 그것에 가능한 많이 투자하기 위해 애쓰는 소수의 열광적인 집단이 그것을 사려고 한다고 가정해보자. 효율적 시장 이론은 열광 적인 투자자들이 없다고 말하지는 않는데, 만일에 그렇게 말한다면 그것은 불합리한 주장이 되기 때문이다. 그래서 단지 현명한 투자자 들이 어떻게든 궁극적으로 시장가격을 결정한다고만 말한다. 하지만 열광적인 투자자들이 공격적으로 자산을 구매하여 결국 독차지 해버린다면, 그 자산은 분명히 과도하게 고평가되어 있을 것이다. 이때 현명한 투자자는 나중에 발생할 가격 하락으로부터 이윤을 얻기 위해 고평가된 자산을 공매도하고 싶을 것이다. 그러나 그들이 문제의 자산을 전혀 빌릴 수 없다면, 유일한 방법은 *매입하*는 것뿐이다. 결국 그들은 시장에 적극적으로 참여할 수가 없게 된다. 공매도의 제한이 있는 시장은 가격이 크게 잘못될 수 있고, 현명한 투자자들은 그것을 알지만 자신들의 지식을 활용할 수 있는 방법이 없다.[9]

공매도의 제한은 매우 현실적이다. 몇몇 국가들은 공매도를 전혀 허용하지 않는다. 공매도가 허용된 나라들에서도 그것을 지지하는 제도가 잘 작동하지 않을 수 있다. 그 나라들에서조차도 공매도자에 대해 광범위한 반감이 존재하기 때문이다. 공매도자는 모든 종류의 악으로 비난을 받는다. 뉴욕증권거래소는 주식의 차입과 대출을 위한 '론 크라우드loan crowd'라고 하는 질서 잡힌 시장을 거래소와 같은 층에 가지고 있었다. 그러나 1929년 폭락 과정에서 공매도자들이 널리 비난을 받았기 때문에 이 시장은 폐쇄되고 말았다.[10]

공매도의 어려움은 실제로 증권의 가격이 잘못 설정되는 데 역할을 했다. 적절한 사례로 주식시장이 고점에 가깝던 2000년 3월 쓰리콤의 팜 매각 과정에서 판매한 주식에 가격이 잘못 매겨진 것이다. 당시 기업 공개에서 쓰리콤은 개인 정보 도우미를 만드는 자회사인 팜의 지분 5퍼센트를 일반 대중에게 매각했고, 동시에 팜의 나머지 지분을 나중에 매각할 것이라고 발표했다. 그런데 최초로 매각된 팜의 지분 5퍼센트의 시장가격이 너무 높아서 나머지 95퍼센트도 그

가격으로 산정하면 팜의 지분 가치가 모회사 쓰리콤의 시장가치보다 더 컸다. 이는 명백하게 잘못된 가격이었다. 그러나 팜 주식을 빌리는 이자 비용이 2000년 7월 1년에 35퍼센트가 될 정도로 비정상적인 수준까지 높게 상승했고, 그로 인해 현명한 투자자들이 팜을 공매도하고 쓰리콤을 매입하여 이 잘못된 가격 정보를 활용해 이윤을 얻는 것이 현실적으로 불가능해졌다.[11]

팜의 사례는 극단적이지만, 공매도에 대한 제한이 미치는 영향을 잘 보여준다. 명시적인 이자 비용 외에도 공매도에는 많은 장애물들이 존재한다. 행정적, 심리적, 그리고 사회적 장애 등이 그것이다.

잘못된 가격의 통계적 증거

─────── 자산가격이 극단적으로 잘못되었다고 주장할 수 있는 몇 가지 사례들에만 기초하여 시장의 효율성을 정확히 판단하기는 어렵다. 그러나 실제로 많은 체계적인 증거들이 전통적인 지표상에서 고평가된 기업들의 수익률이 낮았음을 보여준다. 금융 관련 학술 잡지에 실린 많은 논문들은 생생한 사례들이 아니라 수많은 기업들의 방대한 데이터에 대한 체계적 평가를 통해서 이를 잘 보여준다.

1981년 스티븐 피글루스키Stephen Figlewski가 보고했듯이 공매도가 어려운 주식들은 이후의 투자수익률이 상대적으로 낮은 경향이 있었다.[12] 더 일반적으로 다양한 지표들로 볼 때 지금 현재 고평가된 주식은 저평가된 주식보다 상대적으로 수익률이 낮았다. 1977년 산조이 바수Sanjoy Basu는 높은 주가수익비율을 지닌 기업들이 나중에 수익률이 낮다는 것을 발견했으며, 1992년 유진 파마와 케네스 프렌치 Kenneth French는 높은 '주가순자산비율price-to-book value'을 가진 기업도 마찬가지라는 것을 발견했다.[13] 1985년 베르너 드 봉Werner De Bondt과 리처드 탈러는 5년 동안 주가가 높이 상승한 기업들의 주가는 다음 5년 동안 하락하는 경향이 있으며, 반대로 지난 5년 동안 주가가 크게 하락한 기업들의 주가는 다음 5년 동안 상승하는 경향이 있음을 보고했다(7장에서 우리는 세계 각국의 주식시장에도 비슷한 경향이 있음을 보았다).[14] 1991년 제이 리터Jay Ritter는 주식시장에서 기업 공개는 산업 특수적인 투자 유행의 고점에서 나타나는 경향이 있고, 그 이후 3년 동안 시장 전체에 비해 주가가 점진적이지만 크게 하락함을 발견했다.[15] 결국 주가는 평균—혹은 장기적인 과거의 가치—으로 회귀하는 것 같은 모습을 보이는 것이다. 주가가 많이 오른 주식은 하락하고, 주가가 많이 떨어진 주식은 다시 상승한다는 것이다.

이러한 발견과 많은 다른 연구자들의 비슷한 발견에 기초하여, 전통적인 지표로 볼 때 저평가된 주식으로 포트폴리오를 구성하는 이른바 '가치 투자value investing'라는 투자 전략이 제시되었다.

이 전략은 저평가된 주식은 투자자들에게 단지 일시적으로 간과된 것이며, 결국에는 가격이 상승할 것이라는 이론에 기초하고 있다. 이 전략의 다른 측면은 고평가된 주식을 공매도하는 것이다. 가치 투자자들이 아주 많으면 그들의 영향으로 주식 간에 나타나는 가치와 이후 수익 사이의 관계가 약화되고 당분간은 아예 사라져버릴 것이라고 생각해볼 수 있다. 결국 가치 투자자들이 저평가된 주식을 사서 가격을 끌어올리고, 고평가된 주식은 팔아서 가격을 하락시킬 것이다.

투자자들이 모두 가치 투자를 채택하면 많은 가치 투자 전략들은 효과가 없을 것이다. 그러나 그렇다고 해서 가치 투자 전체가 영원히 사라지지는 않을 것이다. 열광적인 이들만이 보유하는 너무 고평가된 주식에 대한 투자를 피하는 것은 분명히 합리적인 전략이다. 가치를 정의하는 방법은 여러 가지이며, 그런 모든 이윤 기회가 시장 전체에서 쉽게 사라지는 일은 없을 것이다.

게다가 가치가 *주식 간의* 수익에 미치는 영향이 사라진다고 해도, 가치가 *시간에 따른 시장 전체의* 수익에 미치는 영향도 사라져야 함을 의미하는 것은 아니다. 가치 투자자의 투자 전략은 고평가된 개별 주식을 매각하는 것이지, 시장이 고평가된 것으로 보일 때 모든 주식을 매각하는 것은 아니다.

수익 변화와 주가 변화

─────── 가장 넓은 의미에서 시장이 기본적으로 효율적이라는 또 다른 주장은 주가의 변화가 시간이 지남에 따라 대략 수익의 변화를 따라간다는 것이다. 즉, 수익의 큰 변동에도 주가수익비율은 상대적으로 좁은 범위에서 안정적으로 머물러 있다는 것이다.

1999년 피델리티 투자의 광고는 1990년대 강세장 동안 언론에 자주 등장했던 투자분석가 피터 린치Peter Lynch의 전면 사진을 실으며 빨간색 글씨로 그의 말을 인용했다.

"제2차 세계대전 이후 아홉 번의 불황에도 불구하고 수익이 54배 늘었기 때문에 주식시장은 63배 상승했습니다."

시장의 고점 직전에 등장했던 이 광고는 수익 증가가 주가 상승을 대략 정당화시켜 준다는 것을 독자들에게 확신시켜서 피델리티의 뮤추얼펀드를 팔기 위해 계획된 것이었다. 그러나 사실 이 숫자들은 속임수였다. 주가와 수익을 비교하기 위해 매우 장기적인 기간을 사용했고, 인플레이션이 조정되지 않았으며, 기업의 수익이 제2차 세계대전 직후에 매우 낮았기 때문에 린치가 이런 관계를 발견할 수 있었던 것은 별로 놀라운 일이 아니었다.

그러나 다른 사례들을 보면 수익 증가가 주가 상승으로 이어진다는 걸 정당화하는 것 같지는 않다.[16] 린치의 주장은 주가의 상승이 전반적으로 수익 증가에 의해 정당화된다는, 그리고 이것은 주식시장의 가격 변동이 투자자 일부의 비이성적 행동 때문이 아님을 증명한다는 일반적 견해를 보여주었다.

우리가 이미 보았듯이, 미국 역사에서 주가가 꾸준히 극적으로 상승하는 대규모 강세장 기간은 세 번밖에 없었다. 1929년에 고점에 달한 1920년대의 강세장과 1973~1974년 주가 폭락으로 막을 내린 1950년대와 1960년대의 강세장, 그리고 1982년부터 2000년까지의 강세장 등이다(1901년에 고점에 달한 강세장도 포함될 수 있지만, 이는 별로 극적이지 않았다).

1920년에서 1929년까지의 최초의 대규모 강세장은 기업의 수익이 급속히 증가하는 시기였다. 실질 S&P 종합 수익은 이 기간 동안 3배 증가했고, 실질주가는 거의 7배나 상승했다. 과도한 상승에도 불구하고 이 시기 시장의 변화는 수익 변화에 대한 반응이라고 생각할 수도 있을 것이다.

그러나 두 번째 대규모 강세장 때에는 주가 상승과 수익 증가 간의 연관이 별로 뚜렷하지 않다. 대부분의 주가 상승은 1950년대에 나타났고, 1950년 1월에서 1959년 12월까지 실질 S&P 종합지수가 거의 3배가 되었다. 그러나 실질 S&P 수익은 이 기간 동안 겨우 16퍼센트 증가했는데, 이는 역사적인 평균보다도 낮은 수치였다. 전반적인 경제 성장을 살펴보면 1950년대는 성장률이 평균보다 약간 높았다. 그러나 이는 1940년대나 1960년대만큼은 아니었다. 1950년에서 1960년까지 실질 국내총생산 성장률은 연간 3.3퍼센트였다.

세 번째 대규모 강세장에서는 실질주가가 1982년에서 2000년까지 어느 정도 연속적으로 상승했지만, 수익은 꾸준하게 증가하지 않았다. 실질 S&P 종합 수익은 1991년 불황의 저점 때가 1982년 불황의 저점 때보다 오히려 더 낮았다. 그러나 S&P 종합지수는 1991년이 거의 2.5배 높았다. 따라서 이 강세장 시기의 주가 상승은 수익 증가에 대한 단순한 반응으로 볼 수 없다.

이러한 사례들은 수익 증가와 주가 상승이 전혀 일치되지 않음을 보여준다. 따라서 주가와 수익의 밀접한 관계를 주장하며 버블 이론을 비판할 수는 없다.

주가배당비율과 이후의 장기적 수익 사이의 역사적 관계

─────── 사실 주가가 수익에 비해 더욱 크게 변동하는 경향이 있고, 역사적으로 수익의 장기적 추세에 비해 과도한 주가의 변화는 나중에 역전되는 경향이 있었다. 〈그림 10-1〉은 가로축에 1881년부터

그림 10-1   10년 수익률을 예측하는 주가수익비율

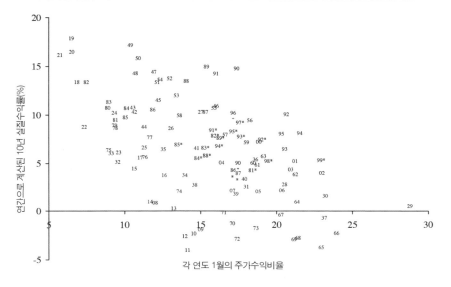

가로축은 각 연도(1881~1995)의 매년 1월 주가수익비율(〈그림 1-3〉에 나온)로, 20세기의 연도들은 19를 떼고 나타 냈으며, 19세기의 연도들은 18을 떼고 별표를 붙여 표시했다. 세로축은 그해의 1월에 S&P 종합지수에 투자하고 배 당을 재투자하여 10년 후에 그것을 매각할 경우 얻는, 매년의 실질 연간수익률의 기하평균을 보여준다.
자료: 〈그림 1-2〉에 나온 데이터를 사용하여 계산. 또한 1장의 후주 3을 참조.

1995년까지 매년 1월의 주가수익비율을 보여주고, 세로축에는 그 달 이후 10년 동안의 연간수익률(인플레이션이 조정된)을 보여주는 산포도 이다. 이 산포도는 주가수익비율이 이후의 장기적(10년) 수익률을 얼 마나 잘 예측하는지 시각적으로 보여준다. 이 그림은 1월의 데이터 만을 사용했다. 만일 각 연도의 열두 달 모두의 데이터를 사용하면 너무 많은 점들이 있어서 산포도를 읽기 어렵기 때문이다. 물론 이러 한 산포도의 단점은 1월의 데이터만을 보여주기 때문에 시장의 대부 분의 고점과 저점들을 놓치게 된다는 것이다. 예를 들어, 이 그림은

1929년 시장의 고점과 그 이후의 음의 수익률을 보여주지 않는다. 〈그림 10-1〉에 나타난 주가수익비율은 〈그림 1-3〉에 그려진 것과 동일한 것이다. 각 연도는 연도의 끝 두 자리로 나타내고 19세기의 연도는 숫자 옆에 별(*)을 붙여서 나타낸다.[17]

가로축에 있는 각각의 주가수익비율은 10년의 기간이 시작되는 때에 알려져 있었기 때문에 〈그림 10-1〉은 주가수익비율이 이후의 수익을 얼마나 잘 예측했는지 보여준다. 이 산포도는 동료 경제학자 존 캠벨John Campbell과 내가 그린 것이다. 여러 나라들의 데이터를 보여주는 이와 비슷한 그래프들이 1996년 12월 3일, 앨런 그린스펀의 비이성적 과열 연설이 있기 직전 연준이사회에서 우리가 한 증언의 주요 내용이었다. 〈그림 10-1〉은 당시 우리가 제출했던 그래프보다 1987년에서 1995년까지 9개의 더 많은 연도의 데이터가 사용 가능하여 당시 그래프의 106개의 점에 9개의 새로운 점들이 추가되었다는 점만 다를 뿐이다.

이 산포도의 많은 점들은 뚜렷이 좌상에서 우하로 우하향하는 기울어진 모습을 보여준다. 이 산포도는 그림의 왼쪽에 가까운 몇몇 연도의 경우(1920년 1월, 1949년 1월, 1982년 1월) 이후의 장기수익률이 매우 높았다는 것을 보여준다. 또 오른쪽에 가까운 연도들은(1929년 1월, 1937년 1월, 1996년 1월) 이후의 수익률이 매우 낮았다는 것을 보여준다. 그리고 몇몇 중요한 예외들도 있는데, 1899년 1월은 주가수익비율이 22.9로 높았음에도 불구하고 이후의 10년 수익률이 여전히 5.5퍼센트였고, 1922년은 주가수익비율이 7.4로 낮았음에도 불구하고 이후의 10년 수익률은 8.7퍼센트에 불과했다. 그러나 대체적으로 이 산포도의 점들은 주가수익비율이 낮은 연도들은 이후의 수익률이 높았고, 주가수익비율이 높은 연도들은 이후의 수익률이 낮았거나 마이너스였음을 보여준다.

주가수익비율과 이후의 수익률 사이의 관계는 어느 정도 강한 것으로 보인다. 물론 115년의 기간 동안 중첩되지 않는 10년의 기간이 12개보다 적기 때문에 통계적 유의성의 문제가 존재하지만 말이다. 이와 같은 관계의 통계적 유의성에 관해 커다란 학문적 논쟁이 있었고, 여전히 통계적 방법론에 관한 어려운 질문들이 연구되고 있다.[18] 그러나 우리는 이 관계가 통계적으로 유의하다고 생각되어야 한다고 믿는다. 〈그림 10-1〉은 장기투자자들에게는—10년 동안 팔지 않고 완전히 투자할 수 있는 투자자들—10년이 시작되는 시기에 주가가 수익에 비해 상대적으로 낮았으면 수익률이 높았고, 그 반대이면 수익률이 낮았음을 확인해준다. 장기투자자들은 개인적으로 최근의 경우처럼 주가가 높으면 주식에 대한 투자를 줄이고 주가가 낮으면 주식에 투자하라고 조언을 받는 편이 좋을 것이다.[19]

2000년 주식시장의 고점 시기 주가수익비율의 수치는 45를 넘어서 역사적인 범위를 훨씬 벗어났다. 그런 주가수익비율을 가로축에 그리려고 하면 그래프를 벗어날 것이다. 이 책의 초판이 출판된 2000년에 나는 주식시장을 예측하는 기초로서 이 그래프를 절대로 사용하지 않으려고 주의를 기울였다. 2000년의 수치를 사용하여 수익률을 예측하면 그 결과가 믿어지지 않을 만큼 엄청 나빴을 것이다.

만일 산포도의 점들의 관계를 보여주는 직선이나 곡선을 그리려고 한다면, 2000년의 주가수익비율이 역사적 범위를 벗어났기 때문에 곡선의 모양에 매우 큰 영향을 미칠 것이다. 2000년의 지표를 사용하면 이 그래프는 2010년까지의 수익률이 평균적으로 상당한 마이너스가 될 것이라 예측한다고 말할 수 있다. 주가수익비율이 20대 중반인 2005년의 지표를 사용하면 이 그림은 2015년까지 10년 동안의 수익률이 거의 제로가 될 것이다. 물론 이 예상이 매우 잘 맞을 것이라고 생각하면 안 되겠지만 말이다.

〈그림 10-1〉에 나타난 관계가, 매우 잘 맞지는 않더라도 현실적이라고 생각하는 이유는 역사적으로 주가가 여기서 계산된 수익(수익의 10년 이동평균을 사용하여)과 비교하여 높았을 때는 배당수익률이 낮았고, 주가가 수익과 비교하여 낮았을 때는 배당수익률이 높았기 때문이다.[20] 2000년 주가수익비율이 기록적으로 높았을 때 배당수익률은 기록적으로 낮았다. 2000년 1월, S&P 기업 배당은 주가의 1.2퍼센트로 역사적 평균치인 4.7퍼센트보다 훨씬 낮았다. 2004년에는 시장이 하락하고 배당이 약간 증가하여 주가의 1.7퍼센트로 상승했지만 여전히 낮은 수준이었다. 사람들은 보유한 주식의 배당이 너무 낮으면 당연히 전반적으로 낮은 투자수익률을 기대할 것이다. 결국 배당은 보유주식으로부터 얻는 총수익의 일부이고(다른 일부는 자본이득이다) 역사적으로 배당은 주식의 평균수익에서 지배적인 부분을 차지한다. 자본이득에 기인한 예측하기 어려운 부분이 아니라 배당에서 나오는 안정적인 수익이 역사적으로 주식이 왜 그렇게 좋은 투자처였는지에 대한 중요한 이유이다.

그러므로 배당이 낮으면 주식 보유 주식으로부터 나오는 수익이 낮을 것이다. 낮은 배당 자체가 어떻게든 주식시장 상승을 예측하는 경우, 다시 말해 사람들이 배당이 낮을 때 주가가 그로 인한 낮은 수익률을 상쇄하기 위해 보통보다 더 많이 상승할 것이라 예상하는 경우가 아니라면, 역사적으로 주가와 비교하여 배당이 낮았던 시기 이후 5년이나 10년 동안 주가가 높게 상승하는 경향은 *없었다*. 오히려 그 반대였다. 주식시장 전체에서 주가와 비교하여 배당이 낮았던 시기 이후에는 오랜 기간 동안 주가가 *하락*(혹은 보통보다 낮은 상승)했고, 그때 주식의 수익률은 낮은 배당수익률과 주가 하락으로 인해 *더욱* 악화되었다. 결국 단순한 지혜가—사람들이 지불한 주식의 가격과 비교하여 배당을 낮게 받는 때는 주식을 살 때가 아니다— 역사적으로 사실과 일치했던 것으로 보인다.

배당의 변화와 주가의 변화

——— 몇몇 경제학자들은 실질주가의 변화가, 실질수익은 아니라 해도 적어도 실질배당의 변화와는 밀접한 관련이 있다고 주장했다.[21] 배당의 변동은 기업의 근본적인 가치를 나타내는 지표로서 생각할 수 있고, 따라서 이 경제학자들은 주가가 투자자의 태도가 아니라 실제의 펀더멘털에 의해 움직인다고 주장하는 것이다.

나는 이 경제학자들이 배당과 주가 사이의 동시적 변동에 대해 너무 과장된 주장을 하고 있다고 생각한다. 주가의 작은 변동들은 사실 배당의 작은 변동들과 잘 일치되지 않는다. 1929년 9월의 주식시장 고점과 1932년 6월의 저점 사이에 실질 S&P지수로 볼 때 주식시장이 81퍼센트나 하락했지만, 실질배당은 단지 11퍼센트 하락했다는 것을 기억하라. 1973년 1월의 주식시장 고점과 1974년 12월의 저점 사이에는 주식시장이 실질 S&P지수로 54퍼센트 하락했지만, 실질배당은 6퍼센트밖에 하락하지 않았다. 그리고 이와 같은 사례들이 많이 존재한다.

또한 실질주가와 실질배당 사이에 관측된 동시적 변동의 부분적 이유가 비이성적으로 가격에 영향을 미치는 동일한 요인들—아마도 투기적 버블을 포함하는—에 대한 반응 때문일 가능성도 있다. 배당을 결정하는 경영자들이 시간에 걸쳐 배당수익비율, 즉 지불 비율을 변화시킬 수 있다. 경영자들도 투자자 대중과 동일한 문화에 속해 있고, 따라서 아마도 대중에 퍼져 있는 똑같은 낙관주의와 비관주의의 변화하는 감정에 의해 충분히 자주 영향을 받는다. 이러한 감정이 얼마나 많이 배당을 할 것인지에 관한 그들의 결정에 영향을 미칠 수 있다. 결국 주가와 배당이 어느 정도 비슷한 변동을 보여준다는 단순한 사실이 그것들이 둘 다 유행과 변덕에 영향을 받을 가능성과 배치되는 것은 아니다.

요약하면, 주가는 분명히 자립적인 변동을 보여주며 단지 수익이나 배당에 반응하는 것이 아니다. 또한 주가가 미래의 수익이나 배당에 관한 정보에 의해서만 결정되는 것 같지도 않다. 주가의 움직임을 설명하기 위해서는 다른 요인들을 고려해야만 한다.

과도한 변동과 전체적 그림
——— 사실 금융 관련 학술지에는 시장의 효율성에 관한 많은 연

구들이 실린다. 그러나 이것이 효율성을 *지지하는* 것이라고 말하기는 어렵다. 최근에는 효율적 시장 이론 내에서도 많은 이상 현상들이 발견되었다. 이 현상 중에 1월 효과(주가는 12월과 1월 사이에 상승하는 경향이 있다), 소기업 효과(소기업의 주가가 수익률이 높다), 요일 효과(월요일의 주식시장은 성과가 나쁘다) 등이 있다.[22] 이 연구들을 시장의 효율성을 지지하는 것으로 생각하기는 어렵다.

그래도 이 연구들이 시장의 효율성을 지지한다고 주장하는 이유는 이것들이 강세장이나 약세장의 문제가 아니라 사소한 효과들을 다룬 것이기 때문이다. 또 하나는 이 효과들이 발견된 이후 많은 효과들이 사라졌다는 것이다. 사실 1월 효과와 소기업 효과는 사라진 것으로 보인다. 따라서 이 연구들을 요약하기는 쉽지 않다. 한편으로는 이러한 이상 현상들이 오랫동안 지속되었다는 것은 시장이 효율적이지 않음을 보여준다. 다른 한편으로는 많은 이러한 효과들이 사라졌다는 사실은 이 이론이 기본적으로 옳다는 것을 보여준다.[23]

효율적 시장 이론을 옹호하는 지도적인 이론가인 머튼 밀러Merton Miller는 사실 많은 사소한 이상 현상들이 존재하지만 그것들은 중요하지 않다고 주장한다.

"우리가 모델을 구축할 때 이 모든 현상들을 제외하는 이유는, 그것들이 흥미롭지 않아서가 아니라, 너무 흥미로워서 우리의 관심을 가장 중요한 관심사인 시장의 전반적인 힘에 집중하지 못하도록 만들기 때문이다."[24]

그러나 그는 전반적인 시장의 힘이 합리적이라는 가정에 대해 설명하지 않았다. 요일 효과와 같은 사소한 세부사항을 제외하고(밀러가 주장하듯), 전체적으로 볼 때 주식시장이 효율적이라는 기본적인 증거는 무엇일까? 몇 년 동안의 주가의 큰 변화가 진정으로 기업의 중요한 변화에 관한 정보를 반영하는 것일까?

단기적인 타성short-run momentum이나 관성inertia이 별로 존재하지 않는다는 증거—매일매일 혹은 매달의 주가 변화를 예측하기 어렵다는 것—는 전체적으로 볼 때 효율성에 관해 아무것도 말해주지 않는다. 단순한 경제적 추론으로부터 우리는 이미 매일매일의 주가 변화는 예측 불가능하다는 것을 알고 있다. 왜냐하면 그러한 예측이 가능하다면 이윤을 얻기가 무척 쉬우므로 사실일 수가 없기 때문이다. 만일 그렇다면 부자가 되는 게 식은죽 먹기일 것이다.

효율적 시장 이론의 기본적인 타당성을 지지하는 증거가 있는지 판단하는 하나의 방법은, 내가 1981년에 「아메리칸 이코노믹 리뷰」에 발표한 논문에서 주장했듯이(동시에 이 연구와 비슷한 스티븐 르로이와 리처드 포터의 논문이 발표되었다), 주가와 같은 투기적인 가격의 바로 그 변동성이 장기적인 기간 동안의 배당의 변화에 의해 정당화되는지 살펴보는 것이다. 만일 효율적 시장 이론의 기본적인 버전이 주장하듯이 주가의 변화가 기업이 지불할 미래의 배당에 의해 설명된다면, 효율적 시장 아래에서는 이후의 배당이 불안정하지 않다면 주가도 불안정하지 않을 것이다.[25]

사실 내 논문은 일정한 할인율로 계산된 배당의 현재가치가 무척 안정적인 성장 경로를 보여주었기 때문에 주가 상승의 추세를 벗어나는 어떠한 미국의 전체적인 주가의 변동도 이후에 배당의 변화에 의해 정당화될 수 없었다고 결론지었다. 지금보다 더 많은 금융 전문가들이 효율적 시장 이론을 지지했던 시기에 제시된 이 결론은 엄청난 반향을 불러일으켰다. 나는 이 연구에 대해서 내가 말하고자 했던 것보다 훨씬 더 많은 비판을 받았다. 아무도 주가가 배당의 현재가치보다 더 변동이 심하다는 관찰에 대해서는 문제 삼지 않았다. 단지 둘 간의 차이가 통계적으로 중요한지 아니면 나의 해석이 올바른지가 비판의 대상이었다.

내 논문에는 1871~1979년 동안의 실질 S&P주가지수를 보여주는 그림이 포함되어 있었다. 이 그림에는 주가지수를 구성하는 주식에 대해 그 연도 이후에 지불된 실질배당의 각 연도의 현재가치인 *배당의 현재가치*'의 그래프가 동시에 그려져 있었다. 이는 최후 연도 이후의 배당에 관한 어떤 가정에 기초하여 계산한 것이었다. 2003년까지의 주가와 배당의 현재가치를 보여주는 이 그래프의 업데이트된 버전이 다음쪽에 나오는 〈그림 10-2〉이다. 이 그림은 실제 주가와 함께 할인율 계산을 위해 사용된 금리의 차이에 따라 세 개의 서로 다른 배당의 현재가치를 보여준다. 즉, 일정한 할인율, 1년 금리에 상수를 더한 할인율, 그리고 일인당 개인소비 지출에 기초한 할인율 등이다.[26] 이 세 개의 서로 다른 할인율들은 여기서는 다루지 않을 세 개의 서로 다른 경제이론들을 대표하는 것이며, 경제학자들이 보통 사용하는 할인율의 범주들을 나타낸다.

어떤 연도의 배당의 현재가치는 그 연도 이후의 배당에 의해 전적으로 결정되므로 확실히 알 수 없다. 효율적 시장 모델에 따르면, 어떤 특정 연도 이후의 배당의 현재가치가(알려져 있지 않지만) 그 연도의 주식시장의 진정한 근본적 가치를 나타낸다. 〈그림 10-2〉에 나타난

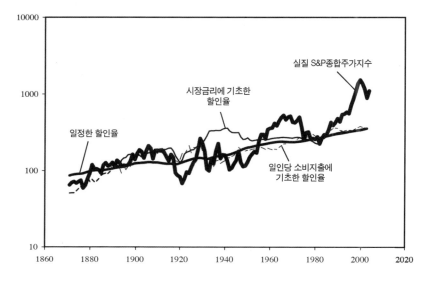

그림 10-2　주가와 배당의 현재가치(1871~2004년)

실질 S&P종합주가지수

시장금리에 기초한
할인율

일정한 할인율

일인당 소비지출에
기초한 할인율

실질 S&P종합주가지수와 3가지 서로 다른 할인율로 계산된 그 이후의 실질 배당의 현재가치.
자료: 〈그림 1-1〉과 1장 후주 3에서 설명된 데이터에 기초한 필자의 계산. 계산을 설명하기 위해서는 본문과 이 장의
후주 26을 참조. 세로축은 이 책의 다른 그래프들과는 다르게 로그 척도를 사용하고, 각 연도의 1월만을 보여준다.
따라서 이 그래프의 실질주가곡선은 〈그림 1-1〉과 다르게 보인다.

그 연도의 현실의 주식시장의 실제 수준, 즉 주가는 그 연도에 이용
가능한 정보를 사용하여, 동일한 연도의 배당의 현재가치를 최적으
로 예측한 값이어야 한다.

가격

──── 〈그림 10-2〉을 보면, 우리는 미국 주식시장의 효율성에 관
한 증거를 보여주는 전체적인 그림을 얻을 수 있다. 만일 배당의 현

재가치가 시간에 따라 크게 등락하고 실제 주가가 배당의 현재가치의 변화를 마치 성공적으로 예측하는 것처럼 그 변동과 함께 움직이면, 우리는 주가가 효율적 시장 이론의 주장에 따라 움직였다고 말할 수 있을 것이다.

그러나 세 가지 배당의 현재가치 중 어떤 것도 주가 자체보다 변동성이 더 크지 않았으며, 지난 50년 동안 모든 배당의 현재가치 데이터는 주가보다 훨씬 더 안정적이었다. 게다가 주가가 이 배당의 현재가치 중 어떤 것이라도 예측하는 경향은 거의 없었다.[27]

고정된 할인율로 계산된 배당의 현재가치는, 부분적으로 현재가치의 계산이 먼 미래까지의 데이터를 사용하고 또한 배당이 별로 극적으로 변동하지 않았기 때문에 매우 안정적인 추세를 따른다. 장기간에 걸쳐 그려진 현재가치의 그래프를 살펴보면, 우리 중 몇몇이(이 문제를 생각하고 직관적으로 수치를 잘 이해하는) 직감으로 언제나 알고 있었던 사실이 명백히 드러난다. 역사에서 나타난 주식시장의 대규모 변동이 사실 나중에 여러 기업들의 사업에서 발생했던 사건들에 의해 정당화되지 않았다는 사실 말이다. 혹자는 그런 정당화를 목격하게 될 것이라고 확신하기에는 100년이 조금 넘는 기간은 충분한 시간이 아니라고 주장할지도 모른다. 그러나 어떻든 배당이 주가 변화를 설명하지 못했다는 것은 사실이다.

할인율로 시장금리를 사용하여 계산된 배당의 현재가치는 비록 지금은 많이 안정되었지만, 20세기의 전반기에는 일정한 할인율로 계산된 배당의 배당의 현재가치보다 더욱 불안정했다. 그러나 이 현재가치가 매우 불안정했던 그 50년 동안 그것은 현실의 주가와 전혀 일치하지 않았다. 〈그림 10-2〉에서 볼 수 있듯이 시장금리를 사용하여 계산된 배당의 현재가치는 실질금리가 매우 낮았던 1930년대 대공황 시기에 매우 *높았던* 반면, 주가는 매우 낮았다.

소비를 사용하여 계산된 배당의 현재가치도 그림의 대상 기간의 전반기에는 불안정했고, 지금은 상당히 안정적으로 되었다. 이 현재가치는 실제로 1929년 주가의 폭락과 함께 움직였고, 이전 시기에 실제 주가와 어느 정도 같이 움직였다.[28] 그러나 그 현재가치도 효율적 시장 이론에 들어맞기에 결코 충분할 만큼 변동하지는 않았으며, 더욱이 최근 수십 년 동안에는 별로 변동하지 않았다.

내가 1981년 논문에서 지적했던 것은 효율적 시장과 일치하기에는 주가의 변동성이 너무 크다는 것이었다. 주가가 배당의 현재가치를 최적으로 예측한다고 가정하면, 근본적 가치가 안정적인 추세를 따라 성장하고 있는 경우 주가는 변덕스럽게 변동하지 않아야 한다. 대중이 미래를 완벽하게 예측할 수 있을 때에만 주가는 배당의 현재가치만큼 변동할 것이고, 이 경우 그것은 배당의 현재가치와 완벽하게 일치할 것이다. 하지만 대중이 완벽하게 예측할 수 없다면, 예측치가 현재가치보다 훨씬 더 적게 변동할 것이다. 그것은 우리가 〈그림 10-2〉에서 본 결과가 아니다.

〈그림 10-2〉를 통해 우리는 단기적 경기순환의 전망에 기초하여 주식시장의 변동을 설명하는 언론에 등장하는 일반적인 해석이 전반적으로 잘못되었다는 것을 알 수 있다. 만일 효율적 시장 이론이 옳다면 조만간에 미래의 배당을 하락시킬 일시적인 불황이 곧 나타날 것이라는 전망은 주가에 거의 아무 영향도 미치지 말아야 한다.

역사적으로 그와 관련된 주가의 변동을 정당화하기에는 불황이 단지 너무 짧고 규모가 작았다. 대신 효율적 시장 이론의 관점에서 해석하면 주가의 변동은 실질배당의 *더욱 장기적인* 전망에 관한 새로운 정보 때문에 발생해야만 한다. 그러나 배당은 안정적인 성장 경로를 따랐기 때문에 우리가 살펴본 미국 주식시장의 전 역사에서 결코 그런 배당이 더욱 장기적 변동이 나타난 적은 없었다.

내가 1981년의 논문에서 주장했듯이, 주식시장의 할인율을 변화시키는 자의적인 가정에 의존하지 않고 주가의 변동성과 효율적 시장 모델을 화해시키는 유일한 방법은 그 성장 경로 주변에 나타난 배당의 역사적 변동이 *잠재적인* 변동을 대표한 것이 아니라고 어떻게든 생각하는 것이다. 즉, 주가에서 관찰된 변동은 우리가 살펴본 100년 동안의 데이터에 우연히 발생하지 않았던, 현실에서 가능한 대규모의 지속적인 배당의 변동에 대한 사람들의 당연한 우려의 결과라고 말해야만 할 것이다. 예를 들어, 사람들은 완전한 국유화와 정부에 의한 주식시장의 몰수, 혹은 현재의 기업들이 몇 배나 더 많은 배당을 지불할 수 있도록 해주는 엄청난 기술 혁신과 같은 대규모의 드문 사건에 대해서 생각했을지도 모른다.

앞에서 지적했듯이 나의 연구는 많은 비판을 불러일으켰다. 그중 가장 중요한 것은 나중에 노벨경제학상을 받은(또한 롱텀캐피털매니지먼트 헤지펀드의 주요 인물로서 이 회사의 파산으로 커다란 손실을 본) 훌륭한 금융 이론가인 로버트 머튼Robert Merton의 비판이었다. 그는 테리 마쉬Terry Marsh와 함께 1986년 「아메리칸 이코노믹 리뷰」에 나의 연구 결과를 비판하고 투기적 시장이 그렇게 불안정하지는 않다고 결론짓는 논

문을 발표했다.[29]

존 캠벨과 나는 이 과도한 변동성에 관한 주장에 대해 더 확실한 근거를 제시하기 위해 노력하는 많은 논문들을 썼고, 그 주제를 연구하고 비판가들에 의해 강조된 문제점들을 다루기 위한 통계적 모델을 개발했다.[30] 우리는 우리가 주식시장이 정말로 효율적 시장 모델을 위배한다고 매우 설득력 있게 주장했다고 생각했다.

그러나 우리의 연구가 이 문제를 완전히 해결하지는 못했다. 너무 많은 통계적 문제가 제기될 수 있으며, 표본이 겨우 100년이 조금 넘는 데이터에 기초한 것이어서 확실하게 결론을 내리기가 쉽지 않았다.

금융시장의 변동 중 상당한 부분은 미래의 배당이나 수익에 관한 뉴스에 의해 *정당화된다*는 사실도 지적되어야 할 것이다. 지난 100년 동안 미국 기업의 배당이 안정적 추세를 보인 것은 배당이 추세를 보여야 한다는 법칙 때문이 아니라 아마도 부분적으로 우연일 수도 있다. 추세에 대한 불확실성을 감안하여, 캠벨과 나는 우리의 통계적 연구를 해석하며 미국 주식시장의 연간수익률의 변동성의 27퍼센트는 미래의 배당에 관한 진정한 정보에 의해 설명되는 것 같다고 추정했다.[31] 캠벨과 존 아머John Ammer는 비슷한 방법과 더 최근의(전후의) 데이터를 사용하여 미국 주식시장의 월간 수익률의 15퍼센트는 미래의 배당에 관한 진정한 정보에 기인했다는 것을 발견했다.[32]

장기금리의 과도한 변동성에 관한 증거는 미약하며, 주가지수들 사이의 스프레드의 과도한 변동성에 관해서는 증거가 거의 없는 실정이다.[33] 개별 주식의 경우 미래 배당의 현재가치가 시장 전체에 비해 훨씬 더 불안정한데, 주가의 과도한 변동성이 시장 전체보다 덜

하다.[34] 투기적 버블에 기인한 과도한 변동성은 아마도 시장을 투기적으로 만드는 하나의 요인일 뿐이며, 이 요인의 중요성은 시간과 시장에 따라 다를 것이다. 게다가 항상 주가의 과도한 변동성에 직면해 있는 것은 아니다. 그러나 많은 주식시장, 주택시장, 그리고 원자재 시장들이 지금 그런 상황에 있거나 최근에 그런 상황에 처해 있다. 이 시장들의 가격 상승을 옹호하는 이들은, 최근 나타난 갑작스런 가격 상승이 새로운 정보에 대한 효율적 시장의 합리적인 반응이라고 주장하는 데 어려움을 겪고 있다.

그래서 몇몇 옹호자들은 가격의 급등에 대해 매우 다른 설명을 제시했다. 이 시장들의 갑작스런 가격 상승을 정당화하기 위해 이들은 시장이 언제나 효율적이었다는 가정을 포기한 것이다. 대신 이들은 이 시장들이 *이제 막* 효율적이 되고 있을 뿐이라고 주장하며 사람들이 오랫동안 몰랐던 것을 이제야 배웠을 뿐이라고 말한다. 이러한 주장은 시장이 본래 효율적이라는 이론과 뚜렷하게 모순된다. 그런데도 우리는 이러한 주장을 하는 사람들이 많아 이 주장을 무시할 수 없다. 이러한 주장에 대해서는 다음 장에서 살펴볼 것이다.

11장

투자자가 배운 것과
배우지 못한 것

Irrational
Exuberance

효율적 시장 이론, 랜덤 워크 가설 이외에도 투기적 시장들과 주식시장의 과열을 정당화하는 다른 주장이 존재한다. 실제 대중들이 주식시장의 장기적인 가치가 과거에 생각했던 것보다 더 높고 전통적인 지표가 시사하는 적정가치보다 더 높다고 배우게 되었다는 것이다. 이 이론에 따르면, 대중들이 역사적인 수익률과 다각화 혹은 세계의 상황에 관한 몇몇 단순한 사실들을 이제 알게 되었기 때문에 오늘날 주식시장의 주가수익비율이 역사적 평균보다 더 높다. 이 이론은 시장이 이전에는 대중의 무지 때문에 너무 낮게 평가되었다고 주장한다는 점에서 효율적 시장 이론과 다르다.

"시장은 그 대부분의 역사에서 효율적이지 않았다. 즉, 너무 낮았다. 그러나 (아마도) 지금은 효율적이다."

시장의 가치가 이전에 생각했던 것보다 훨씬 더 높다는 것을 대중들이 배웠을지도 모른다는 가설은 언뜻 보기에는 매우 그럴 듯한 주장이다. 사회는 정말로 학습을 했고 이러한 누적된 학습의 효과 덕분에 현대 사회가 이전 세기와 비교해서 이만큼의 진보를 이룰 수 있었다. 그러나 문제는 정말로 대중들이 주식시장에 관해 뭔가 중요한 것을 배웠는가 하는 것이다. 대중들이 정말로 뭔가를 배웠는가? 만일 그렇다면 우리는 무엇을 배웠을까?

위험에 대한 학습

——— 사람들이 최근에 주식시장이 예전에 생각했던 것보다 훨씬 위험하지 않고 주식 투자가 항상 다른 투자보다 나은 실적을 올렸다는 것을 배웠다고들 흔히 주장된다. 이러한 사람들의 학습은 다른 투자와 비교해서 주식이 우월하다는 10년 이상의 광범위한 언론 보도의 결과로 추정된다.

그리고 1994년에 출판된 제레미 시걸의 『장기 투자 바이블Stocks for the Long Run』이라는 책도 영향을 미쳤다. 그의 견해에 따르면, 사람들은 역사적인 통계를 통해 자기들이 주식에 대해 너무 큰 두려움을 가지고 있었다는 것을 깨닫게 되었다. 새로운 지식으로 무장한 투자자들은 이제 주가를 좀 더 높은 수준, 즉 그들에게는 합리적인 혹은 적정 수준까지 끌어올리고 있다. 그들이 보기에 이러한 주가 수준은 주식에 대한 과도한 두려움이 없었다면 그 이전에도 계속 그 정도였을 것이다. 이제 옛날보다 높은 가격에 팔리고 있기 때문에 주식의 수익은 그만큼 낮아질 것이다. 그러나 이것은 투자자에게 문제가 되지 않는다. 왜냐하면 이들은 주식의 위험이 그렇게 높지 않다는 것을 알고 있기 때문이다. 다르게 말하면, 주식시장의 투자 위험에 대해 일반인들이 보상받아야 한다고 생각하는 추가적인 수익을 뜻하는 '*주식 프리미엄*'이, 투자자가 주식시장의 위험에 대한 역사적인 정보를 갑자기 알게 되었기 때문에 낮아졌다는 것이다.[1]

10년 전과 비교해서 대중들이 주식시장에 대해 위험을 덜 느끼는 것은 사실이다. 4장에서 우리는 "1987년 10월 19일과 같은 주식시장 폭락이 또 일어난다면 시장은 몇 년 내에 분명히 반등할 것이다."라는 생각에 대한 대중적 지지가 2000년 주식시장의 고점 이후 크게 약화되었지만, 여전히 많은 사람들이 그렇게 믿고 있다는 여론조사 결과를 살펴보았다. 따라서 대다수 사람들은 주식시장의 폭락이 일어날 가능성에 대해 크게 두려워하지 않고 있다는 것이 분명하다. 그러나 이것이 사람들이 진정으로 새로운 지식을 얻었기 때문일까? 아니면, 전혀 다른 일시적인 원인으로 인해 새로운 여론이 형성되었기 때문일까?

이러한 새로운 학습이론의 문제는 투자가가 학습했다고 생각하는 역사적 사실이 새로이 밝혀진 사실이 아니라는 것이다. 주식 투자가 다른 투자들보다 크게 우월하다는 관찰은 이미 오래전인 1924년 에드가 로렌스 스미스Edgar Lawrence Smith의 베스트셀러에서 제시되었다. 스미스는 주식 투자와 채권 투자를 여러 차례 역사적으로 비교하여 물가수준(인플레이션)이 상승하고 있던 시기와 하락(디플레이션)하고 있던 시기 모두에 장기적으로 보유하면 주식 투자가 언제나 더 뛰어난 성과를 올렸다고 밝혔다.[2] 그리고 동시대의 평론가 케네스 반 스트럼 Kenneth Van Strum과 마찬가지로 그는 채권의 액면가치가 고정되어 있다고 하더라도 그 실질가치는 물가수준에 따라서 변동하기 때문에 채권 투자 역시 위험하다고 강조했다.[3]

어빙 피셔 교수는 1929년 "이러한 책은 투자의 세계에 폭탄을 던져 넣는 것이었다."라고 밝혔다. 피셔는 1920년대의 강세장이 일반인들이 이러한 저작들로부터 학습했기 때문에 나타났다고 생각했다.

"대중들이 달러 약세의 시기에 채권보다는 주식에 투자해야 한다는 것을 주로 에드가 로렌스 스미스의 책을 통해 깨닫게 되자 강세장이 본격적으로 시작되었고, 따라서 보통주가 적절한 평가를 얻게 되었다."[4]

다른 이들도 대중의 학습에 대해서 피셔와 같이 생각했다. 찰스 아모스 다이스Charles Amos Dice는 1929년 저작에서 다음과 같이 썼다.

"증권시장에 대한 오랜 편견과 공포가 주식과 채권에 관한 일반인들의 교육에 의해 거의 사라졌다."[5]

1929년 「뉴욕 헤럴드 트리뷴」의 한 기사는 다음과 같이 주장했다.

"기업이 성장하는 것은 감사해야 할 일이다. …… 그러나 사업의 성장을 가능케 하는 사람들의 이해가 발전되고 있는 것이 훨씬 더 중요하다. …… 더 많은 사람들이 건전한 산업을 신뢰하고 주주로서 기업의 소유에 참여하며 정기적으로 신뢰할 만한 정보를 얻는다면, 그 산업의 진보를 막을 수 있는 것은 아무것도 없다."[6]

1929년에 사람들이 1920년대의 가격 수준에서 주식이 채권보다 우월하다고 정말로 배웠다 해도 그 이후에는 그 사실을 완전히 잊어버린 것처럼 보인다. 아니면, 적어도 주식에 대한 인식이 완전히 바뀐 것처럼 보인다. 지금 우리 앞에 놓여 있는 문제는 이것이다. 최근의 주식시장을 돌아볼 때 사람들은 이번에 정말로 주식이 언제나 채권보다 좋은 성과를 올린다고 배웠을까? 그리고 사람들이 이것을 미래에도 계속 믿을까?

미국에서 어떤 기간이든 30년 동안의 채권 수익이 주식 수익보다 높았던 적이 없었다는 '사실'이 널리 인용된다. 하지만 사실은 그렇지 않다. 제레미 시걸 자신도 『장기 투자 바이블』에서 1831~1861년의 기간에 채권이 주식보다 높은 수익을 올렸다고 지적한다.[7] 미국 주식시장의 역사에 서로 중첩되지 않는 30년간의 기간이 그리 많지 않았다는 사실을 인식하기 전까지는 이는 먼 옛날처럼 느껴질지도 모르겠다. 1861년 이후에는 오직 다섯 개의 독립된 30년의 기간들이 존재한다. 여러 *중첩되는* 30년의 기간들이 있었지만 이것들은 물론 독립적인 증거가 아니다. 30년간의 주식시장 수익에 관한 역사가 비교적 짧다는 것을 고려할 때, 미래에도 주식이 항상 채권보다 수익이 높을 것이라는 주장을 지지할 만한 증거는 별로 없다.

10년을 기준으로 하면, 최근에는 주식의 수익이 단기금리 수준을 밑도는 사례들이 존재한다. 이 책에서 나는 가장 최근의 고점을 제외하고 주가수익비율이 고점에 도달한 시가가 세 번 있었다고 밝혔다. 1901년 6월의 고점, 1929년 9월의 고점, 그리고 1966년 1월의 고점이다. 이 세 번의 고점 가운데 1929년과 1966년은 그 이후 10년간의 주식시장 수익률이 단기금리 수준보다 낮았다.[8] 20년을 기준으로 하면 주식의 수익률이 단기금리 수준보다 낮았던 것은 세 번의 시기

중에서 한 번, 즉 1901년부터 1921년뿐이었다.[9] 그러나 이 고점들 이후의 20년 동안 모두 주식시장은 실질치로는 성과가 나빴다. S&P지수의 평균 실질수익률(기하평균)은 1901년 6월부터 1921년 6월까지 연간 −0.2퍼센트, 1929년 9월부터 1949년 9월까지 연간 0.4퍼센트, 1966년 1월부터 1986년 1월까지는 연간 1.9퍼센트였다.

이러한 낮은 수익률에도 1929~1949년과 1966~1986년 기간에는 주식시장의 수익률이 단기금리 수준보다 높았다. 이는 인플레이션으로 인해 1929~1949년 기간에는 마이너스가 될 정도로 단기 평균 실질금리가 매우 낮았기 때문이다. 제1차 세계대전과 제2차 세계대전, 그리고 베트남 전쟁과 관련된 인플레이션 시기에는 이자를 얻을 수 있는 화폐의 구매력이 감소되었다. 인플레이션에 의해 단기금리의 실질가치가 하락했던 이런 역사적 사실이 현재에도 적용될 수 있다고 보기는 힘들다. 오늘날에는 수익률이 2퍼센트인 장기 물가연동채권이 존재하는데, 이는 인플레이션의 효과를 상쇄시켜 준다.

게다가 주식시장의 실질수익률을 볼 때 미국은 그 자체로 일반적인 사례라기보다는 예외적인 사례일지도 모른다. 필립 조리언Philippe Jorion과 윌리엄 고츠먼William Goetzmann은 1926~1996년 기간의 39개국 주식시장의 실질상승률(배당을 제외하고)에 대해 연구했는데, 실질상승률의 중위값이 겨우 연간 0.8퍼센트라는 결과를 얻었다(미국의 경우는 연간 4.3퍼센트).[10] 따라서 다른 나라의 경험이 우리의 현실에 참고가 된다면, 미래에는 주식시장의 실적이 과거보다 훨씬 악화될 것이라고 예상할 수 있다.

장기간에 걸쳐서 주식의 수익률이 *언제나* 채권의 수익률보다 높을 것이라는 증거는 어디에도 없다. 게다가 역사적으로 이러한 견해가 지지된다고 하더라도 미래가 반드시 과거와 같을 것이라는 보장은 없다는 것을 인식해야 한다(어떤 단계에서는 대다수의 사람들이 반드시 이를 인식해야만 한다). 예를 들어 투자자들이 주식시장에서 과거의 성공에 고무되었기 때문에 이제 과잉 투자가 광범위하게 나타나는 것일 수도 있다. 기업이 너무 많은 야심찬 계획을 세우고 제품 개발과 판촉에 너무 많은 자원을 사용했을지도 모른다. 그렇다면 그들은 과거만큼 성과가 좋지 않을 것이다. 실제로 1990년대에 상당한 과잉 투자가 나타났는데, 그것은 2001년 이후 시작된 전 세계적 경제 불황의 주요한 요인이었다.

또한 기존 기업에 관한 낙관론의 근거로 생각되는 바로 그 몇몇 기술적 변화가 실제로는 기존 기업의 전망을 더욱 불확실하게 만드는 이유가 되기도 한다. 신기술은 기존 기업이 누리던 경쟁우위를 감소시킬 수 있고, 또한 그로 인해 기존 기업이 새롭게 출발한 신흥기업으로 대체될 수 있다. 따라서 이러한 변화는 앞으로 30년간 주식의 수익률이 하락할 가능성을 낮추는 것이 아니라 높일 수도 있다.

결국 채권보다 주식의 수익률이 우월하다는 사실은 전혀 사실이 아니다. 대중들은 가장 기본적인 사실도 배우지 못한 것이다. 대신 그들의 관심은 언제부터인가 몇몇 기본적인 사실로부터 *멀어져버렸다*. 아울러 대중들은 주식에 관한 진정으로 기본적인 사실에 대해 주의를 기울이지 않는 것처럼 보인다. 즉, 주식이라는 것은 기업의 현금흐름에 대한 잔여청구권이라는 사실, 그리고 그 현금흐름은 다른 모든 이해관계자들에 대한 이익의 분배가 끝난 후에 주주의 몫으로 돌아간다는 사실 말이다. 따라서 주식은 그 정의 자체부터 위험한 것이다. 그리고 투자자들은 또 하나의 진리를 간과하고 있다. 어느 누구도 주식이 높은 수익을 올릴 것이라고 *보장해주지* 않는다는 사실 말이다. 주식시장에서 손실을 입은 사람들에 대한 복지제도는 어디에도 없다.

'주식이 언제나 채권보다 수익이 높았다'라는 투자 문화

────── 1990년대 초에 이미 주식이 역사적으로 채권보다 수익률이 높았다고 하는 인식이 널리 퍼져 있다는 사실에 매우 놀란 나는 이러한 인식이 실제로 얼마나 일반적이었는지를 파악하고자 노력했다. 그래서 1991년 미국의 기관투자가를 대상으로 한 설문조사에서 다음과 같은 질문을 던졌다.

다음 주장에 대해서 어떻게 생각하십니까?

"과거 65년간 주식은 채권보다 훨씬 높은 수익을 실현했고, 1926년 이후 어떤 20년의 기간 동안에도 채권의 수익이 주식의 수익보다 높았던 적은 없었다. 그러므로 20년 혹은 그 이상의 기간을 고려하더라도 우선적으로 주식에 투자해야 한다."

다음 중 하나를 선택하세요.
(1) 동의한다.
(2) 동의하지 않는다.

172명의 응답자 가운데 84퍼센트가 1번을 선택했고, 16퍼센트만 2번을 선택했다. 이는 강한 서술임에도 불구하고 정말로 매우 확고한 지지를 얻었다. 그런데 이 질문은 응답자가 주식이 항상 채권보다 수익이 높았다는 주장을 얼마나 자주 들었는지 명확히 보여주지 않는다. 이 점을 분명히 하기 위해 나는 1993년 가을 기관투자가를 대상으로 앞의 질문과 비슷하지만 다른 표현으로 질문을 했다.

다음 주장에 대해서 어떻게 생각하십니까?

"1860년대 이후 어떤 30년의 기간 동안에도 미국 정부채권의 수익이 주식보다 높았던 적은 없다."라는 주장을 당신은 들어본 적이 있습니까? (예를 들어, 30년이라고 하는 세부사항은 다르다고 하더라도?)

(1) 예, 자주.

(2) 예, 1번 혹은 2번 정도.

(3) 아니오.

125명의 응답자 가운데 52퍼센트가 (1)번을, 22퍼센트가 (2)번을, 그리고 26퍼센트가 (3)번을 선택했다. 즉, 74퍼센트는 위의 주장을 들었다고 대답했다. 분명히 이러한 주장이 당시에 이미 미국의 투자 문화의 일부였던 것이다.

장기간의 역사적 기록에 대한 지식, 즉 적어도 1924년까지 거슬러 올라가고 1991년 혹은 1993년에 널리 알려졌던 지식이 1990년대 후반 기록적인 수준으로 주가가 폭등한 것과 직접적인 관계가 있다고 주장할 수는 없다. 그렇지만 이러한 지식이 투자자를 항상 따라다녔다는 것은 분명하다. 주식시장이 하락을 하면 다시 반등할 것이라는 대중의 믿음은 최근에 특히 강력해진 것으로 보이지만, 이러한 신념이 역사적인 기록에 관한 갑작스런 뉴스에 의해 얻어진 것은 아니다. 앞에서 논의했듯이 이것은 다양한 촉발 요인들(3장)에 의해 궁극적으로 추동되는, 과거의 주가 상승으로부터의 피드백 메커니즘(3장에서 논의된)과 같은 것들로부터 기인한다. 다시 말해 사람들이 장기적인 역사적 데이터로부터 갑자기 교훈을 발견해서 나타난 것은 아니다.

뮤추얼펀드, 다각화, 장기 보유에 관한 학습

———— 제임스 글래스먼James Glassman과 케빈 하셋Kevin Hassett은 1998년과 1999년, 「월스트리트 저널」에 다음과 같은 글을 기고했다.

"투자자들은 주식에 대해 이전보다 더 나은 교육을 받았는데, 대부분은 뮤추얼펀드와 언론 매체 덕분이다. 그들은 주식을 장기적으로 보유하도록 배웠고, 주가 하락은 일시적이고, 또한 그것을 매수의 기회로 생각하도록 배웠다."

따라서 글래스먼과 하셋은 투자자들이 다각화된 주식 포트폴리오는 위험이 낮고 주식은 이전에 생각했던 것보다 투자 대상으로서 더 가치가 있다고 배우게 되었다는 결론을 내렸다. 그러므로 이제 투자자들은 주식에 더 많은 투자를 하려고 한다는 것이다. 이렇게 투자자들의 주식 수요가 증대했기 때문에 주식시장은 미래에도 영원히 높은 수준을 유지하게 될 것이라고 주장했다.[11]

또 이들은 이러한 기사들에 이어 1999년에 『다우 36,000 : 다가

올 주식시장 급등으로부터 이득을 얻기 위한 새로운 전략_Dow 36,000: The New Strategy for Profiting from the Coming Rise in the Stock Market_』이라는 책을 출간했다. 이 책에서 이들은 투자자들이 다각화된 주식 보유가 위험하지 않다는 점에 대해 아직 배우고 있는 중이고, 아울러 그 가르침을 실제로 이해함에 따라 앞으로 몇 년 동안 주가가 더 상승할 것이라고 강조했다. 또한 "다우지수가 36,000에 도달하는 합리적인 목표 시점은 2005년 상반기이지만 그보다 훨씬 빨리 달성될 수도 있을 것이다."라고 주장했다.[12] 1999년, 그 책이 출판되었을 때 이를 믿었던 독자들은 1999년에서 2005년 사이에 혹은 더 빠른 시일 내에, 다른 투자자들이 전체적으로 주식의 장기적 가치에 관해 여전히 천천히 배우고 있는 동안에 주식시장에 투자하여 많은 돈을 벌 수 있는 기회가 있을 것이라고 생각했을 것이다. 이 책의 표면상의 주제는 주식은 매우 위험이 낮기 때문에 정부 채권을 대체할 수 있다고 생각해야 한다는 것이지만, 실제로 이 책의 홍보 문구는(책의 제목에서도 볼 수 있듯이) 다른 사람들이 주식의 위험이 낮다는 사실을 학습하고 있는 동안 1999년에 주식에 투자하여 빨리 부자가 될 수 있다는 것이었다.

우리는 이제 글래스먼과 하셋의 시장 전망이 현실에서 완전히 틀렸다는 것을 알고 있다. 그러나 글래스먼과 하셋은 사람들이 뮤추얼 펀드의 장점을 고려하고 장기적으로 투자하며 주가 하락이 일시적이라고 믿게 되었다고 말하는 점에서는 옳았다. 하지만 그렇다고 해서 사람들이 어떤 본질적인 사실을 배웠거나, 아니면 배우고 있는 중이라고 추론해서는 안 된다. 우리는 이미 주가 하락이 일시적인 것이 아니라 수년에 걸쳐 지속되는 경우도 있으며, 따라서 장기투자자들도 주식에 투자하는 위험을 인식해야 한다는 것을 살펴보았다. 또한 뮤추얼펀드에 대한 열광이 상당 부분 진정한 학습 때문이 아닌 일종의 투자자들의 유행이라고 믿을 만한 이유가 존재한다.

투자자들은 올바른 뮤추얼펀드를 선택하는 데 큰 관심을 보이며, 이러한 관심은 종종 하나의 펀드에서 다른 펀드로 갈아타는 모습으로 나타난다. 이러한 투자자들의 높은 관심에 부응하여 뮤추얼펀드 업계는 수많은 새로운 펀드를 만들어냈고, 이에 대한 광고 및 우편물들이 폭증해왔다. 그러나 뮤추얼펀드의 실적을 연구해보면, 지금까지 계속해서 좋은 실적을 올린 펀드는 그 실적을 유지하는 경향도 있지만 이러한 경향은 매우 약하며 단기적이라는 것을 알 수 있다. 사람들은 펀드의 실적을 비교해 가면서 현재 가장 실적이 좋은 펀드로 투자를 옮기는 것이 현명하다고 믿고 있다. 하지만 사실 그렇게 함으로써 얻어지는 수익은 상대적으로 적다.[13]

주식시장에서 돈을 벌 수 있다는 투자자들의 생각을 평가하고 이 과정에서 뮤추얼펀드가 수행하고 있는 역할을 살펴보기 위해, 나는 1996년 개인투자자를 대상으로 한 설문조사에 투자 전반과 뮤추얼펀드 투자 모두에 대한 그들의 신뢰의 정도를 물어보는 일련의 질문을 포함시켰다. 각 질문과 그 질문에 대한 응답은 다음과 같다.

주식시장의 타이밍을 잘 맞춰서 내리기 전에 팔고 오르기 전에 사려고 시도하는 것은?

(1) 시도해봐야 하는 현명한 방법이다.   11%

상당히 성공을 기대할 수 있다.

(2) 시도할 만한 현명한 방법이 아니다. 성공을 기대할 수 없다.   83%

(3) 모르겠다.   5%

[응답자 수 = 131명]

개별 주식을 선택하여 예측하려는 시도, 예를 들어 포드 자동차 주식이나 IBM 주식이 오를 것인지 그리고 언제 오를지 예측하려고 시도하는 것은?

(1) 시도해봐야 하는 현명한 방법이다.   40%

  상당히 성공을 기대할 수 있다.

(2) 시도할 만한 현명한 방법이 아니다.   51%

  성공을 기대할 수 없다.

(3) 모르겠다.   8%

[응답자 수 = 131명]

뮤추얼펀드를 선택하려는 시도, 즉 가격이 상승할 주식을 고를 수 있는 전문가가 있는 펀드가 어느 펀드인지 알아내려고 시도하는 것은?

(1) 시도해봐야 하는 현명한 방법이다.   50%

  상당히 성공을 기대할 수 있다.

(2) 시도할 만한 현명한 방법이 아니다. 성공을 기대할 수 없다.   27%

3. 모르겠다.   23%

[응답자 수 = 132명]

이러한 결과를 보면 사람들이 시장 전체의 효율성에 대해서는 사실상 신뢰하고 있어서 시장의 타이밍을 맞추는 것은 포기했음을 알 수 있다. 그러나 사람들은 여전히 개별 주식과 뮤추얼펀드의 선택은 가능한 것이라고 믿는다. 개별 주식을 선택하는 시도에 대한 질문에 대해 51퍼센트, 주식시장의 타이밍을 맞추는 시도에 대해 83퍼센트가 현명하지 않은 일이라 대답한 것에 비해, 단지 27퍼센트만이 실적이 좋은 뮤추얼펀드를 선택하려는 시도가 현명하지 않은 일이라고 대답했다.

사람들이 정말로 효율적인 시장을 믿는다면, 그들은 모든 질문에 대해 "현명한 방법이 아니다."라고 답해야 한다. 만일 주가가 랜덤 워크를 따른다면 사람들은 시장에 참여하는 시간을 맞출 수도 없고, 어떤 개별 주식을 선택해야 하는지도 알 수 없으며, 좋은 주식을 선택해 줄 수 있는 사람을 골라낼 수도 없다.

사람들이 실제로 뮤추얼펀드를 성공적으로 선택할 수 있다는 증거가 뚜렷하지 않기 때문에 투자자들이 '배웠다'고 하는 것은 사실 지지할 수가 없다. 어쨌거나 개별 기업의 경영자를 선택하는 것보다 뮤추얼펀드의 관리자를 선택하는 편이 정말로 더 쉽다고 할 수 있을까?

사람들이 포트폴리오 다각화의 중요성에 대해서 배웠고 그것을 실현하기 위해서 뮤추얼펀드를 이용하고 있다고 흔히 이야기한다.[14] 낮은 관리수수료로 효율적으로 운용되는 펀드를 생각하면 이러한 주장은 어느 정도 타당하다. 그러나 많은 펀드들은 여전히 매우 높은 수수료를 부과하고 있으므로 다각화가 투자의 동기라면 투자자들이 스스로 다각화하는 편이 더 나을지도 모른다. 게다가 면세 환경 이외의 상황에서 투자를 하고 있는 경우에는 투자자들이 직접 주식을 보유하는 것이 뮤추얼펀드의 매니저가 포트폴리오 내의 주식을 매도할 때 생기는 자본이득에 대해 매겨지는 자본이득세를 회피하는 방법이기도 하다. 이것은 포트폴리오의 회전율이 높은 펀드에게는 중요한 문제가 된다. 투자자들은 대신 절세(주식시장에서 자본손실이 발생되면 세금 계산할 때 소득공제를 받을 수 있다—옮긴이)를 위해 가격이 하락한 주식의 손실을 실현할 수 있다. 뮤추얼펀드는 분명히 한계가 있다.

배운 것과 버릴 것

───── 대중들은 주가가 하락하면 언제나 곧 다시 오른다는 사실을 배웠다고들 말한다. 우리는 사람들이 대부분 정말로 그렇게 생각하지만 사실을 잘못 알고 있다는 것을 살펴보았다. 주가는 하락할 수도 있고, 몇 년 동안 낮은 수준에 머물러 있을 수도 있다. 주가는 오랫동안 고평가될 수도 있고 저평가될 수도 있다.

대중들은 주식이 장기적으로 다른 투자, 예를 들어 채권과 비교해서 언제나 수익이 높았고, 따라서 장기투자자는 언제나 주식에 투자하는 것이 이득이라는 사실을 배웠다고 말들을 한다. 우리는 사람들이 대부분 정말로 그렇게 생각하고 있다는 걸 살펴보았다. 하지만 다시 한 번 말하건대, 그들은 잘못 알고 있다. 몇 십 년간의 긴 시기를 살펴보면 주식이 언제나 다른 투자보다 좋은 실적을 올렸던 것은 아니다. 그리고 미래에 그럴 것이라고 생각할 만한 이유도 분명히 없다.

또한 대중들은 훌륭한 실적을 올린 관리자들을 가진 뮤추얼펀드를 통해 주식에 투자하는 지혜를 배웠다고 말들을 한다. 우리는 사람들이 대부분 정말로 그렇게 생각하지만, 그것 역시 틀렸다는 것을 발견했다. 뛰어난 실적을 올린 뮤추얼펀드를 선택하는 것은 투자자들이 생각하는 것보다 훨씬 적은 이익을 가져다줄 뿐이다.

그 '사실'이 잘못된 것이라면 그것은 학습이라고 부를 수 없다. 이미 많은 투자자들은 주식에 관한 이러한 '사실'을 잘못된 것이라 깨닫고 있으며, 미래에는 더 많은 사람들이 그럴 것이다.

주식시장만이 아니라 다른 시장들과 관련해서도 이와 비슷한 투자자의 학습과정이 진행 중인 것으로 보인다. 사람들은 주택에 대한 투자가 정말로 위험이 없으며, 주택이 최고의 투자라는 것을 배워왔다. 대중들이 어떤 중요한 사실을 막 배웠다는 인식이 그러한 가격 상승이 영원할지도 모른다는 믿음을 자극하여 주택가격의 커다란 상승을 지지하고 있다.

우리 모두가 갑자기 중요한 사실을 배우고 있고, 투자에 관해 새로운 가르침을 얻었다는 생각은 역사에서 매우 많이 나타났으며, 비이성적 과열을 예측할 수 있는 한 요소로 생각할 수 있다. 우리는 사람들이 새로운 가르침을 얻었다고 생각하도록 이끈 생각의 변화를 어떻게 다룰 것인지 숙고해야 한다. 이 변화는 시장가격에 미치는 영향을 통해 우리 모두의 삶에 직접 영향을 미친다.

마지막으로 우리는 이 과열의 몇몇 나쁜 영향들을 상쇄하기 위해 개인과 사회로서 우리가 무엇을 해야 하는지 깊이 생각해야 한다. 마지막 장에서는 이에 대해 논의할 것이다.

12장

자유로운 사회의
투기적 불안정

Irrational
Exuberance

2000년의 주식시장에 나타난 고평가와 지금도 나타나고 있는 상대적인 고평가는 타당한 이유 없이 발생했다. 21세기 초, 수년 동안 여러 시장들에서 나타난 주택가격의 고평가도 그와 마찬가지였다.

주식시장의 높은 주가는 많은 사람들이 상상하듯 장기적인 증거를 면밀히 평가했던 전문가들의 합의된 판단을 대표하는 것이 아니었다. 높은 주가는 수백만의 사람들이 생각하고 선택한 것들이 합쳐져서 나타난 결과였다. 그들 중 장기적인 투자가치에 관해 주의 깊게 연구할 필요를 느꼈던 이들은 매우 적었다. 또한 그들은 스스로의 감정, 두서없는 관심, 그리고 통념의 인식에 의해 큰 영향을 받았다. 그들의 너무나 인간적인 행동은 시청자와 독자를 끌어들려고 애쓰는 뉴스 매체에 의해 큰 영향을 받았다. 뉴스 매체는 주식시장에 대한 성실하고 정직한 수량적 분석을 통해 시청자들과 독자들이 올바른 판단을 내릴 수 있도록 하는 데는 별로 관심이 없었다.

최근 우리가 목격한 주택시장의 가격 수준은 많은 이들이 상상하듯 주택의 합리적인 수요와 공급에 영향을 미치는 근본적인 요인들만의 결과가 아니다. 물론 주택가격은 수요와 공급의 힘에 의해 결정된다. 또한 가격은 시장을 균형이 되도록 만든다. 그러나 수요와 공급에 영향을 미치는 요인들은 수많은 사회적·감정적인 요인들을 포함한다. 특히 가격 상승 그 자체에 대한 주목, 전문가들이 지속적인 가격 상승을 전망하고 있다는 대중들의 생각, 그리고 가격 상승이 계속될 것을 믿는 경향 등이 포함된다.

이러한 사회적 힘들이 어떻게 투기적 시장의 움직임을 만들어내는가를 이해하는 것이 이 책의 주요 주제이다. 어떤 가격의 변동이 합리적인 이유와 전문가의 의견에 의해 나타나고, 어떤 변동이 사람들의 상상과 사회적 심리에 의해 나타나는지 아는 것은 매우 어려운 일이다. 나는 지금까지의 논의를 통해 주요한 시장들의 경우에 주로 후자 쪽, 즉 사람들의 상상과 사회적 심리가 가격 변동을 일으킨다는 것을 명확히 보여주었기를 기대한다.

사람들은 주식시장과 주택시장 등에 투자하는 것이 얼마나 가치 있는지, 또 그 가격이 얼마가 되어야 하는지에 관해 뚜렷한 주관을 가지고 있지 않다. 그리고 어떤 주식이 다른 주식에 비해 혹은 어떤 주택이 다른 주택에 비해 상대적으로 고평가되었는지 평가할 수도 있지만, 가격의 전반적인 수준을 평가하는 방법은 전혀 모른다. 사람들의 머릿속에 뚜렷한 것은 가격의 상승률인데, 이는 가격이 급등할 때 그들 사이에서 회자되는 주제로, 투기적인 자산의 수요에 알기 어려운 영향을 미친다.

버블 시기에 오랫동안 가격이 상승하면 사람들은 그들의 의견을 끊임없이 재평가한다. 버블이었다고 생각하고 가격이 너무 높다고 여겼던 사람들은 이전의 평가에 의문을 던지고, 펀더멘털이 정말로 가격 상승을 일으켰는지 궁금해하기 시작한다. 많은 사람들은 몇몇 전문가들이 버블이라고 진단한 후에도 가격 상승이 수년 동안 지속되면 아마도 전문가들이 틀렸다고 생각할 것이다. 그리고 가격 상승을 일으킨 것이 정말로 펀더멘털이 맞다고 생각하고, 이런 상태가 영원히 지속될 것이라 믿는다. 이는 시장을 관찰하는 서로 다른 개인들이 서로 다른 시기에 겪게 되는 단계들이다.

가격 상승이 투자자들을 자극하여 더 높은 가격 상승을 일으킨다는 피드백 이론은 언제나 소수의 생각일 뿐이었고, 대다수 사람들은 이 이론을 별로 주목하지 않았다. 따라서 피드백 이론은 일종의 전승처럼 어렴풋이 배경으로만 존재한다. 이 이론을 부활시키려는 신문 기사들이 있지만 대다수 사람들에게 설득력이 없다.

사람들은 주식이 30년 동안 채권보다 수익률이 낮았던 적이 한 번도 없었다는 흔히 회자되는 '사실'과 주택가격이 크게 하락한 이후에 언제나 신속히 상승했다는 '사실'에 안심하는 것처럼 보인다. 이것은 적어도 어느 정도 기간 동안 버블을 만들어내는 심리의 일부이다. 과거에 이 심리가 극적이고 지속 불가능한 가격 상승을 야기했으며, 언젠가는 또다시 그럴 것이다.

가격이 오랫동안 상승하지 않으면, 이러한 견해에 대한 불만이 점점 높아진다. 이렇게 높아진 불만은 펀더멘털이 상승할 때조차도 시장의 정체와 하락을 만들어낼 수 있다. 버블 이후의 동학이 점진적으로 퍼져나감에 따라, 시장은 수년 내지는 수십 년 동안 실망스러울지도 모른다.

이 책을 쓰는 현재, 우리는 5년 동안 주식시장의 침체를 겪고 있다. 설문조사 결과에서 알 수 있듯이, 대중은 이 침체기가 곧 끝날 것으로 생각한다. 확실히 주식시장에서 우리가 최근 겪은 경험보다 더 큰 변동성이 결국 나타나리라고 예상할 만한 이유가 있다. 주식시장을 자극하고 다시금 투기적 버블을 일으킬 몇몇 새로운 뉴스가 등장할 수 있다. 조만간에 그렇게 된다면, 우려해야 할 주식시장의 극적인 고평가가 또 다시 나타날지도 모른다.

그러나 우리는 미래의 다른 가능한 시나리오, 즉 수익이 정말로 계속 상승한다 해도 점점 더 부정적인 시장 심리가 주식시장을 침체하게 만들 가능성에 대해 주의를 기울여야 한다. 2010년 혹은 2015년에도 주식시장이 실질가치로 2005년에 비해 더 낮을 위험이 충분히 존재한다. 이는 부정적인 피드백 순환의 일부로, 주식의 낮은 수익에 대한 점진적인 반응이 주식 투자자의 수요를 감소시키고 결국 펀더멘털과 비교하여 주가를 하락시킴으로써 현실화될 수 있다. 사람들이 점점 더 주식에 질려버릴 수도 있다는 것이다.

주식과 달리 부동산의 경우, 세계의 많은 도시들에서 주택에 대한 투자자의 관심이 높아지고 있다. 1990년대 후반에 시작된 주택가격의 버블이 몇몇 도시들에서는 둔화되는 신호를 보이기도 하지만, 과연 이 버블이 언제 끝날지는 확실하지 않다. 최근 시장 변동의 역사에 비추어보면, 주택가격은 한번 상승하기 시작하면 몇 년 동안 계속 상승하고, 한번 하락하기 시작하면 몇 년 동안 계속 하락할 가능성이 높은 것이다.[1]

주택이 너무 비싸서 많은 사람들이 살기 어려워진 도시들에서는 주택가격의 상승이 둔화되고 하락할지도 모른다. 동시에 다른 도시들에서는 주택시장 호황이 상당히 오랫동안 지속될 수도 있다. 이전은 버블 도시들의 주택가격이 하락하고 있을 때에도 몇몇 도시들의 뒤늦게 영향을 받아 주택가격이 일정 기간 동안 상승할 수도 있다.

이러한 버블 현상이 발생하면 우리는 어떻게 해야 할까? 주식시장이나 주택시장 혹은 다른 투기적 시장의 버블을 지켜보는 것은 교통사고가 일어나는 것을 슬로모션으로 지켜보는 것과 비슷하다. 버블에 대응하여 우리는 아무것도 할 수 없을까? 사실 우리는 많은 일들을 할 수 있다.

유명인사들이 시장의 상승과 하락에 대해 묵인하고, 시장의 평가의 함의에 대해 침묵을 지키며, 모든 평가를 시장분석가들에게 맡기는 것은 심각한 잘못이다. 이들 분석가들은 단기적 시장을 예측하는 거의 불가능한 직무가 전문이며, 또한 이들은 투자은행, 브로커 딜러, 주택 건설업자, 부동산 업자 등과 이해를 공유할 수 있다.

시장의 가치 평가는 국가적으로나 국제적으로 중요한 문제다. 개인적 차원에서, 그리고 사회적 차원에서 미래를 위한 우리의 모든 계획들은 우리가 인식하는 부에 달려 있고, 내일 이 부의 상당 부분이 사라진다면 그 계획들은 혼란에 빠질 수 있다.

투기적 버블이 자라고 붕괴하는 경향은 결과적으로 매우 불균등한 부의 분배를 낳을 수 있다. 때때로 그것은 많은 사람들이 우리의 자본주의적인 자유시장 제도의 생존 능력 자체에 대해 의심하도록 만들 수도 있다. 바로 그러한 이유로 우리는 버블 붕괴의 전망과 가능성에 대해 개인적으로나 국가적으로 어떻게 대응해야 할 것인가 하는 문제를 명백히 인식해야만 한다.

여론 주도층이 도덕적 권위를 발휘하여 여론에 영향을 미칠 때의 문제는, 시장이 매우 고평가되거나 저평가되어 있다는 견해가 전문가들 사이에서는 통할지 몰라도 일반에서는 온전히 적용되지 않는다는 것이다. 이때 고평가나 저평가 견해를 말하는 지도자들은 보통 개인적인 의견에 기초하여 그렇게 말하는 것으로 보인다. 그 의견은 시장의 펀더멘털과 심리에 대한 직관적인 판단인데, 증명하기가 너무 어려워서 그러한 견해를 밝히는 것 자체가 용기를 필요로 한다.

유명인사들이 앞으로 수년 동안 주식시장이나 주택시장의 수익률이 낮거나 마이너스가 될 수 있다고 공식적으로 말한다면, 그들은 곤란에 빠질 수 있는 커다란 위험을 지는 것이다.

앞에서 이미 살펴보았듯이, 시장이 매우 고평가되거나 저평가되었을 때는 장기적인 예측 가능성이 높지만 그 전망에는 언제나 상당한 불확실성이 존재한다. 그러나 미래의 전망이 틀릴 수도 있다는 이유로, 시장에 대한 대중의 과도한 의존과 미래 수익에 대한 과신 문제를 지적하지 않는 이들은, 발병 가능성이 높은 예비 환자에게 아무런 경고도 하지 않는 무책임한 의사와 다를 바 없다.

윤리와 전문적 규범

──────── 자유시장 시스템의 근본적인 약점은, 특히 호황기에는 일종의 스캔들이나 단속이 벌어지기 전까지는 윤리적 규범이 타락하고, 공적인 정부의 대응이 그 규범을 회복시키는 경향이 있다는 것이다. 투기적 자산 버블의 시기에는 가격이 상승하는 반면, 윤리적 규범의 타락을 가로막는 힘들이 거의 없다. 우리는 1990년대 후반에 이러한 문제를 다양한 형태로 목격했다. 그것은 정직한 수익 측정 기준의 타락, 경영자들이 내건 진정한 장기적 가치를 창출하겠다는 약속의 타락, 주택 모기지와 소비자 대출과 같은 대출 승인 기준의 저하 등의 형태를 띠고 나타났다. 이 모든 타락들은 유명인사들의 공개적인 비판이 없다면 더욱 심각한 문제가 될 위험성이 있다.

모기지 대출 기준의 저하는 금리가 수년 동안 점진적으로 더 상승한 뒤에는 문제가 될 소지가 존재한다. 모기지 대출업자들은 그들 자신의 보호뿐 아니라 공적 서비스로서 주택 구입자들이 파산하는 것을 방지하기 위해서라도 대출 기준을 엄격히 적용해야 한다. 전국적인 산업 조직인 모기지은행연합이 모기지 대출의 기준과 관련이 있다. 또한 패니매나 프레디맥을 포함하여 모기지를 증권화한 기관들도 그와 관련이 있다. 이 조직들 중 누구도 전국적인 모기지 위기를 바라지는 않을 것이다. 그러나 투기적 버블의 시기에 대출 기준을 낮추라는 압력들이 존재하는 것은 사실이며, 이러한 대출 기준의 저하는 미래에 심각한 문제를 야기할 만하다.

전통적으로 차입자가 과다한 차입을 했는지 평가하는 기준은 모기지 대출이 차입자의 2.5년의 소득을 넘는가 하는 것이다. 그러나 최근에 미국에서 널리 사용된 규칙은 28/36 원칙이다. 이는 모기지 대출의 상환액이 차입자의 소득의 28퍼센트 미만이어야 하고, 모든 부채의 상환액이 차입자의 소득의 36퍼센트 미만이어야 한다는 것이다. 이 규칙은 금리가 낮을 때 모기지 대출자들이 더 쉽게 대출을 할 수 있도록 해준다. 오늘날 많은 모기지 대출업자들은 주로 이 규칙을 준수하여, 상환액이 한도를 넘는 주택 구입자들에게는 대출해주지 않으려 한다.

그러나 이와 같은 규칙들이 느슨하게 적용되는 경쟁적인 대출시장에서는 대출업자들이 진정으로 이 규칙의 뜻을 따르기가 어렵다. 규칙을 준수하는 이들은 사업 기회가 많지 않기 때문이다. 그들은 특별하다 생각하는 경우를 위해 규칙의 예외를 만들고, 자의적인 방식으로 규칙을 해석할 수 있다. 또한 다른 모든 이들이 그렇게 하고 적어도 아직까지는 기준의 수정으로 어떤 현실적인 문제도 생기지 않았다고 변명하며 예외를 정당화한다.

미국에서는 많은 대출업자들이 변동금리 모기지ARMs (일시적으로 금리가 낮고 1년, 3년 혹은 5년 이후에 금리가 상승하는)의 경우에도 기존의 28/36 원칙을 허용하거나 확장하는 경향이 있다는 것이 특징적이다. 예를 들어, 2004년 중반 미국인들은 1년 보장 ARMs를 3.25퍼센트의 금리로 차입할 수 있었는데, 이 경우 10만 달러의 차입금에 대한 최초의 매월 상환액은 425달러였다. 금리가 매우 낮을 때는 28/36 규칙이 차입자로 하여금 그들의 5년 소득에 상당하는 주택을 구입할 수 있도록 해주었다. 앞으로 금리가 상당히 오를 가능성이 높기 때문에 이 차입자들은 미래에 심각한 어려움에 빠질 것이다.

모기지은행연합은 미국의 모기지 대출이 2003년 이후 ARMs로 급속히 전환되었다고 보고했다. 이는 적어도 부분적으로 28/36 원칙과 같은 규정에서 더 많은 주택 소유자들이 그런 모기지를 차입할 자격이 되었다는 것을 의미한다. 주로 저소득층, 소수인종, 그리고 교육수준이 낮은 이들인 이 차입자들은 금리가 상승하면 심각한 어려움에 빠질 수 있다.[2] 또한 ARMs는 처음 5년이나 10년 동안은 이자만 지급하고 원금 상환은 미루는 상품을 점점 더 많이 포함하여, 대출자들이 몇 년 후 높은 금리와 원금 상환 모두에 직면하면 커다란 모기지 상환액에 이중으로 놀랄 수 있다. 이러한 대출을 했던 금융기관들이나 그들로부터 이 상품을 구입했던 기관들은 대출이 행해진 몇 년 후 대규모 디폴트로 고통받을 위험에 직면해 있다. 그러나 해당 기관들의 관리자들은 오늘날 더 많은 사업을 만들어내서 얻을 수 있는 개인적인 경력의 이점만을 생각하여, 이러한 가능성에 대해 별로 걱정하고 있지 않은 것으로 보인다.

이처럼 투기적 버블의 시기에는 사람들의 삶을 망칠 수 있는 일들이 일어난다. 만일 유명인사들이 몇몇 중요한 효율적 시장 원칙에 은혜를 입었다고 생각하고 과도한 투기를 실제 현상이라 생각하지도 않는다면 이러한 일들을 멈추기 어려울 것이다.

가능한 새로운 촉발 요인들

——— 우리는 과거에 시장을 추동했던 촉발 요인들만을 생각하면 안 된다. 그것들이 무엇일지 예상하기는 어렵지만, 시장가치를 상승

시키고 하락시키는 새로운 촉발 요인들이 틀림없이 발전될 것이다. 현재 그것들에 대해 구체적으로 말하기 어렵기 때문에 그러한 가능한 새로운 요인들에 관한 대중적인 논의가 별로 존재하지 않는다. 대중의 상상에는 적어도 언론 매체에 표현된 미래의 발전이 신기술의 영역에 국한된 것으로 보이며, 그 내용은 전반적으로 낙관적이다.

그러나 세계 경제가 상대적으로 튼튼한 역사의 한 시점에서, 경제 성장이나 기업수익의 성장과 관련하여 문제를 일으킬 수 있는 종류의 사건들을 돌이켜보는 것은 쓸모 있는 일이다. 즉, 과거의 견조한 수익의 성장을 멈추게 했고 미래에도 그럴 수 있는 사건들 말이다.

2000년 이 책의 초판에서 나는 주식시장을 혼란스럽게 할 가능성이 있는 여러 요인들의 리스트를 제시했다. 그것들은 내가 당시 임박했다고 생각했던 위험들이 아니라 단지 가능성 있는 문제들의 리스트였다.

다시 말해 이 리스트는 소비자 수요의 갑작스런 감소, 새로운 개발 기회의 감소, 주요한 기술 혁신의 실패, 심화되는 해외 경쟁, 부활하는 노동운동, 석유 위기, 법인세 인상, 다운사이징과 인센티브에 기초해 종업원들이 받는 보상의 장기적 영향과 관련된 새로운 문제들, 종업원들의 도덕성과 생산성의 하락, 전쟁(우리의 무역을 혼란에 빠뜨리거나 경제 활동을 위한 안정적인 환경을 파괴하는, 외국들 사이의 전쟁까지 포함하여), 테러리스트의 공격이나 기업 활동을 저해하는 새로운 테러의 위협, 어떤 기술 과정이 이전에 생각되었던 것보다 더 위험하다는 것을 의미하는 산업 사고, 규제 혹은 반독점 활동의 강화, 해외 관세의 인상이나 수입 쿼터, 해외의 불황, 더 엄격한 환경 기준, 기업에 대한 계급적인 소송, 갑작스럽고 불안정한 통화정책, 주요 은행이나 금융기관의 파산으로 인한 금융 시스템 문제, 한때 우려되었던 Y2K와 관련된 오작동 같은 광범위한 컴퓨터 시스템의 문제나 막을 수 없는 컴퓨터 바이러스 혹은 통신위성의 문제, 대규모 기상 문제, 자연재해, 그리고 전염병 등이다.

이 리스트는 지금도 여전히 유효하다. 사실 우리는 이 리스트가 만들어진 이후 리스트의 몇몇 문제들을 실제로 경험했다. 바로 전쟁과 테러리스트의 공격, 자연재해, 인도양의 끔찍한 쓰나미 등이다.

시장의 혼란을 일으키는 아주 많은 가능한 원인들과 함께, 우리는 이제 언제나처럼 그것들의 다양한 가능성뿐 아니라—각각의 가능성 모두가 그 자체로 작지만 측정되기 어려운— 그중 몇 가지가 동시에 발생할 가능성에 대해서도 판단해야 하는 아주 어려운 문제에 직면해 있다. 이들이 결합되어 발생한다면 그 영향은 더욱 심각할 것이다. 한 가지 요인이 사회와 경제에 영향을 미치면서 다른 요인들을 촉발하는 경향이 있기 때문에, 이들 다양한 문제들이 동시에 발생할 것이라 생각하는 중요한 이유들이 존재한다.

예를 들어, 1997~1998년의 아시아 금융 위기가 이런 식으로 설명될 수 있다. 그것은 다음과 같은 수많은 독립적인 요인들이 결합되어 발생했다. 즉, 아시아 경제에 대한 해외투자자들의 신뢰 하락, 외환 위기, 은행 위기, 주식시장 하락, 그리고 정부 부패가 드러난 위기 등이 독립적인 위기들이 서로를 더욱 악화시켰다. 그런데 결과적으로 봤을 때, 그것들은 금융 위기를 일으키는 데 독립적인 요인들이 아니었다.

공정함과 분노라는 문제

——— 앞서 말한, 투자 수익을 감소시키는 많은 가능한 원인들은 투자하는 대중의 도덕, 충성심, 그리고 공정함이라는 관념의 변화와 결국 관계가 있다. 1990년대의 호황 시기에는 자국의 기업들에 대한 일반 대중들의 분노가 역사적으로 낮았다. 기업가들은 추켜세워졌고, 일련의 기업 스캔들에도 그들은 여전히 존경받았다. 그러나 점점 더 불평등해지는 소득분배와 기업가들이 버는 엄청난 부에 대한 더 많은 이야기들로 인해 친기업적인 여론이 역전될지도 모른다.

1999년 경제학자 레이 페어Ray Fair의 계산에 따르면, 만일 당시의 주가수익비율이 의미하던 수익의 성장에 관한 시장의 예상이 실현된다면, 그리고 미국의 GDP가 연간 4퍼센트 성장한다면, GDP에서 세후 기업이윤이 차지하는 비중이 2010년에는 12퍼센트를 넘게 된다. 이는 1999년의 약 두 배에 이르고, 1952년 이후 어떤 시기보다도 거의 두 배 높은 것이다.[3] GDP에서 이렇게 많은 비중이 기업의 이윤으로 돌아가는 현실이 적어도 약간의 분노도 없이 대중들에게 용인된다는 것은 상상하기 어려운 일이다. 어느 때보다도 더 많은 미국 국민들이 주식을 보유하고 있지만, 여전히 대부분은 아주 적은 주식을 보유하고 있을 뿐이다. 2001년 현재 미국 국민의 하위 50퍼센트는 그들의 총자산 중 0.8퍼센트만을 주식으로 보유하고 있다.[4] 따라서 높은 기업 이윤의 대부분은 여전히 부자들에게 돌아갈 것이다.

1901년 이후 적극적인 반독점 법률과 기업 규제를 통해 '이해공동체'의 호황을 끝낸 것은 기업에 대한 분노였다(6장을 참조). 그리고 1930년대에 사회주의와 공산주의 운동을 자극하고 비정상적으로 불확실하고 불안정한 경제 분위기를 만들었던 것도 1929년 이후 나타난 그와 같은 분노였다.

친기업적인 미국 의회는 법인세를 인하했고, 친기업적인 부시 정부는 기업들이 세금을 회피하는 것을 더욱 자유롭게 느끼는 환경을 창출했다. 그러나 이러한 상황이 영원히 지속될 것이라 가정할 수는 없다. 왜냐하면 법인세의 인하는 대중의 반발을 불러일으킬 위험이 크기 때문이다.

또 비용 절감이 무한히 계속될 수는 없다. 노동자를 해고하여 비용을 절감하는 것은 기업에 대한 세금 인상과 같은 정치적 반발로 이어질 가능성이 높은, 논쟁의 여지가 많은 수단이다. 그것은 또한 미래에 세전수익을 감소시킬 가능성을 수반한다. 장기적인 수익을 희생하고 단기적인 수익을 높이는 최선의 방법은 기업의 질 좋은(그리고 비싼) 노동자를 해고하고 일정 기간 동안 현상 유지를 할 수 있는 다른 이들로 대체하는 것이지만, 장기적으로는 이들의 부족한 능력이 드러나게 될 것이다.

기업의 이윤에 반대하는 대중의 반발은 지금까지 대부분 기업 스캔들이라는 구경거리를 주시하는 형태를 띠었다. 미래에는 대중들이 강경한 자세를 취함으로써 이윤의 성장을 가로막을 수 있다. 비용의 절감도 정당하게 추론될 수 없는 이유들로 인해서 나타났다. 비용 절감은 기업들이 주식시장에서 그들의 시장가치가 하락할 때 성공적으로 보이기 위해서 절박하게 노력할 때 이루어졌던 것이다.

미국에 대한 외국인들의 분노도 미국 기업이나 미국과 관련 있는 국제적 기업의 수익 성장을 제한할 가능성이 있다. 첨단기술 분야에서 미국의 지배는 전 세계에서 쉽게 확인된다. 최근에는 성공한 미국 기업들의 수많은 이야기들이 해외 사람들에게 과시되어 왔다. 예를 들어, 인터넷은 오늘날 새롭고 흥분되는 기술의 상징인데, 웹브라우저에서 검색엔진, 그리고 인터넷 제공업체까지 그것을 지배하는 것으로 보이는 기업은 미국의 소프트웨어 기업들이다. 전 세계에서 사람들이 인터넷에 접속하기 위해 윈도를 시작할 때, 미국 기업인 마이크로소프트의 이름이 컴퓨터 화면에 나타난다. 그러면 다른 나라의 사람들은 이 기술에 대해 소외된 느낌을 받지 않을까?

미국의 첨단기술 헤게모니에 관해 뭔가 근본적으로 불공정하게 보일 수 있다. 마이크로소프트는 어떻게 그런 압도적인 지배력을 가지게 되었을까? 사실이든 아니든, 흔히 마이크로소프트는 가차 없고 탐욕스럽게 그려진다. 인터넷은 왜 미국이 지배하고 있을까? 월드와이드웹은 스위스의 연구실에서 일하던 영국과 벨기에의 과학자들에 의해 개발된, 유럽의 발명품이었다. 그러나 우리는 컴퓨터를 켤 때 그들의 이름을 볼 수 없다.

미국과 가까운 동맹국, 그리고 그들의 강력한 기업 시스템에 대한 분노는 도덕적인 함의를 지니고 있다. 경제적으로 그리 강하지 않은 많은 다른 나라들의 사람들은 사회와 개인으로서 공평함, 공정함, 인간적 가치들에 대한 커다란 관심 때문에 그들이 경제적으로 성공하지 못한 것은 아닌지 궁금해한다. 만일 분노를 떠받치는 그러한 도덕적 기초가 대중의 사고에서 튼튼한 기반을 얻는다면, 미국 기업으로 보이거나 미국과 관련이 있는 국제적 기업과 경쟁하기 위한, 혹은 이들을 배제하기 위한 노력이 강화될 것이다.

미국은 1991년 걸프 만, 1999년 코소보, 2002년 아프가니스탄, 2003년 이라크 등지에서 우월한 군사기술을 사용하여, 첨단기술 부문의 지배력의 다른 측면을 보여주었다. 미국은 상대적으로 적은 손실을 겪었기 때문에 무사히 그 기술을 써서 수많은 사람들을 죽일 수 있는 능력과 의지를 보여주었다. 베오그라드의 중국대사관 폭격 사고 이후 나타난 중국의 격분은 미국에 대한 해외의 반응을 매우 잘 보여준다.

아시아 금융 위기 시기에 아시아 경제가 따라야 할 모델로서 이야기된 것은 바로 미국이었다. 이들 국가에 조언을 하기 위해 파견된 경제학자들은 대부분 미국에서 교육받은 이들이었다. 비록 원래의 의도는 건설적인 것이었다 해도, 이러한 행동들도 상징적으로 약간 부정적인 평가를 받았다.

미국 기업들에 대한 국내외의 점증하는 분노로 인해 앞서 리스트에 나왔던, 수익의 성장을 위협하는 어떤 사건들이 발생할 가능성이 더 높아질 수 있다. 분노는 대부분의 금융경제학자들이 쓰는 용어는 아니지만 역사를 움직이는 강력한 힘이었다.

성장의 한계를 공유하기

——— 세계가 발전할수록 대기를 오염시키는 배출도 따라서 늘어날 것이다. 이것의 악영향에 대한 우려는 매우 높아서 1997년 교토 의정서는 전 세계의 선진 38개국이 이산화탄소와 다른 온실가스를 2008년에서 2012년 사이에 1990년 수준보다 평균 5.2퍼센트 감축할

것을 제안했다. 그리고 교토의정서는 온실가스에 시장가격을 매기고 그 통제의 부담을 질서 있게 분배하도록 돕는 세계적인 배출권 거래제도emission trading system를 만들 것을 촉구했다. 호주와 미국은 그 조약을 비준하는 데 실패했지만, 2004년 러시아가 조약을 비준하는 등 전 세계 배출가스의 55퍼센트를 차지하는 국가들이 조약의 제안을 승인했고, 교토의정서는 실행 단계에 이르게 되었다. 그러나 중국과 인도가 이 조약에 포함되어 있지 않고, 미국도 마찬가지라서 풀어야 할 숙제가 아직 남아 있다.

경제학자들은 교토의정서가 수정 없이 실행되면 경제적 비용이 1.5조 달러에 이르고, 그 부담은 주로 선진국들이 지게 될 것이라 추정했다.[5] 그러나 온실가스를 통제하기 위한 국제적 노력에 따른 예상보다 훨씬 클 것이다. 다른 기준으로 보면, 교토의정서가 제안한 온실가스의 감축도 온실가스 배출 문제들을 해결하기 위해 충분하지 않다. 1995년 기후 변화에 관한 UN 정부간 패널United Nations Intergovernmental Panel on Climate Change, UNIPC은 온실가스의 배출을 즉시 50~70퍼센트 감축할 것을 촉구했다. 그러나 현실은 만만치가 않다. 온실가스의 배출은 대부분 개도국의 배출 증가로 인해 계속 급속하게 증가해왔기 때문이다.

온실가스의 배출을 감축하기 위한, 혹은 성장의 다른 세계적인 한계에 대응하기 위한 노력이 개인과 기업에 미치는 총계적인 비용을 예측하는 것은 불가능한 일이다. 그러나 개도국들이 선진국의 발전 경로를 따르려고 하는 상황에서 환경문제가 심화됨에 따라 나타날 필연적인 갈등을 고려하면, 현재의 주식시장 수준을 정당화할 미래의 엄청난 수익 성장은 더욱 어려워 보인다.

이렇게 부자 국가들의 경제적 성공에 대한 국제적 분노와 성장의 한계에 대해 고려해보면, 미래의 수익에 대한 전망이 언제나 그랬던 것처럼 유망할 것이라는 대중적인 가정은 더욱 의심스럽다.

이제 무엇을 할 것인가?

─────── 우리가 살펴보았듯이 미국과 다른 나라들의 주가는 2000년 이후 주식시장의 상당한 하락에도 불구하고 여전히 매우 높은 수준이다. 게다가 많은 도시들에서 주택시장이 비정상적인 호황을 누리고 있다. 만일 앞으로 몇 년 동안 주식시장이 계속 하락하거나 혹은 불황에 빠지면, 이 시장에 투자한 개인, 재단, 대학기금, 그리고 다른 투자자들의 손실이 수조 달러에 달할 것으로 보인다.

이 책의 초판에서 나는 현실에서 주식시장의 손실이 미국의 모든 학교들, 농장들, 그리고 최악의 경우 모든 주택들의 파괴에 맞먹을 수 있다고 경고했다. 그 후, 미국 주식시장은 실제로 6조 달러 이상을 잃었고, 이는 책이 출판되었을 당시 전체 가구가 보유한 부동산 가치의 약 60퍼센트에 달하는 것이었다.[6] 이런 어마어마한 손실을 부동산 가치가 상승하여 메웠다. 그러나 이와 같은 규모의 손실이 발생하는 것은 여전히 가능하며, 그것이 다른 종류의 자산가치 상승에 의해 상쇄될 것인지는 분명하지 않다.

시장가치의 하락은 아무것도 물리적으로 파괴하지 않고 단지 서류상의, 그리고 우리 생각 속의 변화이기 때문에, 누군가는 주식시장이나 주택시장의 추가적인 하락이 사실은 별로 해롭지 않을 것이라 이야기할 것이다. 만일 주식시장이 다시 절반이나 하락한다 해도 시장 가치로 볼 때 우리는 다시 10년 전으로 돌아가는 것일 뿐이라고 말할 수도 있다.

그러나 그 손실이 균등하게 돌아가지 않는다는 데 문제가 있다. 주식시장의 상승기에 투자하여 부자가 된 이들은 그들의 주식 보유를 줄일 것이고 수익을 유지할 것이다. 손실을 겪는 것은 다만 최근에 시장에 투자한 다른 이들이다. 이와 비슷하게 주택시장의 손실도 사람들이 투자한 정도가 매우 다르다는 것을 고려하면 결코 균등하게 돌아가지는 않을 것이다. 따라서 시장의 큰 하락은 몇몇 사람들을 매우 가난하게 만들고 다른 이들은 매우 부자로 만들 것이다.

우리는 주식이나 주택에 너무 많이 의존하는데다 자신이 거둘 투자 성과에 대해 너무 낙관적인 사람들의 삶에 시장의 하락이 어떤 영향을 미칠 것인지 상상해볼 수 있다. 주식시장에 많지 않은 금액을 투자하거나 주택자산으로 제한된 금액만을 지니고 있는 이들은, 포트폴리오의 실제 가치가 비싸지는 대학등록금에 훨씬 못 미치게 되면 저축만으로 아이들의 대학 교육 비용을 감당할 수 없게 될 것이다. 그들의 아이들은 아마도 상당한 학자금 대출을 받아야만 할 것이고, 임금이 낮은 아르바이트를 해야만 할 것이다. 아니면, 그들은 약학이나 법, 혹은 다른 전문 분야 경력의 꿈을 포기하고 더욱 단기적인 경력을 선택할지도 모른다. 그도 아니면, 아예 대학을 가지 않기로 결정할지도 모른다.

조금 더 나이 많은 이들은 그들의 경력이나 소망이 좌절될 것이다.

사용할 수 있는 경제적 자원이 줄어들면 소득 수준의 유지와 일상에 들어가는 지출의 필요 때문에 그들이 개인적 성취에 쏟으려 했던 시간과 에너지가 모자라게 된다.

펜션플랜에 대한 투자에 대한 믿음 때문에 퇴직 후를 위해 거의 아무 저축도 하지 않았던 이들은 사회보장제도와 그 플랜이 퇴직 후의 편안한 생활수준을 보장하지 않는다는 것을 알게 될 것이다. 만일 수익이 먼저 발생하지 않는다면 수많은 사람들에게 대단한 믿음의 항목이 된 복리의 놀라운 능력은 나타나지 않을 게 분명하다. 따라서 저축을 별로 하지 않은 이들은 젊은이보다 부양해야 할 노인층이 훨씬 더 많은 세계에서 스스로 생활을 꾸려나가야만 할 것이다.

기금으로 주식에 많이 투자한 대학과 재단들은 그들의 사명을 실현하는 능력이 갑자기 제한되었다는 것을 발견할 것이다. 그 예로서 포드 재단을 생각해보자. 이 재단은 주식시장의 고점에 가까웠던 1969년에 발표된 영향력 있는 보고서에서 수익이 높기 때문에 주식시장에 교육 관련 기금들이 더 많이 투자되어야 한다고 강력히 주장했다. 포드 재단은 스스로의 제언을 실천했다. 1974년 주식시장의 붕괴 이후, 이 재단은 엄청난 손실을 입어 기금 총액이 41억 달러에서 17억 달러로 감소했다. 결국 매년의 교부금을 1973년 1억 7,700만 달러에서 1979년 7,600만 달러로 축소해야만 했다. 포드 재단은 반빈곤 프로그램을 계속 지원했지만, 연구를 위해 대학에 지원하는 교부금과 학자들의 교환 프로그램, 그리고 예술에 대한 지원금을 크게 줄였다. 문제의 1969년 보고서에서 공격적인 주식 투자로 찬사를 받은 로체스터 대학도 비슷하게 손실을 입었다. 이 대학은 1973년에서 1974년 사이에 절반 이상의 기금을 잃었다.[7] 이와 같은 혹은 더 심각한 사태가 오늘날 포트폴리오의 너무 많은 부분을 주식시장에 투자한 재단들과 대학들에서 발생할 수 있다.

그러면 투자자들과 조언자들, 그리고 그들의 공적인 대표들은 지금 무엇을 해야 할 것인가? 이들이 할 수 있는 수많은 구체적인 수단들이 있다.

투자자들은 다각화해야 한다

─────── 현재의 투자자산과 특정한 환경에 따라 다르겠지만, 많은 이들이 당연히 해야 할 첫 번째 일은 주식 보유를 줄이고 더 나은 포트폴리오를 구축하는 것이다. 한 종류의 투자에 너무 많이 의존하면 안 된다는 상식적인 개념이 지금 그 어느 때보다 필요하다. 우리 개개인 모두에게 철저한 다각화는 현재 대부분 가능한 일이다.

개인들과 기관들에게 주식시장에서 빠져나오라고 조언하는 것은 근본적으로 어려운 일이다. 만일 그런 조언이 많은 이들에게 갑자기 받아들여진다면 주식시장은 즉각적으로 하락할 것이다. 사실 모두가 주식시장에서 빠져나올 수는 없다. 우리는 주식을 다른 누군가에게 팔 수 있을 뿐이다. 누군가는 현재의 주식을 결국 보유해야만 한다. 시장이 고점일 때 주식을 산 불행한 사람들은 이미 실수를 저지른 것이고, 우리는 그들을 위해 사태를 고칠 수 있는 힘이 없다.

그러나 모든 이가 더욱 현명하게 다각화하는 것은 충분히 가능한 일이다. 즉, 포트폴리오가 주식과 같은 어떤 한 자산에 집중되어 있는 이들은 주식에 덜 의존하고 있는 이들에게 그들의 주식을 팔 수 있다. 우리는 과도하게 보유하고 있는 국내 주식을 외국인들에게 팔 수 있고, 그들은 자신들이 과도하게 보유한 자산을 우리에게 팔 수 있다. 이와 비슷하게 우리 중 부동산의 위험에 과도하게 노출된 이들은 그들의 주택을 줄이거나 투자 포트폴리오에서 주택과 관련된 위험에 대한 노출을 줄이는 조치를 취할 수 있다.

저축을 늘리는 효과적인 계획을 마련해야 한다

——— 모든 이가 할 수 있는 또 다른 일은 저축률을 높이는 것인데, 이는 투자를 위해 더 많은 소득을 남겨두는 것이다. 개인들은 저축 계획을 세워서 저축을 늘려야 한다. 재단들과 대학들은 기금으로부터 교부금 지출의 비중을 축소하는 것을 고려해야 한다.

높은 주가에 의해 대표되는 낙관론은 세계 곳곳에서 개인저축률의 하락과 동시에 나타났다. 세계 대부분의 선진국들에서 지난 20년 동안 저축률이 하락해왔다.[8] 정부도 흔히 적자에 빠져 저축 감소 문제를 심화시켰기 때문에 이러한 저축의 하락은 특히 심각한 문제였다. 그러나 이 문제는 마땅히 받아야 할 주목을 거의 받지 못하고 있다.[9]

개인들은 자신들의 저축률 제고를 숙고해야 한다. 저축률이 갑작스럽게 상승하지만 않는다면, 전체 경제를 방해하지는 않을 것이다. 오히려 장기적으로 더욱 활발한 경제를 만들 것이다.

의료의 발전에 따른 수명의 연장과 노인들을 돌볼 수 있는 청년층의 상대적 감소로 우리 사회는 앞으로 수십 년 동안 노년층을 부양하기 위해 엄청난 부담을 겪게 될 것이다. 오늘날의 사람들은 퇴직 후 20년, 30년, 혹은 그 이상의 기간 동안 그들의 저축에 기초하여 살아갈 것으로 예상된다. 뉴스를 보는 모두가 이렇게 노년층이 증가하고 있다는 사실을 안다는 것을 생각하면, 저축률이 왜 상승하지 않고 하락하는지는 우리 시대의 가장 큰 수수께끼 중 하나다. 아마도 이는 비이성적 과열과 관계가 있을 것이다.

똑같은 이유로, 주식시장에 투자한 대학들과 재단들은 가능한 때에 그들의 교부금 지출 비율을 대폭 줄일 것을 고려해야 한다. 주식시장 버블의 고점 때는 이런 재단들에 교부금을 높이라는 주장이 많았다. 예를 들어, 진보적인 재단들의 조직인 교부금 재단 전국 네트워크는 1999년 모든 재단들이 교부금의 비중을 미국 법률에 의해 의무적으로 규정된 자산의 5퍼센트에서 6퍼센트로 더 높이라고 촉구하는 보고서를 발행했다.[10] 주식시장 호황과 이와 관련된 동문들의 헌금으로 기금이 급속하게 늘어났던 대학들은 그들의 지출을 증가시키라는 압력을 받았다. 이들의 기금이 주식시장의 위험에 과도하게 노출되었기 때문에 이러한 조언은 잘못된 방향이었다.[11] 시장의 하락 이후 다행히도 지출을 높이라는 외침은 사라졌다. 이제 이러한 조언은 사실상 미래를 위한 투자용이 아니라면 반대로 지출을 줄이라는 주장으로 대체되어야 한다.

2000년 이후 주식시장의 가치 총액이 1년 국민소득의 절반이나 하락했다. 이러한 하락을 상쇄하기 위해서 우리는 엄청난 금액의 저축을 해야 한다. 예를 들어, 우리가 10년 동안 높은 수익률이나 복리의 이득 없이 추가적인 저축을 통해 주식시장의 하락을 상쇄하려 한다면, 우리는 매년 세전소득의 5퍼센트를 추가적으로 저축해야 할 것이다. 이는 불가능한 일이다.

이렇게 큰 부의 손실에 대한 심리적인 반응은 일부에서 예상하듯이 저축을 늘려서 부를 다시 증가시키는 것이 아닌 듯싶다. 대다수 사람들은 그들의 소득 중 얼마나 많은 부분을 저축해야 하는지 생각하거나 이야기하는 데 많은 시간을 쓰지 않는다. 이는 우리 자신의 미래를 위해 얼마나 저축해야 하는지에 관한 결정이 인생의 매우 중요한 결정임을 생각하면 놀라운 판단 실수이다. 나는 연구조교에게 현재의 경제 상황에서, 그리고 역사적으로 사람들에게 얼마나 많이 저축해야 하는지 조언하는 논문들을 찾아보라고 부탁했다. 그런데 놀랍게도 그런 논문들은 무척 적었다.

베나르치와 탈러는 저축을 가로막는 것으로 보이는 인간의 특정한 약점과 관련하여 저축률을 높이기 위해 설계된 영리한 계획을 제시한다. 이들은 습관과 관성, 그리고 자기통제의 부족이 저축 증가를 가로막는 주요한 장애물들이라고 지적한다. 아울러 몇몇 미국 기업이 종업원들을 위해 '점진적 저축 증대Save More Tomorrow, SMT'계획을 도입하도록 설득했다. 이 계획에서 종업원들은 그들의 미래 임금의 *상승분*의 일부를 미리 저축계좌에 넣도록 하는 시스템을 받아들이도록 요청받았다. 여기서 중요한 아이디어는 이 계획을 받아들이는 것이 현재의 소비 습관에 아무런 변화를 요구하지 않는다는 것이다. 이는 단지 지출 증가의 속도를 느리게 할 뿐이다. 이들은 SMT 계획이 실행된 몇 년 후 저축률이 크게 상승했음을 확인했다.[12]

개인적으로 회사가 SMT 계획을 도입할 때까지 기다릴 필요는 없다. 많은 사람들이 소득 상승분의 일부를 지출하지 않겠다고 굳게 결심한 계좌에 투자하는 개인적인 약속을 할 수 있을 것이다. 주택이나 자동차를 구입할 때처럼 중요한 새로운 지출을 해야 할 때는 소득의 많은 부분이 자동적으로 소비되는 것을 방지하기 위해 저축의 목표를 낮추는 것도 분명 가능하리라 본다.

퇴직연금제도는 좀 더 튼튼한 기반이 필요하다

───── 1982년 시장의 저점 이후, 이전의 확정급부형 펜션 플랜 pension plan(회사가 종업원들에게 퇴직 이후 일정한 연금의 지급을 보장하는)보다 회사가 후원하는 확정기여형 펜션 플랜(회사가 종업원들이 보유한 투자기금에 납입을 하는)이 상대적으로 빠르게 성장했다. 이는 노년층을 위해 모두가 책임을 져야 한다는 생각으로부터 각 개인이 스스로의 복지에 책임을 진다는 생각으로의 전환을 의미했다. 미국에서 401(k) 플랜이나 그와 비슷한 계획들은, 부자들이 오랫동안 추구했던 포트폴리오 전략을 흉내 내도록 장려하여 보통 사람들에게 퇴직 후의 경제적 안정을 제공하기 위해 고안되었다. 다른 나라들에서 도입된 비슷한 계획에도 이와 유사한 생각들이 배경이 되었다. 그러나 부자들은 전반적인 자산의 규모 덕분에 시장 하락으로 인해 거액을 잃을 걱정이 적다는 사실에 대해서는 별로 주의를 기울이지 않았다.

이전의 확정급부형 플랜은 보통 인플레이션에 연동되지 않았기 때문에(이는 이상하고 설명하기 어려운 공적인 판단 실수로, 이로 인해 기관의 전문가가 개인의 투자를 관리하여 부자로 만들어줄 수 있다는 신뢰 강화에 실패했다) 확정기여형 펜션 플랜으로의 전환은 여러 모로 좋은 일이었다.[13] 확정급부형 플랜에서 퇴직하고 오래도록 살아가는 사람들은 흔히 그들의 연금이 지닌 실질가치의 상당 부분이 인플레이션으로 인해 사라져 버리는 것을 경험했다.

그러나 확정기여형 플랜으로의 전환이 이러한 문제를 해결했다 해도, 그 전환 과정에서 사라진 것이 있다. 그것은 바로 연금을 받는 이들의 생활수준에 대해 집단적인 책임이 있다는 생각이었다. 적절히 설계된 확정급부형 플랜은 연금 수혜자들에게 위험을 관리하는 제도였고, 그 자체로 위험을 축소하는 이득을 제공했는데, 이는 특히 저소득층 연금 수혜자들에게 중요했다.

이제 펜션 플랜의 가입자들은 사실상 당신이 투자를 결정하고(펜션의 기여에 관해) 스스로 기회를 잡으라는 이야기를 듣는다. 우리가 보았듯이 그들은 다양한 주식 투자들을 포함하여 많은 수의 선택지를 제시받기 때문에(3장에서 논의했듯이) 주식시장에 크게 투자하는 방향으로의 명시적인 넛지nudge(사람들을 바람직한 선택으로 부드럽게 유도하는 자유주의적인 간섭을 의미하는 행태재무학의 용어―옮긴이)가 존재한다.

인플레이션에 연동된 물가 연동 국채는 위험으로부터 자유로운데도, 이에 대한 투자를 선택하는 기회를 제시하는 플랜은 드물다. 이 채권은 퇴직을 준비하는 사람들에게 오늘날 주식시장보다 훨씬 나은 확실한 선택일 것이다. 그것의 이점은 저소득층에게 특히 중요하다. 그럼에도 기업들이나 정부는 사람들의 퇴직연금을 채권에 대한 투자로 전환하도록 장려하거나 채권을 401(k) 플랜에 포함하도록 하는 노력을 하지 않는다. 현재의 제도적 구조는 기업이 그들의 플랜을 주도적으로 변경하도록 장려하지 않으며, 기업들은 단지 다른 플랜들이 제시하는 표준적인 (언제나 주식시장과 관련이 있는) 옵션을 제공할 뿐이다.

게다가 가입자들이 선택한 펜션 플랜의 투자는 별로 다각화되어 있지 않다. 1990년대 초반 미국에서 대부분의 401(k) 잔고는 인플레이션에 연동되지 않은 보증투자계약guaranteed investment contracts, GICs, 보험회사가 제공하는 고정수익 투자 등에 투자되었다. 1990년대 초반 몇몇 디폴트 사태로 이 투자가 실제로는 보증되지 않는다는 것이 드러났고, GICs의 평판은 하락했다. 이와 동시에 사람들이 주식시장에 충분히 투자하고 있지 않다는 사실에 대해 전문가들도 동의했다는 광고와 의견이 광범위하게 유포되었다. 그때 이후 주식시장 고점 사이의 기간까지, 펜션플랜가입자들의 주식시장 투자에 대한 비중이 급속히 높아졌다. 2000년 이후 주식에 대한 비중은 하락했지만 아주 약간 하락했을 뿐이다. 투자회사연구소와 종업원급부연구소의 연구에 따르면, 2003년 401(k) 플랜 잔고의 3분의 2 이상이 주식시장에 대한 투자였다.[14]

401(k) 플랜 잔고의 많은 부분이 주식시장에 투자되었기 때문에 시장의 급속한 하락은 많은 퇴직자들에게 중요한 영향을 미칠 것이다. 사회보장 급부의 수준이 미약하고 대부분의 퇴직자들이 펜션 플랜과 주택, 그리고 사회보장 급부 정도만을 가지고 있는 것을 고려하면, 주식시장의 하락에 대해 주의 깊게 주목해야 할 것이다.[15]

그러나 이상하게도 이러한 위험에 대한 대중의 우려가 크지 않다. 이에 대해 경고를 하는 이들도 별로 없다. 설령 우려가 존재한다 해도 몇몇 플랜 가입자들은 주식시장에 충분히 투자하지 않고 있으며 너무 보수적이라 명백하게 좋은 투자처를 놓치고 있다는 우려가 제기될 뿐이다.

401(k) 플랜의 펀드매니저들은 일반적으로 종업원들에게 어떻게 포트폴리오를 짜야 하는지에 관해 어떤 조언도 제시하지 않는다. 1996년 미국 노동부의 판결이 있기까지는 잠재적인 책임 문제로 인해서 사실 펜션 플랜들이 어떠한 조언을 제공하는 것도 법적으로 어려운 일이었다.[16] 이제 플랜들은 가입자들에게 때때로 다각화의 중요성에 관해 경고하지만, 우리가 보았듯이 이러한 경고는 미약하며 별로 효과가 없다. 공공정책의 일반적인 입장은 완전히 가입자 스스로의 선택을 존중하는 것이었다. 마치 사람들이 주식시장에 그렇게 많이 투자할 합당한 이유가 있거나, 그들의 결정이 주식에 투자하면 확실하게 돈을 벌 수 있다는 대중적 환상이 아니라 순수하게 개인적인 선택의 문제인 것처럼 말이다.

가입자들에게 다각화하라고 강력하게 조언하지 않고 선택의 메뉴만을 제시하는 정책은 심각한 문제를 지니고 있다. 그러나 시장에 대한 현재의 태도는 펜션 플랜이 사람들에게 단지 그들이 원하는 것을 제공하고 온정주의적으로 행동하지 않도록 압력을 가한다. 결국 이러한 상황을 조장한 것은 인플레이션과의 연동을 통한 확정급부형 펜션 플랜의 개선을 장려하는 대신 확정기여형 펜션 플랜을 장려한 정부의 정책이다.

펜션 플랜에 책임이 있는 기관들(미국의 펜션급부보증공사 혹은 영국의 펜션보호기금)은 주식시장에 과도하게 의존하는 데 대해 명시적으로 강력히 반대해야 할 것이다. 대신 그들은 더 많은 다각화를 추천하고, 잔고의 많은 부분이 인플레이션에 연동된 물가 연동 국채와 같은 안전자산에 투자되도록 제안해야 한다. 또한 인플레이션에 연동된 퇴직연금을 장려하고 퇴직자들이 퇴직 후 소득을 이러한 형태로 받도록 촉구해야 한다.

많은 경우, 이 플랜들이 적절히 인플레이션에 연동되고 투자된다면, 기업의 펜션 플랜은 확정급부형 플랜으로 돌아가는 것이 특히 저소득층 노동자들을 위해 바람직한 변화일 것이다. 인플레이션에 대한 연동 방식은 소비자물가지수나 일인당 국민소득 혹은 이 둘의 혼합에 기초할 수 있다.[17] 미래에 더욱 다양한 위험 관리 계약들이 사용 가능해지면 종업원들은 그것들을 활용할 수 있도록 조언받아야 한다.

사회보장의 설계를 개선해야 한다

――― 사회보장 펜션 신탁기금의 적어도 일부를 주식시장에 투자하라는 여러 제안들이 제시되어 왔다. 이러한 요구는 2000년경 세계의 주식시장이 고점을 칠 시기에 특히 집요하게 나타났다. 주식시장의 높은 수익에 경탄하며 사람들은 확정기여형 펜션 플랜이 벌 수 있는 수익에 비해 사회보장에 대한 그들의 납입금은 왜 그렇게 낮은 수익을 올렸는지, 그리고 왜 그들의 납입금을 주식시장에 투자하도록 허락되지 않았는지 궁금해했다. 그러나 만일 어떤 정부가 그런 제안을 완전히 실행하려고 한다면, 현존하는 다른 중요한 국가적인 위험

공유 제도를 손상시킬 것이다.

우리는 세계의 사회보장 시스템에 대해, 오래전 가족 내에서 작동한 위험 공유 시스템을 정부가 부분적으로 떠맡는 것으로 생각할 수 있다. 오랫동안 젊은이들은 아이일 때 받았던 부양의 대가로 늙어가는 부모들을 부양할 의무를 느꼈다. 따라서 중년층의 사람들은 흔히 노년층의 부모와 그들의 아이들을 동시에 부양했다. 법적인 구속보다는 도덕과 사랑의 감정에 의해 의무가 결정되었기 때문에 이 오랜 가족 시스템은 세대 간의 위험 공유를 효과적으로 촉진했다.

사람들은 어떤 계약 공식이 아니라, 그들의 상대적인 필요와 스스로의 필요를 생각하면서 자신들의 부양 노력을 아이들과 나이 든 부모 사이에 배분했다. 만일 노인들이 더 많은 부양을 받을 필요가 있고, 더 아프고 더 많이 의지하거나 더 오래 산다면, 그들은 이에 비례하여 가족의 지원을 더 많이 받았다. 그리고 그 반대도 마찬가지였다. 이런 식으로 위험은 세대 사이에 공유되었다.

경제적 위험 공유 제도로서 가족의 문제는 그것이 신뢰하기 어렵다는 것이다. 가족 구성원은 다른 이를 위해 일해야 할 나이에, 젊어서 죽거나 무능력해지거나 무책임해질 수 있다. 사회보장제도는 가족 구성원 사이의 개인적 계약을 사회 전체적인 세대 사이의 계약 의무로 대체함으로써 이런 문제들을 해결하기 위해 고안되었다.

미국에서(다른 많은 나라와 마찬가지로) 사회보장은 주로 페이고pay-as-you-go 시스템이다. 이는 노동자들이 납부한 기여금이 어떤 자산에도 투자되지 않고 즉시 돈이 필요한 퇴직자들에게 지불되는 방식이다. 이런 식으로 사회보장은 전통적인 가족 시스템을 모방하는데, 가족

안에서 위험 공유는 어떠한 투자에도 기초하고 있지 않았다. 사실 전통적인 가족 시스템은 대부분의 시기와 장소에서 한 세대만큼 장기적인, 저축을 위한 안정적 투자가 거의 없었기 때문에 노인층을 위해 준비된 투자에 의존하지 않았다. 이제는 시장에 대한 대중의 신뢰가 지나치게 높아져서, 사람들은 그런 투자―주식―가 존재하는 것으로 생각하는 듯하다.

사실 우리의 상황은 널리 인식되는 것보다 더 이전의 상황과 비슷하다. 주식은 안전하지 않다. 비록 미국과 다른 나라의 개인들이 완전히 안전한 투자인, 인플레이션에 연동되는 채권에 투자할 수 있지만, 그것의 순가치는 제로이기 때문에 사회 전체로 볼 때는 투자가 아니다. 인플레이션에 연동된 물가 연동 국채는 납세자들이 채권의 지급을 보증한다는 점에서만 안전하다. 경제에서 수많은 일들이 잘못될 수 있기 때문에, 국가 전체로 볼 때 안전한 투자는 존재하지 않는다. 만일 경제가 악화되어 국민소득이 감소한다면 퇴직자들에게 보장된 사회보장 급부금을 지불하기 위해 세금이 인상될 것이고, 따라서 노동자 계층에게 미치는 불황의 악영향은 더욱 커질 것이다. 불황의 영향을 어떤 한 집단에 집중시켜 어떤 경제적 후퇴로부터도 인구의 다른 집단을 보호하는 것은 이치에 맞지 않는 일이다.

19세기 후반 유럽, 그리고 1930년대 미국의 국가적 사회보장 시스템의 확립은 흔히 그 혜택을 받는 첫 번째 세대의 수혜자들에게 횡재를 가져다주었다고 말들을 한다. 이들은 자신이 낸 돈에 의해 정당화될 수 있는 것보다 훨씬 더 많은 급부금을 받았기 때문이다.

그러나 가족들이 정부가 이들을 돌본다는 것을 알 때, 이전에는 그들을 부양하기 위해 가족들이 떠맡던 의무가 감소했음을 고려한다면, 그것이 이들에게 횡재는 아니었다. 첫 번째 세대의 횡재는 아마도 그들에 대한 자녀들의 부양 노력이 줄어들어서 상쇄되었을 것이다. 그들의 아이들은 부모의 부양을 위해 시간과 노력을 쓰는 대신 사회보장 시스템에 돈을 냈던 것이다. 이런 식으로 사회보장 시스템은 그 내용의 변화 없이 그리고 더 큰 통일성과 신뢰성의 이점과 함께, 젊은이들이 그들의 부모에게 제공하던 부양의 역할을 떠맡았다.

그러나 세대들의 필요 사이의 균형이라는 인식이 사라진 것이 사회보장의 이러한 이점을 상쇄했다. 이는 이제 가족 안에서는 잘 보이는 상대적인 필요에 대한 직접적인 증거 없이, 의회에서 추상적인 용어로 논의되며 공식화된 방식으로 다루어진다. 정책 논쟁이 세대간의 필요와 능력을 정확하게 파악하기는 어려우며, 따라서 가족은 일차적인 세대간 위험 관리 제도로서 계속 기능한다.

일부에서 제시하듯이 현재의 사회보장 시스템을 주식시장에 투자하는 확정기여형 플랜, 혹은 심지어 투자의 범주를 개인이 선택하도록 하는 플랜으로 대체하는 정책은 심각한 실수일 것이다. 그런 플랜들은 금융시장이 과거처럼 성과가 좋을 것이라는 기대 아래서 노년층에 대한 현재의 사회적 의무를 대체하는 것이다. 다행히도 대부분의 진지한 제안들은 사회보장 신탁기금의 단지 적은 일부만을 주식시장에 투자하라고 촉구했다.[18]

사회보장 시스템의 개혁 방향은 신탁기금을 주식시장에 투자하는 형태가 아니라, 그 시스템을 경제적 위험에 더 잘 대응하도록 만들어서 사람들 내의 경제적 집단들 사이에 바람직한 위험 공유를 촉진하도록 하는 것이어야 한다.

　기여율과 급부율은 노동자와 퇴직자의 상대적 필요에 기초해서 시간에 따라 변화되어야 할 것이다. 또한 그것들 모두는 주로 소비자물가지수가 아니라 일인당 국민소득에 연동되어야 마땅하다. 우리는 사회보장 시스템이 위험을 공유하고 그 누구도 과도한 경제적 부담을 지지 않는, 가족 내에서처럼 공평하고 인간적인 시스템이 되도록 개혁해야 한다.[19]

통화정책은 부드럽게 버블을 억제해야 한다

——— 긴축적 통화정책이 주식시장 버블의 붕괴와 관련이 있었던 경우들이 여럿 존재한다. 예를 들어, 1929년 2월 14일 연준은 표면적으로 투기를 억제하기 위한 목적으로 재할인율을 5퍼센트에서 6퍼센트로 인상했다. 또 1930년대 초반에는 긴축적 통화정책을 지속하여, 최초의 주식시장 하락이 역사상 최대의 하락으로 심화되었고, 불황은 미국 역사상 가장 심각한 공황으로 악화되었다.

　일본의 경우, 1989년 5월과 1990년 8월 사이 주식시장의 고점에서 중앙은행이 표면적으로 금융시장을 안정시키고(금융시장은 확장적인 통화정책으로 인해 고평가되었다고 생각되었다) 엔화도 안정시킬 목적으로 할인율을 2.5퍼센트에서 6퍼센트로 인상했다. 중앙은행의 이러한 행동이 주식시장의 붕괴와 그 이후의 심각한 불황에서 어느 정도 역할을 했다는 가능성을 부정하기는 어렵다.[20]

　이처럼 극적인 경우들에서도 정확한 인과관계는 밝히기가 어렵지만, 우리가 금리정책에 관해 알고 있는 하나의 사실은 그것이 투기적 버블뿐만 아니라 경제 전체에 영향을 미친다는 점이다. 그것은 외과 의의 레이저가 아니라 신체 전체에 영향을 미치는 방사선과 같은 것이다. 게다가 우리가 지금 처해 있는 것과 같은 투기적 버블의 발생은 사람들의 생각의 점진적인 변화와 관련된 장기적이고 느린 과정이다. 금리의 작은 변화가 그런 생각에 어떤 예측 가능한 영향을 미치지는 않을 것이다. 즉, 금리의 커다란 변화는 그럴 수도 있지만, 이는 오직 그것이 경제 전체에 파괴적인 영향을 미칠 가능성이 있기 때문이다.

1930년대의 대공황은 사실 각국의 통화기관들이 금리정책을 통해 투기적 시장을 안정화시키려 한 데서 원인을 찾을 수 있다. 비록 그들이 가장 초점을 맞추었던 시장은 주식시장이 아니라 자국의 통화에 대한 시장이었지만 말이다.

각국은 통화에 대한 공격에 맞서서 금본위제로 대표되는 고정환율제도를 유지하려고 시도했다. 분명한 것은 가장 빨리 손을 들고 통화를 방어하기 위한 노력을 포기한 국가들이 대공황으로부터 가장 빨리 회복되었다는 사실이다.[21]

중앙은행이 시장이 고평가되었다고 생각할 때, 투기를 억제하기 위한 것이라는 언급과 함께 작지만 상징적인 금리 인상이 이루어진다면 효과적일 것이다. 그러나 일반적으로 중앙은행이 통화정책의 공격적인 긴축을 통해 버블을 붕괴시키려고 시도해서는 안 된다.

여론 주도층은 시장을 안정시키는 의견을 제시해야 한다

───── 금융시장의 투기를 억제하는 전통적인 방법은 지식인들과 존경받는 지도자들이 시장에서 잘못된 고평가와 저평가가 발생할 때 그것들에 대해 대중의 주의를 환기시키려 노력하는 것이다. 비록 항상 성공하는 것은 아니었지만, 이러한 접근이 우리의 금융시장에서 반복되어 사용되어 왔다.

1907년 주식시장이 붕괴하고 그해 10월 은행 패닉이 발생했을 때, 미국의 금융 지도자들은 시장에 대한 그들의 신뢰를 천명하고 스스로의 부를 시장에 투자할 것이라고 선언했다. 존 D. 록펠러John D. Rockefeller는 "개인적으로 나는 주식의 미래의 가치와 기본적인 상황의 건전성에 대해 절대적인 믿음을 지니고 있다."라고 말했다. 그와 제이피 모건은 은행들을 지원하기 위해 자금을 빌려주는 은행가들의 기금을 설립했다.

1929년 10월 24일 검은 목요일에는 미국에서 가장 영향력이 큰 다섯 명의 은행가들이 고 제이피 모건의 회사에서 회합을 갖고 "시장의 기초가 튼튼하다."고 믿는다는 성명을 발표했다.[22] 비록 그들이 주식을 매입하는 구체적인 계획을 발표하지는 않았지만, 그들의 성명은 그들이 그렇게 하겠다는 것으로 해석되었다. 그러나 시장을 안정시키기 위한 이 시도는 성공하지 못했다. 며칠 후인 1929년 10월 28~29일 주식시장은 붕괴하고 말았다.

이 책에서 지적한 세 차례의 주요한 시장 고점들—즉, 1929년, 1966년, 그리고 2000년의 고점—에 이르는 길목에서 연준 의장은 주식시장이 고평가되었다는 경고를 발표했다. 앞서 보았던 1929년의 금리 인상은 투기를 막기 위해 발표된 것이었다. 주식시장이 고점을 찍기 직전인 1965년에는 연준 의장 윌리엄 맥체스니 마틴William McChesney Martin이 당시의 경제와 대공황에 이른 1920년대의 경제가 불안하게도 비슷하다고 언급했다. 그는 유사점들 중 하나로서 대중들 사이에 새로운 경제적 시대가 시작되었다는 믿음이 확산되고 있다는 것을 들었다.[23] 연준 의장에 의해 발표된, 주식시장의 과열을 우려하는 그 다음의 언급은 1996년 12월 앨런 그린스펀의 '비이성적 과열'에 관한 연설이었다. 그때는 시장가치가 매우 높게 상승하는 다음 시기가 시작되는 때였다. 연준 의장은 시장의 가격이 극단적으로 이상한 시기가 아니면 시장가격에 대한 공적인 언급을 피하는 것처럼 보인다. 시장의 안정을 위해 그런 예외적인 언급이 성공했는지 알 방법은 없으며, 그것이 없었다면 시장이 얼마나 불안정했을지도 알 수 없다.

단지 부차적인 역할이긴 하겠지만, 아마도 그런 행동을 위한 중앙은행의 역할이 존재할 것이다. 만일 지도자들이 그들의 발표에 대해 정말로 중립적이고 진정으로 도덕적이라고 인식된다면, 그들의 발표는 시장을 안정시키는 약간의 효과를 지닐 것이다.

기관들은 발전적인 거래를 장려해야 한다

——— 시장의 불안정을 줄이기 위해 흔히 시도되는 방법은 급속한 가격 변화가 나타날 때 시장을 폐쇄하는 것이다. 주식시장에 도입된 서킷브레이커가 이러한 접근의 사례이다. 뉴욕 주식거래소의

80B 규칙에 따르면, 다우지수가 오후 2시 이전에 전일의 종가로부터 10퍼센트 이상 하락하면 시장이 1시간 동안 폐쇄된다. 1시 이전에 20퍼센트 이상 하락하면 2시간 동안 폐쇄되며, 하루 중 어느 때라도 30퍼센트 이상 하락하면 종일 폐쇄된다. 이러한 시장 폐쇄는 투자자들에게 잠시 쉬는 기회를 주고, 그들이 판단을 재고하도록 하여 패닉을 진정시키는 효과를 발휘할 수 있다.

그러나 하루의 가격 변화를 제한하는 이와 같은 상대적으로 짧은 시장 폐쇄가 얼마나 효과가 있는지는 뚜렷하지 않다. 역사상 가장 대규모였던 두 차례의 주식시장 붕괴, 즉 1929년 10월과 1987년 10월의 폭락은 이전 거래일의 가격 하락이 주말 동안 멈추었다가 개시된 월요일에 발생했다.

버블을 방지하기 위해 거래를 의도적으로 제한하는 다른 예는 공매도에 적용하는 업틱 규칙uptick rule(시장가격보다 낮은 가격으로 호가를 낼 수 없도록 한 규칙으로, 1937년 도입되었다가 2007년 폐지되었다―옮긴이)이다. 미국 증권거래위원회는 오랫동안 공매도가 업틱에 기초해서만 허용되도록 했는데, 이는 직전의 거래보다 높은 가격에 매도를 할 수 있도록 한 것이다.

하지만 몇 초, 몇 분, 몇 시간, 그리고 며칠 동안 시장을 폐쇄하는 다양한 정책들은 정말로 대규모의 주가 변동을 나타내는 좀 더 장기적인 가격의 변동―수년간에 걸쳐 발생하는 변동―에 직접적으로 영향을 미칠 수 없다. 대중이 커다란 단기적 가격 변화를 알아차리지 못하도록 해서 가격 변화에 대한 과도한 반응을 막고, 따라서 정말로 커다란 일일 가격 변화의 생생한 기억에 반응하여 장기적인 가격 추세가 형성되지 못하도록 하는 것은 그럴 듯한 일이다. 특히 극적인 일일 가격 변화가 어떤 기록을 세우면, 사람들의 주목을 끌어 언론에 의해 엄청나게 부추겨지고 이후에도 오랫동안 기억된다.

반면, 우리는 단기간 동안 시장을 폐쇄하는 정책이 좀 더 장기적인 가격 변화에 미치는 효과에 대해서는 거의 아는 바가 없다. 1987년 10월의 가격 변화처럼 정말로 커다란 가격 변화가 곧 *시장 자체에 의해* 스스로 교정된다면 어떻게 할 것인가? 가격 폭락 이후 교정이 나타나는 것을 목격하는 대중의 경험은 아마도 시장 폐쇄에 의해 잠재적인 폭락의 가능성이 감추어지는 것보다 더 시장을 안정시키는 효과를 지닐 것이다.

좀 더 장기적인 경제적 안정을 위해 시장을 안정시키는 최선의 방책은 가능한 한 많은 사람들이 자주 거래할 수 있도록 시장을 넓히는 것이다. 이는 시장에서 거래되는 위험의 범위를 넓혀줄 것이다.

투기적 버블이 입소문 효과, 국지적으로 인식된 가치와 정보, 그리고 애국적 감정에 의해 큰 영향을 받는 것을 고려하면 해외 투자자들은 국내 투자자들에 비해 버블을 덜 따라갈 것이고, 그것을 상쇄하는 방식으로 거래할 수도 있다. 우리의 설문조사에 따르면, 1989년 일본의 니케이지수가 고점이었을 때 평균적인 일본의 기관투자가들은 이듬해 니케이지수가 9.5퍼센트 상승할 것으로 예상한 데 비해 미국의 기관투자가들은 7.7퍼센트 *하락할* 것으로 예상했다. 일본에 사는 것 자체가 시장에 대해 매우 다른 감정을 자극한 것이다. 미국이나 해외의 투자자들이 일본의 주식시장에서 더 중요했다면, 일본 주식시장의 버블은 발생하지 않았을 수도 있다.[24] 좀 더 일반적으로 말해,

전 세계의 투자자들을 참여시켜 시장을 더 넓게 만들면 흔히 서로 다른 예상들을 평균화하여 시장가격을 좀 더 안정적으로 만드는 효과를 기대할 수 있을 것이다.

시장을 매일매일 안정시키는 정책을 좋은 정책이라 생각해서는 안 된다. 경제적 후생에 미치는 영향으로 보면, 아마도 잘못된 시장가격이 오랫동안 지속되는 것이 갑작스런 가격 변화보다 더욱 나쁠 것이다. 물론 미래에 더욱 끔찍한 붕괴를 낳는 투기적 버블의 심화는 가장 나쁜 일이다.

투기적 버블이 언제나 발생하는 경향을 고려하면, 결국 버블이 붕괴하는 것은 모든 것을 감안할 때 좋은 일일지도 모른다. 전 세계의 투자자들이 아시아 시장으로부터 철수하면서 발발한 1997~1998년의 아시아 금융 위기는 장기적인 관점에서 위기가 아니라 더욱 끔찍한 투기적 버블을 예방하는 안전점검으로 볼 수도 있다. 이 위기는 아시아 사람들이 해외로부터의 비판을 고려하여 그들의 기업과 경제에 대해 재고하도록 고무한 만큼 이들 나라에 도움이 되었을지도 모른다.

제대로 이루어진 시장의 확대는 펀더멘털에 대한 정보를 더욱 부각시킨다. 즉, 대중의 관심을 장기적 펀더멘털에 돌리고 단기적 투기를 외면하도록 장려한다. 마이클 브레넌Michael Brennan은 'S&P 500 스트립스Strips', 즉 해마다 S&P 500을 구성하는 모든 기업들의 미래의 연간 총배당에 대한 새로운 시장이 설립되어야 한다고 제안했다.

예를 들어, 2005년에는 2006년 S&P 기업들의 총배당에 대한 시장, 2007년 S&P 기업들의 총배당에 대한 시장, 그리고 2008년 S&P 기업들의 총배당에 대한 시장, 그리고 최종년도인 20년 후까지의 모든 총배당에 대한 시장, 그리고 최종년도의(예를 들면 2025년) 지수가치에 대한 시장 등이 바로 그것이다. 브레넌은 그런 시장들이 "애널리스트가…… 단지 시장 자체의 수준을 예측하는 데에 집중하는 것이 아니라…… 그러한 펀더멘털(미래의 배당)의 예측에 집중하도록 하는 유인을 제공할 것이다. 또한 시장지수의 수준은 미래의 배당 흐름의 가격과 일치해야 하기 때문에 이들 사이의 관계는 시장이 제대로 된 평가를 한다는 암묵적인 가정의 진위를 밝혀줄 것이다. 이러한 가정들은 주목과 논쟁의 대상이 될 것이다."라고 주장한다.[25]

한편, 개인들이 주식시장에 대한 투자로부터 벗어나는 것을 더욱 쉽게 해주는 새로운 제도나 시장도 창출되어야 한다. 공매도, 주식지수선물, 풋옵션 등의 제도는 특별히 개인이 사용하기 편리하지 않으며, 대다수 투자자들은 이것들을 이용하지 않는다. 오늘날 많은 투자자들은 매도할 때 자본이득세가 부과되고 주식 투자 외에 다른 투자 수단을 찾기가 어렵기 때문에 보유한 주식을 쉽게 처분하지 못하고 있다.

때때로 금융기술의 진보가 느리게 보일지도 모르지만, 사실 역사적으로 주요한 새로운 경제적 제도는 겉보기에 더딘 변화의 과정을 거쳐 발전되어왔다. 새로운 제도적 형태의 실험 과정은 많은 장애물과 실패에 직면하지만, 이것들을 장기적인 문제로 해석하면 안 된다. 우리는 결국 이것들을 어떻게 해결할 것인지 배우게 된다. 수십 년 동안 금융제도에 대한 실험과 연구의 속도가 빨라져 왔으며, 광범위한 데이터베이스를 활용하고 새로운 금융 서비스의 비용을 줄여주는 발전된 정보기술이 점점 더 많이 사용되고 있다.

대중은 위험을 헤지하도록 도움을 받아야 한다

──── 적절한 위험 관리를 장려하기 위해 공적인 기관들이 제시하는 조언은 더욱 효과적인 위험의 헤징을 강조해야 한다. 앞에서 나는, 결국 사람들은 전문가들의 일반적인 식견, 이를테면 "……라고 하던데"와 같은 권위 있는 발언에 크게 영향을 받으며, 전문가들이 조언하지 않으면 위험 관리를 제대로 하지 않을 것이라고 주장했다.

오늘날 금융 전문가들은 보통 다각화를 찬양하지만, 진정한 위험 관리가 무엇을 의미하는지 강조하지 않는다. 많은 사람들은 여전히 자기 나라 주식시장에서 여러 기업들의 주식을 보유하고 있다면 할 수 있는 모두를 했다고 생각한다. 그러나 그들은 이것보다 훨씬 더 광범위하게 투자해야 하며, 사실 진정한 다각화를 이루기 위해서는 상존하는 다른 위험들에도 주의를 기울여야만 한다.

전문가들은 이미 고착된 위험들을 상쇄하는 것이 진정한 다각화라는 것을 사람들이 이해하도록 도와주어야 한다.[26] 이는 그들의 노동 소득을 보장하는 것을 도와주는 자산, 즉 노동 소득이 하락할 때 가치가 상승하는 자산, 아니면 적어도 가치가 노동 소득과 같은 방향으로 움직이지 않는 자산에 투자하는 것을 의미한다. 이러한 목표는 특정한 노동 소득과 음의 상관관계가 있는(혹은 적어도 양의 상관관계가 덜한) 자산에 투자하는 것을 통해 달성될 수 있다.[27] 이는 또한 사람들의 주택가치를 보장하는 것을 도와주는 자산, 즉 주택가치가 하락할 때 가치가 상승하는 자산에 투자하는 것을 의미한다. 노동 소득과 주택가치가 대다수 사람들이 가진 부의 상당 부분을 차지하기 때문에 이 자산들의 위험을 상쇄하는 것은 위험 관리에서 핵심적인 기능이 된다.

헤징은 기업의 위험 관리에서 전통적인 관행이었고, 오늘날에도 일반적으로 개인들의 사고에는 생소한 것이다. 현재 비전문가들은 대부분 이 단어의 의미조차 잘 모르고 있다. 투자수익이 소득이나 주택가격과 어떤 관계에 있는지에 대한 논의는 투자에 관한 대중적인 담론에서 거의 완전히 결여되어 있다.

오늘날의 대중은 사회적 통념, 즉 주식시장이나 부동산에 대한 투자를 통해 큰 재산을 모을 수 있다는 생각에 사로잡혀 있기 때문에 이러한 사고틀을 바꾸기란 어려운 일이다.

개인 투자와 관련된 언론은 보통 이미 분명히 부자이며, 그들의 조언에 따르면 부자가 될 수 있다고 교묘하게 제안하는 유명인들의 의견을 보도한다. 사람들이 이미 보유하고 있는 자산의 가치를 방어하는 평범한 과업에 대해 이야기하는 것은 이러한 환상과 모순될 것이다.

언론과 투자 관련 업계에 있는 이들은 보통 부자 되기의 환상을 깨는 위험을 무릅쓰려고 하지 않는다. 왜냐하면 그들은 그 환상을 자신들에게 이익이 되도록 이용하는 것을 배웠기 때문이다. 그러나 여론 주도층이 사고의 전환이 필요하다고 스스로 강조한다면 이러한 태도는 바뀔 수 있다. 그것이 일단 "……라고 하던데"라는 주제가 되면 사람들은 주택 구입자가 보험을 사는 것처럼 그들이 보유한 부를 헤지하기 위해 일상적으로 적절한 조치들을 취할 것이다.

결론: 진정한 가치와 진정한 미래
───── 때때로 버블을 만들어내는 경향이 있는 투기적 시장은 정

책 결정자들에게 심각한 문제들을 제기한다. 버블이 만들어내는 문제에 대응하기 위한 수단을 고안할 때, 정책 결정자들은 버블의 본질에 관한 우리의 발전된 이해를 충분히 고려해야 할 것이다. 불행히도 버블의 본질은 너무 복잡하고 변화무쌍하기 때문에 우리는 특정한 정책이 우리의 목표인 장기적인 경제적 후생을 만들어내는 과정에서 어떤 역할을 하는지 입증할 수 있을 것이라 기대하기 어렵다.

시장을 폐쇄하거나 제한하여 시장을 간섭하는 정책은 몇몇 매우 특별한 환경에서는 명백히 효과적이지만, 아마도 투기적 버블이 야기하는 문제들에 대한 해결책으로서 유력하지는 않다. 투기적 시장은 핵심적인 자원 배분의 기능을 수행하므로(이는 내가 당연하게 받아들이고 이 책에서는 주목하지 않은 점이다) 버블을 통제하기 위해 시장에 간섭하는 것은 이러한 기능 또한 방해할 것이다.

자유로운 사회에서 살아가는 우리는 스스로의 실수로부터 사람들을 궁극적으로 보호할 수는 없다. 우리가 사람들을 완전하게 보호하려고 한다면, 그들 스스로의 성취 가능성을 부정하게 될 것이다. 우리는 비이성적 과열 혹은 비이성적 비관론의—이는 그 자체로 인간의 조건인 감정적인 반응들이다—영향으로부터 사회를 완전히 보호할 수는 없다.

투기적 불안정에 대응하는 정책은 정치적 불안정에 대응하는 정책과 약간 비슷하다. 우리는 이기적인 본능이나 경솔한 판단에 호소하는 정당이 권력을 잡는 것에 대해 우려한다. 그렇다고 혼란한 시기에 특정한 정당을 폐쇄하거나 그들의 활동에 과세하는 것을 통해 이러한 위험에 대응하지는 않는다. 대신 우리는 모든 정견을 제시하는 정당들의 완전한 자유에 기대를 걸고, 결국 유권자들의 상식이 승리할 것이라 기대한다. 이러한 바람직한 결과는 선거운동과 선거의 규칙을 고안하고 계속 개선하는 것에 의해 달성된다.

이와 유사하게, 투기적 버블에 대응하는 국가의 정책은 사람들에게 더 크고 더 자유로운 시장에 투자할 기회들을 주고 더욱더 자유로운 거래를 촉진하는 형태로 나타나야 한다. 더 나은 형태의 사회적 보험과 현실의 위험을 보다 효과적으로 관리하도록 해주는 진화된 금융제도를 만들어내는 것을 통해 바람직한 결과를 달성할 수 있을 것이다. 주식시장과 부동산시장에서 혼란을 겪고 있는 우리가 명심해야 할 가장 중요한 점은, 그런 혼란 때문에 이렇게 중요한 임무를 소홀히 하면 안 된다는 것이다.

후주

1장 ─────

1 Alan Greenspan, "The Challenge of Central Banking in a Democratic Society," speech before the American Enterprise Institute for Public Policy, Washington, D.C., December 5, 1996, http://www.federalreserve.gov/BOARDDOCS/SPEECHES/19961205.htm

2 스탠더드앤드푸어스 종합지수는 이제 스탠더드앤드푸어스 500으로 불린다. 그러나 역사적 지표가 항상 500개의 주식을 포함한 것은 아니기 때문에 이 책에서는 옛날의 이름을 사용한다. 이 지수의 구성의 변화는 스탠더드앤드푸어스의 계속적인 선택을 반영한다. 물론 그들은 새로운 기업이 추가되고 제외됨에 따라 기업의 목록을 바꾸고 있다. 제레미 시걸은 1957년 이 지수에 포함되었던 500개 기업들 중 2003년 125개만이 살아남았다고 보고했다. 1957년 이후 계속 남아 있는 125개 기업을 대상으로 한 지수는 스탠더드앤드푸어스 500지수 자체보다 좀 더 높은 수익률을 보여준다. Jeremy J. Siegel, *The Future for Investors* (New York: Crown Business, 2005).

3 여기서는 연간 데이터가 아니라 월별 데이터를 쓰고 있지만 주가, 배당, 그리고 수익의 데이터는 나의 이전 책인Market Volatility(Cambridge, Mass.: MIT Press, 1989)의 26장의 자료와 동일하다. 월별 배당과 수익의 데이터는 1926년 이후 S&P 4분기 총계를 사용하여 선형추정계산으로 월별 수치를 계산했다. 1926년 이전의 배당과 수익 데이터는 Cowles and associates(Common Stock Indexes, 2nd ed. [Bloomington, Ind.: Principia Press, 1939])의 연간 데이터로부터 계산되었다. 주가 데이터는 1월 3일의 값을 사용한 2005년 1월의 값을 제외하면 매일의 종가를 월별로 평균한 값이다. 전미노동통계국이 발표하는 CPI-U(물가지수-총도시소비자)는 1913년부터 시작된다; 1913년 이전의 데이터는 CPI Warren and Pearson's 물가지수를 분할하여, 그것을 1913년 1월의 지표의 비율에 곱해서 계산했다. 2004년 12월 2005년 1월의 CPI-U 값은 추정 계산했다. See George F. Warren and Frank A. Pearson, Gold and Prices (New York: John Wiley and Sons, 1935). 데이터는 pp. 11-14의 그림 1로부터 인용. 그래프를 그릴 때 나는 2004년 6월의 값이 그

들의 명목치와 동일하도록 만들기 위해 나는 인플레이션이 조정된 값을 상수에 곱했다. 즉 모든 가격은 실질적으로 2004년 6월 달러이다.

주가에 관한 나의 이전 작업에서(대부분은 존 캠벨과 함께 작업한) 나는 인플레이션의 조정을 위해 CPI가 아니라 모든 상품을 포괄하는 생산자물가지수(Producer Price Index: PPI)를 사용했다. 과거에는 단기적인 변동을 제외하면 PPI와 CPI 사이에 큰 차이가 없었지만, 1980년대 중반 이후에는 이 데이터들이 큰 차이를 보인다. 달리 이야기하지 않는 경우, 이 책에 나온 미국 주식시장의 모든 통계치는 이 각주에서 설명된 데이터셋에서 추출한 것이다. 여기서 사용된 데이터(Market Volatility의 26장도)는 현재 나의 웹사이트, irrationalexuberance.com에서 볼 수 있다.

4 몇몇 사람들은 그래프를 위해서 로그나 비율 척도를 사용하여, 그래프에서 보이는 주가의 상승이 '사람들을 오해시키는' 것이 아니게끔 만들어야 한다고 주장했다. 나는 이 그래프가 잘못된 것은 아니라고 믿는다. 같은 방식으로 그려진 수익의 그래프에서는 이 상한 상승을 찾아볼 수가 없기 때문이다.

5 어떤 식으로든 이러한 스무딩smoothing이 필요하다는 것은 명백하다. 특정 연도에 수익이 0일 가능성을 생각해보라. S&P지수에 의해 조정된 주당 수익은 1871년 지수가 시작된 이후로 언제나 0보다는 컸지만, 그것은 때때로 0에 근접한 적도 있고, 미래에는 0보다 낮을지도 모른다. 실제로 1931년과 1932년 국민소득계정national income accounts의 총 세후 기업이윤total after-tax corporate profits은 마이너스였다. 수익이 0이면, 주가수익비율은 무한대가 될 것이며, 종합주가에는 상한이 없음을 의미한다.

6 1953년 이후의 금리는 전미 연방준비제도 이사위원회의 10년 만기 재무부채권의 월별 수익률이다. 1953년 이전의 데이터는 Sidney Homer, A History of Interest Rates (New Brunswick, N.J.: Rutgers University Press, 1963); for 1871-1900, from Table 38, col. 3, p. 288; for 1901-1920, from Table 45, col. 14, p. 341; for 1921-1946, from Table 48, col. 1, p. 352; and for 1947-53, from Table 50, col. 1, p. 359.의 연간평균데이터로부터 월별 데이터를 계산했다. 제레미 시겔도 그의 논문 "The Real Rate of Interest from 1800-1990: AStudy of the U.S. and the U.K.," Journal of Monetary Economics, 29 (1992): 227-252.에서 상세한 연구한, 이와 매우 유사한 정부채권의 수익률 데이터를 보여준다. (www.jeremysiegel.com)

7 2000년 주식시장 폭등기의 기업수익 상승은 부분적으로 시장의 상승 그 자체 때문인데, 왜냐하면 몇몇 펜션펀드의 회계원칙이 펜션펀드의 포트폴리오의 가치가 높아지면 그들의 이윤을 높게 계상했기 때문이다. 주식시장의 투자자들은 이러한 회계상의 변화를 검토하지 않았던 것으로 보인다.

8 0년이 존재하지 않기 때문에 학자들은 새로운 세기의 시작은 1로 끝나는 연도의 1월이라고 지적했다. 1900년에 사람들은 그런 학자들을 지금보다 더욱 존경했고, 새로운 세기의 시작을 축하하기 위해 1년을 더 기다렸다. 반면에 새천년의 축하는 2000년의 시작

과 함께 이루어졌다.

9 이 기간 이전 30년 동안 주가수익비율은 매우 느리고 점진적으로 상승했다(실질수익은 1871년 7월에서 1900년 7월까지 연간 2.3퍼센트 성장했고, 주가는 약간 더 빠르게 연간 3.4퍼센트 상승했다).

10 이 수치는 S&P주가지수와 생산자물가지수(소비자물가지수 통계는 1913년부터 시작되므로)를 가지고 실질치를 계산하여 기하평균한 값이다.

11 Ibbotson Associates, *Stocks, Bonds, Bills and Inflation: 1999 Yearbook, Market Results for 1926~1988*(Chicago: Ibbotson Associates, 1999), Tables 2-8에서 Tables 2-11, pp. 45~51을 참조할 것. 이 책에서 나온 1926년 이후의 수익률과 그들의 책의 내용을 비교할 때, 그들의 데이터는 연간 수치만을 다룬 것임에 유의해야 한다. 따라서 그들은 시장의 고점과 저점의 수익률을 전반적으로 보여주지 못한다.

12 1982년에서 1997년까지의 10년만기 채권의 수익률과 주가수익비율은 Federal Reserve Board, "Humphrey-Hawkins Report July 22, 1997, Section 2: Economic and Financial Developments in 1997," http://www.federalreserve .gov/boarddocs/hh/1997/july/ ReportSection2.htm; the model is illustrated with a chart entitled "Equity Valuation and the Long-Term Interest Rate"를 참조.

13 경제이론은, 있다면 명목금리가 아니라 실질금리와 주가수익비율 사이에 관계가 있다고 주장한다. 명목금리와 주가수익비율이 관계있는 것은 이상한 일이다. 우리는 이를 3장에서 다시 살펴볼 것이다. Franco Modigliani and Richard A. Cohn, "Inflation, Rational Valuation, and the Market," Financial Analysts' Journal, 35 (1979): 22-44; reprinted in Simon Johnson (ed.), The Collected Papers of Franco Modigliani, Vol. 5 (Cambridge, Mass.: MIT Press, 1989)를 참조.

14 존 메이너드 케인스의 가장 유명한 말 중의 하나인 "야성적 충동"은 비이성적 과열과 상당 부분 같은 개념의 또 다른 이름이다. 아마도 케인스는 20세기의 가장 영향력 있는 경제학자였다; 그는 1936년 저작, 고용, 금리, 그리고 화폐에 관한 일반이론(The General Theory of Employment, Interest and Money)으로 유명하다. 이 혁명적인 책은 전 세계의 재정정책과 통화정책의 지도자들을 인도했다. 그는 이 책에서 "투기로 인한 불안정 외에도, 인간의 본성의 특징으로 인한 불안정이 존재한다. 우리의 긍정적인 활동의 많은 부분은 도덕적이건 쾌락적이건 또는 경제적이건 수학적 기대보다는 자연발생적인 낙관주의에 기초하고 있다. 아마도 무언가 긍정적인 일을 하는 우리의 대부분의 결정들은, 그 완전한 결과는 오랜 시간 후에 나타나겠지만, 야성적 충동-무언가 행동을 하도록 만드는 자연발생적인 충동, 그리고 이는 수량적인 확률로 곱해진 수량적인 이득의 가중평균의 결과가 아니다-의 결과로서만 받아들여질 수 있다."고 했다. John Maynard Keynes, The General Theory of Employment, Interest and Money (New York: Harcourt Brace & World, 1961), p. 161.

438

2장 ─────

1 바젤의 국제결제은행BIS은 선구적으로 전 세계의 주택가격 데이터를 수집했지만, 정기적으로 그것을 발표하지는 않는다. 런던의 「이코노미스트*Economist*」는 BIS가 만든 것과 비슷한 지수들의 목록을 수집했고, 각국의 비교를 위해 흔히 인용되고 있다.

2 중국의 많은 도시들은 호황을 누리고 있지만, 다른 많은 지역들은 공급의 엄청난 증가가 주택가격의 상승을 제한하고 있다. 중국 정부는 다른 나라들에 흔히 존재하는 지역 설정과 환경 규제 없이 건설 산업이 급속히 발전하도록 허용했다. 공급의 증가로 인해 베이징의 실질 주택가격은 매우 안정적이었다. 상업용 주택을 위한 '중국 부동산 지수 시스템CREIS'에 따르면, 2004년 그 수치는 1998년의 수치에 비해 1퍼센트 상승했다. *China Real Estate Statistical Yearbook*을 참조.

3 〈그림 2-1〉의 주택가격지수를 만들기 위해 나는 먼저 다양한 연간 주택가격지수들을—동일한 연도의 중첩되는 값들이 지수들 사이에 균등화되도록 각각을 상수로 곱해서—연결하여 명목 주택가격지수를 만들었다. 그런 다음 소비자물가지수를 반영해 지수를 조정했다. 1960년대 이전에는 정기적으로 발표된 주택가격지수가 존재하지 않았지만, 몇몇 경제학자들은 1890년 이후 대부분의 연도를 포괄하는 주택가격지수들을 만들었다. 우리는 1890년에서 1934년까지, 그리고 1953년에서 현재까지의 주택가격지수들을 찾았는데, 이것들은 주택의 품질을 일정하게 유지하기 위해 몇몇 방법을 사용하여 만들어졌다.

1890~1934년의 명목 주택가격지수는 Leo Grebler, David M. Blank, and Louis Winnick, *Capital Formation in Residential Real Estate: Trends and Prospects* (Princeton, N.J.: National Bureau of Economic Research and Princeton University Press, 1956)를 참조. 이것은 미국 22개 주의 주택 소유자들에 대한 설문조사에 기초한 반복측정지수(동일한 주택이 반복해서 거래될 때의 데이터를 사용하여 주택의 품질을 통제하는 방법—옮긴이)인데, 그들은 1934년 자신들의 주택 가치와 그 주택을 구매했을 때의 날짜와 가격에 관해 대답했다. 이 지수는 개별 주택의 반복 측정에 기초하고 있기 때문에, 단순한 중간값에 비해 이 데이터는 판매된 주택의 구성 혹은 새로운 주택의 크기와 품질 향상으로 인한 어떤 편향으로부터 자유롭다. 단점은 그것이 이전의 구입 가격에 관해 조사 대상의 주택 소유자들의 기억에 의존한다는 것이다.

우리가 만든 1934~1953년의 명목 주택가격지수는 신문에 광고된 5개 도시의 주택가격의 중간값이다. 그 도시들은 시카고, 로스앤젤레스, 뉴올리언스, 뉴욕, 그리고 워싱턴 D.C.이다. 나의 학생들은 예일 대학교의 도서관에서 마이크로필름화된 신문들로부터 데이터를 수집했고, 각각의 도시와 연도별로 약 30개의 가격들을 수집했다. 단, 워싱턴 D.C.의 1934~1948년의 데이터는 E. M. Fisher, *Urban Real Estate Markets: Characteristics and Financing* (New York: National Bureau of Economic Research, 1951)의

가격 중간값 데이터를 사용했다. 1934~1953년의 중간값 데이터는 다른 하위 기간들에서 우리가 사용한 지수들처럼 품질의 변화가 조정된 값이 아니다. 주택의 크기와 품질의 개선은 주택의 중간값에 상방 편의를 만들어낸다. 이것이 내가 1934~1953년 외에는 가격의 중간값을 사용하지 않으려 한 이유이다.

1953~1975년의 명목 주택가격지수는 미국의 소비자물가지수를 구성하는 요인 중 주택 구입 부분이다. 노동통계국은 이 기간 동안 연령과 면적을 일정하게 계산한 주택의 가격에 관한 데이터를 수집했다. 1980년대에 그들은 소비자물가지수 계산을 집세 상당 비용에 기초하는 방식으로 전환했기 때문에 이 지수 산출을 중단했다. 그들은 소비자물가지수 요인 중 주택 부분의 개념적인 문제를 해결하기 위해 이런 변화를 도입했다. 소비자물가지수는 투자자산이 아니라 기본적으로 재화와 서비스의 소비의 가격이어야 하기 때문이다. 그러나 우리의 목표를 위해서는 소비자물가지수의 주택 구입 부분을 사용할 수 있다. 하지만 여기에는 약간의 문제가 있는데, 그것은 정부가 지원하는 특정한 모기지로 구입된 주택에만 기초해 있다는 점과 노동통계국이 모기지의 최고한도 변화를 교정하기 위해 사용한 방법이 최적의 방법이 아니라는 점이다. J. S. Greenlees, "An Empirical Evaluation of the CPI Home Purchase Index 1973~1978," *American Real Estate and Urban Economics Association Journal*, 1982. A more detailed discussion of the indexes that were used here for years before 1975 can be found in my paper "Consumption, Asset Markets and Macroeconomic Fluctuations," *Carnegie-Rochester Conference Series on Public Policy*, 17 (1982): 203~238을 참조.

1975~1987년의 명목 주택가격지수는 연방주택감독국(U.S. Office of Housing Enterprise Oversight, OFHEO)이 발표하는 주택가격지수인데, 이는 본 기관의 웹사이트에서 볼 수 있다. 이것은 반복판매지수여서 품질 변화를 통제한다. 1987~2004년의 명목 주택가격지수는 Case Shiller Weiss, Inc.의 후계 기업인 Fiserv CSW, Inc.에 의해 만들어진 반복판매 주택가격지수이다. 1987년 이후의 CSW와 OFHEO 데이터는 시간에 걸쳐 매우 비슷한 패턴을 보이지만, CSW 데이터에서 가격 상승이 조금 더 명확하게 나타난다. 이는 아마도 CSW의 데이터가 실제 판매 금액에만 기초해 있는 반면, OFHEO 데이터는 판매의 경우 실제 판매 금액과 평가액 모두를 사용하기 때문일 것이다. 명목지수를 조정하여 실질지수로 만들기 위해 사용된 소비자물가지수는 〈그림 1-1〉에서 사용된 수치와 동일한 것이다.

4 이 지수는 두 개의 건축비용지수를 통합한 것이다. 첫째는 1890~1915년의 것으로 Leo Grebler, David M. Blank, and Louis Winnick, *Capital Formation in Residential Real Estate* (Princeton, N.J.: Princeton University Press, 1956), Table B-10, col. 1 (Housekeeping), p. 342에 나와 있다. 이 지수는 건축업의 시간당 임금과 자재 가격의 지수의 가중평균이다. 둘째는 Engineering News Record Building Cost Index이다. 이 지수는 1915~2004년의 지수인데, 20개 도시의 벽돌공, 목수, 철골 노동자 등 숙련 노동자의 66.38시간, 표

준적 철골 구조 2,500파운드, 포틀랜드 시멘트 1,128톤, 그리고 2×4 목재 보드 1,088피트의 비용이다.

5 1890년에서 1953년 사이의 금리는 Sidney Homer, *A History of Interest Rates* (New Brunswick, N.J.: Rutgers University Press, 1963), Tables 38 (col. 3), 45 (col. 15), 48 (col. 1), and 50 (col. 1)에서 인용된 것으로, 연간치를 월별치로 전환했다. 1953년 4월에서 2004년까지의 금리는 월별 10년 재무부 채권 수익률인데, 연준의 데이터를 사용했다. 이 장기의 금리 데이터는 Jeremy J. Siegel, *Stocks for the Long Run*, 3rd ed. (New York: McGraw-Hill, 2002), also available at http://jeremysiegel.com과 매우 유사하다. 시걸은 그의 데이터를 Jeremy J. Siegel, "The Real Rate of Interest from 1800~1990: A Study of the U. S. and the U. K.," *Journal of Monetary Economics*, 29 (1992): 227~252에서 설명한다.

6 이 주들은 캘리포니아, 코네티컷, 하와이, 매사추세츠, 뉴햄프셔, 뉴저지, 뉴욕, 그리고 로드아일랜드이다. Karl E. Case and Robert J. Shiller, "Is There a Bubble in the Housing Market?" *Brookings Papers on Economic Activity*, 2003-II, pp. 299~362, Table 1을 참조. 연준의 연구는 지역별 데이터를 사용하여 높은 주택가격 소득 비율이 미래 주택가격 하락의 전조라는 뚜렷한 증거는 없다고 보고한다. Joshua Gallin, "The Long-Run Relation between House Prices and Income: Evidence from Local Housing Markets" (Washington, D.C.: Board of Governors of the Federal Reserve System, Finance and Economics Discussion Paper Series No. 2003. 17, 2003)을 참조. 그러나 이 연구는 23년간의 데이터를 사용했는데, 마지막 연도에 전국적인 주택가격 상승이 진행 중이었기 때문에 그런 효과를 찾기 어려웠을 수 있다.

7 Karl E. Case and Robert J. Shiller, "The Efficiency of the Market for Single Family Homes," *American Economic Review*, 79(1) (March 1989): 125~137을 참조.

8 연준의 연구에 따르면, 1970년에서 2003년까지 주택의 교체 비용은 주거용 토지 가격보다 훨씬 더 안정적이었다. Morris A. Davis and Jonathan Heathcote, "The Price and Quantity of Residential Land in the United States" (Washington, D.C.: Board of Governors of the Federal Reserve System, Finance and Economics Discussion Series No. 2004~2037, 2004)를 참조.

9 뉴욕연방은행의 조나단 매카시와 리처드 피치는 이와 다른 결론을 제시한다. 2004년 7월 논문에서 그들은 "주택가격은 기본적으로 가구 소득의 증가와 명목 모기지 금리의 하락과 같은 방향으로 움직였다." Jonathan McCarthy and Richard W. Peach, "Are Home Prices the Next 'Bubble'?" *Federal Reserve Bank of New York Economic Policy Review*, 2004, p. 1을 참조. 그들의 결론이 매우 다른 부분적인 이유는 가격지수 분석의 기초로서 소위 '신규 주택가격 고정품질지수'라 불리는 신규 주택의 지수를 사용했기 때문이다. 고정품질지수는 지난 20년 동안 반복판매지수에 비해 훨씬 적게 상승했

는데, 이는 버블이 나타나지 않았음을 의미한다. 그러나 신규 주택은 토지가 풍부한 곳에 건설되는 경향이 있기 때문에 신규 주택가격은 건축 비용을 주로 반영한다. 따라서 신규 주택가격에는 상승이 나타나지 않을 것이다. 또한 신규 주택가격에는 버블의 붕괴도 볼 수 없을 것이다. 신규 주택은 주택가격이 건축 비용보다 낮은 곳에서는 건축되지 않는다. 매카시와 피치가 이야기하는 구조적 주택 시장 모델은 1981~2003년의 샘플 기간 동안 주택가격의 변화가 금리의 변화와 더 잘 들어맞는다고 설명한다. 즉, 더 장기적인 기간에 비해 이 시기에 금리의 하락이 주택가격의 상승과 보다 긴밀히 연관되어 있다는 것이다. 한편, 그들의 주장이 맞게 생각되는 부분도 있다. 미국의 많은 지역에서는 주택가격이 크게 상승하지 않았고 버블이 나타나지 않았다.

10 Claudio Borio and Patrick McGuire, "Twin Peaks in Equity and Housing Prices?" *BIS Quarterly Review*, March 2004, pp. 79~93을 참조. 미국에서는 1930년대 이후 고정금리 장기 모기지가 주를 이루고, 변동금리 모기지가 좀 더 광범위하게 사용된 나라에서는 가격이 금리의 변화에 더욱 민감한 것으로 보인다. Kostas Tsatsaronis and Haibin Zhu, "What Drives Housing Price Dynamics: Cross-Country Evidence," *Bank of International Settlements Quarterly Review*, March 2004, pp. 65~78을 참조. 6개 선진국에 관한 다른 연구는 주택가격이 금리와 주식시장, 그리고 경제 활동 전반에 미치는 영향을 발견했다. Gregory D Sutton, "Explaining Changes in House Prices," *Bank of International Settlements Quarterly Review*, September 2002, pp. 46~55를 참조.

11 미국의 기준에서 볼 때, 제1차 세계대전은 제2차 세계대전보다 훨씬 영향이 적었다. 제1차 세계대전 시기 미국 남성 인구에서 군인은 9퍼센트만을 차지했지만, 제2차 세계대전 때는 24퍼센트였다. 미국의 직접적인 참전은 제1차 세계대전 시기에는 겨우 7개월이었지만, 제2차 세계대전 시기에는 45개월이었다.

12 1934~1953년에 관련된 우리의 데이터는 미국 5개 도시에 기초한 것으로, 각각의 도시는 제2차 세계대전 이후 주택가격의 급속한 상승을 보여준다. 그러나 이 도시들의 가격 상승 중 얼마나 많은 부분이 국가 전체와 관련이 있는지는 분명하지 않다. 따라서 나는 특히 세계대전 이후 주택가격의 높은 상승을 보여주는, 미국 전체에 관한 다른 증거를 찾으려 노력했다. 미국 인구조사국은 주택 소유자의 평가에 기초하여 1940년 이후 10년마다 주택가격의 데이터를 수집했다. 그들의 데이터는 주택의 중간값이 1940년과 1950년 사이에 인플레이션이 조정된 값으로 45퍼센트 상승했다고 보고하고 있다. 그리고 우리 데이터는 30퍼센트의 상승을 보여준다. 1951년 「뉴욕 타임스」의 기사는 5개 도시보다 훨씬 더 많은 지역을 포괄하는—150개 도시를 대상으로 하는—Dow Service, Inc.의 부회장 마이런 L. 매튜스에 의해 이루어진 조사를 보도했다. 이 기사는 "그의 보고는 보통의 도시에서 1941년에 6,000달러였던 주택의 가격이 현재 1만 3,860달러임을 보여준다."라고 쓰고 있다(Lee E. Cooper, "Effects of Curbs on Building Loans Will Appear Soon," *New York Times*, April 22, 1951, p. 225.). '보통의 도시typical city'라는 단어는 약간 불

명확하다. 그러나 이 수치는 1941년에서 1951년까지 10년 동안 131퍼센트의 명목가격 상승(28퍼센트의 실질가격 상승)을 의미하는데, 이는 우리의 지수가 동일 기간 동안 보여주는 154퍼센트의 명목가격 상승(41퍼센트의 실질가격 상승)과 크게 다르지 않다.

그러나 1949년 「뉴욕 타임스」는 전미부동산협회를 통해 276개 도시를 대상으로 한, 더욱 대규모의 조사 결과를 보도한다. 이 기사는 1940년 이후 이들 도시에서 주택가격의 상승이 단지 50퍼센트였다고 보고한다(Lee E. Cooper, "Realty Men Look for Further Rise in Housing Prices," *New York Times*, May 3, 1949, p. 81.). 1940년에서 1949년까지 소비자물가지수가 73퍼센트 상승했기 때문에 이 수치는 같은 기간 동안 실질 주택가격이 13퍼센트 하락했음을 의미한다. 이는 같은 기간 동안 우리의 데이터가 보여주는 22퍼센트 상승과 전혀 다른 것이다. 그러나 376개 도시의 가격 중간값의 상승치에는 전국적 가격의 중간값 상승치에 비해 하방편향이 나타날 가능성이 높고, 이 수치는 작은 도시들에 크게 영향을 받을 수 있다. 그 조사는 또한 몇몇 밀집된 지역에서는 주택 구입자들이 약 100퍼센트 이상 더 지불해야 한다고 보고한다. 우리의 지수는 1940년에서 1949년 사이 111퍼센트의 명목가격 상승을 보여주는데, 조사 대상인 5개 도시가 밀집된 지역이기 때문에 제2차 세계대전 이후 전국적인 주택가격의 상승에 비해서 상방편향이 나타났을 수도 있다.

13 1944년 6월 24일 GI 법안에 대한 프랭클린 루스벨트의 서명은 Franklin D. Roosevelt Presidential Library and Museum, http://www.fdrlibrary.marist.edu를 참조.

14 Data: Japan Real Estate Institute, Shigaichi Urban Land Price Index, Tokyo Metropolitan Area, 소비자물가지수로 조정.

15 1급 주거용 주택, 제곱피트당 루피, 소비자물가지수로 조정, Knight Frank India.

16 Piet Eichholtz, "A Long Run House Price Index: The Herengracht Index, 1638~1973," unpublished paper, the University of Limburg and the University of Amsterdam, 1996을 참조.

17 Case, Karl E., "Measuring Urban Land Values," unpublished paper, Wellesley College, October 26, 1997.

18 "Land Values on North-South Streets in the Central Business District of Chicago, 1830~1931," p. 345, in Homer Hoyt, *One Hundred Years of Land Values in Chicago* (Chicago: University of Chicago Press, 1933)의 Table XLIV의 수치에서 계산. 나는 비교를 위해 1877년과 1931년을 선택했는데, 이는 두 시기 모두 전미경제연구국이 정의한 불황의 한복판이었고 사실은 공황 시기여서 경제 상황이 서로 비교 가능하기 때문이다.

19 Hoyt, *One Hundred Years of Land Values in Chicago*, p. 279.

20 미국 인구조사국 데이터는 평균적 신규 주택의 크기가 1970년 1,500제곱피트에서 2000년 2,200제곱피트로 커졌고, 가구의 구성원 수는 1970년 가구당 3.1인에서 2002년 2.8인으로 감소했음을 보여준다.

21 검색에 나온 주요 신문에서 기존 주택의 판매 가격의 중간값에 관한 첫 번째 기사는 1968년 「워싱턴 포스트」에 실렸다. 이 기사는 중간값을 계산한 조사가 "2년 이상 전에 수행되었다."라고 쓰고 있다. "Average Sales Price Up $1,000 to $20,630," *Washington Post Times Herald*, October 5, 1968을 참조. 그 이전에는 기존 주택의 판매 가격에 관해 정기적으로 발표된 잘 알려진 지수가 없었다는 것이 분명하다. 신규 주택의 중간값에 대한 새로운 정부 데이터에 관한 1963년 「뉴욕 타임스」의 한 기사는 "새로운 연구는 주택 산업에 상당한 흥미를 불러일으키고 있다. 그 이유는 지금껏 주택 판매에 관해 정부나 산업의 통계적 보고가 없었기 때문이다."라고 쓰고 있다. "New Home Study Arouses Interest," *New York Times*, October 13, 1963을 참조.

22 1960년 법에 의해 부동산투자신탁이 설립되기 이전에는 미국에 공개적으로 거래되는 부동산 채권이 존재하지 않았다. 따라서 발표된 가격에 부동산에 대한 투기적 관심이 반영될 가능성은 없었다. 그렇다 해도 주택의 본질과 그것이 만들어내는 배당 흐름의 특징은 근본적으로 다르기 때문에 부동산투자신탁의 투자 성과는 개인 자가주택 투자 성과의 좋은 지표는 아니다.

3장 ─────

1 각국의 데이터를 사용한 많은 연구들은 더욱 발전된 금융시장을 지닌 나라들이 더 높은 경제성장을 하거나, 자원을 더 효율적으로 배분함을 보여준다. Robert G. King and Ross Levine, "Finance and Growth: Shcumpeter May Be Right," *Quarterly Journal of Economics*, 108 (1993): 717-37; Rafael LaPorta, Florencio Lopez-de-Silanes, and Andrei Shliefer, "Corporate Ownership around the World," *Journal of Finance*, 54 (1999): 471-518; 그리고 Jeffrey Wurgler, "Financial Markets and the Allocation of Capital," unpublished paper, Yale University, 1999 등을 참조.

2 한 연구는 개인투자자들은 주식의 기대수익이 높은, 경기순환의 저점 동안 주식에 덜 투자하는 반면, 기관투자가들은 더 많이 투자하여 시장을 안정화시킴을 보여준다. Randolph Cohen, "Asset Allocation Decisions of Individuals and Institutions," unpublished paper, Harvard Business School, 1999 참조. 한편 메릴린치의 조사연구에 따르면, 외국의 전문적 펀드매니저들은 1994년 이후 강세장 동안 미국 주식을 팔았지만, 미국의 펀드매니저들은 그런 패턴을 보여주지 않았다. Trevor Greetham, Owain Evans, and Charles I. Clough, Jr., Fund Manager Survey: November 1999: (London: Merill Lynch & Co., Global Securities Research and Economics Group, 1999) 참조.

3 사적 재산권이 유인을 개선한다는 생각은 애덤 스미스에게까지 거슬러 올라간다. 사적 재산권이 충실한 시민을 만들어낸다는 것은 오래된 전통이다. 이 오랜 생각들이 최근에

더욱 큰 존경을 받고 있다. 예를 들어, William A. Fischel, *The Homevoter Hypothesis: How Home Values Influence Local Government Taxation, School Finance, and Land-Use Policies* (Cambridge Mass.: Harvard University Press, 2001)를 참조.

4 데이터는 U.S. Bureau of Labor Statistics, Current Population Survey.

5 우리는 동일한 설문지에서 "소득에 관한 이러한 걱정이 당신이 집을 구매하도록 혹은 더 큰 집을 구매하도록 혹은 더 큰 토지를 지닌 집을 구매하도록 자극했습니까?"라고 물었다. 414명의 응답자들 중 81퍼센트가 그것이 집을 구매하는 결정에 아무런 영향을 미치지 않았다고 대답했으나, 집을 구매하도록 자극했다는 응답자는 그 반대의 응답자보다 2배 많았다.

6 See J. Nellie Liang and Steven A. Sharpe, "Share Repurchases and Employee Stock Options and Their Implications for S&P 500 Share Retirements and Expected Returns," unpublished paper, Board of Governors of the Federal Reserve System, 1999. 기업들이 노동자에게 자사주 옵션을 발행하는 하나의 이유는 노동자들은 기업의 미래에 관해 과도하게 낙관적인 경향이 있으며, 따라서 노동자에게 옵션으로 임금을 지불하는 것은 기업이 노동자와 시장의 서로 다른 가치 판단을 이용하여 차익거래를 배우는 방법이기 때문이다. Nittai Bergman and Dirk Jenter, "Employee Sentiment and Stock Option Compensation," unpublished paper, Massachusetts Institute of Technology, 2004을 참조. 또 다른 이유는 기업들이 새로운 자본을 조달할 때 그들의 지분을 금세 팔아버리는 경향이 있는 적극적인 투자자보다는 주식을 장기적으로 보유하는 경향이 있는 소극적인 투자자에게 판매하고 싶어하기 때문이다. 이는 투자자의 주식 매각이 주가를 하락시킬 수 있기 때문이다. 기업의 노동자는 그런 소극적인 투자자일 가능성이 높다. Malcolm Baker, Joshua Coval, and Jeremy C. Stein, "Corporate Financing Decisions when Investors Take the Path of Least Resistance," unpublished paper, Harvard Business School, 2004를 참조.

7 U.S. Bureau of Labor Statistics National Compensation Survey, 2003, http://www.bls.gov/opub/cwc/cm20040628yb01p1.htm.

8 인센티브 옵션을 보유한 경영자들은 또한 배당 지불 대신 자사주 매입을 선택할 예외적인 유인을 가진다. 이러한 전환이 직접적으로 경영자의 옵션 가치를 증가시키기 때문이다. 1994년에서 1998년 사이에 리앙과 샤프가 연구한("Share Repurchases and Employee Stock Options") 144개 기업은 매년 발행된 총주식의 평균 1.9퍼센트를 자사주로 매입하여 매년 0.9퍼센트의 주식 발행액보다 많았는데, 이는 주로 종업원들의 옵션 행사로 인한 필요를 충당하기 위한 것이었다. 배당 수입 대신 나타난 이 정도의 자사주 매입만으로 주가는 약 몇 퍼센트포인트 상승했을 것이다.

높은 수익을 올리는 기업들이 높은 배당을 지불하지 않으려 하고(투자자들이 배당이 계속 높을 것이라 예상할 것이기 때문에) 미국의 투자자들이 배당보다 자사주 매입이 세금에서 유리하다는 것을 점점 더 많이 알게 되었기 때문에, 자사주 매입이 적어도 2003년까지는 더욱 인기를 끌었을지도 모른다. 2003년 세법은 장기적 자본이득세와 배당세의 세율을 인하하고 그 조항이 만료되는 2008년까지 그 두 세율을 똑같이 설정했다. 경영자들도 주식시장의 높은 수익률이 기대될 때 자사주 매입을 하기 위해 그들의 자사주 매입을 매년 변화시키는 것으로 보인다. 따라서 최근의 높은 자사주 매입은 경영자의 강세장에 대한 예상이라는 관점에서 설명될 수도 있을 것이다. 자사주 매입과 이후의 수익에 관해서는, William R. Nelson, "Three Essays on the Ability of the Change in Shares Outstanding to Predict Stock Returns," unpublished Ph.D. dissertation, Yale University, 1999; and Malcolm Baker and Jeffrey Wurgler, "The Equity Share in New Issues and Aggregate Stock Market Return," unpublished paper, Harvard University, 1999 등을 참조.

역사적 데이터는 경영자의 인센티브 옵션이 채택된 이후 배당지불이 감소했음을 확인해준다. Richard A. Lambert, W. Lanen, and D. Larker, "Executive Stock Option Plans and Corporate Dividend Policy," *Journal of Finance and Quantitative Analysis*, 24 (1985): 409~425.

9 개인저축에 관한 데이터는 the U.S. National Income and Product Accounts, Table 5.1. Data on asset growth are from Tables B100 and B100e of the Flow of Funds Accounts of the United States.

10 로퍼 스터치 월드와이드의 설문조사, Karlyn, Bowman, "A Reaffirmation of Self-Reliance? A New Ethic of Self-Sufficiency?" *The Public Perspective*, February-March 1996, pp. 5-8에서 인용. 시간에 따라 물질적 가치의 중요성이 증대했다는 주장의 타당성은 문화들 사이에 그런 가치가 서로 다름을 보여주는 증거에 의해 더욱 강화된다. Guliz Ger and Russel W. Belk, "Cross-Cultural Difference in Materialism," *Journal of Economic Psychology*, 17 (1996): 55~77을 참조.

11 U.S. Bureau of Justice Statistics, "National Crime Victimization Survey(NCVS)," http://www.ojp.usdoj.gov/bjs/cvict.htm#ncvs 이 조사는 8만 4,000가구와의 인터뷰에 기초한 것이다. 그 결과는 경찰신고율의 증가 추세에 의해 영향받지 않는다.

12 경제학자 엘렌 맥그라탄과 에드워드 C. 프레스콧은 1990년대 후반 이후 미국 주식시장의 상승은 당시에 실행된 주식 투자에 부과되는 세율의 인하에 의해 설명될 수 있다고 주장했다. 그들은 부분적으로 맞을 가능성이 높지만—세금은 시장에 정말로 중요한 영향을 미친다—그들의 이론은 1990년대의 주가 급등 혹은 그 이후의 급락을 설명하지 못한다. Ellen R. McGrattan and Edward C. Prescott, "Taxes, Regulations, and the Value of U.S. Corporations: A General Equilibrium Analysis," Research Department Staff Report 309, Federal Reserve Bank of Minneapolis, 2002 (revised 2004, http://research.mpls.frb.fed.us/research/sr/sr309.pdf).

13 Henry Allen, "Calling from Where? Phones Invade Where Beepers Used to Tread," *Washington Post*, January 8, 1982, B1.

14 몇몇 단순한 경제성장 모델은 갑작스런 기술진보는 주가에 영향을 미치지 못함을 보여준다. 이 모델들에 관해서는 Robert Barro and Xavier Sala-i-Martin, *Economic Growth* (New York: McGraw-Hill, 1995); Olivier Blanchard and Stanley Fischer, *Lectures on Macroeconomics* (New York: McGraw-Hill, 1996) 등을 참조. 예를 들어, 갑작스런 기술 진보의 이론적인 영향은 새로운 자본에 대한 투자를 촉진하는 것일 수 있지만, 이는 기술진보로 인해 기존 자본이 얻을 수 있는 초과이윤을 경쟁에 의해 사라지게 만들 것이다.

15 마이크로소프트와 인텔은 1999년 11월 1일 다우지수에 편입되었다.

16 Adam S. Posen, "It Takes More than a Bubble to Become Japan," Institute for International Economics Working Paper No. 03-9, October 2003을 참조.

17 Joel E. Cohen, "A Global Garden for the Twenty-First Century," *The Key Reporter*, Spring 1998, p.1을 참조.

18 World Bank, *Averting the Old Age Crisis* (New York: Oxford University Press, 1994.)를 참조.

19 Gurdip S. Bakshi and Zhiwu Chen ("Baby Boom, Population Aging and Capital Markets," *Journal of Business*, 67 [1994]: 165~202)에 따르면, 20세 이상 미국 인구의 평균 연령과 1950~1992년 동안의 실질 S&P지수 사이에는 강한 관련이 있다. 그러나 Robin Brooks ("Asset Market and Savings Effects of Demographic Transitions," unpublished Ph.D. dissertation, Yale University, 1998)는 이 결과는 기준연령(20세)에 민감하며, 다른 7개국을 분석해보면 이 관련이 약해졌다고 보고했다. Bakshi and Chen의 연구는 그 방향은 좋았으나 베이비붐과 주식시장 수준과의 관계를 지지하는 증거는 미약하다.

서로 다른 연령 집단의 사람들이 위험에 대해 다른 태도를 지닌다고 가정하면 자산의 종류에 따라 다른 가격의 움직임이 베이비붐 이론과 조화될 수도 있다. 오늘날 40대인 사람들이 자연적으로 노인들보다 덜 위험 기피적이기 때문에 현재 주식시장이 상대적으로 높다고 할 수 있다. 그러나 상대적인 가격의 움직임을 설명하기 위해 그런 이론이 주의 깊게 발전되거나 제시되지 않았다. 또한 라이프사이클 이론이 제시하는 것과는 달리 미국의 개인 저축률이 양이 아니라 최근 거의 제로 수준임을 주목해야 한다.

한편 경제학자들은 최근 주식시장의 상승을 고려하면 저축률이 실제로는 매우 높다고 주장해왔다. William G. Gale and John Sabelhaus, "Perspectives on the Household Saving Rate," *Brookings Papers on Economic Activity*, 1 (1999): 181~224을 참조.

20 Ronald Inglehart, "Aggregate Stability and Individual-Level Flux in Mass Belief System," *American Political Science Review*, 79(1) (1985): 97~116 참조.

21 Richard Parker, "The Media Knowldge and Reporting of Financial Issues," presentation at the Brookings-Wharton Conference on Financial Services, Brookings

Institution, Washington, D.C., October 22, 1998.

22 James T. Hamilton, *All the News That's Fit to Sell: How the Market Transforms Information into News* (Princeton, N.J.: Princeton University Press, 2004).

23 잭스 투자리서치의 미첼 잭스가 고맙게도 데이터를 제공해주었다. 「비즈니스 위크」의 기사에 따르면 이 변화는 더욱 극적이다. 1983년 중반에는 26.8퍼센트가 매도 대상이었고, 24.5퍼센트가 매수, 48.7퍼센트가 보유 대상이었다. Jeffrey Laderman, "Wall Street's Spin Game," *Business Week*, October 5, 1998, p. 148.

24 Hsiou-Wei Lin and Maureen F. McNichols, "Underwriting Relationships, Analysts' Earnigns Forecasts and Investment Recommendations," *Journal of Accounting and Economics*, 25(1) (1998): 101~127을 참조.

25 James Grant, "Talking Up the Market," *Financial Times*, July 19, 1999, p. 12를 참조. 그럼에도 불구하고 우리가 이 편향을 감안한다면 애널리스트들의 추천은 유용하다. Kent Womack ("Do Brokerage Analysts' Recommendations Have Investment Value?" *Journal of Finance*, 51[1] [1996]: 137~167)은 애널리스트들의 추천이 보유에서 매수로 바뀌면 이후에 주가는 오르는 경향이 있어서, 그들은 주식 수익을 예측하는 어느 정도의 능력이 있음을 보여준다. 추천이 보유에서 매도로 바뀌는 경우는 더욱 정확하다(주가의 하락). 워맥은 이 비대칭적인 영향은 애널리스트들은 매도 추천을 꺼리기 때문이라고 해석한다. 그들은 정말 그럴 만한 중요한 이유가 있을 때에만 매도 추천을 하는 것이다.

26 Steven Sharpe, "Stock Prices, Expected Returns and Inflation," unpublished paper, Federal Reserve Board, Washington, D.C., 1999, Figure 1. 2. 수익 전망은 I/B/E/S에 기초한 것이며, S&P 500기업의 수익을 계산하기 위해 개별 기업들의 전망을 종합한 것이다. 샤프의 결과는 수익 전망에 대한 이러한 편향이 1979년 이후 명백히 심해졌다는 증거를 보여주지는 않는다. 게다가 극단적인 음의 수치에 대한 소수의 예측 실패가 평균값의 오차를 만들어내는 중요한 이유이다. Jeffrey Abarbanell and Reuven Lehavy, "Biased Forecasts or Biased Earnings? The Role of Earnings Management in Explaining Apparent Optimism and Inefficiency in Analysts' Earnings Forecast," *Journal of Accounting and Economics*, 35(2003)을 참조.

27 이러한 하락 편향에 대한 대중적인 인식으로 인해 인터넷에서 '비밀 예측치whisper numbers'가 크게 증가했다. 이는 익명성 덕분에 자유롭게 의문을 제기할 수 있는 애널리스트들이 특정한 기초 자료 없이 예측하는 수익의 예측치를 뜻한다. 반면, 비밀 예측치는 또한 더욱 엄청나게 높게 편향된 예측치에도 적용되었다. 이는 기업들이 낙관적인 관점에서 예측의 큰 실수를 했다는 평판의 결과를 나중에 두려워하여 공개적으로 발표하고 싶지 않은 수치를 말한다. 2000년 이후 귓속말 예측치에 대한 대중적 관심의 하락과 2003년 이후 이에 대해 대중적 관심의 새로운 증가는 비이성적 과열의 하락 그리고 상승으로 해석되었다. Matt Kranz, "Earnings Whispers Return," *USA Today*, July 22,

2003을 참조.

28 Steven A. Sharpe, "How Does the Market Interpret Analysts Long-Term Growth Forecasts?" Finance and Economics Discussion Paper Series 2002-7, Federal Reserve Board, 2002.

29 절세를 위한 회계적 수단이 401(k) 조항 아래에서 1978년 국세법에 규정되었지만, 기업의 펜션 플랜에 이를 적용하는 것은 아직은 확실하지 않았다. 1981년 고용자 급부 컨설팅 회사인 존슨 사의 부사장 테오도르 베나가 최초의 401(k) 플랜을 고안해냈다. 1982년 IRS는 이 플랜의 세금 혜택이 허용된다고 발표했다.

30 New York Stock Exchange, *The Public Speaks to the Exchange Community* (New York, 1955)을 참조.

31 Shlomo Benartzi and Richard H. Thaler, "Naive Diversification Strategies in Defined Contribution Plans," *American Economic Review*, 91(1) (2001): 79~98. 그들의 기본적인 결론의 일부는 Gur Huberman and Wei Jiang, "Offering versus Choice in 401(k) Plans: Equity Exposure and Number of Funds," unpublished paper, Columbia University, 2004에 의해 재확인되었다.

32 Investment Company Institute, *Mutual Fund Fact Book* (Washington, D.C., 1999), http://www.ici.org

33 Hugh Bullock, *The Story of Investment Companies* (New York: Columbia University Press, 1959)를 참조.

34 Rudolph Weissman, *The Investment Company and the Investor* (New York: Harper and Brothers, 1951), p. 144를 참조.

35 사실, 뮤추얼펀드에 대한 투자는 시장의 성과와 중요한 관련이 있는 것으로 보인다. 주식시장이 상승하면 뮤추얼펀드 투자는 즉각적이고 상당한 증가를 보여준다. Vincent, A. Warner, "Aggregate Mutual Fund Flows and Security Returns," *Journal of Financial Economics*, 39 (1995): 209~235. and William Goetzmann and Massimo Massa, "Index Fund Investors," unpublished paper, Yale University, 1999 등을 참조.

36 나의 논문, "Why Do People Dislike Inflation?" in Christina D. Romer and David H. Romer(eds.), *Reducing Inflation: Motivation and Strategy* (Chicago: University of Chicago Press and National Bureau of Economic Research, 1997), pp. 13~65를 참조.

37 Franco Modiglian and Richard A. Cohn, "Inflation, Rational Valuation, and the Market," *Financial Analysts' Journal*, 35 (1979): 22~44. also Robert J. Shiller and Andrea Beltratti, "Stock Prices and Bond Yields: Can Their Comovements Be Explained in Terms of Present Value Models?" *Journal of Monetary Economics*, 30 (1992): 25~46을 참조.

38 모딜리아니와 콘은 또한 기업들이 이윤으로부터 부채에 대한 실질이자가 아니라 총 이

자지불액을 차감한다는 사실 때문에 발생하는 기업 이윤 측정의 편향을 고려하는 데 실패한다고 주장했다. 이것은 더욱 복잡한 주장이다. 인플레이션 시기에는 이 이자지 불액의 일부는 기업에게 비용이라기보다는 일부 실질부채의 선지불로서 생각될 수 있 다. 이를 이해하고 인플레이션의 이러한 영향을 고려하는 투자자는 거의 없다. 이러한 실패는 화폐 환상의 다른 사례로서 설명될 수 있을 것이다. Jay R. Ritter and Richard S. Warr("The Decline of Inflation and the Bull Market of 1982~1997," unpublished paper, University of Florida, Gainesville, 1999)에 따르면, 개별 기업에 대한 시장의 잘못된 평가는 인플레이션 수준과 기업의 부채 수준과 관련이 있는데, 이는 모딜리아니 콘의 이론을 지지하는 것이다.

39 인플레이션에 대한 대중의 오해는 Eldar Shafir, Peter Diamond, and Amos Tversky, "Money Illusion," *Quarterly Journal of Economics*, 112(2) (1997): 341~374; and Robert J. Shiller, "Public Resistance to Indexation: A Puzzle," *Brookings Papers on Economic Activity*, 1 (1997): 159~211에 설명되어 있다.

40 *New York Stock Exchange Fact Book* (New York, 1998), http://www.nyse.com. 거래 액의 데이터는 더욱 큰 증가를 보여준다. 그러나 이는 상당 부분이 인플레이션과 시장 가치의 증가 때문일 것이다. 이는 주식 분할을 촉진하고, 따라서 총 공개 주식수를 증가 시킨다.

41 Gretchen Morgenson, "Investing's Longtime Best Bet Is Being Trampled by the Bulls," *New York Times*, January 15, 2000, p. 1을 참조.

42 U. S. Securities and Exchange Commission, "Special Study: On-Line Brokerage: Keepingn Apace of Cyberspace," 1999, http://www.sec.gov/pdf/cybrtnd.pdf.

43 Kenneth R. French and Richard Roll, "Stock Return Variances: The Arrival of Information and the Reaction of Traders," *Journal of Financial Economics*, 17 (1986): 5~26. 또한 Richard Roll, "Orange Juice and Weather," *American Economic Review*, 74 (1984): 861~880을 참조.

44 Shlomo Benartzi and Richard H. Thaler, "Myopic Loss Aversion and the Equity Premium Puzzle," *Quarterly Journal of Economics*, 110(1) (1995): 73~92를 참조.

45 Abbott and Volberg에 따르면, "20세기의 마지막 20년 동안 상업적 도박의 기회와 그 수용이 크게 늘어났다는 것은 의심의 여지가 별로 없다." Max Wenden Abbott and Rachel A. Volberg, *Gambling and Problem Gambling in the Community: An International Overview and Critique*, Report No. 1 of the New Zealand Gaming Survey, 1999, p. 35.

46 Craig Lambert, "Trafficking in Chance," *Harvard Magazine*, 104(6) (July-August 2002): 32의 수치로부터 필자가 계산.

47 John W. Welte et al. "Gambling Participation in the United States-Results from a

National Survey," *Journal of Gambling Studies*, 18(4) (2002): 313~337.

48 Eugene Martin Christiansen and Sebastian Sinclair, *The Gross Annual Wager of the United States*, 2000, Christiansen Capital Advisors, 2000, p. 2.

49 또한 William N Thompson, Legalized Gambling: A Reference Handbook (Santa Barbara, Calif.: ABC-CLIO, 1994), pp. 52~53을 참조.

50 1920년대의 도박 행태에 관한 수량적 증거는 얻기 어렵다. 나는 「정기간행물 리더스 안내」의 도박에 관한 기사의 수를 세어 전체 기사에서 그 비중을 다음과 같이 보고했다(I과 II는 각각 1938년의 상반기와 하반기를 의미한다).

1919~1921	0%
1922~1924	0.004%
1925~1928	0.021%
1929~1932	0.035%
1933~1935	0.006%
1936~38-I	0.003%
1938-II~1942	0.008%

이 수치는 1925년에서 1932년 사이에 도박에 대한 대중의 관심이 일시적으로 갑자기 급등했음을 강력하게 보여준다. 그러나 물론 이것이 도박에 대한 대중의 태도 변화의 본질에 관해 질적인 어떤 정보를 전해주는 것은 아니다. 도박과 그것과 투기와의 관련의 역사는, James Grant, *The Trouble with Prosperity: A Contrarian Tale of Boom, Bust, and Speculation* (New York: John Wiley and Sons, 1996)을 참조.

51 자본주의의 폭발적 확대, 사업의 성공을 더욱 존경하는 문화적 변화, 언론의 경제 뉴스의 보도 증가, 애널리스트의 점점 더 낙관적인 전망, 인플레이션의 하락, 그리고 주식 시장 거래량의 증가는 미국만큼 강하지는 않았어도, 모두가 유럽에서도 발생한 것이다. 비록 제2차 세계대전 이후 유럽의 베이비붐의 정도는 미국보다는 약했지만, 유럽에서도 1960년대 중반 이후 베이비 버스트가 발생했다. 유럽은 미국만큼 뚜렷한 도박 기회의 증가를 보여주지는 않는다. 하지만 유럽에서 이 모든 촉발 요인이 작동한 것은 아니라 해도, 미국과 유럽의 강력한 문화적 관련, 그리고 미국 투자자들의 유럽 주식에 대한 수요 증가 등이 커다란 전염 효과를 낳았을 것이다.

4장 ———

1 여기서 명시적으로 서술되지는 않지만, 피드백 이론에 대한 암시는 찰스 매케이의 1841년 저작 『비정상적이고 대중적인 망상과 대중의 광기*Memoirs of Extraordinary Popular Delusions and the Madness of Crowds*』에서 발견된다. 매케이는 튤립 열풍에 관해 이렇게 썼

다. "많은 개인들이 갑자기 부자가 되었다. 사람들 앞에 황금의 미끼가 매달려 있었고, 파리가 꿀단지로 달려드는 것처럼 그들은 하나씩 튤립 시장으로 달려갔다." 네덜란드의 튤립 열풍 당시 만들어진 익명의 팸플릿, *Samen-Spraeck tusschen Waermondt ende Gaergoedt nopende de opkomste ende ondergangh van flora* (Haerlem: Adriaen Roman, 1637)도 피드백 이론을 제시한다. 이 팸플릿은 더욱더 많은 사람들을 시장으로 이끈, 다른 사람들의 성공을 보고 자극받은 전염성 있는 열광적인 모습을 묘사한다.

2   편지의 양과 응답률의 차이로 인해서 표본의 크기는 질문에 따라 다르다. 이 장에서 보고된 이 질문과 다른 질문들에서 표준오차는 1퍼센트에서 4퍼센트 사이의 값이다. 물론 표본의 크기 외에 다른 요인들로 인해서 이 결과가 신뢰할 만하지 않을 수도 있다. 예를 들어, 이 설문지에 대답하기로 결정한 사람들은 주식시장에 대해서 남들보다 더 확신이 있었을 수도 있다. 게다가 이 설문에 응한 사람들은 시장에 더 큰 영향을 미치는 일종의 적극적인 투자자일 수도 있다. 그렇다면 응답자들은 부자들의 진정으로 임의적인 집단이 아니라 주식시장 호황의 배후에 있었던 투자자를 대표하는 것일 수도 있다.

3   나는 설문조사에서 이렇게 주가 폭등 이후에 주가가 확실히 하락할 것이라고 생각하는지는 묻지 않았다. 그러나 투자자들의 기대에 대해 이용 가능한 데이터들은 대부분이 그렇게 생각하지는 않음을 보여준다.

4   Frederick Lewis Allen, *Only Yesterday* (New York: Harper and Brothers, 1931), p. 309.

5   David Elias, *Dow 40000: Strategies for Profiting from the Greatest Bull Market in History* (New York: McGraw-Hill, 1999), p. 8.

6   Dwight R. Lee and Richard B. MackKenzie, "How to (Really) Get Rich in America," *USA Weekend*, August 13~15, 1999. p. 6.

7   Samuel Crowther, "Everybody Ought to Be Rich: An Interview with John J. Raskob," *Ladies Home Journal*, August 1929, pp. 9, 36.

8   물론 저축을 너무 적게 하는 대다수 사람들에게는 그것이 비록 과장된 투자의 낙관주의로 아름답게 표현되었을지라도 저축을 늘리라는 격려는 일반적으로 좋은 일이다.

9   Bodo Schäfer, *Der Weg zur Finanziellen Freiheit: In Sieben Jahren die erste Million* (Frankfurt: Campus Verlag, 1999); Bernd Niquet, *Keine Angst vorm nächsten Crash: Warum Aktien als Langfristanlage unschlagbar sind* (Frankfurt: Campus Verlag, 1999).

10   David E. Bell, "Regret in Decision Making Under Uncertainty," *Operations Research*, 30(5) (1982): 961~981; and Graham Loomes and Robert Sugden, "Regret Theory: An Alternative Theory of Rational Choice under Uncertainty," *The Economic Journal*, 92 (1982): 805~824를 참조.

11   Nassim Taleb, *Fooled by Randomness: The Hidden Role of Chance in Life and in the Markets*, 2nd ed. (New York: Texere, 2004).

12   Richard H. Thaler and Eric J. Johnson, "Gambling with the House Money and Trying

to Break Even: The Effect of Prior Outcomes on Risky Choice," *Management Science*, 36 (1990): 643~660을 참조.

13 John Kenneth Galbraith, *The Great Crash*: 1929, 2nd ed.(Boston: Houghton Mifflin, 1961), p. 79.

14 이 데이터는 National Association of Investors Corporation Web site, http://www. better-investing.org/member/history.html에 나와 있다.

15 Brad M Barber, and Terrance Odean, "Online Investors: Do the Slow Die First?" *Review of Financial Studies*, 15(2) (2002): 455~489를 참조.

16 이 피드백에 관해 설명하는 심리학적 이론은, Nicholas Barberis, Andrei Shleifier, and Robert Vishny, "A Model of Investor Sentiment," *Journal of Financial Economics*, 49(1998): 307~343에 제시하고 있다.

17 경제학자 존 캠벨과 존 코크레인은 주식시장의 과정을 증폭시킬 수 있는 습관 형성 이론을 제시했다. 그들의 모델에서 사람들은 주식시장이 더 고평가되면 기대할 수 있는 높은 소비수준으로 천천히 익숙해지게 된다. 주식시장의 상승 이후, 투자자들은 더 높은 소비수준을 새로이 경험할 수도 있지만 아직 그것에 익숙해지지는 않았다. 주식시장에서 이윤을 번 투자자들은 만약 투자 손실로 인해 어쩔 수 없다면 더 높은 소비수준을 포기할 수 있다고 여전히 생각하기 때문에 더 많은 위험을 감수하려 할 수 있다. 이렇게 높은 가격에서도 주식을 보유하고자 하는 의향은 다시 촉발요인의 영향을 더 증폭시킬 수 있다. John Y. Campbell and John H. Cochrane, "By Force of Habit: AConsumption-Based Explanation of Aggregate Stock Market Behavior," *Journal of Political Economy*, 107(2) (1999): 205~251을 참조.

18 Karl E. Case, John M. Quigley, and Robert J. Shiller, "Comparing Wealth Effects: The Stock Market vs. the Housing Market," National Bureau of Economic Research Working Paper No. 8606, November 2001을 참조.

19 Robert J. Shiller, "Market Volatility and Investor Behavior," *American Economic Review*, 80 (1990): 58~62; and Shiller, Market Volatility, pp. 376~377을 참조.

20 몇몇 경제 이론들은 가격은 0이라는 바닥을 지니고 있기 때문에 네거티브 버블은 발생할 수 없다고 주장한다. 그러므로 투자자들은 가격이 영원히 하락할 수 없음을 알고 있으며, 따라서 네거티브 버블은 시작될 수 없음을 이해해야만 한다. 그러나 그들이 말하고자 하는 바는, 버블은 모든 사람들이 합리적이고 계산적일 때는—그리고 모두가 다른 모든 사람들이 합리적이고 계산적이라 생각할 때에는—버블이 발생할 수 없다는 것이다.

21 카오스 이론을 경제학에 적용한 연구들은 보통 여기서 논의된 가격 피드백 모델과 같은 종류를 강조하지 않는다. 하지만 이 이론이 금융시장의 복잡성의 원천에 대해서 몇몇 통찰을 제공해줄 수 있다. Michael Boldrin and Michael Woodford, "Equilibrium

Models Displaying Endogenous Fluctuations and Chaos: A Survey," *Journal of Monetary Economics*, 25(2) (1990): 189~222를 참조. 또한 이 문헌들의 개괄은 Benoit Mandelbrot, *Fractals and Scaling in Finance: Discontinuity, Concentration, Risk* (New York: Springer-Verlag, 1997) and Brian Arther, John H. Holland, Blake LeBaron, Richard Palmer, and Paul Tayler, "Asset Pricing under Endogenous Expectations in an Artificial Sotck Market," in W. B. Arther, S. Durlauf, and D. Lane(eds.), *The Economy as an Evolving Complex System II* (Reading, Mass.: Addison-Wesley, 1997)을 참조. 이 와 관련이 있는 다른 연구들은 사람들이 뉴스나 혼란스럽게 하는 요인들이 없도록 고 안된 환경에서 주식투자를 하게 하는 실험적 시장의 결과에 대해서 분석한다. 이 통제 된 환경에서는 외생적인 버블 가격 운동이 나타나는 경향이 있다. Vernon L. Smith, Gary L. Suchanek, and Arlington W. Williams, "Bubbles, Crashes and Endogenous Expectation in Experimental Spot Asset Markets," *Econometrica*, 56(1988): 1119~1151 을 참조.

22 Lauren R. Rublin, "Party On! America's Portfolio Managers Grow More Bullish on Stocks and Interest Rates," *Barron's*, May 3, 1999, pp. 31~38.

23 개인은 1989년과 1996년, 그리고 1996년과 1999년 사이에는 조사되지 않았다. 이 지수 는 2001년 이후의 월별 조사의 6개월 이동평균치이다.

24 Joseph Bulgatz, *Ponzi Schemes, Invaders from Mars, and Other Extraordinary Popular Delusions, and the Madness of Crowds* (New York: Harmony, 1992), p. 13을 참 조.

25 Mike Hinman, "World Plus Pleas: Guilty, Guilty," *Anchorage Daily News*, July 1, 1998, p. 1F; and Bill Richards, "Highflying Ponzi Scheme Angers and Awes Alaskans," *Wall Street Journal*, August 13, 1998, p. B1.

26 John Templeman, "Pyramids Rock Albania," *Business Week*, February 10, 1997, p. 59.

27   Kerin Hope, "Pyramid Finance Schemes," *Financial Times*, February 19, 1997, p. 3; and Jane Perlez, "Albania Calls an Emergency as Chaos Rises," *New York Times*, March 3, 1997, p. A1.

28 Jane Perlez, "Albanians, Cash-Poor, Scheming to Get Rich," New York Times, October 27, 1996, p. A9.

29 이렇게 믿는 성향은 아마도 7장에서 논의되는 과신이라는 인간의 성향과 관련이 있 을 것이다. 또한 Steven Pressman, "On Financial Frauds and Their Causes: Investor Overconfidence," *American Journal of Economics and Sociology*, 57(1988): 405~421 을 참조.

30 Charles P. Kindleberger, *Manias, Panics and Crashes*, 2nd ed.(London: Macmillan,

1989), p. 90.

31 Rakesh Khurana, *Searching for a Corporate Savior: The Irrational Quest for Charismatic CEOs* (Princeton, N.J.: Princeton University Press, 2002).

32 '비폰지 조건no-Ponzi condition'이라는 단어가 이론금융학의 어휘사전에 추가되었다. 그러나 그것은 피드백 순환을 의미하는 것이 아니라, 모델에서 투자자가 영원히 더욱더 많은 부채로 빠져 들어갈 수 없다는 가정을 지칭한다.

33 더 많은 논의를 위해 Case and Shiller, "Is There a Bubble in the Housing Market?"을 참조.

5장 ────

1 신문이 등장하기 전에도 틀림없이 투기적 가격운동이 존재했다. 하지만 나는 신문이 나타나기 이전의 시기에는, 열광적이며 이해하기 어렵다고 묘사되거나, 혹은 순전히 투자자의 열광 때문이었다고 동시대인들에 의해 설명되는 투기적 가격 운동에 대한 대중의 관심이 크지 않았다는 것을 발견했다. 정기적으로 출판된 최초의 신문은 1600년대 초반에 등장했다. 출판사들이 대중의 이해를 만들어내고, 부수를 늘리며, 이윤을 창출하는 방법을 알게 되자, 많은 유럽의 도시들에서 신문들이 급속하게 생겨났다. 우리는 대중매체가 시작된 시기를 약간 앞당겨서 인쇄술 자체가 발명된 시기, 출판이 더는 귀족 후원자들에게만 의존하지 않았던 때로 잡을 수도 있다. 수많은 팸플릿, 인쇄물, 그리고 종교적이고 정치적인 소책자들이 1500년대에 출판되었다. 인쇄술을 연구한 역사가인 데이비드 자렛David Zaret(*Origin of Democratic Cutlure: Printing, Petitions, and the Public Sphere in Early-Modern England* [Princeton, N.J.: Princton University Press, 1999], p. 136)은 "인쇄술은 분명히 텍스트의 생산에서 상업을 핵심적인 지위를 갖도록 만들었다. 필기 생산scribal production과 달리, 텍스트 생산의 경제학은 계산, 위험의 감수, 그리고 인쇄기에 기초한 생산이 인쇄된 텍스트에 대한 불확실한 대중의 수요에 초점을 맞추는 다른 시장 행태들과 점점 관련이 깊어졌다." 인쇄술의 등장은 읽고 쓰기의 유인을 높여주었다. 1600년대경에는, 대부분은 아니라도 유럽의 많은 도시인들이 읽을 수 있었다.

찰스 킨들버거의 『광기, 패닉, 붕괴: 금융 위기의 역사*Manias, Panics and Crashes: A History of Financial Crises*』, 2nd ed. (London: Macmillan, 1989)와 같은 투기적 열광에 대한 역사서는 1600년대 이전의 투기적 버블의 사례는 제시하지 않는다. 내 주변의 역사가들에게 물어도 마찬가지였다. 그러나 나는 이 역사를 자세하게 연구했다고는 말할 수 없다. 비록 해석은 다를 수도 있지만, 최초의 버블이 최초의 신문과 함께 등장했다는 나의 일반화에 대해서 예외적으로 생각될 수도 있는 몇몇 사건들이 사실 존재할 것이다. 예일 대학교의 역사가, 폴 프리드먼은 나에게 후추를 그 예외 중의 하나로 제시했다. 향료 무역에서 후추의 가격은 때때로 놀랄 만큼 높이 상승했고, 1500년대에는 매우 불안정했다. 고대와 중세의 기아 시기에는 때때로 곡물의 가격이 급등하는 경우도 있었다. 토지의 가격도 주목할 만하다. 예를 들어, 95년 경 로마의 플리니Pliny the Younger가 네포스Nepos에게 쓴 편지에는, "특히 로마 근처의 토지 가격이 급등한 사실을 알고 있습니까? 이 가격의 급등의 원인에 대해서 많은 논란이 벌어지고 있습니다."(Pliny the Younger, *Letters and Panegyrics*, trans. Betty Raddice [Cambridhge, Mass.: Harvard University Press, 1969], Book 6, No. 19, pp. 437~438). 많은 논란이 있었다고 말할 때 그는 입소문 효과를 이야기하고 있는 것이지 버블 이야기를 하고 있는 것은 아니다.

2 튤립 열풍은 1630년대 네덜란드에서 튤립 가격이 폭등한 주목할 만한 투기적 버블이었다. 1618년에는 네덜란드어 신문이 존재했고, 다른 나라와 달리 당시 네덜란드에서는 해외 뉴스 외에도 국내 뉴스를 인쇄하는 것이 허용되었다. 이 선구적인 네덜란드어 신문들에 대해서는, Robert W. Desmond, *The Information Process: World News Reporting to the Twentieth Century* (Iowa City: University of Iowa Press, 1978)를 참조.
튤립 열풍에 관해 전해지는 1차적인 정보는 그것의 고점 시기에 네덜란드에서 출판된 팸플릿이다. 1637년의 익명의 문서는 두 사람 간의 대화 형식으로 당시 전개되고 있던 투기에 대해 상세하게 보고한다. 막 그 사건이 끝난 뒤에 출판된, 이에 관한 많은 다른 팸플릿들 또한 남아 있다. Peter Garber, Famous First Bubbles: The Fundamentals of Early Manias(Cambridge, Mass.: MIT Press, 2000)을 참조. 이 전해지는 팸플릿들은 튤립 열풍이 발생했을 때 이에 관한 정보를 전달할 수 있는 잘 발달된 출판매체가 존재했음을 확인해준다.

3 Transcript 3143, *MacNeil/Lehrer NewsHour*, WNET/Thirteen, New York, October 14, 1987, p. 10.

4 Vcitor Niederhoffer, "The Analysis of World News Events and Stock Price," *Journal of Business*, 44(2) (1971): 205; see also David Cutler, James Poterba, and Lawrence Summers, "What Moves Stock Prices?" *Journal of Portfolio Management*, 15(3) (1989): 4~12.

5 Robert J. Shiller and William J. Fetus, "Fear of a Crash Caused the Crash," *New York Times*, October 29, 1989, Section 3, p. 3. col. 1.

6 Cutler, Poterba, adn Summers, "What Moves Stock Prices?" p. 10.

7 1955년 9월 26일, 드와이트 아이젠하워 대통령의 갑작스런 심장마비를 제외하면 외생적인 요인은 찾기 어렵다.

8 "The Tokyo Earthquake: Not 'If but When," *Tokyo Business Today*, April 1995, p. 8.

9 David Santry, "The Long-Shot Choice of a Gambling Guru," *Business Week*, May 12, 1980, p. 112; "The Prophet of Profits," *Time*, September 15, 1980, p. 69.

10 콜롬비아 대학교의 교수 거 휴버만Gur Huberman과 토머 레게브Tomer Regev는 훌륭하게

써졌지만 사실은 아무 뉴스도 보여주지 않았던 신문기사에 반응하여 개별 기업의 주가가 폭등하는 사례연구를 발표했다. 엔트레메드의 주가는, 전날 장마감으로부터 「뉴욕 타임스」의 1면에 이 기업의 약품이 암을 치료할 수 있다는 가능성이 보도되었던 날의 장시작까지, 12에서 85로 폭등했다. 그들은 이 기사의 모든 사실들은 이미 다섯 달 전에 보도된 것임을 지적했다(Gur Huberman and Tomer Regev, "Speculating on a Cure dfor Cancer: A Non-Event that Made Stock Prices Soar," *Journal of Finance*, 56[1] [2001]: 387~396을 참조). 필자들은 쓰지 않았지만—이 회사의 주식을 샀던 사람들은 이 기사에 새로운 사실이 없음을 알았지만, 단지 기사가 매우 잘 써졌고 또 아주 유명한 신문에 실려서 주가를 상승시킬 수도 있다고 생각하여 주식을 샀을 수 있다.

11 (New Orleans) *Times-Picayune*, October 29, 1929, p. 1, col. 8; New York Times, October 29, 1929, p. 1; *Wall Street Journal*, October 29, 1929, p. 1, col. 2.

12 Jude Wanniski, *The Way the World Works*, 2nd ed. (New York: Simon and Schuster, 1983), Chapter 7.

13 Allan H Meltzer, "Monetary and Other Explanations of the Start of the Great Depression," *Journal of Monetary Economics*, 2 (1976): 460.

14 Rudiger Dornbusch and Stanley Fischer, "The Open Economy: Implications for Monetary and Fiscal Policy," in Robert J. Gorden (ed.), *The American Business Cycle: Continuity and Change* (Chicago: National Bureau of Economic Research and University of Chicago Press, 1986), pp. 459~501.

15 *New York Times*, October 28, 1929, p. 1.

16 *Wall Street Journal*, October 28, 1929, p. 1.

17 O. A. Mather, *Chicago Tribune*, October 27, 1929, p. A1; New York Times, October 25, 1929, p. 1, col. 8; *New York Times*, October 28, 1929, p.37, col. 3.에 보도된 개런티 설문조사 인용.

18 개인투자자들의 메일링 리스트는 적극적인(투자 관련 출판물에 대한 구독이나 주식 브로커들에 계좌를 유지하는 등의 특징으로 볼 때 적극적인) 고소득 투자자를 대상으로 한 것이며, 이는 폰톤 사로부터 구입한 것이었다. 기관투자가들의 리스트는 펜션 펀드와 투자관리자의 머니마켓 주소록의 투자관리자 섹션으로부터의 임의적 표본에서 추출했다. 10월 19일이 있던 주 동안 개인투자자에게 2,000부, 기관투자가에게 1,000부 총 3,000부의 설문지를 배포했다. 후속 우편이나 답변 요청 편지는 없었다. 나는 개인투자자로부터 605부, 기관투자가로부터 284부의 완전한 응답을 받았다. 내가 1987년 11월 작성한 분석 결과에 대해서는, Shiller, Market Volatility, pp. 379~402를 참조.

19 물론 응답자들이 위기 이후에 이 설문에 응답했기 때문에 주식시장이 고평가되었다는 우려는 부분적으로는 사후적인 편향 때문인 것일 수도 있다. 사실 우리는 응답자들이 설문지에 써낸, 자신이 10월 19일 매수자였는지 매도자였는지에 관한 스스로의 구분도

완전하게 신뢰할 수는 없다. 설문지의 익명성, 솔직하게 답해 달라는 요청, 그리고 주식시장 폭락에 대한 과학적 연구 자료라는 설문지의 목적 등이 응답자들이 더욱 객관적인 대답을 제공하도록 도움을 주었을 것이다. 그러나 물론 어떤 설문조사 결과도 완벽하게 신뢰할 수는 없다.

20 Presidential Task Force on Market Mechanism, *Report of the Presidential Task Force on Market Mechanism* (Brady Commission Report) (Washington, D.C.: U.S. Government Printing Office, 1988), p. v.

21 마크 미첼Mark L. Mitchell과 제프리 네터Jeffrey M. Netter("Triggring the 1987 Stock Market Crash: Antitakeover Provisions in the Proposed House Ways and Means Tax Bill," *Journal of Financial Economics*, 24 [1989]: 37~68)는 이 뉴스가 몇몇 주식에는 즉각적인 영향을 미쳤다고 주장한다. 비록 이 뉴스가 폭락 당일에는 거의 잊혀졌다고 해도, 브래디 위원회가 주장하듯이 최초의 주가 하락을 일으켜서 폭락을 촉발했을 가능성도 있다.

22 Hayne Leland, "Who Should Buy Portfolio Insurance," *Journal of Finance*, 35(1980): 582.

23 Robert J. Shiller, "Portfolio Insurance and Other Investor Fashions as Factors in the 1987 Stock Market Crash," *in NBER Macroeconomics Annual* (Cambridge, Mass.: National Bureau of Economic Research, 1988), pp. 287~295를 참조.

24 "Repeating the 1920s? Some Parallels but Some Contrasts," *Wall Street Journal*, October 19, 1987, p. 15. 이 그래프는 가로세로 약 5인치와 10인치 정도 되는 박스 안에 있었으며, 같은 페이지의 Cynthia Croseen, "Market Slide Has Analysts Eating Crow: Justification of Summer Rally Questioned." 기사와 관련된 것이었다.

25 Robert K. Merton, *Social Theory and Social Structure* (Glencoe, Ill.: Free Press, 1957)을 참조.

6장 ———

1 Dean Foust, "Alan Greenspan's Brave New World," *Business Week*, July 14, 1997, pp. 44~50.

2 Aaron Zitner, "Shhhh, Listen: Could That Be the Ghost of 29?," and Peter Gosselin, "Dow at 10000: Don't Laugh Yet," *Boston Globe*, June 22, 1997, p. E1. Paul Krugman, "How Fast Can the U.S. Economy Grow?" *Harvard Business Review*, 75 (1997): 123~129.

3 '새로운 시대의 경제학'이라는 용어에 대한 넥시스 검색에서 48개의 기사를 찾았으며, 이 모든 기사에는 '주식시장'이라는 단어가 포함되었다.

4 George Katona, *Psychological Economics* (New York: Elsevier, 1975)을 참조.

5 Alexander Dana Noyes, *Forty Years of American Finance* (New York: G. P. Putnam's Sons, 1909), pp. 300~301.

6 *Boston Post*, January 1, 1901, p. 3.

7 Thomas Fleming, *Around the Pan with Uncle Hank: His Trip through the Pan-American Expostion* (New York: Nutshell, 1901), p. 50.

8 "A Booming Stock Market: Strength of the Underlying Conditions," *New York Daily Tribune*, April 6, 1901, p. 3.

9 A. A. Housman, "Reasons for Confidence," *New York Times*, May 26, 1901, p. v.

10 Allen, *Only Yesterday*, p. 315.

11 Tracy J. Sutliff, "Revival in All Industries Exceeds Most Sanguine Hopes," *New York Herald Tribune*, January 2, 1925, p. 1.

12 John Moody, "The New Era in Wall Street," *Atlantic Monthly*, August 1928, p. 260.

13 Charles Amos Dice, *New Levels in the Stock Market* (New York: McGraw-Hill, 1929), pp. 75~183.

14 Irving Fisher, The Stock Market Crash—And After (New York: Macmillan, 1930), pp. 101~174.

15 Craig B. Hazelwood, "Buying Power Termed Basis for Prosperity," *New York Herald Tribune*, January 2, 1929, p. 31.

16 *Commercial and Financial Chronicle*, March 9, 1929, p. 1444에서 인용.

17 "Is 'New Era' Really Here?" *U.S. News and World Report*, May 20, 1955, p. 21.

18 "The Stock Market: Onward and Upward?" *Newsweek*, December 12, 1955, p. 59.

19 "The U.S. Prosperity Today," *Time*, November 28, 1955, p. 15.

20 "The Stock Market: Onward and Upward?" p. 59.

21 "Why Businessmen Are Optimistic," *U.S. News and World Report*, December 23, 1955, p. 18.

22 "Is 'New Era' Really Here?" p. 21.

23 "The New America," *Newsweek*, December 12, 1955, p. 58.

24 "Investors Bet on a Kennedy-Sparked Upturn," *Business Week*, February 4, 1961, p. 84; Dean S. Ammer, "Entering the New Economy," *Harvard Business Review* (1967), pp. 3~4.

25 "Investors Bet on a Kennedy-Sparked Upturn," p. 84. "The Bull Market," *Business Week*, March 18, 1961, p. 142.

26 "Batting Toward 900," *Business Week*, January 23, 1965, p. 26. "Year of the White Chips?" *Newsweek*, February 1, 1965, p. 57. "On Toward 1,000," *Time*, January 14,

1966, p. 78.

27 E. S. Browning and Danielle Sessa, "Stocks Pass 10,000 before Slipping Back," *Wall Street Journal*, March 17, 1999, p. C1.

28 이 수치는 S&P종합지수의 실질수익의 기하평균이다.

29 Michael Mandel, "The Triumph of the New Economy," *Business Week*, December 30, 1996, pp. 68~70.

30 Michael Bruno and William Easterly, "Inflation Crises and Long-Run Growth," *Journal of Monetary Economics*, 41(1) (1998): 2~26. 물론 타이밍과 관련된 복잡한 문제들이 고려되어야만 한다. 주식시장은 미래에 인플레이션이 높아질 것이라는 뉴스에 하락할 수 있고, 소비자물가 상승함에 따라 천천히 상승할 수 있다. 이런 타이밍 문제에 관해 주의 깊게 고려하는 것은 대중적인 이야기에서는 너무 기술적인 것이므로, 이 문제는 대중이 결코 쉽게 해결할 수 있는 것이 아니다(혹은 경제학자들에 의해서도 분명 마찬가지다).

31 Roger, Bootle, *The Death of Inflation; Surviving and Thriving in the Zero Era* (London: Nicholas Brealey, 1998), pp. 27, 31.

32 Steven Weber, "The End of the Business Cycle?" *Foreign Affairs*, 76(4) (1997): 65~82.

33 George Hager, "Productivity Rise Not So Stunning after All?" *USA Today*, August 7, 2001을 참조.

34 생산성 연구에 관한 최고의 전문가 로버트 J. 고든에 따르면, 불황과 관련된 단기적인 생산성 변동을 제거한 미국의 생산성은 1871년 이후 하나의 큰 물결을 탔던 것으로 보인다. 생산성 상승률은 19세기 후반부터 천천히 상승하여 1950년대와 1960년대에 고점을 쳤고, 그 이후에는 점진적으로 하락했다. 주식시장은 분명히 이와 같은 하나의 큰 물결을 타지는 않았다. Robert J. Gordon, "U.S. Productivity Growth since 1879: One Big Wave?" *American Economic Review*, 89(2) (1999): 123~128을 참조.

35 "When the Shoeshine Boy Talk Stocks," *Fortune*, April 15, 1996, p. 99; U.S. News and World Report, July 14, 1997, p. 57; Forbes, May 18, 1998, p. 325; *Fortune*, June 22, 1998, p. 197.

36 Glenn S. Dumke, *The Boom of the Eighties in Southern California* (San Marino, Calif.: Huntington Library, 1944), p. 49을 참조.

37 Dumke (ibid., p. 260), who is in turn quoting Cleland, *History of Occidental* College, p. 4.

38 Kenneth Ballinger, *Miami Millions: The Dance of the Dollars in the Great Florida Land Boom of 1925* (Miami, Fla.: Franklin Press, 1936)을 참조.

39 데이터는 소비자물가지수로 조정된 U.S. OFHEO의 주택가격 데이터이다.

40 William A. Fischel, *Regulatory Takings: Law, Economics and Politics* (Cambridge, Mass.: Harvard University Press, 1995)를 참조.

41 듀온세일 조항은 주택이 매각될 때 모기지가 모두 상환되어야 하며 따라서 새로운 구입자가 저금리의 이전 모기지를 인수할 수 없도록 한 조항이었다. 1969년 캘리포니아의 저축대부조합이 캘리포니아의 두 부부들에게 듀온세일 조항을 강제하려 했을 때 이들이 소송을 걸었다. 캘리포니아 주 대법원은 Tucker v. Lassen Savings & Loan Association (1974)에서 대부자가 담보의 손상을 입증하지 못하는 경우에 모기지의 듀온세일 조항은 강제될 수 없다고 판결했다. 미국의 다른 주들의 대법원도 이와 비슷한 판결을 내렸다. 이는 주택의 구매를 훨씬 더 쉽게 만들었지만, 모기지 대부업자들에게는 상당한 어려움을 주었고 이들은 이 결정을 번복하기 위해 많은 노력을 기울였다. 결국 연방대법원은 *Fidelity Federal Saving and Loan Association v. de la Cuesta et al.* (1982)에서 이 판결을 번복했다.

42 주택 소유자들은 주택 구입 대금의 지불을 많은 이들이 기대하듯 모기지 금리가 더 낮아질 몇 년 후로 연기해주는 '바이다운buy-downs'을 제시받았다. 모기지 브로커들은 고금리의 두 번째 혹은 세 번째 모기지를 부유한 투자자들에게 팔았는데, 이 투자자들 중 많은 이들은 분명히 금리가 높은 모기지에 투자하여 주택 호황에서 돈을 벌 수 있을 것이라 생각했다. 1980년대 초 주택 호황이 끝나자, 많은 주택 소유자들은 이러한 모기지를 갚지 못했다.

43 Karl E. Case, "The Market for Single-Family Homes in the Boston Area," *New England Economic Review*, May-June 1986, p. 47.

44 경제학자 에드워드 글레이저Edward Glaeser는 그의 논문 「Reinventing Boston: 1640 to 2003」(National Bureau of Economic Research Working Paper No. 10166, 2004)에서 당시 경제에 발생했던 매우 중요한 변화 몇 가지를 소개하고 있다. 그는 보스턴이 그 이전에 장기적인 쇠퇴의 시기를 겪었다고 지적한다. 보스턴의 다양한 제조업이 멀리 있는 경쟁자들과의 경쟁에서 밀려 1920년에서 1980년 사이에 지역 인구가 미국 전체 인구의 0.7퍼센트에서 0.25퍼센트로 하락했다. 그렇게 인구가 줄어들자, 보스턴에는 낡은 주택들이 넘쳐났는데, 그 중 일부는 건축 비용보다도 가격이 낮았다. 글레이저가 주장하듯, 기존 주택 중 상당수의 시장 가격이 건축 비용보다 낮으면 수요의 증가에 비해 공급이 상대적으로 덜 증가할 것이고, 주택 가격이 다시 건축 비용을 넘어설 때까지 가격이 매우 급속히 상승할 수 있다. 1980년대까지도 보스턴에는 새로운 주택이 많이 건설되지 않았다. 그 이후에는 주택이 너무 많이 건설되었고, 따라서 주택 가격이 하락했다. 또한 Karl E. Case and Robert J. Shiller, "A Decade of Boom and Bust in the Prices of Single-Family Homes: Boston and Los Angeles 1983 to 1993," *New England Economic Review*, March-April 1994, pp. 40~51을 참조.

45 Jonathan Rotenberg, in Steven B. Kaufman, "Boston Mixes High Technology with Its Traditional Economy," *Washington Post*, June 30, 1985, p. G3, col. 4에서 인용.

46 Edward Glaeser and Albert Saiz, "The Rise of the Skilled City," National Bureau of

Economic Research Working Paper No. 10191, 2004를 참조.

47 Albert W. Atwood, "Vanished Millions: The Aftermath of a Great Bull Market," *Saturday Evening Post*, September 1921, p. 51.

48 Christina Romer, "The Great Crash and the Onset of the Great Depression," *Quarterly Journal of Economics*, 105 (1990): 597~624.

49 Oscar Lange, "Is the American Economy Contracting?" *American Economic Review*, 29(3) (1939): 503.

50 Harvey Klehr, *The Heyday of American Communism: The Depression Decade* (New York: Basic Books, 1984)를 참조.

51 Time, January 14, 1974, p. 61에서 오쿤을 인용. U.S. News and World Report, June 10, 1974, p. 20에서 번스를 인용.

52 Bruno and Easterly, "Inflation Crises."를 참조.

53 John Cassidy, *Dot.con: How America Lost Its Mind and Money in the Internet Era* (New York: Perennial Currents, 2003)을 참조.

54 Andrew Hill, "Dotcom Fever Fades as Investors Seek Profits," *Financial Times*, April 29, 2000, p. 11에서 마틴 스트로를 인용.

55 Jack Willoughby, "Burning Up: Warning: Internet Companies Are Running Out of Cash-Fast," *Barron's*, March 20, 2004, pp. 29~32를 참조.

56 더 나아가, 우리 사회가 수행하는 많은 의식들은 결국 모든 사람들이 무언가를 알고 있다는 사실을 모든 사람들이 알도록 하는 목적을 가지고 있다. 의식은 이런 식의 매우 중요한 사회적 함의를 지닐 수 있다. Michael Suk-Young Chwe, *Rational Ritual: Culture, Coordination, and Common Knowledge* (Princeton, N.J.: Princeton University Press, 2003)를 참조.

7장 ───

1 30개국의 데이터는 IMF의 International Financial Statistics에 기초한 것이다. 데이터가 1957년 1월부터 시작되는 나라들은 오스트리아, 벨기에, 캐나다, 프랑스, 독일, 핀란드, 인도, 이탈리아, 일본, 네덜란드, 노르웨이, 필리핀, 남아프리카공화국, 미국, 그리고 베네수엘라이다. 나머지 국가들의 데이터 시작 날짜는 다음과 같다. 브라질 1991년 8월, 칠레 1978년 11월, 콜롬비아 1963년 10월, 덴마크 1969년 2월, 이스라엘 1982년 11월, 자메이카 1969년 7월, 한국 1978년 1월, 룩셈부르크 1980년 1월, 멕시코 1985년 7월, 파키스탄 1960년 7월, 페루 1989년 9월, 포르투갈 1988년 1월, 스페인 1961년 1월, 스웨덴 1976년 1월, 영국 1957년 12월. 다른 6개국에 관한 데이터는 데이터스트림에 기초한

것이며, 그들의 시작 날짜는 다음과 같다. 호주 1973년 3월, 홍콩 1974년 7월, 인도네시아 1996년 1월, 싱가포르 1986년 2월, 대만 1986년 1월, 태국 1984년 1월. 각국의 월별 실질주가지수는 월별 주가지수를 해당 월의 소비자물가지수로 나누어 계산했다. 여기서 보고된 실질주가지수의 변화는 표에 나타난 구간의 실질지수의 월별 변화의 최대치이다. 여기서 각각의 3년 이내에 발생한 구간은 제외했다. 인플레이션이 높은 시기에는 소비자물가지수의 시점 설정과 측정이 어렵고 그것이 실질주가지수를 왜곡하여 폭등시킬 수 있기 때문에 소비자물가지수로 나타난 인플레이션이 월 4퍼센트 이상인 기간은 제외했다. 또한 이 표의 가장 오른쪽에는 표에 나타난 시기 바로 직후 동일한 기간(12개월 혹은 5년) 동안 발생한 주가의 변화율을 기록했다. 따라서 예를 들어 〈표 7-1〉을 보면, 필리핀의 주가는 1985년 12월에서 1986년 12월까지 인플레이션이 조정된 실질치로 683.4퍼센트 급등했고, 1986년 12월부터 1987년 12월까지 다시 28.4퍼센트 상승했다. 다른 예로 〈표 7-4〉를 보면, 스페인의 주가는 1974년 12월에서 1979년 12월까지 인플레이션이 조정된 실질치로 86.6퍼센트 하락했고, 1979년 12월에서 1984년 12월까지 0.1퍼센트 상승했다.

2 〈표 7-2〉의 가장 오른쪽 열을 보면, 한국은 1999년에 주가가 폭등하여, 만약 이 연도 전체가 표본에 포함되었다면 다시 〈표 7-1〉의 주가 급등 사례에 나타났을 것임에 주목해야 한다.

3 "Casino Times: After 280% Increase This Year, Taiwan's Stock Market May Be Poised for a Plunge," *Asian Wall Street Journal Weekly*, October 12, 1987.

4 "Obsessed with Numbers, the Taiwanese Are Forsaking Work, Health and Sanity," *Asian Wall Street Journal Weekly*, September 14, 1987.

5 James Brooke, "Venezuela Isn't Exactly Wild for Another Boom," *New York Times*, September 2, 1990, p. IV. 3.

6 Eugene Robinson, "As Venezuela Restructures, Even Gas Prices Must Rise," *Toronto Star*, May 21, 1990, p. C6.

7 "Bonanza for Bombay?" *Far Eastern Economic Review*, May 28, 1992, p. 48.

8 La Repubblica, quoted by Ruth Graber, "Milan Stock Market Has Gone to the Bulls," *Toronto Star*, May 25, 1986, p. F1.

9 Alan Friedman, "Milan's Bulls Run Wild: Italy's Stock Market Boom," *Financial Times*, March 25, 1986, p. I.25.

10 David Marsh, "The New Appetite for Enterprise: The French Bourse," *Financial Times*, July 4, 1984, p. I. 14.

11 프랑스의 강세장이 비정상적이기는 했지만, 주식시장에 대한 열광이 미국의 생활방식에 그랬던 것처럼 프랑스의 문화에 침투한 것 같지는 않다. J. Mo, "Despite Exceptional Performance, the Stock Market Does Not Attract the French," *Le Monde*, November

25, 1999, electronic edition.

12 Werner De Bondt and Richard H. Thaler, "Does the Stock Market Overreact?" *Journal of Finance*, 40(3) (1985): 793~805. '수익률의 연속적 상관serial correlation of returns'에 대한 문헌 연구에 관해서는, Campbell et al., *The Econometrics of Financial Markets*, pp. 27~82, 253~289를 참조.

13 대규모 주가 상승(혹은 하락)이 미래의 하락이나 상승을 예고하는지 판단하기 위해 표에 나타난 결과만을 살펴보고 싶을 것이다. 그러나 이러한 결과들을 시장 예측 가능성의 근거로 해석하는 것은 문제가 있다. 왜냐하면 우리는 가장 큰 주가 변화를 찾아내기 위해 선택한 5년 기간 직후의 5년간의 데이터를 사용했기 때문이다.

8장 ──────

1 금융에서 심리학의 역할에 관한 더 자세한 최근의 개관은, Hersh Shefrin, *Beyond Greed and Fear: Understanding Behavioral Finance and the Psychology of Investing* (Boston: Harvard Business School Press, 2000); or Andrei Shleifer, Inefficient Markets: An Introduction to Behavioral Finance (Oxford: Oxford University Press, 2000) 참조.

2 Amos Tversky and Daniel Kahneman, "Judgement under Uncertainty: Heuristics and Biases," *Science*, 185 (1984): pp. 1124~1131 참조.

3 Robert J. Shiller, "Comovements in Stock Prices and Comovements in Dividends," *Journal of Finance*, 44 (1989): pp. 719~729 참조.

4 Steven L. Heston and K. Geert Rouwenhorst, "Does Industrial Structure Explain the Benefits of International Diversification?" *Journal of Financial Economics*, 36 (1995): pp. 3~27. John M. Griffin and G. Andrew Karolyi, "Another Look at the Role of Industrial Structure of Markets for International Diversification Strategies," *Journal of Financial Economics*, 50 (1998): pp. 351~373. and Kenneth Froot and Emil Dabora, "How Are Stock Prices Affected by the Location of Trade?" Working Paper W6572 (Cambridge, Mass.: National Bureau of Economic Research, May 1998) 등을 참조. 앵커 이론이 제시하는 바와 같이, 동일한 언어를 사용하는 나라들도 투자자들의 관심을 끄는 것으로 보인다. Mark Grinblatt and Matti Keloharju, "Distance Bias, Language Bias, and Investor Sophistication, *Journal of Finance*, 56(3)(2001): 1053~1073.

5 James D. Petersen and Cheng-Ho Hsieh, "Do Common Risk Factors in the Returns on Stocks and Bonds Explain Returns on REITs?" *Real Estate Economics*, 25 (1997): pp. 321~345 참조.

6 Nancy Pennington and Reid Hastie, "Reasoning in Explanation-Based Decision

Making," Cognition, 49 (1993): 123~163 참조.

7   D. W. Bolen and W. H. Boyd, "Gambling and the Gambler: A Review of Preliminary Findings," *Archives of General Psychiatry*, 18(5) (1968): pp. 617~629 참조. 도박은 자극과 흥분을 제공하며, 위험이 있는 게임을 좋아하는 사람들은 놀라운 기분을 추구하는 경향이 강한 사람들이다. Marvin Zuckerman, Elizabeth Kolin, Leah Price, and Ina Zoob, "Development of a Sensation-Seeking Scale," *Journal of Consulting Psychology*, 28(6) (1964): pp. 477~482; William F. Straub, "Sensation Seeking among High-and Low-Risk Male Athletes," *Journal of Sports Psychology*, 4(3) (1982): pp. 243~253; 그리고 Helen Gichrist, Robert Povey, Adrian Dickenson, and Rachel Povey, "The Sensation-Seeking Sclae: Its use in a Study of People Choosing Adventure Holidays," *Personality and Individual Differences*, 19(4) (1995): pp. 513~516 등을 참조.

8   Gideon Keren, "The Rationality of Gambling: Gamblers' Conceptions of Probability, Chance and Luck," in George Wright and Peter Ayton (eds.), *Subjective Probability* (Chichester, England: John Wiley and Sons, 1994), pp. 485~499를 참조.

9   Shlomo Benartzi, "Why Do Employees Invest Their Retirement Savings in Company Stock?" unpublished paper, Anderson School, University of California at Los Angeles, 1999를 참조. 베나르치는 자기 회사에 대한 노동자들의 투자는 지난 10년간 그 회사 주식의 수익률과 큰 관련이 있음을 발견했다. 또한 그에 따르면 주식 구매의 정도가 미래의 주식의 수익률에 영향을 미치지 못하므로 기업들이 자사의 노동자들에게 주식을 팔 때 할인 인센티브를 제공하는 경우는 무척 드물다. 그리고 종업원들은 어느 기업의 주식을 살 것인지 자유롭게 선택하며, 이 결정이 그들의 기업에 대한 우월한 정보를 반영하는 것은 아니다.

10 Eldar Shafir, Itamar Simonson, and Maos Tversky, "Reason-Based Choice," *Cognition*, 49 (1993): pp. 11~36.

11 Thomas J. Stanley and William D. Danko, *The Millionaire Next Door: The Surprising Secrets of America's Wealthy* (New York: Pocket Books, 1996).

12 Baruch Fischhof, Paul Slovic, and Sarah Lichtenstein, "Knowing with Uncertainty: The Appropriateness of Extreme Confidence," *Journal of Experimental Psychology: Human Perception and Performance*, 3 (1977): pp. 522~564.

13 G. Gigerenzer, "How to Make Cognitive Illusion Disappear: Beyond 'Hueristic and Biases," *European Review of Social Psychology*, 2 (1991): pp. 83~115 참조.

14 Gordon W. Pitz, "Subjective Probability Distributions for Imperfectly Known Quantities," in Lee W. Gregg (ed.), *Knowledge and Cognition* (Potomac, Md.: Lawrence Erlbaum Associates, 1975), pp. 29~41 참조.

15 Allan Collins, Eleanor Warnock, Nelleke Acello, and Mark L. Miller, "Reasoning

from Incomplete Knowledge," in Daniel G. Bobrow and Allan Collins (eds.), *Representations and Understanding: Studies in Cognitive Science* (New York: Academic Press, 1975), pp. 383~415를 참조.

16 Dagmar Strahlberg and Anne Maass, "Hindsight Bias: Impaired Memory or Biased Reconstruction," *European Review of Social Psychology*, 8 (1998): pp. 105~132를 참조.

17 E. J. Langer, "The Illusion of Control," *Journal of Personality and Social Psychology*, 32 (1975): pp. 311~328; 또한 G. A. Quattrone and Amos Tversky, "Causal versus Diagnostic Contingencies: On Self-Deception and the Voter's Delusion," *Journal of Personality and Social Psychology*, 46(2) (1984): pp. 237~248 등을 참조.

18 Tversky and Kahneman, "Judgement under Uncertainty."

19 경제학자 니콜라스 바버리스, 안드레이 슐라이퍼, 그리고 로버트 비쉬니는 이 전형 발견을 투자자의 선별적인 과신에 관한 이론과 기대의 피드백 순환에 관한 심리학 이론으로 발전시켰다. 이들은, 투자자들이 주가가 한동안 같은 방향으로 움직이는 것을 보면 이 추세가 다른 경제적 데이터에서 보았던 많은 추세를 대표하는 것이라고 점진적으로 가정하기 시작한다고 주장한다. '보수주의'라는 심리적 원칙에 따라 사람들은 그들의 의견을 천천히 변화시킨다. 이런 이유로 인해, 투자자가 이 추세가 계속될 것이라고 결론 내리기 시작하는 데에는 시간이 걸린다. 전형 발견과 보수주의 원칙 간의 상호 작용이 투기적 피드백이 진전되는 속도를 결정짓는 것이다. Nicholas Barberis, Andrei Shleifer, and Robert Vishny, "A Model of Investor Sentiment," *Journal of Financial Economics*, 49 (1998): pp. 307~343 참조. 주식시장의 과도한 확신에 대한 더 자세한 이론적 논의에 관해서는, Nicholas Barberis, Ming Huang, and Tano Santos, "Prospect Theory and Asset Prices," *Quarterly Journal of Economics*, 116 (2001): 1~53; Kent Daniel, David Hirshleifer, and Avanidhar Subrahmanyam, "Investor Psychology and Security Market Over and Underreaction," *Journal of Finance*, 53(6) (1998): pp. 1839~1886; 그리고 Harrison Hong and Jeremy Stein, "A Unified Theory of Underreaction, Momentum Trading, and Overreaction in Asset Markets," Journal of Finance, 54(6) (1999): 2143~2184 등을 참조.

20 이런 생각들은 Paul Milgrom and Nancy Stokey, "Information, Trade, and Common Knowledge," *Econometrica*, 49 91982): pp. 219~222; 그리고 John Geanakoplos, "Common Knowledge," *Journal of Economic Perspectives*, 6(4) (1992): 53~82에서 모형화되었다.

21 Eldar Shafir and Amos Tversky, "Thinking through Uncertainty: Nonconsequential Reasoning and Choice," *Cognitive Psychology*, 24 (1992): pp. 449~474.

1 Solomon Asch, *Social Psychology* (Englewood Cliffs, N.J.: Prentice Hall, 1952), pp. 450~501.

2 Morton Deutsch and Harold B. Gerard, "A Study of Normative and Informational Social Influence upon Individual Judgement," *Journal of Abnormal and Social Psychology*, 51 (1955): 629~636.

3 Stanley Milgram, *Obedience to Authority* (New York: Harper and Row, 1974), pp. 13~54.

4 밀그램은 피실험자가 실험자를 그들보다 더 많이 알고 있는 전문가라고 믿었다는 것을 지적했다. 실험자가 확실히 전문가가 아닌 다른 실험을 행했을 때는, 피실험자의 전기 충격을 계속 가하는 경향이 훨씬 낮음을 발견했다(ibid., pp. 89~112). 그럼에도 불구하고 애쉬와 같이, 밀그램은 그의 결과에 대해서 정보에 기초한 해석을 알고 있지는 않았던 것 같다. 그는 피실험자가 "가치위계의 생존"이라고 하는 일반적인 진화 원칙으로부터 발전된 복종의 본능을 보여준 것이라 생각했다.

5 S. D. Bikhchandani, David Hirshleifer, and Ivo Welch, "A Theory of Fashion, Social Custom and Cultural Change," *Journal of Political Economy*, 81 (1992): 637~654; and Abhijit V. Banerjee, "A Simple Model of Herd Behavior," *Quarterly Journal of Economics*, 107(3) (1992):797~817 참조.

6 Christopher Avery and Peter Zemsky, "Multidimensional Uncertainty and Herd Behavior in Financial Markets," *American Economic Review*, 88(4) (1988): 724~748; and In Ho Lee, "Market Crashes and Informational Avalanches," *The Review of Economic Studies*, 65(4) (1998): 741~760 참조.

7 응답자들은 서베이 샘플링 사에 의해 미국의 고소득 부자들의 임의 표본으로부터 추출된 것이었다. 우리는 그들의 대답을 10가지 범주로 작성했다. 응답 수 131개의 비율은 다음과 같다. (1) 친구 혹은 친척(13%), (2) 회사의 동료(21%), (3) 회사와 관련된 사람(3%), (4) 브로커(33%), (5) 성공한 회사의 자회사(2%), (6) 기업공개 전단(2%), (7) 잡지, 신문(6%), (8) 기업의 고객(2%), (9) 주식을 상속받았거나 선물로 받았음(2%), (10) 비슷한 회사의 성과(0%). 나머지 대답들은 이 범주에 포함될 수 없는 것들이었다. Robert J. Shiller, and John Pound, "Survey Evidence on the Diffusion of Interest and Information among Investors," *Journal of Economic Behavior and Organization*, 12 (1989): 47~66. 우리가 오늘날 이 연구를 반복한다면, 목록에 텔레비전(이제 텔레비전은 경제, 금융 뉴스를 많이 보도하고 있다)과 인터넷을 포함시켜야 할 것이다. 심리경제학에서 심리경제학자 조지 카토나는 사람들이 행동을 하도록 자극하는 '사회적 학습'과 같은 것을 만들어내기 위해서는 반복된 인간의 상호작용 과정이 필요함을 보여주었다. 로빈 밸로와 동료들은, 개인투자자들은 보통 다른 사람들과의 대화 이후에 의사결정을 내린다는, 우리의 결과

와 유사한 증거를 발견했다. Robin Barlow, Harvey E. Brazer, and James N. Morgan, *Economic Behavior of the Affluent* (Washington, D.C.: Brookings Institution, 1966).

8 Amy Feldman and Bill Egbert, "Mess of an Invest: Little Peopole in Big Trouble with 1.3 Million Scam," *New York Daily News*, May 27, 1999, p. 5.

9 A. A. L. Reid, "Comparing Telephone with Face-to-Face Contact," in Ithiel de Sola Poole (ed.), *The Social Impact of the Telephone* (Cambridge, Mass.: MIT Press, 1977), pp. 386~414.

10 Clarence Day, "Father Lets in the Telephone," in *Life with Father* (New York: Alfred A. Knopf, 1935), p. 178.

11 1920년대의 증권 사기와 이를 규제하기 위한 법안의 제정에 대해서는, Emmanuel Stein, *Government and the Investor* (New York: Farrar and Reinhart, 1941) 참조.

12 Norman T. Bailey, *The Mathematical Theory of Epidemics* (London: C. Griffin, 1957) 참조.

13 로지스틱 커브는, P가 감염자들의 비율, r이 시간에 따른 감염률, 그리고 t가 시간일 때, $P=1/(1+e\text{-}rt)$의 함수를 보여주는 것이다. 이것은 미분 방정식 $dP/P=r(1\text{-}P)dt$를 푼 해이며, (1-P)는 감염에 노출된 인구의 비율을 의미한다.

14 Alan Kirman, "Ants, Rationality and Recruitment," *Quarterly Journal of Economics*, 108(1) (1993): 137~156.

15 David J. Bartholomew, *Stochastic Models for Social Processes* (New York: John Wiley and Sons, 1967).

16 Giorgio Vasari, *The Life of Leonardo da Vinci* (New York: Longmans Green and Co., 1903), p. 35.

17 "'Mona Lisa' Thief Gets a Year in Jail," *New York Times*, June 6, 1914, p. 3.

18 Tom Burnam, *More Misinformation* (Philadelphia: Lippincott and Crowell, 1980), pp. 20~21을 참조.

19 존 케네스 갤브레이스는 이 자살률 신화를 연구했다. 실제로 뉴욕의 자살률은 1930년대에는 대공황의 도래와 함께 상승했다. Galbraith, *The Great Crash*: 1929, pp. 132~137을 참조.

20 표본 크기는 30(통제집단)과 40(실험집단)이다. Shiller and Pound, "Survey Evidence," p. 54를 참조.

21 N. R. F. Maier, "Reasoning in Humans. II. The Solution of a Problem and Its Appearance in Consciousness," *Journal of Comparative Psychology*, 12 (1931): 181~194; Robert E. Nisbett, and Timothy DeCamp Wilson, "Telling More Than We Can Know: Verbal Reports on Mental Processes," *Psychological Review*, 84(3) (1977): 231~259 등을 참조.

10장

1 Eugene Fama, "Efficient Capital Markets: A Review of Empirical Work," *Journal of Finance*, 25 (1970): 383~417을 참조.

2 George Gibson, *The Stock Markets of London, Paris and New York* (New York: G. P. Putnam's Sons, 1889), p. 11.

3 Joseph Stagg Lawrence, *Wall Street and Washington* (Princeton, N.J.: Princeton University Press, 1929), p. 179.

4 전문적 애널리스트들의 조언을 따르는 것은 실제로 수익에 도움이 되는 것으로 보인다. 물론 너무 자주 변하는 그들의 의견을 따르는 과정에서 발생하는 거래 비용을 무시한다면 말이다. Womack, "Brokerage Analysts Recommendations," and Brad Barber, Reuven Lehavy, Maureen McNichols, and Brett Trueman, "Can Investors Profit from the Prophets? Consensus Analyst Recommendations and Stock Returns," *Journal of Finance*, 56(1) (2001): 531~563 등을 참조. 후자의 논문은 거래 비용에도 불구하고 "주식을 사거나 팔려고 고려하는 투자자들은 좀 더 좋은 합의된 추천을 받은 기업의 주식을 사고 나쁜 추천을 받은 기업의 주식을 파는 편이 수익이 높을 것이다."라고 주장한다.(p. 562)

5 Judith Chevalier and Glenn Ellison, "Are Some Mutual Fund Managers Better Than Others? Cross-Sectional Pattern in Behavior and Performance," *Journal of Finance*, 54(3) (1999): 875~899.

6 예를 들어, William Goetzmann and Roger Ibbotson, "Do Winners Repeat? Patterns in Mutual Fund Performance," *Journal of Portfolio Management*, 20 (1994): 9~17; Edwin J. Elton, Martin Gruber, and Christopher R. Blake, "Survivorship Bias and Mutual Fund Performance," *Review of Financial Studies*, 9(4) (1996): 1097~1120. 그리고 동일한 저자들의, "The Persistence of Risk Adjusted Mutual Fund Performance," *Journal of Business*, 69 (1996): 133~137 등을 참조.

7 Brad M. Barber, Yi-Tsung Lee, Yu-Jane Liu, and Terrance Odean, "Do Individual Day Traders Make Money? Evidence from Taiwan," unpublished paper, University of California, Davis, 2004을 참조.

8 Andrew Edgecliffe, "eToys Surges after Listing," *Financial Times*, May 21, 1999, p. 29.

9 이론적으로 공매도의 제한이 존재하면 또한 열광적인 투자자들이 없는 경우, 즉 모든 이가 완전히 이성적인 경우에도, 그리고 모든 이가 주가가 정해진 미래의 날짜에 다시 하락할 것을 아는 경제 모델에서도 자산의 가격이 근본적인 가치를 넘어설 수 있다. 수학적 경제학자들은 자산의 고평가에 대한 공통의 지식(그러나 그 공통의 지식은 공통의 지식이 아닌)을 가정하는 이론적인 합리적 기대 모델을 제시했는데, 여기서는 공

매도 제한의 존재가 공통적으로 알려진 최종 가치로부터의 역추론을 가로막는다. 모든 이가 가격이 하락할 것임을 알지만, 가격이 하락하기 전에 더 높은 가격에 다른 누군가에게 그 자산을 매각할 수 있을 것으로 기대한다. Frankin Allen, Stephen Morris, and Andrew Postlewaite, "Finite Bubbles with Short Sale Constraints and Asymmetric Information," *Journal of Economic Theory*, 61 (1993): 206~229 참조.

10 Charles M. Jones and Owen A. Lamont, "Short Sale Constraints and Stock Returns," *Journal of Finance* (November 2002)를 참조.

11 Owen A. Lamont and Richard H. Thaler, "Can the Market Add and Subtract? Mispricing in Stock Market Carve-Outs," *Journal of Political Economy*, 111 (2003): 227~268 참조.

12 Stephen Figlewski, "The Informational Effects of Restrictions on Short Sales: Some Empirical Evidence," *Journal of Financial and Quantitative Analysis*, 16 (1981): 463~476을 참조. 피글스키가 사용한 공매도의 어려움을 측정하는 기준은 정확하지 않았을 수도 있으며, 이후의 수익률을 더 잘 측정하는 다른 기준들이 제시되기도 했다. Joseph Chen, Harrison Hong, and Jeremy C. Stein, "Breadth of Ownership and Stock Returns," *Journal of Financial Economics*, 66 (2002): 171~205; and Anna Scherbina, "Stock Prices and Differences in Opinion: Empirical Evidence That Prices Reflect Optimism," working paper, Kellogg Graduate School of Management, April 2001 등을 참조.

13 Sanjoy Basu, "The Investment Performance of Common Stocks Relative to Their Price-Earning Ratios: A Test of The Efficient Markets," *Journal of Finance*, 32(3) (1977): 663~682; Eugen Fama and Kenneth French, "The Cross Section of Expected Stock Returns," *Journal of Finance*, 47 (1992): 427~466. 기업의 경영자들도 그들의 주가가 시장에 의해 언제 상대적으로 고평가되는지 아는 것처럼 보이고, 그런 때에 새로운 주식을 덜 자주 발행하는 경향이 있다. 기업의 주식을 통한 자금 조달은 미래 수익에 대해 부정적인 신호이다. Malcom Baker and Jeffrey Wurgler, "The Equity Share in New Issues and Aggregate Stock Returns," *Journal of Finance*, 55(5) (2000): 2219~2257 참조.

14 Werner De Bondt and Richard H. Thaler, "Does the Stock Market Overreact?" *Journal of Finance*, 40(3) (1985). 793~805; James Poterba and Lawrence Summers, "Mean Reversion in Stock Prices: Evidence and Implication," *Journal of Financial Economics*, 22 (1988): 26~59.

15 Jay R. Ritter, "The Long-Run Performance of Initial Public Offerings," *Journal of Finance*, 46(1) (1991): 3~27.

16 린치의 말을 인용한 광고는, 예를 들어 1999년 9월 〈뮤추얼펀드〉의 37쪽을 비롯하여 많은 곳에 실렸다. 그 광고는 S&P 500지수에 관한 것이지만, 그 대상 기간을 명시하지 않

았다. 인플레이션에 대한 조정 없이 수익이 크게 성장한 기간을 찾아 계산해보면, 대략 이와 유사한 결과를 얻을 수 있다. 수익의 증가를 극대화하기 위해서 우리는 전쟁에 의해 아직 수익이 매우 낮고 1945년 10월 불황의 저점이었던, 제2차 세계대전 직후를 선택해야 한다. 그러면 총 S&P기업의 수익은 1946년 2분기에서 1997년 3분기까지 48배 증가했고, S&P 500지수는 1946년 6월에서 1998년 4월 사이에 60배 상승했다. 따라서 린치의 기본적인 결과는 이 기간 동안은 들어맞는 것으로 보인다. 그러나 우리가 다른 기간을 선택하면 결과가 무척 다르게 나온다. 1947년 4분기와 1998년 4분기 사이에는 수익은 겨우 23배 증가한 반면, 1947년 12월과 1999년 4월까지 S&P 500지수는 무려 83배나 상승했다. 이렇게 표본 기간을 조금만 바꾸면 광고에서 나온 결과와는 무척 다른 결과를 얻을 수 있다. 이 결과는 주가 상승이 수익 증가보다 훨씬 컸음을 보여준다.

1946년에서 1997년의 기간 동안, 생산자물가지수는 7배 상승했고, 사실 실질수익도 이 기간 동안 7배 증가했다. 이 기간 동안 실질수익이 7배 증가한 것은, 연간 성장률로 보면 약 4퍼센트이다. 1947년 4분기에서 1998년 4분기 사이에는 실질수익의 연간 성장률이 단지 3퍼센트였다. 이 전체 기간 동안 인플레이션으로 조정된 수익은 별로 놀랍지 않다. 그러나 그 광고는—표본을 교묘하게 선택하고 매우 오랜 기간의 변화를 인플레이션으로 조정하지 않고 보고하여—엄청난 주가 상승이 엄청난 수익 증가에 의해 정당화된다는 잘못된 인상을 심어준다.

17 Campbell and Shiller, "Valuation Ratios and the Long-Run Stock Market Outlook," pp. 11-26; and John Y. Campbell and Robert J. Shiller, "Valuation Ratios and the Long-Run Stock Market Outlook: An Update," in Richard Thaler (ed.), *Advances in Behavioral Finance II* (New York: Sage Foundation, 2005) 등을 참조. 〈그림 10-1〉의 1995~2005년 기간의 매년의 10년 수익률은 2004년 11월에 이용 가능한 데이터를 사용하여 계산했다.

18 몇몇 학자들은 이 비율들(주가수익비율, 주가배당비율, 그리고 근본적 가치와 주가를 비교하는 다른 지표들)이 수익률을 예측한다고 결론을 내렸다. 존 코크레인은 그의 교과서 *Asset Pricing*에서 "주가배당비율이 주식의 과도한 수익을 예측한다"라는 제목의 그림 박스에서 단호하게 이렇게 주장한다. John Cochrane, *Asset Pricing* (Princeton, N.J.: Princeton University Press, 2001), p. 389을 참조.

그러나 현실의 학문적 연구들은 이와 관련된 통계적 유의성 문제를 아직 해결하지 못했다. 아직 해결되지 않은 통계적으로 복잡한 문제들이 존재하는데, 이는 특히 비율들의 (근사적) 단위근 문제와 독립변수와 종속변수 모두가 가격과 연관되어 있는 문제 등으로 인한 것이다. 다른 통계적 문제들도 존재한다. 큰 값의 드문 이상치 관측, 작은 표본에서 점근적 분포이론의 적절성 문제, 레짐 체인지 문제, 근본적인 데이터의 측정 문제, 그리고 선입관을 가진 연구자에 의해 선택적으로 제시된 복잡한 통계적 증거의 해석 문제 등이 그것이다.

조나단 르웰른은 미국의 데이터를 사용하여 이 비율들에 단위근이 존재하지 않는다고 주장하고, 이 주장에 기초하여 주가배당비율, 주가순자산비율, 그리고 주가수익비율 등 이 수익률을 예측하는 데 통계적으로 유의하다는 결론을 내렸다. Jonathan Lewellen, "Predicting Returns with Financial Ratios" (Cambridge Mass.: MIT Sloan Working Paper No. 4374, August 2002; reprinted in *Journal of Financial Economics*, forthcoming)을 참조.

그러나 월터 토러스, 로센 발카노프, 그리고 슈얀은 단위근의 가능성을 허용하고 자기상관 모수의 한계치를 추정하여 미국의 데이터를 보면 이 비율들에 기초하여 단기적 시계에서는 예측 가능성의 증거가 존재하지만 장기적 시계에서는 그렇지 않다고 결론을 내린다. Walter Torous, Rossen Valkanov, and Shu Yan, "On Predicting Stock Returns with Nearly Integrated Explanatory Variables," *Journal of Business*, 78(1) (2005)을 참조.

존 캠벨과 모토히로 요고도 자기상관 모수의 한계치 추정에 기초한 좀 더 강력한 검증을 수행했다. 이들은 1871년 이후의 미국 주식시장 데이터를 사용하여 주가배당비율과 주가수익비율 모두 과도한 주가수익률을 예측하는 데 유의하다는 결론을 내렸다. John Y. Campbell and Motohiro Yogo, "Efficient Tests of Stock Return Predictability" (Cambridge, Mass.: National Bureau of Economic Research Working Paper No. w10026, October 2003)을 참조.

아밋 고얄과 이보 웰치는 이 비율들을 사용하여 예측회귀분석의 표본 외out-of-sample 검증을 수행하고 추정된 관계가 표본 외에서는 안정적이지 않다고 결론을 내렸다. Amit Goyal and Ivo Welch, "Predicting the Equity Premium with Dividend Ratios," Management Science, 49 (2003): 639~654를 참조.

앤드류 앙과 기트 비카엘트는 5개국의 데이터에 기초하여 주가배당비율의 예측력이 국가 간의 수익을 예측하는 데 튼튼하지 않다고 결론을 내렸다. Andrew Ang and Geert Bekaert, "Stock Return Predictability: Is It There?" unpublished paper, Columbia University, 2004를 참조.

로센 발카노프는 중복되는 관측치와 장기 예측 가능성 회귀분석에 관한 몇몇 새로운 결과들을 도출하여 주가배당비율이 수익을 예측하는 데 통계적으로 유의하지 않다고 결론지었다. Rossen Valkanov, "Long-Horizon Regressions: Theoretical Results and Applications," *Journal of Financial Economics*, 68 (2003): 201~232을 참조.

에릭 할마슨은 결합 회귀분석을 통해 처음으로 40개국의 주식시장들을 살펴보았는데, 그의 결과는 수익을 예측하는데 이 비율들이 통계적으로 유의하다는 결론을 항상은 아니지만 일반적으로 지지하지 않았다. Erik Hjalmarsson, "Predicting Global Stock Returns with New Methods for Pooled and Long-Run Forecasting Regressions," unpublished paper, Yale University, 2004를 참조.

이 논문들이 논쟁하고 있는 주제들은 매우 복잡한 것이다. 아마도 이 문제들을 완전히 해결하기 위해서는 오랫동안의 연구가 필요할 것이다.

472

19 주가에는 이렇게 추세가 역전되는 장기적인 경향뿐 아니라, 추세와 같은 방향으로 움직이는 좀 더 단기적인 모멘텀으로의 약한 경향도 존재한다. Campbell, Lo, and Mackinlay, *The Econometrics of Financial Markets*. Jegadeesh and Titman, "Returns to Buying Winners and Selling Losers". and Lehmann, "Fads, Martingales, and Market Efficiency." 등을 참조.

20 배당이 수익의 장기적 이동평균에 따라 움직이는 경향이 있다고 오래전에 지적된 바 있다. Lintner, "The Distribution of Incomes of Corporations."을 참조.

21 경제학자 로버트 바스키와 브래드 드 롱은 주가의 변화가 배당의 변화와 관련이 깊다면 그것이 주로 투자자의 투기적 행위에 의한 것이라고 볼 수 없다고 주장했다. Robert Barsky and J. Bradofrd De Long, "Why Have Stock Prices Fluctuated?" *Quarterly Journal of Economics*, 108 (1993): 291~311을 참조. 그들은 아마도 사람들은 이성적이라서 최근의 배당의 증가가 미래에 영원히 계속될 것이라 생각한다고 주장한다. 그러나 역사적 데이터로 볼 때 배당의 성장은 결코 계속되지 않았다.

주가와 배당 사이의 동시적 운동에 관해, 케네스 프루트와 모리스 옵스펠트는 주가가 현상적으로 과도하게 반응하지만 사실은 배당의 변화에 합리적으로 반응하는 '내재적 버블' 모델을 제시했다. 그들의 이론에 따르면, 주가는 어떤 의미에서는 배당에 과도하게 반응하지만, 그럼에도 불구하고 이 과도한 반응을 이용하여 돈을 벌 기회는 존재하지 않는다. Kenneth Froot and Maurice Obstfeld, "Intrinsic Bubbles: The Case of Stock Prices," *American Economic Review*, 81 (1991): 1189~1214. 그러나 그들의 모델에서는 주가가 배당이 증가하면 배당에 더 반응하게 되는 것을 통해 '정당한 주가'가 1950년대 이후 '실제 주가'에 더 가까워지는 것을 제외하면, 정당한 주가와 실제 주가 사이의 적합도는 배당 자체와 실제 주가 사이의 적합도보다 별로 높지 않다.

22 시걸은 이 모든 이상 현상에 대한 훌륭한 논의를 제시한다. *Stocks for the Long Run*, pp. 254, 259, 91~104, 264~266.

23 시장의 효율성에 관한 연구들에 보고된 이런 이상 현상의 비지속성은 또한 다양한 연구들이 서로 다른 계량경제학적 방법론을 사용하기 때문이다. Tim Loughran and Jay R. Ritter, "Uniformly Least Powerful Test of Market Efficiency," *Journal of Financial Economics*, 55 (2000): 361-389를 참조.

24 Merton Miller, "Behaviroal Rationality in Finance: The Case of Dividends," in Robin M. Hogarth and Melvin W. Reder (eds.), *Rational Choice: The Contrast between Economics and Psychology* (Chicago: University of Chicago Press, 1986), p. 283.

25 Robert Shiller, "Do Stock Prices Move Tool Much to Be Justified by Subsquent Movements in Dividends?" *American Economic Review*, 71(3) (1981): 421~436; Stephen LeRoy and Richard Porter, "Stock Price Volatility: A Test Based on Implied Variance Bounds," Econometrica, 49 (1981): 97~113. 또한 Sanford J. Grossman and Robert J. Shiller, "The Determinants of the Variability of Stock Market Prices," *American Economic Review*, 71 (1981): 222~227을 참조.

26 어떤 달의 배당의 현재가치를 계산하기 위해서는, 어떤 해의 다음 해에 지불되는 실질 배당을 그 해의 현재가치로 할인한 값을 이후의 각 월별로 모두 더해야 한다. 다음 해에 지불되는 실질배당을 그 해의 현재가치로 할인한 값은 실질 배당을 $(1+r)t$로 나눈 값이 다. 이 식에서 r은 실질 연간 할인율이며, t는 주어진 해와 다음 해 사이의 연수이다. 〈그 림 10-2〉에 나온 첫 번째 배당의 현재가치는 일정한 할인율 r을 사용하여 계산된 1871 년에서 2002년까지의 주식시장의 연간 실질수익률의 역사적 기하평균이다. r이 시간 에 걸쳐 일정하다는 가정은 시장의 기대수익률이 시간에 걸쳐 일정하며 예상수익으로 볼 때는 주식시장에 좋은 시기와 나쁜 시기가 없다는 효율적 시장 이론의 가정과 일치 한다. 〈그림 10-2〉의 두 번째 배당의 현재가치는 1년 금리에 일정한 위험 프리미엄을 더한 값을 할인율로 사용하며(Shiller, Market Volatility, Chapter 26, and updated에 나온 바 와 같이) 따라서 시장의 실질수익률의 기하평균이 할인율의 역사적인 기하평균과 일치 한다. 〈그림 10-2〉의 세 번째 배당의 현재가치는 Robert E. Lucas, "Asset Prices in an Exchange Economy," *Econometrica*, 46 (1978): 1429~1445; and Sanford J. Grossman and Robert J. Shiller, "The Determinants of the Variability of Stock Market Prices," *American Economic Review*, 71 (1981): 222~227에서 설명된 모델에 따라, 상대적인 위 험회피계수를 3이라 가정하여 일인당 총실질소비 데이터로부터 도출된 할인율을 사용 하여 계산된 것이다. 여기서 나온 것과 동일한 세 개의 서로 다른 현재가치는 Robert J. Shiller, "From Efficient Markets Theory to Behavioral Finance," *Journal of Economic Perspectives*, 17 (2003): 83~104에서 논의되었다.

물론 현재 우리는 데이터가 이용 가능한 가장 최근의 연도 이후에 배당이 어떻게 될지 모른다. 배당의 현재가치를 계산하기 위해, 나는 실질배당이 2002년의 값보다 1.25배 큰 값에서 1871년 이후의 역사적 월간 평균증가율인 매달 0.1퍼센트씩 성장할 것이라 가정했다. 1.25라는 수치는 최근의 배당 지불비율이 역사적 평균 지불비율(수익의 10년 이동평균과 비교한 배당의 비율)의 약 80퍼센트라는 사실을 감안하여 그 수치를 대략 수정 하기 위한 것이다. 2002년 이후의 실질배당의 성장에 관해 가정을 해야 한다는 것은 그 림에 나타난 좀 더 배당의 현재가치의 좀 더 최근의 값들이 실제 배당의 현재가치의 지 표로서는 신뢰할 만하지 않음을 의미한다. 그러나 2002년 이후의 연도의 배당은 현재가 치 계산에서는 크게 할인되기 때문에 2002년 이전 몇 십 년 이상 동안의 배당의 현재가 치에 주어진 값은 상당히 정확할 것이다.

최근에 측정된 배당이 기업에서 투자자로의 현금흐름을 과소평가한다는 우려가 제기된 바 있다. Kevin Cole, Jean Helwege, and David Laster ("Stock Market Valuation Indicators: Is This Time Different?" *Financial Analysts Journal*, 52 [1996]: 56~64)는 자사주 매입을 배당의 한 형태로 고려해서 계산하면 1990년대 중반의 주가배당비율은 약 80베이시스 포인트

만큼 상승할 것이라 추정한다. 이러한 조정에도 불구하고 S&P종합지수를 구성하는 기업들의 주가배당비율은 당시까지의 역사적 최저치에 비해 훨씬 더 낮을 것이다. Liang and Sharpe는 "Share Repurchases and Employee Stock Options"에서 많은 경우 주식의 발행이 종업원의 스톡옵션의 행사에 반응하여 이루어지기 때문에 주식 발행이 시장가격으로 이루어진다는 콜, 헬위지, 그리고 래스터의 가정이 정확하지 않다고 지적한다. 주식의 발행이 시장가격 이하로 이루어진다는 사실은 배당의 현재가치의 최종가치가 〈그림 10-2〉에 나온 수치보다 더 낮음을 의미한다.

27 효율적 시장 이론이 주가의 그래프가 배당의 현재가치의 그래프보다 더 안정적이어야 함을 의미하는 것은 아니며, 단지 그것이 전반적으로 덜 불안정해야—주의 깊게 정의되어야 하지만 어떤 의미에서는—함을 의미한다는 것이 강조되어야만 할 것이다. 나는 과도한 변동성에 관한 내 첫 논문에서 이 점을 설명하기 위해 매우 많이 노력했다. Robert J. Shiller, "The Volatility of Long-Term Interest Rates and Expectations Models of the Term Structure," *Journal of Political Economy*, 87 (1979): 1062~1088을 참조. 그러나 이 설명을 간과한 몇몇 비판가들은 나중에 이 점을 다시 지적하면서 마치 새롭고 독창적인 아이디어를 제시하는 것으로 생각했다. 특히 Allan Kleidon, "Variance Bounds Tests and Stock Price Valuation Models," *Journal of Political Economy*, 94 (1986): 953~1001을 참조. 단지 이 그림을 살펴보는 것만으로는, 효율적 시장에 관한 어떤 명확한 결론도 도출될 수 없다. 그럼에도 불구하고, 나는 이 그림이 미국 주식시장 전체의 데이터를 가지고 효율적인 시장을 지지하는 전체적인 증거가 없음을 매우 잘 보여준다고 믿는다. 이 그림은 시장의 효율성에 관한 증거의 본질에 대한 우리의 몇몇 잘못된 생각들을 바로잡아 준다.

28 샌포드 그로스만과 나는 이 동시적인 변동을 중요하게 생각했지만("The Determinants of the Variability of Stock Market Prices"에서) 여전히 주식시장이 전반적으로 과도하게 불안정하다고 설명했다.

29 그들의 주장은 기업이 주가에 반응하여 배당을 설정하며, 따라서 배당에 일종의 비안정성이 존재한다는 것이다. Terry A. Marsh and Robert C. Merton, "Dividend Variability and Variance Bounds Tests for the Rationality of Stock Market prices," *American Economic Review*, 76(3) (1986): 483~498을 참조. 이 비판에 대한 대답에서 나는 비록 그들의 모델이 기술적으로는 올바르다고 해도, 지난 100년 동안의 실제 미국의 경험에는 잘 들어맞지 않는다고 주장했다. Robert J. Shiller, "The Marsh-Merton Model of Managers' Smoothing of Dividends," *American Economic Review*, 76 (3) (1986): 499~503을 참조. 과도한 변동성을 검증하는 계량경제학적 연구는 이제 더는 추세를 제거한 배당이 안정적이라는 가정에 기초하고 있지 않으므로, 이 문제는 논쟁의 여지가 있다. 예를 들어, John Y. Campbell and John Ammer, "What Moves Stock and Bond Markets? A Variance Decomposition for Long-Term Asset Returns," *Journal of*

Finance, 48(1) (1993): 3~38을 참조.

30 캠벨과 나는 효율적 시장 모델의 다양한 형태를 나타낼 수 있는 공적분 선형로그 벡터 자기회귀 모델co-integreated log-linear vector-autoregressive model을 개발했다. John Y. Campbell and Robert J. Shiller, "The Dividend-Price Ratio and Expectations of Future Dividends and Discount Factors," *Review of Financial Studies*, 1 (1988): 195~228; Shiller, Market Volatility; and Campbell et al., *Econometrics of Financial Markets*, pp. 253~337 등을 참조.

31 Campbell and Shiller, "The Dividend-Price Ratio"를 참조.

32 Campbell and Ammer, "What Moves Stock and Bond Markets?"을 참조.

33 Shiller, *Market Volatility*, pp. 197~214를 참조.

34 폴 새뮤얼슨은 언젠가 주가는 미시적으로 효율적이고 거시적으로 비효율적이라고 말했다. 즉, 주식시장 전체에 비해 개별적 주식의 경우 효율적 시장 이론이 더 잘 들어맞는다는 것이다. 새뮤얼슨의 주장을 지지한다고 생각될 수 있는 몇몇 증거가 존재한다. Jeeman Jung and Robert J. Shiller, "Samuelson's Dictum for the Stock Market," *Economic Inquiry* (2005). Earlier studies that may be construed as supporting this conclusion are Randolph Cohen, Christopher Polk, and Tuomo Vuolteenaho, "The Value Spread," *Journal of Finance*, 58 (2003). 609~642; and Tuomo Vuolteenaho, "What Drives Firm-Level Stock Returns?" *Journal of Finance*, 57 (2002): 233~264 등을 참조.

11장 ─────

1 경제학자들은 오랫동안 왜 주식 프리미엄이 역사적으로 그렇게 높았는지를 수수께끼처럼 생각해왔다. 그들은 주식이 다른 투자보다 수익률이 높다면 왜 오랫동안 사람들이 주식에 더 많이 투자하지 않았는지 궁금해했다. Raj Mera and Edward C. Prescott, "The Equity Premium Puzzle," *Journal of Monetary Economics*, 15 (1988): 145~161을 참조. 이 장에서 논의되는 학습이론에 따르면, 주식 프리미엄 퍼즐은 과거의 일이다. 결국 이제 사람들이 현명해진 것이다.

2 Edgar Lawrence Smith, *Common Stocks as Long-Term Investments* (New York: Macmillan, 1924).

3 Kenneth S. Van Strum, *Investing in Purchasing Power* (Boston: Barrons, 1925).

4 Fisher, *Stock Market Crash*, pp. 202, 99. 피셔는 이 책의 다른 부분에서 1920년대는 물가가 예외적으로 안정된 시기라고 강조했기 때문에 "달러 가치가 하락하는 시기에"라는 구절을 포함한 것은 이상하다. 아마도 그는 "달러 가치가 하락하는 시기에도"를 뜻했을

것이다. 그리고 약간의 인플레이션이 있었던 1920년대의 한 시기를 언급했을 것이다. 당시는 금본위제 시기였으므로 그가 달러의 환율에 대해서 말했을 리는 없다.

5 Dice, *New Levels in the Stock Market*, p. 126.

6 Franklin L. Dame, "Public Interest in Business Is Found Growing," *New York Herald Tribune*, January 2, 1929, p. 30.

7 Siegel, *Stocks for the Long Run*, p. 15.

8 Ibbotson Associates, *Stocks, Bonds, Bills and Inflation*, Table 2~9, p. 46을 참조. 또는 나의 웹사이트, http://www.econ.yale.edu/~shiller를 참조.

9 Ibbotson Associates, *Stocks, Bonds, Bills and Inflation*, Table 2~11, p. 50에 나타난 데이터를 보면, 1926년 이후에는 주식 수익률이 단기금리보다 낮은 20년의 기간은 존재하지 않는다. 그들은 1901~1921년 기간의 데이터는 보여주지 않는다. 나의 책, *Market Volatility* (1913년 이후의 인플레이션을 측정하기 위해 소비자물가지수를 사용하여 업데이트된)의 데이터는 사실 1901~1921년 기간뿐 아니라 1966~1986년 기간에도 주식의 수익률이 단기금리보다 약간 낮았음을 보여준다. 1966~1986년 기간에 대한 나의 데이터와 이봇슨의 데이터 간의 차이는 단기금리(상업어음 대 재무성채권)의 차이와 약간의 시기의 차이 때문이다.

10 Philippe Jorion and William N. Goetzmann, "Global Stock Marktes in the Twentieth Century," *Journal of Finance*, 54(3) (1999): 953~980을 참조. 또한 Stephen J. Brown, William N. Goetzmann, and Stephen A. Ross, "Survival", *Journal of Finance*, 50(3) (1995): 853~873을 참조. 제레미 시걸은 금융 수익률의 경우, 중위값이 평균보다 보통 많이 낮다고 지적했다. 사실 이 모든 나라들의 상승률의 평균은 그렇게 낮지 않다. 또한 Elroy Dimson, Paul Marsh, and Mike Staunton, *Triumph of the Optimists:101 Years of Global Investment History* (Princeton, N.J.: Princeton University Press, 2002)을 참조.

11 James K. Glassman and Kevin A. Hassett, "Are Stocks Overvalued? Not a Chance," *Wall Street Journal*, March 30, 1998, p. 18, and "Stock Prices Are Still Far Too Low," March 17, 1999, p. 26. 1999년 기사에서 인용했다.

12 James K. Glassman and Kevin Hassett, *Dow 36,000: The New Strategy for Profiting from the Coming Rise in the Stock Market* (New York: Times Business/Random House, 1999), p. 140.

13 예를 들어, William Goetzmann and Roger Ibbotson, "Do Winners Repaet? Patte군 in Mutual Fund Performance," *Journal of Portfolio Management*, 20 (1994): 9~17. Edwin J. Elton, Martin Gruber, and Christopher R. Blake, "Survivorship Bias and Mutual Fund Performance," *Review of Financial Studies*, 9(4) (1996): 1097~1120. 그리고 "The Persistence of Risk-Adjusted Mutual Fund Performance," *Journal of Business*, 69 (1996): 133~137 등을 참조.

14 뮤추얼펀드는 개인투자자들을 위해 더 나은 다각화를 가능케 해주는 만큼 주식의 위험도를 낮출 것이다. 그러므로 뮤추얼펀드의 확산은 투자자들이 요구하는 위험 프리미엄을 감소시킬지도 모른다. 존 히튼과 데보라 루카스는 다각화의 증대가 "적어도 현재 미국의 높은 주가배당비율을 어느 정도는 설명한다."고 주장한다. 히튼과 루카스는 타당하고 상당히 중요한 문제를 제기했다. 그러나 그들의 이론은 개인을 언제나 완벽하게 합리적인 존재로 묘사하지만, 왜 사람들이 최근까지 뮤추얼펀드에 그렇게 많이 투자하지 않았는지 설명하지 않는다는 점에서 썩 만족스럽지 못하다. John Heaton and Deborah Lucas, "Stock Prices and Fundamentals," unpublished paper, Northwestern University, 1999를 참조.

12장 ———

1 Case and Shiller, "The Efficiency of the Market for Single Family Homes."를 참조.

2 2004년 설문조사에서 미국소비자연합은 2,500달러 미만을 버는 미국인 중 33퍼센트가 변동금리 모기지를 선호한 반면, 5만 달러 이상을 버는 미국인 중에서는 20퍼센트가 그것을 선호했다고 보고했다. 이 조사는 또한 히스패닉의 37퍼센트와 흑인의 31퍼센트가 변동금리 모기지를 선호했지만, 백인 중에서는 23퍼센트만이 선호했고, 고등학교만 졸업한 이들의 26퍼센트가 변동금리 모기지를 선호했지만, 대학 졸업자 중에서는 21퍼센트만이 그랬음을 발견했다. 그리고 이 연구는 이 불리한 집단들은 금리가 상승하면 모기지 상환액이 늘어날 가능성에 대해 상대적으로 부족하게 이해하고 있었음을 발견했다. Consumer Federation of America, "Lower-Income and Minority Consumers Most Likely to Prefer and Underestimate Risks of Adjustable Rate Mortgages," http://www.consumerfed.org/072604_ARM_Survey_Release.pdf (Washington, D.C.)을 참조.

3 Ray C. Fair, "How Much Is the Stock Market Overvalued?" unpublished paper, Cowles Foundation, Yale University, 1999를 참조. 이 논문의 수정된 버전은 Ray C. Fair, "Fed Policy and the Effects of a Stock Market Crash on the Economy: Is the Fed Tightening Too Little and Too Late?" *Business Economics* April 2000 pp. 7~14로 출판되었다. 페어가 이 논문을 쓰고 5년 후인 2004년 1분기에 세후 기업이윤은 GDP의 8.5퍼센트를 기록하여 1999년 1분기의 6.5퍼센트보다 높아졌다. 이성적으로 추론해볼 때 이러한 성장세로 인해 기업이윤이 GDP의 12퍼센트까지 높아지는 것은 어렵겠지만 상당히 가까운 수준까지는 높아질 것이다(페어는 이러한 상승이 비현실적일 것이라 생각했다. 한편 현실에서 2013년 말 기업이윤은 GDP의 10.9퍼센트를 기록했다—옮긴이). 이것은 페어가 수익 성장과 그것에 대한 대중의 용인에 관해 너무 낙관적이지 못해서 틀렸음을 의미하는 것일까? 나는 그렇게 생각하지 않는다. 먼저 과거의 수익의 상승과 하락을 보면, 최

근의 수익 성장에 관한 추론을 지지해주지 않는다. 정체기로부터 경제가 회복한 직후 GDP에서 수익의 비중이 고점을 기록했던 경우들이 많았다. 둘째, 수익의 성장은 기업이 이윤을 버는 근본적인 능력이 신장된 때문이 아니라 주로 낮은 법인세와 기업의 비용 절감 때문이다. 재정적자가 심각하고 사회보장과 의료보험의 재원 조달이 위기를 겪는 시기에 감세는 계속 유지될 수 없고 기업의 비용 절감은 영원히 이루어질 수 없다.

4 Arthur B. Kennickell, "A Rolling Tide: Changes in the Distribution of Wealth in the U.S., 1989~2001," http://www.federalreserve.gov/pubs/oss/oss2/papers/concentration.2001.10.pdf (Washington, D.C.: Board of Governors of the Federal Reserve System, September 2003), Table 11을 참조.

5 William D. Nordhaus and Joseph G. Boyer, "Requiem for Kyoto: An Economic Analysis of the Kyoto Protocol." (New Haven, Conn.: Yale University, Cowles Foundation Discussion Paper No. 1201, November 1998)을 참조.

6 미국 연준의 자금 흐름 계정은 비영리단체를 가구와 통합하여 집계하지만, 비영리단체는 상대적으로 규모가 작다. 표 B100e에 따르면, 가구와 비영리단체의 주식과 뮤추얼 펀드 보유액은 1999년 14.7조 달러에서 2002년 8.5조 달러로 6.2조 달러 감소했다. 표 B100e에 따르면, 가구와 비영리단체의 부동산 보유액은 1999년 10.3조 달러였다. 따라서 이들의 주식 보유액의 가치 하락분은 1999년 부동산 보유액의 약 60퍼센트의 손실에 이른다.

7 Advisory Committee on Endowment Management, *Managing Educational Endowments: Report to the Ford Foundation* (Barker Report) (New York: Ford Foundation, 1969). Kathleen Teltsch, "Streamlining the Ford Foundation," *New York Times*, October 10, 1982, p. 41. 1973~1974년 주식시장 폭락이 하버드, 로체스터, 그리고 예일 대학교의 기금에 미친 영향은 Andrew Tobias, "The Billion-Dollar Harvard-Yale Game," *Esquire*, December 19, 1978, pp. 77~85. 이 기사는 예일 대학교가 1973~1974년 폭락 직전에 1969년 포드 재단의 보고서에 부응하여 그 기금을 주식시장에 크게 투자했고, 이후 크게 손해를 보았다는 흔히 회자되는 이야기로 보인다. 그러나 토비아스의 기사를 주의 깊게 읽어보면, 그 자신의 데이터는 그런 결론을 지지하지 않음을 알 수 있다. 사실 예일 대학교가 1973~1974년 폭락으로 큰 손해를 보긴 했지만, 예일 대학교는 포드 재단의 보고서 이후 주식시장에 투자를 증가시키지는 않았다. 실제로 예일 대학교의 기금이 주식시장의 위험은 노출된 정도는 1973~1974년 폭락 직전에 더 줄어들었다.

8 OECD의 최근 연구에 따르면, 1984년에서 2001년 사이 호주, 오스트리아, 벨기에, 캐나다, 핀란드, 이탈리아, 일본, 한국, 뉴질랜드, 포르투갈, 스페인, 영국, 그리고 미국에서 가계저축률이 하락했다. 이들의 절반도 안 되는 나라들, 즉 프랑스, 독일, 네덜란드, 노르웨이, 스웨덴, 그리고 스위스 등은 저축률이 상승했다.

9 그러나 Laurence J. Kotlikoff and Scott Burns, *The Coming Generational Storm*

(Cambridge, Mass.: MIT Press, 2004)은 예외였다.

10 Christine Triano, "Private Foundations and Public Charities: Is It Time to Increase Payout?" http://www.nng.org/html/ourprograms/campaign/payoutppr-table.html#fulltext (National Network of Grantmakers, 1999).

11 그중에서도 예일 대학교는 주식시장에 대한 투자 비중을 축소하여 2000년 이후의 주식시장 하락으로부터 스스로를 보호했다. David Swensen, *Pioneering Portfolio Management* (Glencoe, Ill.: Free Press, 2000)을 참조.

12 Shlomo Benartzi and Richard Thaler, "Save More Tomorrow: Using Behavioral Economics to Increase Employee Saving," *Journal of Political Economy*, 112(1) (2004): S164~S187을 참조.

13 나는 대중이 왜 그들의 계약을 인플레이션에 연동시키지 않았는지 이해하기 위해 노력했다. 그 이유는 화폐를 가치의 궁극적인 지표로 생각하는 경향인 화폐 환상(3장을 참조), 그리고 공식과 가격지수에 대한 불신과 함께 가격 수준 변화의 위험을 충분히 이해하지 못한 실수와 큰 관련이 있어 보인다. Robert J. Shiller, "Public Resistance to Indexation: A Puzzle," *Brookings Papers on Economic Activity*, 1 (1997): 159~211을 참조.

14 "평균적으로 볼 때, 2003 EBRI/ICI 데이터베이스의 참여자들은 그들의 잔고의 67퍼센트를 직접적 혹은 간접적으로 주식에—주식펀드, 기업의 주식, 그리고 혼합펀드의 주식 비중을 합계한 액수—투자했다." Sara Holden and Jack VanDerhei, "401(k) Plan Asset Allocation, Account Balances, and Loan Activity in 2003, *Investment Company Institute Perspective*, 10(2) (2004): 1~16을 참조. TIAA-CREF의 한 펜션 플랜 매니저에 따르면, 주식시장에 우선 투자되는 평균 비중이 2000년 64.1퍼센트에 달했고, 그 후 하락하여 2003년에는 54.3퍼센트였다. TIAA-CREF Institute, "Participant Asset Allocation Report," http://www.tiaa-crefinstitute.org/Data/statistics/pdfs/AAdec2003.pdf, Table 3을 참조.

15 퇴직자의 자산에 관한 분석은 Alan L. Gustman and Thomas L. Steinmeier, "Effects of Pensions on Savings: Analysis with Data from the Health and Retirement Survey," *Carnegie Rochester Conference Series on Public Policy*, 50 (1999): 271~324를 참조.

16 U.S. Department of Labor, Pension and Welfare Benefits Administration, "Participant Investment Education: Final Rule," 29 CFR Part 2509, Interpretive Bulletin 96-1, *Federal Register*, 61(113) (1996): 29, 585~590, also available at http://www.dol.gov/dol/pwba/public/regs/fedreg/final/96-14093.htm을 참조.

17 Robert J. Shiller, "Social Security and Institutions for Intergenerational, Intragenerational and International Risk Sharing," *Carnegie Rochester Conference Series on Public Policy*, 50 (1999): 165~204를 참조.

18 물론 우리가 확정기여형 사회보장 플랜으로 전환하려면 현재의 퇴직자들을 위한 급

부의 부담을 누가 지불할 것인가 하는 문제가 생긴다. John Geanakoplos, Olivia S. Mitchell, and Stephen P. Zeldes, "Social Security Money's Worth," in Olivia S. Mitchell, Robert J. Myers, and Howard Young (eds.), *Prospects for Social Security Reform* (Philadelphia: University of Pennsylvania Press, 1999), pp. 79~151을 참조.

19 Shiller, "Social Security and Institutions," and Shiller, *The New Financial Order: Risk in the 21st Century* (Princeton, N. J.: Princeton University Press, 2003), pp. 165~174를 참조.

20 이러한 사건들은 Yukio Noguchi, *Baburu no Keizaigaku (Bubble Economics)* (Tokyo: Nihon Keizai Shimbun Sha, 1992)에 설명되어 있다. 통화정책의 변화가 없었어도 버블이 붕괴했을 것이라고 생각하는 것도 합리적이고, 일본 주식시장 하락의 다른 원인들을 설명해주는 투기적 기대의 변화들도 나타났다. Robert J. Shiller, Fumiko Kon-Ya, and Yoshiro Tsutsui, "Why Did the Nikkei Crash? Expanding the Scope of Expectations Data Collection," *Review of Economics and Statistics*, 78(1) (1996): 156~164를 참조.

21 Barry Eichengreen, *Golden Fetters*: The Gold Standard and the Great Depression: 1919~1939 (New York: Oxford University Press, 1992), Table 12.1, p. 351을 참조.

22 "Courtelyou Puts in $25,000,000," *New York Times*, October 24, 1907, p. 1; "Worst Stock Crash Stemmed by Banks," *New York Times*, October 25, 1929, p. 1.

23 "Will History Repeat the '29 Crash?" *Newsweek*, June 14, 1965, p. 78.

24 Shiller, Kon-Ya, and Tsutsui, "Why Did the Nikkei Crash?"를 참조.

25 Michael Brennan, "Stripping the S&P 500," *Financial Analysts' Journal*, 54(1) (1998): 14.

26 Marianne Baxter and Urban Jermann, "The International Diversification Puzzle Is Worse than You Think," *American Economic Review*, 87 (1997): 170~180을 참조.

27 스테파노 아타나소울리스와 나는 현실의 데이터로 보정한 이론 금융 모델을 사용하여 국민소득 위험을 적절히 관리하는 것만으로 경제적 후생에 큰 영향을 미칠 수 있음을 보였다. Stefano Athanasoulis and Robert J. Shiller, "World Income Components: Discovering and Implementing Risk Sharing Opportunities," *American Economic Review*, 91(4) (2001): 1031~1054을 참조.

참고문헌

Abarbanell, Jeffrey, and Reuven Lehavy. "Biased Forecasts or Biased Earnings? The Role of Earnings Management in Explaining Apparent Optimism and Inefficiency in Analysts' Earnings Forecast." Journal of Accounting and Economics, 35 (2003).

Abbott, Max Wenden, and Rachel A. Volberg. Gambling and Problem Gambling in the Community: An International Overview and Critique. Report No. 1 of the New Zealand Gaming Survey, 1999, p. 35.

Advisory Committee on Endowment Management. Managing Educational Endowments: Report to the Ford Foundation (Barker Report). New York: Ford Foundation, 1969.

Allen, Franklin, Stephen Morris, and Andrew Postlewaite. "Finite Bubbles with Short Sale Constraints and Asymmetric Information." Journal of Economic Theory, 61 (1993): 206-29.

Allen, Frederick Lewis. Only Yesterday. New York: Harper and Brothers, 1931.

Ammer, Dean S. "Entering the New Economy." Harvard Business Review, September-October 1967, pp. 3-4.

Ang, Andrew, and Geert Bekaert. "Stock Return Predictability: Is It There?" Unpublished paper, Columbia University, 2004.

Arthur, Brian, John H. Holland, Blake LeBaron, Richard Palmer, and Paul Tayler. "Asset Pricing under Endogenous Expectations in an Artificial Stock Market," in W. B.

Arthur, S. Durlauf, and D. Lane (eds.), The Economy as an Evolving Complex System II. Reading, Mass.: Addison-Wesley, 1997.

Asch, Solomon. Social Psychology. Englewood Cliffs, N.J.: Prentice Hall, 1952. Athanasoulis, Stefano, and Robert J. Shiller. "The Significance of the Market Portfolio." Review of Financial Studies, 13(2) (2000): 301-29.

Athanasoulis, Stefano, and Robert J. Shiller. "The Significance of the Market Portfolio." Review of Financial Studies, 13(2) (2000): 301-29.

_____. "World Income Components: Discovering and Implementing Risk Sharing Opportunities." American Economic Review, 91(4) (2001): 1031-54.

Avery, Christopher, and Peter Zemsky. "Multidimensional Uncertainty and Herd Behavior in Financial Markets." American Economic Review, 88(4) (1998): 724-48.

Bailey, Norman T. The Mathematical Theory of Epidemics. London: C. Griffin, 1957.

Baker, Malcolm, Joshua Coval, and Jeremy C. Stein. "Corporate Financing Decisions when Investors Take the Path of Least Resistance." Unpublished paper, Harvard Business School, 2004.

Baker, Malcolm, and Jeffrey Wurgler. "The Equity Share in New Issues and Aggregate Stock Return." Journal of Finance, 55(5) (2000): 2219-57.

Bakshi, Gurdip S., and Zhiwu Chen. "Baby Boom, Population Aging and Capital Markets." Journal of Business, 67 (1994): 165-202.

Ballinger, Kenneth. Miami Millions: The Dance of the Dollars in the Great Florida Land Boom of 1925. Miami, Fla.: Franklin Press, 1936.

Banerjee, Abhijit V. "A Simple Model of Herd Behavior." Quarterly Journal of Economics, 107(3) (1992): 797-817.

Barber, Brad, Reuven Lehavy, Maureen McNichols, and Brett Trueman. "Can Investors Profit from the Prophets? Consensus Analyst Recommendations and Stock Returns." Journal of Finance, 56(1) (2001): 531-63.

Barber, Brad M., Yi-Tsung Lee, Yu-Jane Liu, and Terrance Odean. "Do Individual Day Traders Make Money? Evidence from Taiwan." Unpublished paper, University of California, Davis, 2004.

Barber, Brad M., and Terrance Odean. "Online Investors: Do the Slow Die First?" Review of Financial Studies, 15(2) (2002): 455-89.

Barberis, Nicholas, Ming Huang, and Tano Santos. "Prospect Theory and Asset Prices." Quarterly Journal of Economics, 116 (2001): 1-53.

Barberis, Nicholas, Andrei Shleifer, and Robert Vishny. "A Model of Investor Sentiment." Journal of Financial Economics, 49 (1998): 307-43.

Barlow, Robin, Harvey E. Brazer, and James N. Morgan. Economic Behavior of the Affluent. Washington, D.C.: Brookings, 1966.

Barro, Robert, and Xavier Sala-i-Martin. Economic Growth. New York: McGraw-Hill, 1995.

Barsky, Robert, and J. Bradford De Long. "Why Have Stock Prices Fluctuated?" Quarterly Journal of Economics, 108 (1993): 291-311.

Barsky, Robert, and Lutz Kilian. "Do We Really Know That Oil Caused the Great Stagflation? A Monetary Alternative." NBER Macroeconomics Annual 2001. Cambridge, Mass.: National Bureau of Economic Research, 2001, pp. 137-82.

_____. "Oil and the Macroeconomy since the 70s." Unpublished paper, University of Michigan, 2004. Reprinted in Journal of Economic Perspectives, forthcoming.

Bartholomew, David J. Stochastic Models for Social Processes. New York: John Wiley and Sons, 1967.

Basu, Sanjoy. "The Investment Performance of Common Stocks Relative to Their Price-Earnings Ratios: A Test of the Efficient Markets." Journal of Finance, 32(3) (1977): 663-82.

Batra, Ravi. The Great Depression of 1990: Why It's Got to Happen, How to Protect Yourself, Rev. ed. New York: Simon and Schuster, 1987.

Baxter, Marianne, and Urban Jermann. "The International Diversification Puzzle Is Worse than You Think." American Economic Review, 87 (1997): 177-80.

Bell, David E. "Regret in Decision Making under Uncertainty." Operations Research, 30(5) (1982): 961-81.

Benartzi, Shlomo. "Why Do Employees Invest Their Retirement Savings in Company Stock?" Unpublished paper, Anderson School, University of California, Los Angeles, 1999.

Benartzi, Shlomo, and Richard H. Thaler. "Myopic Loss Aversion and the Equity Premium Puzzle." Quarterly Journal of Economics, 110(1) (1995): 73-92.

_____. "Naive Diversification Strategies in Defined Contribution Plans." American Economic Review, 91(1) (2001): 79-98.

_____. "Save More Tomorrow: Using Behavioral Economics to Increase Employee Saving." Journal of Political Economy, 112(1) (2004): S164-S187.

Bergman, Nittai, and Dirk Jenter. "Employee Sentiment and Stock Option Compensation." Unpublished paper, Massachusetts Institute of Technology, 2004.

Bikhchandani, S. D., David Hirshleifer, and Ivo Welch. "A Theory of Fashion, Social Custom and Cultural Change." Journal of Political Economy, 81 (1992): 637-54.

Blanchard, Olivier, and Stanley Fischer. Lectures on Macroeconomics. Cambridge, Mass.: MIT Press, 1989.

Boldrin, Michael, and Michael Woodford. "Equilibrium Models Displaying Endogenous Fluctuations and Chaos: ASurvey." Journal of Monetary Economics, 25(2) (1990): 189-222.

Bolen, D. W., and W. H. Boyd. "Gambling and the Gambler: AReview of Preliminary Findings." Archives of General Psychiatry, 18(5) (1968): 617-29.

Bootle, Roger. The Death of Inflation: Surviving and Thriving in the Zero Era. London: Nicholas Brealey, 1998.

Borio, Claudio, and Patrick McGuire. "Twin Peaks in Equity and Housing Prices?" BIS Quarterly Review, March 2004, pp. 79-93.

Bowman, Karlyn. "A Reaffirmation of Self-Reliance? ANew Ethic of Self-Sufficiency?" The Public Perspective, February-March 1996, pp. 5-8.

Brennan, Michael. "Stripping the S&P 500." Financial Analysts' Journal, 54(1) (1998): 12-22.

Brooks, Robin. "Asset Market and Savings Effects of Demographic Transitions." Unpublished Ph.D. dissertation, Yale University, 1998.

Brown, Stephen J., William Goetzmann, and Stephen Ross. "Survival." Journal of Finance, 50 (1995): 583-73.

Bruno, Michael, and William Easterly. "Inflation Crises and Long-Run Growth." Journal of Monetary Economics, 41(1) (1998): 2-26.

Bulgatz, Joseph. Ponzi Schemes, Invaders from Mars, and Other Extraordinary Popular Delusions, and the Madness of Crowds. New York: Harmony, 1992.

Bullock, Hugh. The Story of Investment Companies. New York: Columbia University Press, 1959.

Burnam, Tom. More Misinformation. Philadelphia: Lippincott and Crowell, 1980.

Campbell, John Y., and John Ammer. "What Moves Stock and Bond Markets? A Variance Decomposition for Long-Term Asset Returns." Journal of Finance, 48(1) (1993): 3-38.

Campbell, John Y., and John H. Cochrane. "By Force of Habit: A Consumption-Based Explanation of Aggregate Stock Market Behavior." Journal of Political Economy, 107(2) (1999): 205-51.

Campbell, John Y., Andrew Lo, and Craig Mackinlay. The Econometrics of Financial Markets. Princeton, N.J.: Princeton University Press, 1997.

Campbell, John Y., and Robert J. Shiller. "The Dividend-Price Ratio and Expectations of Future Dividends and Discount Factors." Review of Financial Studies, 1 (1988): 195-228.

_____. "Valuation Ratios and the Long-Run Stock Market Outlook." Journal of Portfolio Management, 24 (1998): 11-26.

_____. "Valuation Ratios and the Long-Run Stock Market Outlook: An Update." In Richard Thaler (ed.), Advances in Behavioral Finance II. New York: Sage Foundation, 2005.

Campbell, John Y., and Motohiro Yogo. "Efficient Tests of Stock Return Predictability." National Bureau of Economic Research Working Paper No. w10026, October 2003.

Case, Karl E. "The Market for Single-Family Homes in the Boston Area." New England Economic Review, May-June 1986, pp. 38-48.

_____. "Measuring Urban Land Values." Unpublished paper, Wellesley College, October 26, 1997.

Case, Karl E., John M. Quigley, and Robert J. Shiller. "Comparing Wealth Effects: The Stock Market vs. the Housing Market." National Bureau of Economic Research Working Paper No. 8606, November 2001.

Case, Karl E., Jr., and Robert J. Shiller. "The Behavior of Home Buyers in Boom and Post-Boom Markets." New England Economic Review, November-December 1988, pp. 29-

46.

_____. "The Efficiency of the Market for Single Family Homes." American Economic Review, 79(1) (March 1989): 125-37.

_____. "ADecade of Boom and Bust in the Prices of Single-Family Homes: Boston and Los Angeles 1983 to 1993." New England Economic Review, March-April 1994, pp. 40-51.

_____. "Is There a Bubble in the Housing Market?" Brookings Papers on Economic Activity, 2003-II.

Cassidy, John. Dot.con: How America Lost Its Mind and Money in the Internet Era. New York: Perennial Currents, 2003.

Chen, Joseph, Harrison Hong, and Jeremy C. Stein. "Breadth of Ownership and Stock Returns." Journal of Financial Economics, 66 (2002): 171-205.

Chevalier, Judith, and Glenn Ellison. "Are Some Mutual Fund Managers Better than Others? Cross-Sectional Patterns in Behavior and Performance." Journal of Finance, 54(3) (1999): 875-99.

Christiansen, Eugene Martin, and Sebastian Sinclair. The Gross Annual Wager of the United States, 2000. Christiansen Capital Advisors, 2000.

Chwe, Michael Suk-Young. Rational Ritual: Culture, Coordination, and Common Knowledge. Princeton, N.J.: Princeton University Press, 2003.

Cochrane, John. Asset Pricing. Princeton, N.J.: Princeton University Press, 2001.

Cohen, Randolph. "Asset Allocation Decisions of Individuals and Institutions." Harvard Business School Working Paper Series No. 03-112, 2003

Cohen, Randolph, Christopher Polk, and Tuomo Vuolteenaho. "The Value Spread." Journal of Finance, 58 (2003): 609-42.

Cole, Kevin, Jean Helwege, and David Laster. "Stock Market Valuation Indicators: Is This Time Different?" Financial Analysts Journal, 52 (1996): 56-64.

Collins, Allan, Eleanor Warnock, Nelleke Acello, and Mark L. Miller. "Reasoning from Incomplete Knowledge," in Daniel G. Bobrow and Allan Collins (eds.), Representation and Understanding: Studies in Cognitive Science. New York: Academic Press, 1975, pp. 383-415.

Consumer Federation of America. "Lower-Income and Minority Consumers Most Likely to Prefer and Underestimate Risks of Adjustable Rate Mortgages." http://www.consumerfed.org/072604_ARM_Survey_Release.pdf. Washington, D.C.

Cooper, John C. B. "Price Elasticity of Demand for Crude Oil: Estimates for 23 Countries." Opec Review, 27(1) (March 2003): 1-8.

Coronado, Julia Lynn, and Steven A. Sharpe. "Did Pension Plan Accounting Contribute to a Stock Market Bubble?" Washington D.C.: Board of Governors of the Federal Reserve

System, Finance and Economics Discussion Series No. 2003-38, 2003.

Cowles, Alfred III, and associates. Common Stock Indexes, 2nd ed. Bloomington, Ind.: Principia Press, 1939.

Cremer, Jacques, and Djavad Salehi-Isfahani. "The Rise and Fall of Oil Prices: A Competitive View." Annales d'Economie et de Statistique, 3(15-16) (December 1989): 437-54.

Cutler, David, James Poterba, and Lawrence Summers. "What Moves Stock Prices?" Journal of Portfolio Management, 15(3) (1989): 4-12.

Daniel, Kent, David Hirshleifer, and Avanidhar Subrahmanyam. "Investor Psychology and Security Market Over- and Underreaction." Journal of Finance, 53(6) (1998): 1839-86.

Davis, Morris A., and Jonathan Heathcote. "The Price and Quantity of Residential Land in the United States." Washington D.C.: Board of Governors of the Federal Reserve System, Finance and Economics Discussion Series No. 2004-37, 2004.

Day, Clarence. "Father Lets in the Telephone." In Life with Father. New York: Alfred A. Knopf, 1935.

De Bondt, Werner, and Richard H. Thaler. "Does the Stock Market Overreact?" Journal of Finance, 40(3) (1985): 793-805.

Dent, Harry S. The Great Boom Ahead: Your Comprehensive Guide to Personal and Business Profit in the New Era of Prosperity. New York: Hyperion, 1993.

_____. The Roaring 2000s: Building the Wealth & Lifestyle You Desire in the Greatest oom in History. New York: Simon and Schuster, 1998.

_____. The Roaring 2000s Investor: Strategies for the Life You Want. New York: Simon and Schuster, 1999.

Desmond, Robert W. The Information Process: World News Reporting to the Twentieth Century. Iowa City: University of Iowa Press, 1978.

Deutsch, Morton, and Harold B. Gerard. "A Study of Normative and Informational Social Influences upon Individual Judgment." Journal of Abnormal and Social Psychology, 51 (1955): 629-36.

Dice, Charles Amos. New Levels in the Stock Market. New York: McGraw-Hill, 1929.

Diggins, John Patrick. The Proud Decades: America in War and in Peace 1941-1960. New York: W. W. Norton, 1988.

Dimson, Elroy, Paul Marsh, and Mike Staunton. Triumph of the Optimists: 101 Years of Global Investment History. Princeton, N.J.: Princeton University Press, 2002.

Dornbusch, Rudiger, and Stanley Fischer. "The Open Economy: Implications for Monetary and Fiscal Policy," in Robert J. Gordon (ed.), The American Business Cycle: Continuity and Change. Chicago: National Bureau of Economic Research and University of Chicago Press, 1986, pp. 459-501.

Dumke, Glenn S. The Boom of the Eighties in Southern California. San Marino, Calif.: Huntington Library, 1944.

Ehrlich, Paul R. The Population Bomb. New York: Ballantine Books, 1968.

Eichengreen, Barry. Golden Fetters: The Gold Standard and the Great Depression: 1919-1939. New York: Oxford University Press, 1992.

Eichengreen, Barry, James Tobin, and Charles Wyplosz. "Two Cases for Sand in the Wheels of International Finance." Economic Journal, 105 (1995): 162-72.

Eichholtz, Piet A. "A Long Run House Price Index: The Herengracht Index, 1638-1973." Unpublished paper, University of Limburg and University of Amsterdam, 1996.

Elias, David. Dow 40,000: Strategies for Profiting from the Greatest Bull Market in History. New York: McGraw-Hill, 1999.

Elton, Edwin J., Martin Gruber, and Christopher R. Blake. "The Persistence of Risk- Adjusted Mutual Fund Performance." Journal of Business, 69 (1996): 133-37.

_____. "Survivorship Bias and Mutual Fund Performance." Review of Financial Studies, 9(4) (1996): 1097-1120.

Fair, Ray C. "How Much Is the Stock Market Overvalued?" Unpublished paper,

Cowles Foundation, Yale University, 1999. A revised version of this paper was published as part of Ray C. Fair, "Fed Policy and the Effects of a Stock Market Crash on the Economy: Is the Fed Tightening Too Little and Too Late?" Business Economics,

April 2000, pp. 7-14. Also available at http://fairmodel.econ.yale.edu/rayfair/pdf/1999c.pdf.

_____. "Fed Policy and the Effects of a Stock Market Crash on the Economy: Is the Fed Tightening Too Little and Too Late?" Business Economics, April 2000, pp. 7-14. Also available at http://fairmodel.econ.yale.edu/rayfair/pdf/1999c.pdf.

Fama, Eugene. "Efficient Capital Markets: A Review of Theory and Empirical Work." Journal of Finance, 25 (1970): 383-417.

Fama, Eugene, and Kenneth French. "The Cross Section of Expected Stock Returns." Journal of Finance, 47 (1992): 427-66.

Federal Reserve Board. "Humphrey-Hawkins Report July 22, 1997, Section 2: Economic and Financial Developments in 1997." http://www.federalreserve.gov/boarddocs/hh/1997/july/ReportSection2.htm.

Figlewski, Stephen. "The Informational Effects of Restrictions on Short Sales: Some Empirical Evidence." Journal of Financial and Quantitative Analysis, 16 (1981): 463-76.

Fischel, William A. Regulatory Takings: Law, Economics and Politics. Cambridge, Mass.: Harvard University Press, 1995.

_____. The Homevoter Hypothesis: How Home Values Influence Local Government Taxation,

488

School Finance, and Land-Use Policies. Cambridge, Mass.: Harvard University Press, 2001.

Fischhof, Baruch, Paul Slovic, and Sarah Lichtenstein. "Knowing with Uncertainty: The Appropriateness of Extreme Confidence." Journal of Experimental Psychology: Human Perception and Performance, 3 (1977): 522-64.

Fisher, E. M. Urban Real Estate Markets: Characteristics and Financing. New York: National Bureau of Economic Research, 1951.

Fisher, Irving. The Stock Market Crash-and After. New York: Macmillan, 1930.

Fleming, Thomas. Around the Pan with Uncle Hank: His Trip through the Pan-American Exposition. New York: Nutshell, 1901.

Foot, David K., and Daniel Stoffman. Boom, Bust & Echo: How to Profit from the Coming Demographic Shift. Toronto: McFarlane, Walter and Ross, 1996.

Forrester, Jay W. World Dynamics. Cambridge, Mass.: Wright-Allen Press, 1971.

Frankel, Jeffrey. On Exchange Rates. Cambridge, Mass.: MIT Press, 1993.

_____. "How Well Do Foreign Exchange Markets Work: Might a Tobin Tax Help?" in Mahbub ul Haq, Inge Kaul, and Isabelle Grunberg (eds.), The Tobin Tax: Coping with Financial Volatility. New York: Oxford University Press, 1996, pp. 41-81.

French, Kenneth R., and Richard Roll. "Stock Return Variances: The Arrival of Information and the Reaction of Traders." Journal of Financial Economics, 17 (1986): 5-26.

Froot, Kenneth, and Emil Dabora. "How Are Stock Prices Affected by the Location of Trade?" Journal of Financial Economics, 53(2) (1999): 189-216

Froot, Kenneth, and Maurice Obstfeld. "Intrinsic Bubbles: The Case of Stock Prices." American Economic Review, 81 (1991): 1189-1214.

Galbraith, John Kenneth. The Great Crash: 1929, 2nd ed. Boston: Houghton Mifflin, 1961.

Gale, William G., and John Sabelhaus. "Perspectives on the Household Saving Rate." Brookings Papers on Economic Activity, 1 (1999): 181-224.

Gallin, Joshua. "The Long-Run Relation between House Prices and Income: Evidence from Local Housing Markets." Washington D.C.: Board of Governors of the Federal Reserve System, Finance and Economics Discussion Paper Series No. 2003.17, 2003.

Geanakoplos, John. "Common Knowledge." Journal of Economic Perspectives, 6(4) (1992): 53-82.

Geanakoplos, John, Olivia S. Mitchell, and Stephen P. Zeldes. "Social Security Money's Worth," in Olivia S. Mitchell, Robert J. Myers, and Howard Young (eds.), Prospects for Social Security Reform. Philadelphia: University of Pennsylvania Press, 1999, pp. 79-151.

Ger, Gueliz, and Russell W. Belk. "Cross-Cultural Differences in Materialism." Journal of Economic Psychology, 17 (1996): 55-77.

Gibson, George. The Stock Markets of London, Paris and New York. New York: G. P.

Putnam's Sons, 1889.

Gigerenzer, G. "How to Make Cognitive Illusion Disappear: Beyond "Heuristic and Biases.'" European Review of Social Psychology, 2 (1991): 83-115.

Gilchrist, Helen, Robert Povey, Adrian Dickenson, and Rachel Povey. "The Sensation-Seeking Scale: Its Use in a Study of People Choosing Adventure Holidays." Personality and Individual Differences, 19(4) (1995): 513-16.

Glaeser, Edward. "Reinventing Boston: 1640 to 2003." National Bureau of Economic Research Working Paper No. 10166, 2004.

Glaeser, Edward, and Albert Saiz. "The Rise of the Skilled City." National Bureau of Economic Research Working Paper No. 10191, 2004.

Glassman, James K., and Kevin A. Hassett. Dow 36,000: The New Strategy for Profiting from the Coming Rise in the Stock Market. New York: Times Business/Random House, 1999.

Goetzmann, William, and Roger Ibbotson. "Do Winners Repeat? Patterns in Mutual Fund Performance." Journal of Portfolio Management, 20 (1994): 9-17.

Goetzmann, William, and Massimo Massa. "Index Fund Investors." Unpublished paper, Yale University, 1999.

Gordon, Robert J. "U.S. Productivity Growth since 1879: One Big Wave?" American Economic Review, 89(2) (1999): 123-28.

Goyal, Amit, and Ivo Welch. "Predicting the Equity Premium with Dividend Ratios." Management Science, 49 (2003): 639-54.

Graham, Benjamin, and David Dodd. Securities Analysis. New York: McGraw-Hill, 1934.

Grant, James. The Trouble with Prosperity: A Contrarian Tale of Boom, Bust, and Speculation. New York: John Wiley and Sons, 1996.

Grebler, Leo, David M. Blank, and Louis Winnick. Capital Formation in Residential Real Estate. Princeton, N.J.: Princeton University Press, 1956.

Greenlees, J. S. "An Empirical Evaluation of the CPI Home Purchase Index 1973-8." American Real Estate and Urban Economics Association Journal (1982).

Greenspan, Alan. "The Challenge of Central Banking in a Democratic Society." Speech before the American Enterprise Institute for Public Policy, Washington, D.C., December 5, 1996. http://www.federalreserve.gov/BOARDDOCS/SPEECHES/19961205.htm.

Greetham, Trevor, Owain Evans, and Charles I. Clough, Jr. "Fund Manager Survey: November 1999." London: Merrill Lynch & Co., Global Securities Research and Economics Group, 1999.

Griffin, John M., and G. Andrew Karolyi. "Another Look at the Role of Industrial Structure of Markets for International Diversification Strategies." Journal of Financial Economics, 50 (1998): 351-73.

Grinblatt, Mark, and Matti Keloharju. "Distance, Language, and Culture Bias: The Role of Investor Sophistication." Journal of Finance, 56(3) (2001): 1053-73.

Grossman, Sanford J., and Robert J. Shiller. "The Determinants of the Variability of Stock Market Prices." American Economic Review, 71 (1981): 222-27.

Gustman, Alan L., and Thomas L. Steinmeier. "Effects of Pensions on Savings: Analysis with Data from the Health and Retirement Survey," Carnegie Rochester Conference Series on Public Policy, 50 (1999): 271-324.

Hamilton, James T. All the News That's Fit to Sell: How the Market Transforms Information into News. Princeton, N.J.: Princeton University Press, 2004.

Heaton, John, and Deborah Lucas. "Stock Prices and Fundamentals." Unpublished paper, Northwestern University, 1999.

Heston, Steven L., and K. Geert Rouwenhorst. "Does Industrial Structure Explain the Benefits of International Diversification?" Journal of Financial Economics, 36 (1994): 3-27.

Hjalmarsson, Erik. "Predicting Global Stock Returns with New Methods for Pooled and Long-Run Forecasting Regressions." Unpublished paper, Yale University, 2004.

Holden, Sara, and Jack VanDerhei. "401(k) Plan Asset Allocation, Account Balances, and Loan Activity in 2003." Investment Company Institute Perspective, 10(2) (2004): 1-16.

Homer, Sidney. AHistory of Interest Rates. New Brunswick, N.J.: Rutgers University Press, 1963.

Hong, Harrison, and Jeremy Stein. "A Unified Theory of Underreaction, Momentum Trading, and Overreaction in Asset Markets." Journal of Finance, 54(6) (1999): 2143-84.

Hoyt, Homer. One Hundred Years of Land Values in Chicago: The Relationship of the Growth of Chicago to the Rise in Its Land Values. Chicago: University of Chicago Press, 1933.

Huberman, Gur, and Wei Jiang. "Offering versus Choice in 401(k) Plans: Equity Exposure and Number of Funds." Unpublished paper, Columbia University, 2004.

Huberman, Gur, and Tomer Regev. "Speculating on a Cure for Cancer: A Non-Event That Made Stock Prices Soar." Journal of Finance, 56(1) (2001): 387-96.

Ibbotson Associates. Stocks, Bonds, Bills and Inflation: 1999 Yearbook, Market Results for 1926-1998. Chicago: Ibbotson Associates, 1999.

Inglehart, Ronald. "Aggregate Stability and Individual-Level Flux in Mass Belief Systems." American Political Science Review, 79(1) (1985): 97-116.

International Monetary Fund. International Financial Statistics.Washington, D.C., 1999.

Investment Company Institute. Mutual Fund Fact Book. Washington, D.C., 1999.

Jegadeesh, Narasimhan, and Sheridan Titman. "Returns to Buying Winners and Selling Losers:

Implications for Stock Market Efficiency." Journal of Finance, 48 (1993): 65-91.

Jones, Charles M., and Owen A. Lamont. "Short Sale Constraints and Stock Returns." Journal of Finance, November 2002.

Jorion, Philippe, and William N. Goetzmann. "Global Stock Markets in the Twentieth Century." Journal of Finance, 54(3) (1999): 953-80.

Jung, Jeeman, and Robert J. Shiller. "Samuelson's Dictum and the Stock Market." Economic Inquiry, 2005.

Katona, George. Psychological Economics. New York: Elsevier, 1975.

Kennickell, Arthur B. "A Rolling Tide: Changes in the Distribution of Wealth in the U.S., 1989-2001." http://www.federalreserve.gov/pubs/oss/oss2/papers/concentration.2001.10.pdf. Washington, D.C.: Board of Governors of the Federal Reserve System, September 2003.

Keren, Gideon. "The Rationality of Gambling: Gamblers' Conceptions of Probability, Chance and Luck," in George Wright and Peter Ayton (eds.), Subjective Probability. Chichester, England: John Wiley and Sons, 1994, pp. 485-99.

Keynes, John Maynard. The General Theory of Employment, Interest and Money. New York: Harcourt Brace and World, 1961.

Khurana, Rakesh. Searching for a Corporate Savior: The Irrational Quest for Charismatic CEOs. Princeton, N.J.: Princeton University Press, 2002.

Kindleberger, Charles P. Manias, Panics and Crashes: A History of Financial Crises, 2nd ed. London: Macmillan, 1989.

King, Robert G., and Ross Levine. "Finance and Growth: Schumpeter May Be Right." Quarterly Journal of Economics, 108 (1993): 717-37.

Kirman, Alan. "Ants, Rationality and Recruitment." Quarterly Journal of Economics, 108(1) (1993): 137-56.

Klehr, Harvey. The Heyday of American Communism: The Depression Decade. New York: Basic Books, 1984.

Kleidon, Allan. "Variance Bounds Tests and Stock Price Valuation Models." Journal of Political Economy, 94 (1986): 953-1001.

Kotlikoff, Laurence J., and Scott Burns. The Coming Generational Storm. Cambridge, Mass.: MIT Press, 2004.

Krugman, Paul. "How Fast Can the U.S. Economy Grow?" Harvard Business Review, 75 (1977): 123-29.

Lambert, Craig. "Trafficking in Chance." Harvard Magazine, 104(6) (July-August 2002): 32.

Lambert, Richard A., W. Lanen, and D. Larker. "Executive Stock Option Plans and Corporate Dividend Policy." Journal of Finance and Quantitative Analysis, 24 (1985): 409-25.

Lamont, Owen A., and Richard H. Thaler. "Can the Market Add and Subtract? Mispricing in Stock Market Carve-Outs." Journal of Political Economy, 111 (2003): 227-68.

Lange, Oscar. "Is the American Economy Contracting?" American Economic Review, 29(3) (1939): 503-13.

Langer, E. J. "The Illusion of Control." Journal of Personality and Social Psychology, 32 (1975):311-28.

LaPorta, Rafael, Florencio Lopez-de-Silanes, and Andrei Shleifer. "Corporate Ownership around the World." Journal of Finance, 54 (1999): 471-518.

Lawrence, Joseph Stagg. Wall Street and Washington. Princeton, N.J.: Princeton University Press, 1929.

Lee, In Ho. "Market Crashes and Informational Avalanches." Review of Economic Studies, 65(4) (1998): 741-60.

Lehmann, Bruce N. "Fads, Martingales, and Market Efficiency." Quarterly Journal of Economics, 60 (1990): 1-28.

Leland, Hayne. "Who Should Buy Portfolio Insurance." Journal of Finance, 35 (1980): 581-94.

LeRoy, Stephen, and Richard Porter. "Stock Price Volatility: A Test Based on Implied Variance Bounds." Econometrica, 49 (1981): 97-113.

Lewellen, Jonathan. "Predicting Returns with Financial Ratios." MIT Sloan Working Paper No. 4374-02, August 2002. Forthcoming, Journal of Financial Economics.

Liang, J. Nellie, and Steven A. Sharpe. "Share Repurchases and Employee Stock Options and Their Implications for S&P 500 Share Retirements and Expected Returns." Finance and Economics Discussion Series 1999-59. Washington, D.C.: Board of Governors of the Federal Reserve System, 1999.

Lin, Hsiou-Wei, and Maureen F. McNichols. "Underwriting Relationships, Analysts' Earnings Forecasts and Investment Recommendations." Journal of Accounting and Economics, 25(1) (1998): 101-27.

Lintner, John. "The Distribution of Incomes of Corporations among Dividends, Retained Earnings and Taxes," American Economic Review, 46 (1956): 97-113.

Loomes, Graham, and Robert Sugden. "Regret Theory: An Alternative Theory of Rational Choice under Uncertainty." Economic Journal, 92 (1982): 805-24.

Loughran, Tim, and Jay R. Ritter. "Uniformly Least Powerful Tests of Market Efficiency." Journal of Financial Economics, 55 (2000): 361-89.

Lucas, Robert E. "Asset Prices in an Exchange Economy." Econometrica, 46 (1978): 1429-45.

Mackay, Charles. Memoirs of Extraordinary Popular Delusions and the Madness of Crowds. London: Bentley, 1841.

Maier, N. R. F. "Reasoning in Humans. II. The Solution of a Problem and Its Appearance in

Consciousness." Journal of Comparative Psychology, 12 (1931): 181-94.

Mandelbrot, Benoit. Fractals and Scaling in Finance: Discontinuity, Concentration, Risk. New York: Springer-Verlag, 1997.

Marsh, Terry A., and Robert C. Merton. "Dividend Variability and Variance Bounds Tests for the Rationality of Stock Market Prices." American Economic Review, 76(3) (1986): 483-98.

McCarthy, Jonathan, and Richard W. Peach. "Are Home Prices the Next 'Bubble'?" Federal Reserve Bank of New York Economic Policy Review, 2004.

McGrattan, Ellen R., and Edward C. Prescott. "Is the Stock Market Overvalued?" Federal Reserve Bank of Minneapolis Quarterly Review, 24 (2000): 20-40.

_____. "Taxes, Regulations, and the Value of U.S. Corporations: A General Equilibrium Analysis." Research Department Staff Report 309, Federal Reserve Bank of Minneapolis, 2002 (revised 2004, http://research.mpls.frb.fed.us/research/sr/sr309.pdf).

Meadows, Donella H., Dennis L. Meadows, Jrgen Randers, and William W. Behrens III. The Limits to Growth: A Report of the Club of Rome's Project in the Predicament of Mankind. New York: Universe Books, 1972.

Mehra, Raj, and Edward C. Prescott. "The Equity Premium Puzzle." Journal of Monetary Economics, 15 (1988): 145-61.

Meltzer, Allan H. "Monetary and Other Explanations of the Start of the Great Depression." Journal of Monetary Economics, 2 (1976): 455-71.

Merton, Robert K. Social Theory and Social Structure. Glencoe, Ill.: Free Press, 1957.

Milgram, Stanley. Obedience to Authority. New York: Harper and Row, 1974.

Milgrom, Paul, and Nancy Stokey. "Information, Trade, and Common Knowledge." Econometrica, 49 (1982): 219-22.

Miller, Edward M. "Risk, Uncertainty and Divergence of Opinion." Journal of Finance, 32 (1977): 1151-68.

Miller, Merton. "Behavioral Rationality in Finance: The Case of Dividends," in Robin M. Hogarth and Melvin W. Reder (eds.), Rational Choice: The Contrast between Economics and Psychology. Chicago: University of Chicago Press, 1986, pp. 267-84.

Mitchell, Mark L., and Jeffrey M. Netter. "Triggering the 1987 Stock Market Crash: Antitakeover Provisions in the Proposed House Ways and Means Tax Bill." Journal of Financial Economics, 24 (1989): 37-68.

Modigliani, Franco, and Richard A. Cohn. "Inflation, Rational Valuation, and the Market." Financial Analysts' Journal, 35 (1979): 22-44. Reprinted in Simon Johnson (ed.),

The Collected Papers of Franco Modigliani, Vol. 5. Cambridge, Mass.: MIT Press, 1989.

Nelson, William R. "Three Essays on the Ability of the Change in Shares Outstanding to Predict Stock Returns." Unpublished Ph.D. dissertation, Yale University, 1999.

_____. "Why Does the Change in Shares Predict Stock Returns?" Finance and Economics Discussion Series 1999-07. Washington: Board of Governors of the Federal Reserve System, 1999.

New York Stock Exchange. The Public Speaks to the Exchange Community. New York, 1955.

_____. New York Stock Exchange Fact Book. New York, 1998.

Niederhoffer, Victor. "The Analysis of World News Events and Stock Prices." Journal of Business, 44(2) (1971): 193-219.

Niquet, Bernd. Keine Angst vorm nèchsten Crash: Warum Aktien als Langfristanlage unschlagbar sind. Frankfurt: Campus Verlag, 1999.

Nisbett, Robert E., and Timothy DeCamp Wilson. "Telling More than We Can Know: Verbal Reports on Mental Processes." Psychological Review, 84(3) (1977): 231-59.

Noguchi, Yukio. Baburu no Keizaigaku (Bubble Economics). Tokyo: Nihon Keizai Shimbun Sha, 1992.

Nordhaus, William D., and Joseph G. Boyer. "Requiem for Kyoto: An Economic Analysis of the Kyoto Protocol." Cowles Foundation Discussion Paper 1201. New Haven, Conn.: Yale University, November 1998.

Noyes, Alexander Dana. Forty Years of American Finance. New York: G. P. Putnam's Sons, 1909.

Orman, Suze. The 9 Steps to Financial Freedom. New York: Crown, 1997.

_____. The Courage to Be Rich: Creating a Life of Material and Spiritual Abundance. Rutherford, N.J.: Putnam, 1999.

Pennington, Nancy, and Reid Hastie. "Reasoning in Explanation-Based Decision Making." Cognition, 49 (1993): 123-63.

Petersen, James D., and Cheng-Ho Hsieh. "Do Common Risk Factors in the Returns on Stocks and Bonds Explain Returns on REITs?" Real Estate Economics, 25 (1997): 321-45.

Pitz, Gordon W. "Subjective Probability Distributions for Imperfectly Known Quantities," in Lee W. Gregg (ed.), Knowledge and Cognition. Potomac, Md.: Lawrence Erlbaum Associates, 1975, pp. 29-41.

Pliny the Younger. Letters and Panegyrics, trans. Betty Radice. Cambridge, Mass.: Harvard University Press, 1969.

Posen, Adam S. "It Takes More than a Bubble to Become Japan." Institute for International Economics Working Paper No. 03-9, October 2003.

Poterba, James, and Lawrence Summers. "Mean Reversion in Stock Prices: Evidence and Implications." Journal of Financial Economics, 22 (1988): 26-59.

Presidential Task Force on Market Mechanisms. Report of the Presidential Task Force on

Market Mechanisms (Brady Commission Report). Washington, D.C.: U.S. Government Printing Office, 1988.

Pressman, Steven. "On Financial Frauds and Their Causes: Investor Overconfidence." American Journal of Economics and Sociology, 57 (1998): 405-21.

Quattrone, G. A., and Amos Tversky. "Causal versus Diagnostic Contingencies: On Self-Deception and the Voter's Delusion." Journal of Personality and Social Psychology, 46(2) (1984): 237-48.

Reid, A. A. L. "Comparing Telephone with Face-to-Face Contact," in Ithiel de Sola Poole (ed.), The Social Impact of the Telephone. Cambridge, Mass.: MIT Press, 1977, pp. 386-414.

Ritter, Jay R. "The Long-Run Performance of Initial Public Offerings." Journal of Finance, 46(1) (1991): 3-27.

_____. "Uniformly Least Powerful Tests of Market Efficiency." Journal of Financial Economics, 55 (2000): 361-89.

Ritter, Jay R., and Richard S. Warr. "The Decline of Inflation and the Bull Market of 1982-1997." Journal of Financial and Quantitative Analysis, 37(1) (2002): 29-61.

Roll, Richard. "Orange Juice and Weather." American Economic Review, 74 (1984): 861-80.

_____. "Price Volatility, International Market Links, and Their Implication for Regulatory Policies." Journal of Financial Services Research, 2(2-3) (1989): 211-46.

Romer, Christina. "The Great Crash and the Onset of the Great Depression." Quarterly Journal of Economics, 105 (1990): 597-624.

Romer, David. Advanced Macroeconomics. New York: McGraw-Hill, 1996.

Schäfer, Bodo. Der Weg zur finanziellen Freiheit: In sieben Jahren die erste Million. Frankfurt: Campus Verlag, 1999.

Scherbina, Anna. "Stock Prices and Differences in Opinion: Empirical Evidence That Prices Reflect Optimism." Kellogg Graduate School of Management Working Paper, April 2001.

Shafir, Eldar, Peter Diamond, and Amos Tversky. "Money Illusion." Quarterly Journal of Economics, 112(2) (1997): 341-74.

Shafir, Eldar, Itamar Simonson, and Amos Tversky. "Reason-Based Choice." Cognition, 49 (1993): 11-36.

Shafir, Eldar, and Amos Tversky. "Thinking through Uncertainty: Nonconsequential Reasoning and Choice." Cognitive Psychology, 24 (1992): 449-74.

Sharpe, Steven A. "Re-examining Stock Valuation and Inflation: The Implications of Analysts' Earnings Forecasts." Review of Economics and Statistics, 84(4) (2002): 632-48.

_____. "How Does the Market Interpret Analysts' Long-Term Growth Forecasts?" Finance and Economics Discussion Paper Series 2002-7. Washington, D.C.: Federal Reserve

Board, 2002.

Shefrin, Hersh. Beyond Greed and Fear: Understanding Behavioral Finance and the Psychology of Investing. Boston: Harvard Business School Press, 2000.

Shiller, Robert J. "The Volatility of Long-Term Interest Rates and Expectations Models of the Term Structure." Journal of Political Economy, 87 (1979): 1062-88.

_____. "Do Stock Prices Move Too Much to Be Justified by Subsequent Movements in Dividends?" American Economic Review, 71(3) (1981): 421-36.

_____. "Consumption, Asset Markets and Macroeconomic Fluctuations." Carnegie-Rochester Conference Series on Public Policy, 17 (1982): 203-38.

_____. "The Marsh-Merton Model of Managers' Smoothing of Dividends." American Economic Review, 76(3) (1986): 499-503.

_____. "Portfolio Insurance and Other Investor Fashions as Factors in the 1987 Stock Market Crash," in NBER Macroeconomics Annual. Cambridge, Mass.: National Bureau of Economic Research, 1988, pp. 287-95.

_____. "Comovements in Stock Prices and Comovements in Dividends." Journal of Finance, 44 (1989): 719-29.

_____. Market Volatility. Cambridge, Mass.: MIT Press, 1989.

_____. "Market Volatility and Investor Behavior." American Economic Review, 80 (1990): 58-62.

_____. "Public Resistance to Indexation: A Puzzle." Brookings Papers on Economic Activity, 1 (1997): 159-211.

_____. "Why Do People Dislike Inflation?" in Christina D. Romer and David H. Romer (eds.), Reducing Inflation: Motivation and Strategy. Chicago: University of Chicago Press and National Bureau of Economic Research, 1997, pp. 13-65.

_____. "Social Security and Institutions for Intergenerational, Intragenerational and International Risk Sharing." Carnegie Rochester Conference Series on Public Policy, 50 (1999): 165-204.

_____. "Measuring Bubble Expectations and Investor Confidence." Journal of Psychology and Markets, 1(1) (2000): 49-60.

_____. "From Efficient Markets Theory to Behavioral Finance." Journal of Economic Perspectives, 17 (2003): 83-104.

Shiller, Robert J., and Andrea Beltratti. "Stock Prices and Bond Yields: Can Their Comovements Be Explained in Terms of Present Value Models?" Journal of Monetary Economics, 30 (1992): 25-46.

Shiller, Robert J., Fumiko Kon-Ya, and Yoshiro Tsutsui. "Investor Behavior in the October 1987 Stock Market Crash: The Case of Japan." Journal of the Japanese and International

Economies, 5 (1991): 1-13.

_____. "Why Did the Nikkei Crash? Expanding the Scope of Expectations Data Collection." Review of Economics and Statistics, 78(1) (1996): 156-64.

Shiller, Robert J., and John Pound. "Survey Evidence on the Diffusion of Interest and Information among Investors." Journal of Economic Behavior and Organization, 12 (1989): 47-66.

Shleifer, Andrei. Inefficient Markets: An Introduction to Behavioral Finance. Oxford, England: Oxford University Press, 2000.

Siegel, Jeremy J. "The Real Rate of Interest from 1800-1990: A Study of the U.S. and the U.K." Journal of Monetary Economics, 29 (1992): 227-52.

_____. Stocks for the Long Run, 2nd ed. New York: McGraw-Hill, 1998.

_____. Stocks for the Long Run, 3rd ed. New York: McGraw-Hill, 2002. Also available at http://jeremysiegel.com.

_____. The Future for Investors. New York: Crown Business, 2005.

Smith, Edgar Lawrence. Common Stocks as Long-Term Investments. New York: Macmillan, 1924.

Smith, Vernon L., Gary L. Suchanek, and Arlington W. Williams. "Bubbles, Crashes and Endogenous Expectations in Experimental Spot Asset Markets." Econometrica, 56 (1988): 1119-51.

Spillman, Lyn. "Enriching Exchange: Cultural Dimensions of Markets." American Journal of Economics and Sociology, 58(4) (1999): 1047-71.

Stanley, Thomas J., and William D. Danko. The Millionaire Next Door: The Surprising Secrets of America's Wealthy. New York: Pocket Books, 1996.

Statman, Meir, and Steven Thorley. "Overconfidence, Disposition, and Trading Volume." Unpublished paper, Santa Clara University, 1999.

Stein, Emmanuel. Government and the Investor. New York: Farrar and Reinhart, 1941.

Sterling, William P., and Stephen R. Waite. Boomernomics: The Future of Your Money in the Upcoming Generational Warfare. Westminster, Md.: Ballantine, 1998.

Strahlberg, Dagmar, and Anne Maass. "Hindsight Bias: Impaired Memory or Biased Reconstruction." European Review of Social Psychology, 8 (1998): 105-32.

Straub, William F. "Sensation Seeking among High- and Low-Risk Male Athletes." Journal of Sports Psychology, 4(3) (1982): 243-53.

Summers, Lawrence H., and Victoria P. Summers. "When Financial Markets Work Too Well: A Cautious Case for a Securities Transactions Tax." Journal of Financial Services Research, 3(2-3) (1988): 163-88.

Sutton, Gregory D. "Explaining Changes in House Prices." Bank of International Settlements

498

Quarterly Review, September 2002, pp. 46-55.

Swensen, David. Pioneering Portfolio Management. Glencoe, Ill.: Free Press, 2000.

Taleb, Nassim N. Fooled by Randomness: The Hidden Role of Chance in Life and in the Markets, 2nd ed. New York: Texere, 2004.

Thaler, Richard H., ed. Advances in Behavioral Finance II. New York: Sage Foundation, 2005.

Thaler, Richard H., and Eric J. Johnson. "Gambling with the House Money and Trying to Break Even: The Effect of Prior Outcomes on Risky Choice." Management Science, 36 (1990): 643-60.

Thompson, William N. Legalized Gambling: A Reference Handbook. Santa Barbara, Calif.: ABC-CLIO, 1994.

TIAA-CREF Institute. "Participant Asset Allocation Report." http://www.tiaacrefinstitute. org/Data/statistics/pdfs/AAdec2003.pdf.

Tobias, Andrew. "The Billion-Dollar Harvard-Yale Game." Esquire, December 19, 1978, pp. 77-85.

Tobin, James. "The New Economics One Decade Older," in The Eliot Janeway Lectures on Historical Economics in Honor of Joseph Schumpeter. Princeton, N.J.: Princeton University Press, 1974.

Torous, Walter, Rossen Valkanov, and Shu Yan. "On Predicting Stock Returns with Nearly Integrated Explanatory Variables." Journal of Business, 78(1) (2005).

Triano, Christine. "Private Foundations and Public Charities: Is It Time to Increase Payout?" http://www.nng.org/html/ourprograms/campaign/payoutppr-table.html#fulltext. Minneapolis: National Network of Grantmakers, 1999.

Tsatsaronis, Kostas, and Haibin Zhu. "What Drives Housing Price Dynamics: Cross-Country Evidence." Bank of International Settlements Quarterly Review, March 2004, pp. 65-78.

Tversky, Amos, and Daniel Kahneman. "Judgment under Uncertainty: Heuristics and Biases." Science, 185 (1974): 1124-31.

Ul Haq, Mahbub, Inge Kaul, and Isabelle Grunberg (eds.). The Tobin Tax: Coping with Financial Volatility. New York: Oxford University Press, 1996.

U.S. Department of Labor, Pension and Welfare Benefits Administration. "Participant Investment Education: Final Rule." 29 CFR Part 2509, Interpretive Bulletin 96-1.

Federal Register, 61(113) (1996): 29,585-90. Also available at http://www.dol.gov/dol/pwba/ public/regs/fedreg/final/96-14093.htm.

Valkanov, Rossen. "Long-Horizon Regressions: Theoretical Results and Applications." Journal of Financial Economics, 68 (2003): 201-32.

Van Strum, Kenneth S. Investing in Purchasing Power. Boston: Barron's, 1925.

Vasari, Giorgio. The Life of Leonardo da Vinci. New York: Longmans Green and Co., 1903.

Vuolteenaho, Tumo. "What Drives Firm-Level Stock Returns?" Journal of Finance, 57 (2002): 233-64.

Wanniski, Jude. The Way the World Works, 2nd ed. New York: Simon and Schuster, 1983.

Warren, George F., and Frank A. Pearson. Gold and Prices. New York: John Wiley and Sons, 1935.

Warther, Vincent A. "Aggregate Mutual Fund Flows and Security Returns." Journal of Financial Economics, 39 (1995): 209-35.

Weber, Steven. "The End of the Business Cycle?" Foreign Affairs, 76(4) (1997): 65-82.

Weissman, Rudolph. The Investment Company and the Investor. New York: Harper and Brothers, 1951.

Welte, John W., Grace M. Barnes, William F. Wieczorek, Marie-Cecile Tidwell, and John Parker. "Gambling Participation in the U.S.——Results from a National Survey." Journal of Gambling Studies, 19(4) (2002): 313-37.

Willoughby, Jack. "Burning Up: Warning: Internet Companies Are Running Out of Cash—Fast." Barron's, March 20, 2004, pp. 29-32.

Womack, Kent. "Do Brokerage Analysts' Recommendations Have Investment Value?" Journal of Finance, 51(1) (1996): 137-67.

World Bank. Averting the Old Age Crisis. New York: Oxford University Press, 1994.

Wurgler, Jeffrey. "Financial Markets and the Allocation of Capital." Journal of Financial Economics, 58 (2000): 187-214.

Zaret, David. Origins of Democratic Culture: Printing, Petitions, and the Public Sphere in Early-Modern England. Princeton, N.J.: Princeton University Press, 1999.

Zuckerman, Marvin, Elizabeth Kolin, Leah Price, and Ina Zoob. "Development of a Sensation-Seeking Scale." Journal of Consulting Psychology, 28(6) (1964): 477-82.

옮긴이의 말

2008년 가을, 전 세계의 선망의 대상이던 미국의 금융시스템이 리먼브라더스의 파산과 함께 붕괴했고, 이는 글로벌 금융위기로 이어졌다. 이 위기의 가장 중요한 배경 중 하나는 바로 미국 주택시장의 붕괴였다. 2000년대 초반 급등했던 미국 주택시장의 버블이 꺼지자 주택을 담보로 한 대출과 그에 기초한 다양한 증권들이 지급불능 상태에 빠졌고, 금융시장이 마비되고 만 것이다. 거의 모든 경제학자들이 글로벌 금융위기를 예측하지 못했지만, 버블의 붕괴를 예측했던 쉴러 교수는 다시 한 번 큰 주목을 받았다. 그는 이미 2000년 고점을 친 미국 주식시장의 버블 붕괴를 정확하게 예측하여 각광을 받았고, 부동산시장의 버블도 정확하게 맞추었던 것이다.

이 책『비이성적 과열』은 투기적 버블에 관한 그의 오랜 연구 성과를 대중적으로 제시하는 역작이다. 그는 이 책에서 여러 촉발 요인들로 인한 투자자들의 심리와 행태 변화가 피드백 과정을 통한 증폭 메커니즘에 의해 주식시장이나 부동산시장의 버블을 일으킨다고 주장한다. 그는 투기적 버블을 일으키는 구조적인 요인, 문화적 요인, 그리고 심리적 요인들을 분석하고, 투자자의 행태가 어떻게 시장의 급격한 변동을 일으키는지 여러 역사적 사례들에 기초하여 상세하게 설명한다. 주식시장이 언제나 효율적이라는 효율적 시장 이론을 비판하는 이러한 그의 이론은 이제 행태재무학이라는 이름으로 금융이론의 새로운 주류가 되어가고 있다. 그의 연구는 심리학과 사회학 등 다양한 분야를 가로지르며, 야성적 충동을 강조했던 케인스의 통찰을 이어받고 있다고 할 수 있다. 이러한 선구적인 업적을 널리 평가받아 그는 2013년 노벨 경제학상을 수상했다.

이 책은 주식시장의 버블에 관한 뛰어난 분석에 기초하여 여러 정책적 제언들도 제시하고 있다. 그는 특히 금융시장의 비효율성을 지적하면서도, 궁극적으로 금융시장을 더욱 넓게 발전시켜서 이러한 문제점을 극복해야 한다고 강조한다. 그러나 이러한 입장은 효율적 시장 이론으로부터의 비판뿐 아니라, 시장의 근본적인 한계와 효과적인 규제의 노력을 강조하는 보다 진보적인 학자들로부터도 비판을 받을 여지가 있다. 따라서 금융시장의 효과적인 작동과 안정을 위해 과연 어떠한 노력이 필요할지 보다 활발한 논의가 필요할 것이다. 글로벌 금융위기의 경험은 이러한 노력이 자본주의 경제의 안정적인 성장을 위해 필수적이라는 것을 잘 보여주었다.

이제 글로벌 금융위기가 발발한 지도 6년이 지났다. 양적 완화정책과 함께 미국의 다우지수는 16000을 넘어 역사적 최고점을 돌파했고 주택시장도 급속히 상승하고 있어서, 다시 한 번 버블을 우려하는 목소리가 나타나고 있다. 물론 주식시장의 주가수익비율은 현재 약 25 정도여서 역사적 평균치보다는 높지만 2000년의 고점보다는 낮으며, 부동산시장도 과열 상태는 아니다. 그러나 쉴러 교수는 경제의 회복이 더딘 상황에서 미국의 주택시장이 버블의 초기단계에 접어들고 있고 주식시장도 과열될 수 있다고 경고한다. 따라서 현재에도 이 책이 주는 시사점은 매우 크다고 할 수 있다. 또 한 번 버블과 그 붕괴로 인한 경제의 불안정이라는 커다란 경제적 비용을 치르지 않기 위해 우리는 이들 시장의 변화를 주시해야만 할 것이다. 한국의 투자자들도 주식시장의 급등락을 경험해 왔고, 특히 글로벌 금융위기 이후 부동산시장의 불황은 높은 가계부채와 함께 경제에 큰 부담이 되고 있다. 따라서 한국의 투자자들과 정책결정자들도 진정한 다각화를 위해 버블이 우려되는 자산시장에 대한 과도한 의존을 줄이라는 그의 조언을 새겨들어야 할 것이다.

미국에서 2000년 출판된 이 책의 초판은 한국에서는 2003년 『이상과열』이라는 제목으로 번역 출판된 바 있다. 부동산시장에 대한 분석과 보다 새로운 연구들을 추가하여 논의를 확장한 개정판은 미국에서 2005년에 출판되었다. 많이 늦었지만 이제야 한국의 독자들에게 개정판을 번역하여 소개할 수 있어서 매우 기쁘게 생각한다. 한글판이 나오는 과정에서 수고하신 알에이치코리아의 편집자들에게 깊은 감사의 말씀을 드린다.

옮긴이 _ 이강국

1970년 부산에서 태어나 서울대학교 경제학과와 같은 과 대학원을 졸업했다. UN 경제발전연구소에서 연구했고 미국 메사추세츠주립대학에서 '자본자유화와 경제발전'을 주제로 박사학위를 받았다. 2002년부터 현재까지 일본 리쯔메이깐 대학교 경제학부 교수로 재직 중이며 2009~2010년 미국 컬럼비아 대학교 객원연구원을 역임했다. 저서로는 『다보스, 포르투 알레그레 그리고 서울』, 『가난에 빠진 세계』, 『좌우파사전』(공저) 등이 있으며, 역서로는 『자본이라는 수수께끼』, 『반세계화의 논리』, 『신경제 이후』, 『자본주의 이해하기』(공역), 『자본의 반격』(공역), 『뉴레프트리뷰1』(공역) 등이 있다.

비이성적 과열

1판 1쇄 발행 2014년 5월 23일
1판 9쇄 발행 2023년 2월 20일

지은이 로버트 쉴러
옮긴이 이강국

발행인 양원석
펴낸 곳 ㈜알에이치코리아
주소 서울시 금천구 가산디지털2로 53, 20층(가산동, 한라시그마밸리)
편집문의 02-6443-8842 **도서문의** 02-6443-8838
홈페이지 http://rhk.co.kr
등록 2004년 1월 15일 제2-3726호

ISBN 978-89-255-5289-7 (03320)